입학사정관에게 배우는

제대로
교대·사대
면접

류영철 지음

씨마스

머리말

마이클 애플의 저서 중에 『교육은 사회를 바꿀 수 있을까』라는 책이 있습니다. 책을 다 읽고 제가 내린 결론은 '바꿀 수 있다'였습니다.

그러면 방법적으로는 어떻게 바꿀 수 있을까요? 바로 사람을 통해 바꾸는 것입니다. 사회를 '좀 더 나은 세상으로 만들어야 겠다'는 관점을 가진 사람을 교육하고 올바르게 양성하면 됩니다. 그리고 이렇게 양성된 사람들이 많아지고 다수가되면 세상은 바뀝니다.

그래서 교사가 중요합니다. 사람을 교육하고 양성하는 것은 교사이기 때문입니다. '교육의 질은 절대 교사의 질을 뛰어넘지 못합니다.' 왜냐하면 교사의 관점, 철학, 가르침이 바로 세상을 바꿀 수 있는 원동력이기 때문입니다.

그러면 어떤 교사가 좋은 교사일까요?

현재 교사는 공부 잘 하는 학교 1등급 학생이 선발되는 경향성을 보이고 있습니다. 물론, 공부를 잘 하면 좋지만 성적 외에 인성도 훌륭하고 교과 외적으로 더 잘하면 금상첨화일 것입니다. 이와 같이 교과 성적, 인성, 교과 외적인 모습을 갖춘 인재를 선발하려면 교사의 인성과 적성을 선발하는 특화된 전형이 적합할 것입니다.

현재 교대와 사대에서 교사를 선발할 때에는 수험생의 지식만 많다고 해서 선발하지는 않습니다. 물론, 지식만을 주로 평가하는 내신 위주의 교과전형과 수능 위주의 정시전형이 여전히 있지만, 입학사정관 전형으로 시작된 학생부종합전형이 시간이 지날수록 확대되면서 많은 교대는 수시 학생부종합전형을 통해 대부분의 학생을 선발하고 있습니다.

학생부종합전형에서는 교사의 인성과 적성에 초점을 맞추어서 서류와 면접을 통해 단계적으로 선발합니다. 이중에서 교대와 사대의 면접은 일반 다른 대학과 학과의 면접과는 몇 가지 다른 양상을 띕니다. 예를 들면 대학에 따라 교사의 인성과 적성을 적극적으로 확인하기 위해서 서류 확인 면접, 토의 면접, 토론 면접 등을 진행하여 선발하고 있습니다. 그러므로 일반 면접이 아닌 다른 면접 형태 준비를 위한 별도의 전략과 대책이 필요합니다.

기존에 출판된 교대·사대 면접 책은 대부분 기출문제 소개와 교육학 관련 이론 중심으로 기술되어 있어 수험생에게 실질적인 도움을 주기 어렵습니다. 아직 선발도 되지 않은 수험생에게 어렵고 딱딱한 교육 이론 내용은 면접 시 답변에 도움을 주기보다는 면접 준비에 대한 부담감만 가중시킬 뿐입니다. 또한, 기출문제 소개는 각 교대와 사범대학교 입학처 홈페이지에서 누구나 다운(down)받을 수 있어 딱히 수험생에게 차별화된 도움을 줄 수 없습니다.

이에 반해 본 책은 수험생에게 실질적인 도움을 주기 위해 기출문제 소개를 넘어 기출문제에 대한 상세한 분석과 풀이를 했습니다. 특히, 찬성과 반대가 되는 토론 내용은 양쪽의 논거를 모두 들어 충실한 답변이 되도록 했습니다. 물론 기출문제에 대한 풀이나 해석은 다양할 수 있으며, 다른 관점에서도 논의가 가능합니다. 그러나 교대·사대 면접을 준비할 때 수험생이 느끼는 답답함을 해소하고 실제 면접에서 답변을 하는 데에도 큰 도움을 줄 수 있으리라는 확신은 가지고 있습니다.

저는 교육학 박사이자 입학사정관으로서 사범대학교에서 교사를 선발하기 위한 면접을 수년 동안 진행해 본 경험이 있습니다. 또한 다른 대학 외부 면접위원으로 활동하면서 사범대학교 교사를 선발하기 위한 실전 면접을 경험해 본 경험도 있습니다. 여기에 (사)한국대학교육협의회(대교협)에서 진로진학 상담위원으로 근무하면서 다수의 교대와 사대 지망생에 대한 상담과 교대 지망생을 위한 전국의 많은 연수와 행사에서 모의면접을 진행한 경험도 가지고 있습니다. 저는 이와 같은 다수의 실전 면접과 풍부한 상담 경험을 이 책에 고스란히 녹이려 많은 노력을 하였습니다.

우리나라 사회를 올바르게 바꿀 수 있는 진정한 교사가 많아지길 희망합니다. 그리고 이 책이 교사를 목표로 하는 수험생 여러분에게 작은 도움이나마 되길 진심으로 기원합니다.

2019년 무더운 여름의 한 자락 어느 날
저자 씀

차례

제1부

교대
(초등교육과)
입시 소개

교사가 지닌 능력의 비밀은
인간을 변모시킬 수 있다는 확신이다.
- 에머슨 -

1. 수시전형 안내

❶ 경인교대
❷ 공주교대
❸ 광주교대
❹ 대구교대
❺ 부산교대
❻ 서울교대
❼ 이화여대
❽ 전주교대
❾ 제주대
❿ 진주교대
⓫ 청주교대
⓬ 춘천교대
⓭ 한국교원대

2. 정시전형 안내

❶ 경인교대
❷ 공주교대
❸ 광주교대
❹ 대구교대
❺ 부산교대
❻ 서울교대
❼ 전주교대
❽ 진주교대
❾ 청주교대
❿ 춘천교대
⓫ 한국교원대

수시전형 안내

대학	전형	전형 방법[반영 비율(%)]	수능 최저 학력 기준
경인교대	교직 적성	1단계(2배수) : 서류 100 2단계 : 1단계 70, 교직심층 면접 30	×
공주교대	고교성적우수자	1단계(3배수) : 학생부 100 2단계 : 1단계 90.2, 면접 9.8	국영수탐 4개 등급 합이 11등급 이내
	교직 적성인재	1단계(2배수) : 학생부 100 2단계 : 1단계 50, 면접 50	×
	지역인재선발	1단계(2배수) : 학생부 100 2단계 : 1단계 50, 면접 50	×
광주교대	교직 적성우수자	1단계(3배수) : 서류 100 2단계 : 1단계 60, 면접 40	×
	전남 학교장 추천	1단계(3배수) : 서류 100 2단계 : 1단계 60, 면접 40	×
	광주/전남인재	1단계(3배수) : 서류 100 2단계 : 1단계 60, 면접 40	×
대구교대	참스승	1단계(2.5배수) : 서류 100 2단계 : 1단계 50, 면접 50	×
	지역인재	1단계(2.5배수) : 서류 100 2단계 : 1단계 50, 면접 50	×
부산교대	초등교직 적성자	1단계(2배수) : 서류 100 2단계 : 1단계 60, 면접 40 [실질 1단계 71.4, 면접 28.6]	×
	지역인재	1단계(2배수) : 서류 100 2단계 : 1단계 60, 면접 40 [실질 1단계 71.4, 면접 28.6]	×
서울교대	학교장추천	1단계(2배수) : 학생부교과 100 2단계 : 1단계 성적 90, 면접 10	국수영탐 4개 등급 합 9 이내 (수(가)와 과탐을 선택한 경우는 4개 등급 합 11 이내), 한국사 4등급 이내
	교직 인성우수자	1단계(2.5배수) : 서류 100 2단계 : 1단계 50, 면접 50	
	사향인재추천	1단계(2.5배수) : 서류 100 2단계 : 1단계 50, 면접 50	×

이화여대	논술	학생부교과 30, 논술 70	국수(나)영탐(1) 중 3개 등급 합 5 이내
	고교추천	학생부교과 80, 면접 20	×
	미래인재	서류 100	국수(나)영탐(1) 중 3개 등급 합 5 이내
전주교대	고교성적우수자	1단계(2배수) : 학생부 100(교과 90, 출결10) 2단계 : 1단계 90[실질 83.3], 면접 10[실질 16.7]	국수영탐 한국사 5개 영역 등급 합이 13등급 이내
	지역인재선발	1단계(3배수) : 학생부교과 60%[교과 270, 출결 30점], 서류 40%[비교과 150, 자소서 50점] 2단계 : 1단계 50[실질 62.0], 면접 50[실질 38.0]	국수탐 한국사 각 4등급 이내. 영어 2등급 이내
제주대	일반전형 (학생부교과)	학생부교과 100	국수영탐 4개 등급 합 9 이내
	지역인재	학생부교과 100	국수영탐(직탐 포함) 4개 등급 합 9이내
	일반 학생 (학생부종합)	1단계(3배수) : 서류 100 2단계 : 1단계 70, 면접 30	×
진주교대	21세기형 교직 적성자	1단계(2.5배수) : 서류 100 2단계 : 1단계 70, 면접 30	×
	지역인재	1단계(2.5배수) : 서류 100 2단계 : 1단계 70, 면접 30	×
청주교대	배움나눔인재	1단계(3배수) : 서류 100 2단계 : 1단계 60, 면접 40	×
	충북인재	1단계(3배수) : 서류 100 2단계 : 1단계 60, 면접 40	×
춘천교대	교직적 · 인성인재	1단계(3배수) : 서류 100 2단계 : 1단계 40, 면접 60	국수영탐 4개 등급 합 14, 한국사 4등급 이내
	강원교육인재	1단계(2배수) : 서류 100 2단계 : 1단계 40, 면접 60	
한국교원대	학생부종합우수자 (1대학)	1단계(3배수) : 서류 100 2단계 : 1단계 80, 면접 20	×

※ 내용상 변동이나 오류가 있을 수 있으니 반드시 해당 대학 모집 요강을 다시 확인하시기 바랍니다.

① 경인교대

[전형별 전형 요소]

전형	전형 요소
교직적성전형	• 1단계 : 서류 100% → 정원의 2배수 선발 • 2단계 : 1단계 70% + 교직 심층 면접 30% → 모집 정원 선발 • 수능최저기준 : 없음

[면접 평가의 방법]

면접은 개인 면접과 집단 면접으로 나뉜다.

가. 개인 면접 : 서류 확인 면접으로 진행된다. 개인당 10분 내외로 진행된다. 평가 항목은 교직 인성과 적성이다.

나. 집단 면접 : 조별로 진행되며, 조별 면접 시간은 35분 내외로 진행된다. 면접 문항은 대학 자체 개발 면접 문항을 활용한다. 평가 항목은 협동심, 리더십, 창의적 문제해결 능력, 의사소통 능력을 본다. 다수의 수험생이 공감 토의 방식을 통해 문제를 해결하고 발표하는 과정을 종합 평가한다.

❷ 공주교대

[전형별 전형 요소]

전형	전형 요소
고교성적우수자전형	• 1단계 : 서류 100% → 정원의 3배수 선발 • 2단계 : 1단계 90.2% + 면접 9.8% → 모집 정원 선발 • 수능최저기준 : 국영수탐 각 영역 합이 11등급 이내
교직 적성인재전형	• 1단계 : 서류 100% → 정원의 2배수 선발 • 2단계 : 1단계 50% + 면접 50% → 모집 정원 선발 • 수능최저기준 : 없음
지역인재선발전형	• 1단계 : 서류 100% → 정원의 2배수 선발 • 2단계 : 1단계 50% + 면접 50% → 모집 정원 선발 • 수능최저기준 : 없음

[면접 평가의 방법]

면접은 개별 면접과 집단 토론으로 나뉜다.

가. 개별 면접 : 개인당 10분 내외로 진행된다. 평가 방법은 2가지이다.

- 교양 관련 면접 문제 중 한 문제를 선택하여 3분간 준비하게 한 후에 선택한 문제에 대한 답변을 하게 한다.
- 면접위원이 제시하는 교직관과 관련된 문제에 대한 답변을 하게 한다.

나. 집단 토론 : 조별로 진행되며, 조별 인원은 6명 내외이다. 조별 면접 시간은 20분 내외로 진행된다. 면접 문항은 대학 자체 개발 면접 문항을 활용한다. 수험생이 주어진 문제에 대한 토론 형식으로 진행된다. 평가 영역은 3가지이다.

- 교직관 및 교양 : 초등학교 교직에 대한 이해, 열의, 사명감, 신념, 인간관, 아동관, 가치관, 기본적인 교양 등을 평가한다.
- 표현력 : 답변의 명료성, 객관성, 논리성, 적절성 등을 평가한다.
- 기타 : 대화 태도, 정서적 안정성 등을 평가한다.

❸ 광주교대

[전형별 전형 요소]

전형	전형 요소
교직적성우수자전형 전남학교장추천전형 광주/전남인재전형	• 1단계 : 서류 100% → 정원의 3배수 선발 • 2단계 : 1단계 60% + 면접 40% → 모집 정원 선발 • 수능최저기준 : 없음

[면접 평가의 방법]

가. 면접 평가의 대상 : 1단계 합격자 전원

나. 면접 평가의 방법

구분	내용
평가 영역	① 인·적성, ② 태도 및 서류 확인, ③ 문제해결 능력
면접 방식	개별 면접[일대다(一對多)] : 평가위원 3명 + 수험생 1명 심층 면접
면접 시간	수험생 1인당 15분 내외(전형에 따라 다소 변경될 수 있음)

다. 면접 평가의 영역에 따른 평가 지표 : 면접 평가는 서류 평가 내용과 학교 생활기록부 및 자기소개서를 토대로 교직 관련 관심 정도, 기초 소양, 인성 등을 종합적으로 평가한다.

평가 영역	평가 지표
인·적성	• 인성 및 교직 적성의 정도 • 올바른 가치관 및 도덕성 • 사회성 및 적극성, 열정 등 • 학교생활의 성실도 및 생활 태도 • 학교생활기록부 및 자기소개서상의 인성 관련 항목
태도 및 서류 확인	• 품행 및 면접 참여의 적극성 • 학교생활기록부 활동 확인 및 검증(교과, 비교과) • 지원자의 각종 참여 활동 확인 • 자기소개서 기재 사항
문제해결 능력	• 예비 교사로서의 기본 소양 및 관심 정도 • 발표력 및 논리성의 정도 • 문제해결 능력 및 상황 대처 능력 등

❹ 대구교대

[전형별 전형 요소]

전형	전형 요소
참스승전형 지역인재전형	• 1단계 : 서류 100% → 정원의 2.5배수 선발 • 2단계 : 1단계 50% + 면접 50% → 모집 정원 선발 • 수능최저기준 : 없음

[면접 평가의 방법]

가. 면접 시기 및 방법 : 2단계 전형에서 심층 면접으로 시행됨.

나. 면접 시간 : 개별 및 집단 면접 모두 10분 내외로 면접을 진행함.

나. 면접 인원 및 면접 내용

- 3인 1조의 집단 면접 : 교직 적성, 교직 인성을 확인하기 위해 본교의 자체 평가 문항을 활용하여 다수의 평가위원이 정성적으로 종합 평가함.

- 지원자 1인의 개별 면접 : 교직 적성, 교직 인성, 교직 능력을 확인하기 위해 지원자가 제출한 서류를 활용하여 다수의 평가위원이 정성적으로 종합 평가함.

❺ 부산교대

[전형별 전형 요소]

전형	전형 요소
초등교직적성자전형 지역인재전형	• 1단계 : 서류 100% → 정원의 2배수 선발 • 2단계 : 1단계 60% + 면접 40% → 모집 정원 선발 ※ 실질 전형 비율[1단계 71.4% + 면접 28.6%] • 수능최저기준 : 없음

[면접 평가의 방법]

가. 면접 방법 : 인재상 지표를 바탕으로 3명 내외의 학생이 한 조가 되어 예비 교사로서의 자질에 대한 질문을 바탕으로 평가함.

나. 부산교대 인재상

	인재상	핵심 역량
C	창의 지성(Creative intelligence)	융복합 역량, 유연한 사고력
O	교직 가치관(Occupational value)	바른 교사상, 교육적 가치관
M	상호 협력(Mutual cooperation)	소통 능력, 문제해결 능력
P	실천 의지(Practicing will)	적극적 참여 경험, 실천 의지
A	학업 역량(Academic competence)	기본적 수학능력, 학업성취도
S	공감 인성(Sympathetic character)	공감 능력, 타인 배려
S	주체적 리더십(Self-leadership)	자기 주도성, 지도력

다. 평가 항목과 평가 내용

	평가 항목	평가 내용
C	창의 지성(Creative intelligence)	융 · 복합 역량, 유연한 사고력
O	교직 가치관(Occupational value)	바른 교사상, 교육적 가치관
M	상호 협력(Mutual cooperation)	소통 능력, 문제해결 능력

라. 서류 평가 : 필요 시 해당자에 대하여 제출 서류의 진위 여부 및 관련 내용 확인을 위해 현장 방문 실시

마. 부적격자 처리 : 면접에서 예비 초등학교 교사로 부적격하다고 판단되는 자는 입학전형 성적과 관계없이 불합격 처리함.

❻ 서울교대

[전형별 전형 요소]

전형	전형 요소
학교장추천전형	• 1단계 : 서류 100% → 정원의 2배수 선발 • 2단계 : 1단계 90% + 면접 10% → 모집 정원 선발 • 수능최저기준 : 국수영탐 등급 합 9(문과)/11(이과) 이내 + 한국사 4등급 이내
교직 인성우수자전형	• 1단계 : 서류 100% → 정원의 2배수 선발 • 2단계 : 1단계 50% + 면접 50% → 모집 정원 선발 • 수능최저기준 : 국수영탐 등급 합 9(문과)/11(이과) 이내 + 한국사 4등급 이내
사향인재추천전형	• 1단계 : 서류 100% → 정원의 2배수 선발 • 2단계 : 1단계 50% + 면접 50% → 모집 정원 선발 • 수능최저기준 : 없음

[면접 평가의 주요 내용]

가. 대학 교육의 비전 및 인재상 : 서울교육대학교는 21세기 글로벌 시대의 교육을 선도하는 우수 인재를 양성하는 데 중점을 두고 있으며, '인격과 역량을 겸비한 초등교육의 핵심 리더 양성'이라는 비전을 전념(Commitment)하는 인재, 개방(Openness)적인 인재, 전문(Professionalism)적인 인재, 도전(Enthusiasm)적인 인재로 구체화하여 추진하고 있다.

나. 5C 핵심 역량 : 예비교사들이 갖추어야 할 기본 덕목을 '5C 핵심역량'으로 하여, 핵심역량의 구성요소인 인성 역량개발을 핵심으로 융합, 창의성, 코칭, 의사소통 역량을 함양하기 위해 다양한 프로그램을 운영하고 있다.

다. 심층 면접 : 복수의 면접위원이 심층 문답을 통해 5C 핵심 역량을 종합 평가한다. 5C는 '인성(Character), 융합(Convergence), 창의성(Creativity), 코칭(Coaching), 의사소통(Communication)을 말한다.

⑦ 이화여대

[전형별 전형 요소]

전형	전형 요소
논술전형	학생부교과 30% + 논술 70% → 모집 정원 선발 • 수능최저기준 : 국수(나)영탐(1) 중 4개 영역 등급 합 5 이내
고교추천전형	학생부교과 80% + 면접 20% → 모집 정원 선발 • 수능최저기준 : 없음
미래인재전형	서류 100% → 모집 정원 선발 • 수능최저기준 : 국수(나)영탐(1) 중 3개 영역 등급 합 5 이내

[면접 평가의 방법]

제출 서류에 기반하여 인성, 자기 주도성, 전공 잠재력 및 발전 가능성 등을 종합적으로 평가한다.

❽ 전주교대

[전형별 전형 요소]

전형	전형 요소
고교성적우수자전형	• 1단계 : 학생부 100%(교과 90, 출결 10) → 정원의 2배수 선발 • 2단계 : 1단계 90% + 면접 10% → 모집 정원 선발 ※ 실질 전형 비율[1단계 83.3% + 면접 16.7%] • 수능최저기준 : 국수영탐 한국사 5개 영역 합 13등급 이내
지역인재선발전형	• 1단계 : 학생부교과 60% + 서류 40% → 정원의 3배수 선발 • 2단계 : 1단계 50% + 면접 50% → 모집 정원 선발 • 수능최저기준 : 국수탐 한국사 각 4등급 이내, 영어 2등급 이내

[면접 평가의 방법]

가. [고교성적우수자전형] 면접

구분	내용
전형 대상	1단계 전형 합격자
면접 시간	지원자 1인당 약 3~4분 내외
평가 내용	예비 초등 교사로서의 적성과 인성을 판단하기 위한 '일반교양' 및 '교직'에 대한 태도와 가치관 등을 종합적으로 평가함.
면접 방법	• 수험생에게 미리 문항을 선택하도록 하여 답변 준비 시간을 갖는다. • 수험생은 면접위원에게 선택한 면접 문항을 읽고 구술답변 한다.

가. [지역인재전형] 심층 면접

구분	내용
전형 대상	1단계 전형 합격자
면접 시간	지원자 1인당 약 15분 내외
평가 내용	예비 초등 교사로서의 자질을 평가하기 위해 학업 적성 및 일반교양, 교직 적성, 자기소개를 통한 우수교사로서의 잠재능력, 제출 서류 신뢰도 등을 종합적으로 평가함.

❾ 제주대

[전형별 전형 요소]

전형	전형 요소
일반전형 (학생부교과)	• 학생부교과 100% • 수능최저기준 : 국수영탐 5개 영역 합 9등급 이내
지역인재전형	• 학생부교과 100% • 수능최저기준 : 국수영탐 4개 영역 합 9등급 이내
일반전형 (학생부종합)	• 1단계 : 학생부 100% → 정원의 3배수 선발 • 2단계 : 1단계 70% + 면접 30% → 모집 정원 선발 • 수능최저기준 : 없음

[면접 평가의 방법]

가. 지원자별 아래 평가 영역에 대하여 15분 내외로 면접하여 평가 기준에 따라 종합적으로 평가함.

평가 영역	전공 적합성	자기 주도성	인성·공동체 기여도	계
배점 비율	30%	30%	40%	100%
최 고 점	90점	90점	120점	300점
최 저 점	36점	36점	48점	120점

⑩ 진주교대

[전형별 전형 요소]

전형	전형 요소
21세기형교직적성자전형 지역인재전형	• 1단계 : 서류 100% → 정원의 2.5배수 선발 • 2단계 : 1단계 70% + 면접 30% → 모집 정원 선발 • 수능최저기준 : 없음

[면접 평가의 방법]

가. 총점에 동점자가 있을 경우 처리 방침

- 1순위 : 집단 면접 성적이 높은 자
- 2순위 : 개별 면접 성적이 높은 자
- 3순위 : 1단계 성적이 높은 자

나. 선발 최저 기준 : 아래 조건을 충족하지 않으면 선발하지 않음.

- 1단계 1,000점 이상
- 2단계 심층 면접 300점 이상

다. 서류 평가 : 2단계에서 평가 대상자의 제출 서류 진위 여부를 검증하고, 입학사정관위원회에서 필요하다고 판단되면 수험생의 해당 학교 및 관련 기관에 입학사정관이 방문하여 평가를 실시하며, 그 결과는 '적격'이나 '부적격'으로 판정함.

라. 적성 · 인성검사

- 적성 · 인성검사 시간 : 50분
- 적성 · 인성검사 방법 : 주어진 검사지에 의거하여 자신에게 가장 적합하다고 판단되는 반응을 선택하는 일종의 자기 보고식 심리검사
- 전형 과정에서 참고할 수 있음.

마. 개별 면접

- 개별 면접 시간 : 10분 내외
- 개별 면접 방법 : 면접위원 3인이 지원자의 학교생활기록부, 자기소개서의 내용 및 교직관 등에 대한 질의응답을 통해 예비 초등 교사로서의 교직 적성 · 인성을 종합적으로 평가

- 면접 때 질문 내용
  - 교양, 인성 및 교직관과 관련된 질문
  - 학교생활기록부와 제출 서류를 기반으로 한 예비 교사로서의 인성, 자질에 관련된 질문
  - 교직 수행에 필요한 전문성 및 잠재력에 대한 질문
- 개별 면접 평가 : 지원자의 긍정적 자아개념, 교사로서의 자질, 전문성과 발전 가능성 등 교직 적성·인성을 평가
- 평가 항목
  - 긍정적 자아 개념 : 자신에 대한 애정과 신뢰, 긍정적 태도 등에 대한 평가
  - 교사로서의 자질 : 예비 교사로서의 소명감, 지도력, 공동체의식 등에 대한 평가
  - 전문성과 발전 가능성 : 교사로서의 전문성, 잠재력 등에 대한 평가

바. 집단 면접

- 블라인드 심층 면접 실시
  - 개인정보(수험번호·성명·출신 고교, 출신 지역)는 블라인드 처리하여 실시
  - 고등학교를 구별할 수 있는 교복 착용 금지
- 면접 시간 : 50분 내외
- 면접 방법 : 면접위원 3인이 지원자의 발표 및 토의 과정을 관찰하면서 예비 초등 교사로서의 태도와 자질 등 교직 적성·인성을 종합적으로 평가
- 면접 형식 : 발표 및 토의(조별 6인 내외로 구성) - 지원자 간 자유토의 과정을 평가하는 관찰면접
- 면접 진행 순서
  - 주어진 의제에 대한 발표 준비
  - 조별로 편성하여 사회자(면접위원)의 진행 아래 발표 및 토의 실시
  - 토의를 마친 후 면접위원이 개별적으로 수험생에게 질의응답 하는 것이 가능

- 평가 항목 : 제시문의 답을 요구하지 않고 다음과 같은 점을 자유 토의 과정 면접위원이 관찰하여 평가하는 방식
  - 발표력 : 자신의 생각이나 주장을 말로 표현하여 알릴 수 있는 능력
  - 표현력 : 자신의 생각을 효과적이고 적절한 방법을 사용하여 전달하는 능력
  - 수용력 : 다양한 관점과 사고를 포용하여 자신의 생각을 발전시키는 능력
  - 사회성 : 토의를 잘 이끌어 가고 구성원과의 공동체의식을 발휘하는 능력

사. 면접의 기본 사항 : 개별 및 집단 면접은 문항에 있어 정답을 요구하는 대학 별고사가 아니며, 지원자의 고교 교육과정에서 습득한 다양한 학습과 창의체험활동을 통해 드러나는 기본 소양을 평가하여 교직에 적합한 적성과 인성을 가진 학생을 선발하는 면접임.

⑪ 청주교대

[전형별 전형 요소]

전형	전형 요소
배움나눔인재전형 충북인재전형	• 1단계 : 서류 100% → 정원의 3배수 선발 • 2단계 : 1단계 60% + 면접 40% → 모집 정원 선발 • 수능최저기준 : 없음

[면접 평가의 방법]

가. 평가 방법 : 복수의 면접위원이 학교생활기록부, 자기소개서 등 수험생의 제출 서류를 활용하여 종합 평가함.

나. 면접 방법 : 심층 면접

- 개별 면접(10분) : 제출 서류를 참조하면서 면접위원이 지원자를 상대로 질의

- 개별 과제 발표(준비 10분, 발표 5분) : 특정 주제와 관련된 자료를 제공하고 그 자료를 분석하여 자신의 생각을 발표한다. 구두 발표를 원칙으로 하며, 칠판 등 현장에 비치된 기구 활용이 가능하다.

다. 평가 영역 : 교사로서의 적성과 인성 등을 종합적으로 평가

평가 영역	평가 지표
문제해결 능력 의사소통 능력 인재상 적합도	대학 자체 개발 문항에 대한 구술 답변 내용 개별 제출 서류 기반 질문에 대한 구술 답변 내용

라. 기타 사항 : 면접 성적은 원점수를 표준점수로 변환하여 적용

⑫ 춘천교대

[전형별 전형 요소]

전형	전형 요소
교직적 · 인성인재전형 강원교육인재전형	• 1단계 : 서류 100% → 정원의 3배수 선발 • 2단계 : 1단계 60% + 면접 40% → 모집 정원 선발 • 수능최저기준 : 국수영탐 4개 영역 등급 합 14, 한국사 4 이내

[면접 평가의 방법]

가. 평가 방법 : 다수의 입학사정관이 교직 적성과 교직 인성을 정성 · 종합 평가한다.(서류 평가 자료를 참고 자료로 활용할 수 있음)

나. 평가 영역

평가	출제 주제 및 평가 주안점
교직 적성	교직과 관련된 본질적 문제나 현실적 쟁점, 교직 수행과 관련된 문제 상황 등을 종합적으로 파악하고, 합리적으로 해결하는데 요구되는 가치관, 논리력, 창의력, 표현력 등 교직 적성을 평가함.
교직 인성	학교생활(출결 상황, 인성 관련 수상 경력, 세부 능력 및 특기사항, 자율활동, 동아리활동, 봉사활동, 진로진학활동, 독서활동, 행동 특성 및 종합 의견 등)의 경험 사례를 통해 교직 수행에 필수적으로 요구되는 책임/성실, 배려/존중, 협동/참여 등 교직 인성을 평가함.

다. 평가 영역별 등급 및 배점

영역	A+	A	A-	B+	B	B-	C+	C	C-
교직 적성	60	57	54	51	48	45	42	39	36
교직 인성	40	38	36	34	32	30	28	26	24
계	100	95	90	85	80	75	70	65	60

라. 성적 산출 : 전형별 평가위원 평균과 표준편차를 일치시킨 교직 적성 점수와 교직 인성 점수를 각각 소수점 여섯째 자리에서 반올림한 후 합산한 점수를 면접 점수로 한다.

마. 부적합자 불합격 처리 : 대학 입학전형관리위원회에서 수학이 부적합하거나, 전형 취지에 부합하지 않는다고 판정을 받은 경우에 선발 인원에 미달하더라도 불합격 처리된다.

⑬ 한국교원대

[전형별 전형 요소]

전형	전형 요소
학생부종합 우수자전형	• 1단계 : 서류 100% → 정원의 3배수 선발 • 2단계 : 1단계 80% + 면접 20% → 모집 정원 선발 • 수능최저기준 : 없음

[면접 평가의 방법]

가. 면접 유형 : 개별 면접(구술 평가)으로 10분 내외

나. 면접 대상자 : 1단계 전형 합격자

다. 평가 항목 : 예비 교사로서의 자질과 역량을 종합적으로 평가

평가 항목	항목별 평가 요소
발표 능력	이해력, 문제해결력, 표현력
지적 잠재력	창의성
전공 적합성	전공 선택 동기, 전공 수학 능력
교직 적·인성	교직 적성, 인성(개방형 질문에 의한 구술 내용)
의지 및 열정	애교심, 발전 가능성

라. 평가 방법 : 평가 자료를 종합적으로 활용하여 면접 평가 항목별 평가 요소에 의한 다수 평가자에 의한 정성적·종합적 평가

- 각 항목의 평가 결과를 종합적·총체적으로 판단하여 평가위원별로 5개(A, B, C, D, F)의 종합 평가 등급 중 하나 부여

  ⇒ 종합적·총체적으로 판단한다는 것은 모든 항목이 우수해야 좋은 평가를 받는다는 것을 의미하지는 않는다.

- 평가위원별 종합 평가 등급에 따른 환산 점수를 평균하여 반영

마. 면접 절차

1. 면접 대기실 입실

2. 교직 적·인성 문항에 대한 발표 자료 작성(약 10분)

3. 면접실 입실

4. 작성 내용 발표(약 3분)

5. 발표 내용 관련 질의응답(약 3분)

6. 개방형 질문 관련 질의응답(약 4분)

　※ 면접 시간 및 절차는 학과별 · 수험생별로 일부 다를 수 있음.

바. 면접 관련 지원자 유의사항

• 입실 완료 시간 후 입실자는 감점 또는 불합격 처리될 수 있음.

• 면접 시간 이후에는 입실 불가

• 지원자 성명, 출신 고교, 부모(친인척 포함)의 실명, 직업 및 사회적 · 경
제적 지위를 암시하는 발언 금지 및 교복 착용 불가

대학	전형	전형 방법	비고
경인 교대	일반 학생	1단계(2배수) : 수능 100 2단계 : 1단계 70, 교직 심층 면접 30	– 평가 항목 : 교직 적성(문제해결 능력, 　지식정보 활용 능력, 의사표현 능력), 　교직 인성(교직 수행 잠재 능력) – 평가 방법 : 대학 자체 개발 면접 문항 　활용 – 시간 : 1인 10분 내외(준비 시간 10분 　별도) – 교복 착용 금지(블라인드)
공주 교대	일반 전형	1단계(2배수) : 수능 100 2단계 : 1단계 70, 학생 부 27, 면접 3	–
광주 교대	일반 전형	1단계(2배수) : 수능 90 + 학생부교과 10 2단계 : 1단계 90, 면접 10	–
대구 교대	일반 학생	1단계(2배수) : 수능 650 2단계 : 1단계 650[실 질 88.8], 학생부 100(기 본 40[실질 8.2]), 면접 100(기본 78[실질 3.0])	–
부산 교대	일반 전형	수능 400[실질 78.43], 학생부교과 90[실질 17.65], 면접 20[실질 3.92]	• 수학 영역 유형(가/나) 및 탐구영역 간 　가산점 없음 • 탐구영역 반영 방법 : 1개의 영역에서 　2과목 백분위의 평균값을 반영 • 탐구영역은 지정 과목이 없으며 서로 　같은 분야의 Ⅰ+Ⅱ 과목 선택 가능(예) 　화학Ⅰ, 화학Ⅱ) • 직업탐구, 제2외국어, 한문 및 한국사 　는 반영하지 않음 (※ 한국사 영역은 　지원 자격이므로 필수 응시)

서울 교대	일반 전형	1단계(2배수) : 수능 600 2단계 : 학생부비교과 200, 심층 면접 200	• 수능 선택 : 수학은 가/나 중 선택함 • 탐구영역은 두 과목의 평균을 반영하고, 제2외국어/한문은 반영하지 않음 • 수학 가형 및 과학탐구 각 5% 가산점 부여 • 수능최저학력 기준 : 영어 3등급 이내, 한국사 4등급 이내 [심층 면접] • 면접 자료 : 대학 자체 개발 • 평가 기준 : 다수의 면접관이 평가 기준에 따라 심층 평가. 서류 평가위원들이 작성한 '면접 시 질의사항'을 면접에서 질의하여 평가에 반영
전주 교대	일반 학생	단계별 전형 - 1단계(200%): 수능 성적 100%(600점) - 2단계(100%): 학생부 성적 30%(300점), 수능 성적 60%(600점), 면접 10%(100점)	수능최저학력 기준: 한국사 4등급 이내
제주대	일반 전형	학생부교과 50[실질 14] + 수능 50[실질 86]	면접 없음
진주 교대	일반 전형	1단계(2배수) : 수능 72.7, 학생부 23.3 2단계 : 수능 71.4, 학생부 26.8, 면접 1.8	면접 기본 점수 : 40점
청주 교대	일반 전형	1단계(2배수) : 수능 100 2단계 : 수능 80, 학생부 11, 면접 9	–
춘천 교대	일반 전형	1단계(2배수) : 수능 100 2단계 : 수능 80, 학생부 교과 12, 면접 8	– 어느 한 성(性)이 75%를 초과하지 않는 것을 원칙으로 함.(1, 2단계 포함) – 가산점 : 수학 가형과 과학탐구 각 5% 가산
한국 교원대	수능성적 우수자 특별전형	1단계(3배수) : 수능 100 2단계 : 수능 95, 면접 5	2단계 면접 성적이 현저히 부진(면접 평가위원 전원 'F등급' 받은 경우)하여 대학에서 수학하기 어렵다고 판단되는 자는 불합격 처리

※ 내용상 변동이나 오류가 있을 수 있으니 반드시 해당대학 모집요강을 다시 확인하시기 바랍니다.

❶ 경인교대

[면접 평가의 방법]

1. **평가 항목** : 교직 적성(문제해결 능력, 지식 정보 활용 능력, 의사표현 능력), 교직 인성(교직 수행 잠재 능력)
2. **평가 방법** : 대학 자체 개발 면접 문항 활용
3. **시간** : 1인 10분 내외(준비 시간 10분 별도)
4. 교복 착용 금지(블라인드). 응시생이 교복을 착용하였을 때에는 대학에서 적절하게 블라인드 처리하여 실시함.

❷ 공주교대

[면접 평가의 방법]

1. **면접 진행 방법**
   - 수험생이 교양 관련 면접 문제를 무작위로 1개 선택하여 약 3분간 준비하고 선택한 문제에 대하여 답변
   - 수험생이 선택한 문제에 대응하는 교직관 관련 문제 추가 답변
2. **반영 방법**
   - 반영 점수 : 50점
   - 조별로 구한 평균과 표준편차를 이용한 개인별 표준점수를 반영
   - 소수점 이하 셋째 자리 반올림으로 소수점 이하 둘째 자리까지 산출
3. **면접 평가의 영역 및 기준**
   - 교직관 및 교양 공주교대 교육과정을 이수하는 데 필요한 교직에 대한 이해, 열의, 사명감, 신념, 인간관, 아동관, 가치관, 기본적 교양 등을 평가
   - 표현력 답변의 명료성, 객관성, 논리성, 적절성 등을 평가
   - 태도 대화 태도, 정서적 안정성 등을 평가

❸ 광주교대

[면접 평가의 방법]

1. 면접의 대상 및 배점과 반영 비율

- 면접의 대상 : 정시모집 1단계 전형 합격자 전원
- 배점과 반영 비율 : 총 1,000점 중 100점(10%)
- 실질 반영 배점과 비율 : 16점(1.6%)

2. 면접 평가의 영역 및 요소

평가 영역	평가 요소	비고
문제해결 능력	이해력, 분석력, 창의력, 의사소통 능력 등	면접은 사전에 출제한 공통 문항(3~4 문항)을 통해 초등 교사로서 직무를 원만히 수행할 수 있는지를 평가자가 질문하고 지원자가 답변하는 형식으로 진행 ※ 별도의 사전 제시문 및 교과 풀이형 문항 없음
인성 및 적성	전공적합성, 사회성, 가치관, 도덕성 등	
기초 소양 및 태도	기초소양, 태도 등	

3. 면접의 진행 방법

- 진행 방법 : 평가위원 2~3명이 한 팀을 구성하여 수험생 1명씩 면접[다대일(多對一) 면접]
- 면접 시간 : 1인당 약 7분 내외로 진행
- 신분 확인 시 인정 신분증 : 주민등록증, 주민등록증 발급신청확인서, 청소년증, 청소년증 발급신청확인서, 만료 전 여권 등
  - 불인정 신분증 : 학생증, 각종 자격증 등
  - 주민등록증이 발급되지 않은 자의 경우 : '주민등록증 발급신청 확인서' 또는 '청소년증 발급신청확인서'로 대체
- 면접의 공정성 확보를 위해 교복, 이름표 등의 착용을 원칙적으로 금지하며, 교복 착용 시 우리 대학 지침에 따라 기타피복(학사복 등)을 착용하고 면접에 참여할 수 있음.

❹ 대구교대

[면접 평가의 방법]

1. 면접 반영 방법

- 평가 자료 : 자체 면접 문항
- 평가 방법 : 집단 면접
- 평가 내용 : 초등 교사로서 갖추어야 할 교직 적성 · 인성 평가위원에 의한 종합 평가
- 반영 점수 : 78점[최저]~100점[최고]

❺ 부산교대

[면접 평가의 방법]

1. **평가 방법 :** 면접을 통하여 예비 초등학교 교사로서의 인성과 자질 등을 종합적으로 평가함.

면접 시간	12분 내외
면접 형식	주어진 문제에 대한 2분 답변과 다른 지원자의 다른 답변에 대한 1분 의견 제시
집단 구성	조별 3인 내외로 구성
평가 항목	– 교직 태도와 사명감 : 교직에 대한 이해 및 소명의식 – 가치관 및 인성 : 긍정적 자아 개념 및 예비 초등 교사로서의 자질 – 의사소통 능력 : 질문에 대한 이해 및 논리적 의사 전개 – 사고력 : 타당한 논거에 의한 합리적 추론과 창의적 사고 능력
면접 진행 순서	– 문제 선정 : 준비실에서 문제를 선택하고 발표 내용을 숙고하도록 함 (10분). – 입장 및 발표 : 면접장 입장 후 수험번호 순서대로 자신에게 주어진 질문에 대한 발표(2분) – 타인 의견 청취 : 자신의 발표에 대해 다른 2명의 수험생이 각각 1분씩 자신들의 의견을 제시함. – 하나의 문제에 대한 발표와 답변이 끝나면, 다음 수험번호 순으로 앞의 방법과 동일하게 진행함. – 면접관 질문 : 면접관은 개별적으로 수험생에게 보충 질문할 수 있음.

2. 유의사항

- 지정 시간까지 해당 면접 대기실에 입실해야 하며, 이를 위반하였을 때는 불합격 처리함.
- 면접에서 예비 초등학교 교사로 부적격하다고 판단되는 자는 입학 전형 성적과 관계없이 불합격 처리함.

❻ 서울교대

[면접 평가의 방법]

1. 심층 면접

- 면접 자료 : 대학 자체 개발
- 평가 기준 : 다수의 면접관이 평가 기준에 따라 심층 평가를 시행함. 서류 평가위원들이 작성한 '면접 시 질의사항'을 면접에서 질의하여 평가에 반영함.

❼ 전주교대

[면접 평가의 방법]

1. 면접

- 배점 : 100점 중 기본점수 80점
- 전형 대상 : 1단계 전형 합격자
- 면접 시간 : 지원자 1인당 약 3~4분 내외
- 평가 내용 : 예비 초등 교사로서 갖추어야 할 일반적인 교양과 교직에 대한 태도와 가치관 등을 종합적으로 평가함.
- 면접 방법
  - 수험생에게 미리 문항을 선택하도록 하여 답변 준비 시간을 가짐.
  - 수험생 1명씩 면접위원에게 선택한 면접 문항을 읽고 구술 답변을 함.
  - 면접 문항을 선택하였을 때 답변이 어려운 문항이 선택되었을 경우에 총 1회에 한하여 다시 선택할 수 있음.

⑧ 진주교대

[면접 평가의 방법]

1. **면접 대상** : 1단계 합격자
2. **면접 방법** : 출제위원이 제시한 문답식 구술형 1문항과 수험생이 작성한 면접 카드 내용을 토대로 예비 초등 교사로서 갖추어야 할 교양, 교직관, 표현력, 인성 등을 종합적으로 평가함.
3. **면접 시간** : 개인당 5~8분 내외
4. **면접 내용** : 예비 초등 교사로서 갖추어야 할 교양, 교직관, 표현력, 인성을 각 영역으로 구분하여 4개 영역에 대한 종합 평가를 실시함.
5. **면접 반영 점수** : 40점(기본 점수) ~ 50점, 점수 차 10점

⑨ 청주교대

[면접 평가의 방법]

1. **평가 영역** : 본교에서 자체 개발한 문항으로 교양, 교직관, 표현력 등을 종합적으로 평가한다.
   - **교양** : 교양, 흥미, 인성, 자아개념, 인생관, 세계관 등을 평가
   - **교직 적성** : 교육 및 교직에 대한 태도와 이해, 인간관, 아동관 등을 측정하여 예비 교사로서의 자질을 가지고 있는지 평가
   - **표현력 및 태도와 예절** : 자기의 의사를 명확하고 논리적으로 표현할 수 있으며, 용모와 행동이 단정하고 품위 있는지를 평가
2. **면접 시간** : 지원자 1인당 준비 5분, 답변 5분(총 10분)
3. **면접 방법**
   - 면접장 입실 전에 교양 및 교직 관련 면접 문항을 무작위 추첨으로 선택한 후 5분간 구술 답변을 준비함.
   - 수험생은 면접위원 3명 앞에서 선택한 면접 문항을 읽고 구술 답변을 함.
   - 면접위원은 수험생 답변에 따라 후속 질문을 할 수도 있음.
4. **면접 성적 적용 방법** : 원점수를 표준점수로 변환하여 적용함.

⑩ 춘천교대

[면접 평가의 방법]

1. 면접 자료 : 구술 질문지(자체 개발)

2. 면접 대상 : 1단계 합격자 전원

3. 영역별 평가 기준

- 교직 적성 : 건전한 교육적 신념에 근거하여 교육 현상을 이해하고 있는
  지, 교육 문제에 대한 합리적인 판단을 제시할 수 있는지 평가함.
- 교직 인성 : 초등 교사로서 갖추어야 할 인성의 요소를 종합 평가함.

4. 면접 배점

영역	A+	A	A-	B+	B	B-	C+	C	C-
교직 적성	48	46.8	45.6	44.4	43.2	42	40.8	39.6	38.4
교직 인성	32	31.2	30.4	29.6	28.8	28	27.2	26.4	25.6
계	80	78	76	74	72	70	68	66	64

5. 면접 방법 : 다수의 면접위원이 우리 대학교 자체 면접 기준에 의거 수험생
1인에게 질문하여 구술 답변에 따라 평가

6. 면접 성적 산출

- 전형별 평가위원 평균과 표준편차를 일치시킨 교직 적성 점수와 교직 인
  성 점수 사용
- 교직 적성 점수와 교직 인성 점수를 각각 소수점 셋째 자리에서 반올림
  한 후 합산한 점수를 면접 점수로 함.

⑪ 한국교원대

[면접 평가의 방법]

1. **면접 유형** : 개별 면접(구술평가)

2. **면접 대상** : 1단계 전형 합격자

3. **평가 항목** : 발표 능력, 지적 잠재력, 전공 적합성, 교직 적·인성, 의지 및 열정

4. **평가 자료** : 교직 적·인성 문항 및 개방형 질문에 의한 구술 내용

5. **평가 방법** : 개별 면접으로 다수 평가자에 의한 정성적·종합적 평가
   - 평가 자료를 종합적으로 활용하여 면접 평가 항목별 평가 요소를 심사한다.
   - 각 평가 항목에 대한 평가결과를 종합적·총체적으로 판단하여 평가위원별로 5개의 종합평가등급(A, B, C, D, F) 중 하나의 평가등급 부여 ⇒ 종합적·총체적으로 판단한다는 것은 관련 요소를 두루 활용하여 평가하는 것을 의미할 뿐, 모든 항목이 우수해야 좋은 평가를 받는다는 것을 의미하지는 않는다.
   - 평가위원별 종합평가등급에 따른 환산점수를 평균하여 반영(환산점수는 공개하지 않음)

6. **면접 시간** : 실제 면접 시간은 10분 내외

7. **면접 절차** : ① 면접 대기실 입실 ⇒ ② 교직 적·인성 문항에 대한 발표 자료 작성(약 10분) ⇒ ③ 면접실 입실 ⇒ ④ 작성 내용 발표(약 3분) ⇒ ⑤ 발표 내용 관련 질의응답(약 3분) ⇒ ⑥ 개방형 질문 관련 질의응답(약 4분)
   ※ 면접 시간 및 절차는 학과별·수험생별로 일부 다를 수 있음.

8. **합격 불가 기준** : 면접 성적이 현저히 부진(면접 평가위원 전원에게 'F등급'을 받은 경우)하여 대학에서 수학하기 어렵다고 판단되는 자

9. **블라인드 면접 관련 지원자 유의사항**
   - 지원자 성명, 출신 고교, 부모(친인척 포함)의 실명, 직업 및 사회적·경제적 지위를 암시하는 발언 금지
   - 교복 착용 불가

제2부

교대·사대 면접 준비 전략

어려운 일을
쉽게 만들 수 있는 사람이 교육자이다.
—아미엘

① 면접 평가의 의미와 역할

(1) 면접 평가의 의미

대부분의 대학 면접장에서 면접 평가위원들은 여러분이 제출한 서류의 주요 사항만을 요약한 '서류 평가 요약서' 또는 '서류 평가 결과서'를 가지고 있는 경우가 많습니다. 이는 학교생활기록부나 자기소개서를 면접 당시에 일일이 훑어보지 않고도 다양한 질문을 할 수 있다는 의미입니다. 면접 평가의 의미는 다음의 두 가지로 정리할 수 있습니다.

① 서류 내용을 점검하거나 오류를 확인합니다.
- 지원자가 제출한 서류(학교생활기록부, 자기소개서, 추천서 등)의 내용을 확인하고 평가하는 것만으로는 입학생 선발을 위한 합격과 불합격을 판단하기가 쉽지 않을 것입니다. 왜냐하면 서류 평가에서는 지원자의 활동에 대한 구체적인 과정보다는 결과만을 알 수 있는 경우가 많기 때문입니다. 또한 담임교사와 교과 교사가 작성한 글의 행간을 정확하게 이해하고 확인하는 과정도 필요합니다. 따라서 활동의 구체적인 과정을 확인함으로써 서류 평가에서 발생할 수 있는 불확실성을 해소하고, 선발에 대한 판단의 어려움을 다른 방식의 평가로 보완하고자 면접을 실시합니다.
- 기본적으로 의사소통이나 학교생활을 하는 데에 문제가 없는지(특수교육 대상자의 경우 장애 정도를 파악하기도 함)를 파악하는 본질적인 의미도 있습니다.

② 서류 평가에서 평가하지 못한 역량을 확인합니다. 지원자의 식견과 교양, 인성, 지성, 전공 자질 등을 제한된 시간 내에 구술이라는 방법을 통해 최종적으로 확인 또는 검증하는 2차적 테스트로서의 의미가 있습니다.

(2) 면접 평가의 역할

면접 평가의 구체적인 역할은 다음의 3가지로 정리할 수 있습니다.

① 전공에 적합한 역량을 확인하고 파악합니다. 이는 지원자들을 전공과 직접적으로 관련된 문제 상황에 직면하게 만드는 면접을 실시하는 이유입니다. 특히, 전공과 관련된 기본적인 개념을 숙지하고 있는지와 다양한 상황에서의 문제 발견 능력, 통찰력, 융합에 대한 자질을 확인합니다.

② 지원자의 인성 역량을 확인하고 검증합니다. 이는 학생부종합전형의 차별점 중 하나로써 공부만 잘하는 이기적인 학생이 아니라 인성도 겸비한 진정한 인재를 선발한다는 의미를 내포하고 있습니다. 평소에 말하는 태도와 행동뿐만 아니라 무의식적으로 드러나는 모습에 대해서도 평가하고 있습니다. 주어지는 가상 상황에서 어떠한 사고방식을 보이는지를 주로 평가합니다.

③ 지원자가 갖추고 있는 기본 자질의 진정성과 학업에 대한 열정을 파악하고 확인합니다. 제출한 서류(학교생활기록부, 자기소개서)의 진실성, 자기 주도성을 확인합니다. 특히, 서류에서 주로 드러나는 결과에 대한 구체적인 동기나 과정을 물어 결과의 진정성과 학업에 대한 열정을 확인합니다. 또한 '꼬리에 꼬리 물기'(역량 기반 평가) 질문을 통해 서류 내용에 대한 진실성을 확인하기도 합니다.

② 면접 평가의 준비 사항

면접 평가를 위한 준비 사항은 다음의 3가지로 정리할 수 있습니다.

(1) 지원 대학의 면접 방식, 일정, 장소 확인하기

① 사전에 지원할 대학의 면접 방식을 확인해야 합니다. 확인은 대학의 수시 모집요강을 보거나, 해당 대학교 입학처에 전화로 문의해야 합니다. 면접은 개별 면접이나 집단 면접(토론·토의 면접)으로 진행되며, 인·적성 면접, 심층 면접, 발표 면접 등의 형식으로 치러집니다.

② 면접의 일정과 장소도 미리 확인해야 합니다. 일정에서 주의해야 할 사항은 타 대학과 면접일이 겹치는 경우입니다. 만약 지원한 대학들의 면접 일정이 겹칠 경우에는 오전이라면 오후, 오후라면 오전으로의 변경이 가능한지 여부와 중간 퇴실이 가능한지 여부 등을 미리 전화나 방문을 하여 직접 확인해야 합니다.

③ 면접 장소는 아주 먼 곳이 아니라면 미리 방문해 보는 것[사전 답사]이 좋습니다. 본인이 가고 싶은 대학을 미리 가보는 것은 그 대학에 대한 입학 의지를 다지는 계기가 됩니다. 한편으론 면접 당일의 혼잡한 교통 상황이나 돌발 변수에 대비하는 의미가 있습니다. 즉, 대학까지 가는데 걸리는 시간[자가용 차량 이동 시간, 대중교통 이동 시간 등] 등을 확인할 수 있습니다. 그 외에도 자가용 이용 시 주차 여부나 면접 때 소지가 가능한 물품(교양 책, MP3, 파일, 자료집, 교과서, 문제집 등), 부모님 대기실 등을 확인하면 더욱 좋습니다.

(2) 평가 영역에 맞는 예상 질문 준비하기

① 지원 대학의 평가 영역과 요소, 기준, 배점 등을 확인해야 합니다. 평가 영역은 전공 적합성, 인성 영역, 자기 주도성 등으로 서류 평가 영역과 많은 부분이 겹칠 수 있습니다. 평가 요소는 논리적 사고력, 발표력, 비판 능력,

의사소통 능력, 판단력, 대인관계 능력, 서류의 진실성 등이 있습니다. 배점은 일반적으로 전공 적합성 부분이 가장 높을 수 있으며, 대학에 따라서는 인성 영역의 배점이 다른 항목에 비해 상대적으로 높을 수도 있음을 유의하기 바랍니다.

② 지원 대학의 면접 방식과 평가 영역과 요소, 기준, 배점 등을 확인했다면, 면접에 대한 예상 질문을 준비하는 것이 좋습니다. 예상 질문을 만들기 위해서는 기출 문제 분석이 선행되어야 합니다. 기출 문제는 대부분 해당 대학의 입학처 홈페이지 자료실에서 구할 수 있습니다. 만약, 기출문제가 없을 경우에는 해당 지역의 교육청 대입정보센터 또는 진로진학상담센터에 문의하거나, 고교 선배 등을 통하여 구할 수도 있습니다. 하지만 대학에서 공개를 하지 않는 한 전공 문제는 구하기가 어렵습니다.

이러한 상황에 대비하여 우선 대학에서 기본적으로 물어보는 공통 질문을 먼저 준비하는 것도 한 방법입니다. 예를 들면 자기소개하기, 본인의 진로 계획, 본인의 장단점, 생활신조, 가치관, 마지막에 하고 싶은 말, 존경하는 롤 모델 등이 그것입니다.

한편, 면접에서는 전공 기초 역량을 평가하기 위한 기본 개념을 물어볼 수도 있습니다. 따라서 인문 계열은 윤리나 사회 교과, 자연 계열은 수학이나 과학 교과의 기본 개념을 별도로 정리할 필요가 있습니다. 예를 들어, 서울과학기술대학교는 전공 관련 기본 개념을 물어보는 것으로 알려져 있습니다.

(3) 학교생활기록부와 자기소개서 내용의 점검 및 확인하기

① 면접의 방식과 형태는 다르더라도 기본적으로 지원자가 제출한 학교생활기록부와 자기소개서는 면접에서 활용될 확률이 100%입니다. 따라서 이들 내용을 점검 및 확인하고 숙지하는 것은 필수 사항입니다.

② 다음 사항들이 학교생활기록부를 통해 물어보는 주요 내용일 것입니다.
  • 출결 사항 : 무단결석이나 장기간 병가가 있는 경우
  • 교내 수상 경력 : 전공 관련 과목 우수상 이상 2회, 봉사상 등 2회 경력

의 경우

- 자격증 : 특성화고교졸업자전형의 경우 취득 동기와 과정 등
- 진로 사항 : 중간에 진로가 변경된 경우 변경 이유에 대한 소명 질문
- 창체 중 자율활동 : 학교 임원 1회 또는 학급 임원 활동 2회 이상의 경우
- 창체 중 동아리활동 : 전공 관련성이 높고 지속적인 경우에 리더십 측면이나 단체 수상, 활동 내역 등
- 창체 중 봉사활동 : 1년 이상의 교외 봉사활동, 특이한 봉사활동, 남들이 하기 싫어하는 봉사활동 등 행동 특성 및 종합 의견에 기록된 경우
- 세부 능력 및 특기사항 : 전공 관련 과목에 특별하게 기술된 내용이 있을 경우
- 독서활동 상황 : 전공 관련 도서, 특별한 책은 반드시 그 핵심 내용, 주제를 숙지하고 갈 것

③ 자기소개서는 학교생활기록부에 기록되지 않은 교외 활동이나 자격증, 진로 계획[(라) 항목] 등의 구체적인 내용을 확인하는 질문이 나올 확률이 높으므로 철저한 대비가 필요합니다.

③ 면접 평가의 구분

(1) 면접 대상 '수'에 의한 구분

① 개별(개인) 면접 : 지원자 한 명만 들어가서 면접 평가위원들과 하는 방식입니다. 주로 일대다(1:多) 방식을 취하는 경우가 많습니다. 일반적으로 지원자 한 명을 면접 평가위원 2~3명이 평가합니다. 이때 들어가는 면접 평가위원은 해당 전공(학교에 따라서는 학부나 유사 계열) 교수 2명(또는 1명)과 입학사정관 1명인 경우가 많습니다. 면접 시간은 학교에 따라 5~20분 내외이며, 면접 내용이나 방식에 따라 인성 면접이나 심층 면접, 발표 면접 등이 가능합니다.

② 집단 면접 : 주로 다수의 평가위원이 다수의 지원자를 면접장에 앉히고 하는 다대다(多 : 多) 방식입니다. 일반적으로 지원자 3~4명(조를 구성하기도 함)과 해당 전공(학교에 따라서는 학부나 유사 계열) 교수로 이루어진 면접 평가위원 2~3명이 평가합니다. 이때 입학사정관은 상황에 따라 들어갈 수도 있고 들어가지 않을 수도 있습니다.

면접 시간은 학교에 따라 20~30분 내외로 평가합니다. 다수의 면접 평가위원이 여러 명의 학생을 대상으로 하나의 질문을 던지고 차례로 답변을 요구합니다. 평가의 공정성을 위해 다음 질문을 던질 때에는 답변 순서를 반대로(역으로) 진행하기도 합니다.

여기서 주의할 점은 (1) 질문 내용을 바탕으로 본인의 생각을 정리해야 하기 때문에 질문을 잘 들어야 한다는 것입니다. (2) 다른 학생의 답변과 중복되는 답변을 하면 안 된다는 것입니다.

답변 요령은 본인의 관점에 다른 학생들의 의견을 종합해서 답변하는 것입니다. 집단 면접은 면접 방식에 따라 토론 면접과 토의 면접이 가능합니다.

(2) 면접 '내용'에 의한 구분

① 인성 면접 : 주로 지원자의 인성역량을 확인하고 평가에 반영하는 면접으로 일반 면접이라고도 합니다. 다음과 같이 두 가지로 구분할 수 있습니다.

- 첫째, 지원자가 제출한 서류의 진실성과 지원자 성격이나 기본적인 소양을 확인하는 것입니다. 학교생활기록부와 자기소개서 등에서 지원 동기나 과정을 확인하게 되는데, 꼬리 물기의 방식을 통해 이를 점검할 수 있습니다.

- 둘째, 가상의 상황을 제시하고 그 상황에 대한 지원자의 태도와 사고방식에 대해 평가하는 것입니다. 예를 들면, "만약, 학생에게 내일 하루의 삶 밖에 남지 않는다면 무슨 일을 하고 싶습니까?"라는 질문을 통해 지원자의 생각을 듣는 형태입니다.

  면접 시간은 학교에 따라 5~20분 내외이고, 평가 영역은 의사소통 능력, 서류의 진실성, 사회성, 공동체성, 상황 대처 능력 등입니다. 주로 면접 평가위원 2~3명이 지원자 한 명을 평가하는 일대다(1:多)의 방식을 취하는 경우가 많습니다. 면접 평가위원 중 1명은 입학사정관인 경우가 많습니다. 주로 지원자가 제출한 서류 확인이 주안점이여서 확인 면접이라고 부르기도 합니다. 대학에 따라서는 제시문을 주고 평가하는 면접도 가능합니다.

② 심층 면접 : 인성 역량뿐만 아니라 전공 적합성, 자기 주도성, 학업 역량 등을 종합적으로 평가하며 대부분의 대학들이 실시하고 있습니다. 주로 면접 평가위원 2~3명이 지원자 한 명을 평가하는 일대다 방식을 취하는 경우가 많습니다. 면접 평가위원 중 1명은 주로 서류의 진실성 부분을 확인하는 입학사정관인 경우가 많고, 나머지 평가위원은 전공 적합성 부분을 평가하는 전공 교수입니다.

  인문 계열의 경우 인문, 사회과학의 전반적인 내용과 역사, 철학 분야의 내용을 주로 질문하고 있습니다. 자연 계열은 수학, 과학의 기본 개념, 법칙의 숙지 정도나 주요 실험의 목적, 과정, 결과 등의 이해 정도를 교과와 연계하여 주로 질문하고 있습니다.

  인성 면접과 마찬가지로 지원자가 제출한 서류의 진실성을 확인하며,

지원자의 성격과 기본적인 소양도 평가하는 역할도 수행합니다. 지원자가 경험한 활동의 과정을 구체적이고 심층적으로 파악하는 질문이 이어집니다. 일종의 역량 평가 면접입니다. 면접 시간은 학교에 따라 5~20분 내외입니다.

(3) 면접 '방식'에 의한 구분

① 토론 면접 : 대학에 따라 다를 수 있지만 토론 면접에서 면접 평가위원은 학생들의 토론에 직접 개입하지는 않습니다. 보통 토론 면접 시작 전에 안내 사항과 주의 사항 등을 말해 주고 학생들 간 토론을 하도록 하는 것이 일반적입니다. 토론 면접의 방식으로는 대개 4~5명 내외의 지원자를 3명 내외의 면접 평가위원이 평가하는 다대다(多 : 多) 방식을 취하고 있습니다.

　토론 면접은 '제시문이 없는 찬반 논쟁형' 또는 '제시문을 활용한 찬반 논쟁형'의 2가지 유형으로 구분할 수 있습니다. 대학에 따라 다를 수 있지만 제시문은 보통 3개 내외의 단락과 3개 내외의 질문사항이 기재되어 있는 경우가 많습니다. 제시문은 교육과정상의 교과서나 관련 내용 또는 시사적 내용 등이 많이 나오는 경향성을 보이고 있습니다. 대학별로 다를 수 있지만 일부 대학의 제시문과 문제는 논술전형의 제시문과 문제가 유사한 경우도 많습니다.

　토론 면접을 위해 특정한 주제에 대해 학생들은 1시간 내외의 시간 동안 각자가 찬성과 반대로 나뉘어 각자의 논거를 바탕으로 의견을 발표합니다. 대학에 따라 찬성과 반대를 본인이 선택할 수도 있고, 그 자리에서 제비뽑기를 통해 찬성과 반대가 정해지거나 해당 대학교에서 사전에 수험생별로 찬성과 반대를 지정하기도 합니다. 대학에 따라 다를 수 있지만 토론의 주제는 보통 인문, 사회, 과학, 철학 등의 영역 중에 한 가지가 제시되는 경우가 많습니다.

　평가위원들은 이러한 수험생들의 토론 과정을 지켜보면서 논리적 사고, 비판, 대인관계, 사회성, 리더십, 의사소통 능력 등을 평가 영역으로 하여 채점합니다. 주의할 점은 자신과 의견이 다르다고 상대방에게 면박을 주거나 논거도 없이 강하게 반대하는 것은 평가위원들에게 좋지 못한 인상을 주므로 주의해야 합니다.

따라서 여기에서 가장 중요한 전략적 방법은 상대방의 의견이 자신의 의견과 다르더라도, 그것을 존중하고 내용을 종합하면서 오히려 반박 논거로 활용하는 것입니다. 본인 차례가 되거나 반드시 말을 해야 할 것 같아서 발언권을 얻어 의견을 주장할 때에는, 말하고자 하는 결론을 먼저 얘기하고 핵심 논거를 중심으로 최대한 간결하게 말하는 것이 좋습니다. 결론은 가급적 독창적이고 현실 적용이 가능한 내용을 제시하는 것이 바람직합니다. 실제 상황에 따라 다를 수 있지만 한 번 발언의 최대 시간은 '1분' 정도를 넘지 않는다는 원칙과 마음으로 토론에 임하십시오.

반면에 군더더기와 불필요한 말이 많아 실제로 말하고 싶은 주장이 무엇인지 불분명하고 내용 정리가 안 되서 도대체 무슨 말을 하는지 상대방이 못 알아듣는다면, 평가자들도 좋지 않은 점수를 줄 것이 분명합니다.

토론 면접 중 '태도적 측면'에서 보면 다음과 같은 3가지 주의점이 있을 수 있습니다. 먼저 아무리 논거가 합리적으로 훌륭하고 타당하더라도 "㉠ 토론 중에 상대방의 의견이나 반응에 감정적으로 '흥분'하는 태도, ㉡ 상대방의 의견을 '무시' 또는 '비아냥'거리거나 무관심하게 방관하는 듯한 태도, ㉢ 발언하는 시간과 횟수를 너무 혼자만 '독점'해서 얘기하는 태도"를 보인다면, 토론 면접에서 결코 좋은 평가를 받기가 어렵다는 것을 명심할 필요가 있습니다.

이러한 태도상의 주의점을 통해 우리는 주요한 시사점을 발견할 수 있습니다. 그것은 바로 토론 면접에서 가장 중요한 태도는 어느 순간에도 '냉정함'을 잃지 않는 점입니다. 그러나 생각보다 면접 상황이 유동적이고 무슨 일이 생길지 모르는 실전 상황에서는 언제나 냉정함을 유지하는 것이 쉽지 않을 수 있습니다. 그렇다고 토론 면접을 염두에 두고 일찍부터 면접 연습만 하는 것도 현실적으로 어렵습니다. 그러므로 토론 면접에 대한 연습을 별도로 하는 것보다 고교 시절 동안 학교 안 교육과정과 수업, 창체 등 동아리활동, 기타 교육 프로그램이나 학교 밖 토론 활동을 통해 자연스럽게 연습이 이뤄진다면 실제 평가에서 많은 도움이 될 것입니다.

토론 면접에서 '내용이나 콘텐츠 측면'에서 좋은 평가를 받기 위해서는 전공 분야뿐만 아니라 인문, 사회, 철학, 역사, 과학, 공학, 예술, 체육 분야는 물론이고 시사에 이르기까지 다양한 독서와 직간접적 경험에 대한 자기만의 해석이 필요합니다.

시사의 정리는 관련 내용을 평소에 스크랩하고, 신문이나 인터넷 언론의 사설이나 칼럼 등을 자주 읽고 요약하는 것이 바람직합니다. 또한 제시문이 있는 대학의 경우 과거의 논술 기출 문제를 풀어보고 면접에 대비하는 전략이 필요합니다. 이를 바탕으로 다양한 주제에 대해 본인의 생각과 의견을 미리 미리 정리해 두는 것이 좋은 방법입니다.

② 토의 면접 : 토론 면접은 특정한 주제가 찬성과 반대로 나뉘는 면접인 반면에, 토의 면접은 특정한 주제에 대한 의견을 서로 나누면서 합리적인 대안을 도출하고 수용점을 찾아가는 면접입니다. 주제는 역시 인문, 사회, 과학, 철학 등의 영역에서 한 영역이 활용되고 있습니다. 다만 계열에 따라 제시문이 다른 차이를 보일 수 있습니다. 인문 계열은 교육과정상의 교과서나 관련 내용 또는 시사적 내용 등이 많이 나오는 반면에 자연 계열에서는 수학 또는 과학의 제시문과 문제를 통해 문제 풀이 과정, 개념 등을 요구하기도 합니다.

여기서 중요한 면접 팁은 상대방의 의견을 종합하고, 그 종합한 것을 바탕으로 다른 방향에서 생각해 본인만의 관점을 수립하는 것(예를 들어, 그런 면도 있지만~ 제 생각은~ 이런 식으로)입니다. 역시 좋은 평가를 위해서는 전공 분야뿐만 아니라 인문, 사회, 과학, 철학 분야나 시사와 관련된 다양한 독서가 필요하고, 이를 바탕으로 특정 주제에 대한 본인의 생각을 정리하는 것이 필요합니다.

토론/토의 면접 형태로 구분되는 4가지 유형

토론/토의 면접을 해 보면, 수험생의 발언 내용과 태도, 형태를 통해 다음의 4가지 유형으로 구분할 수 있습니다. 바로 '패널형'과 '패널 종합형', '사회자형', '사회자·패널 종합형'이 그것입니다.

1. **패널[독불장군]형** : 소정의 문제에 대해 상대방 의견보다는 본인의 주장만(찬성 또는 반대)을 위주로 발언하는 유형
2. **패널 종합형** : 소정의 문제에 대해 상대방의 의견들을 종합 정리하면서 그 내용을 바탕으로 본인의 주장을 다듬고 발언하는 유형
3. **사회자[중재자]형** : 소정의 문제에 대해 상대방의 의견들을 잘 종합하고 그것을 중심으로 다른 수험생의 발언을 잘 유도하지만 정작 본인 주장은 약한 유형
4. **사회자·패널 종합형** : 소정의 문제에 대해 사회자 역할도 잘하면서 패널 종합형 역할도 잘하는 유형

③ 발표 면접 : 발표 면접의 과정은 다음과 같습니다.

　㉠ 먼저 면접장 밖의 별도 공간인 대기실에 발제할 주제(인문 계열) 또는 문제(자연 계열)가 게시됩니다. 인문 계열의 경우 찬반이 있는 제시문이 주어지고, 자연 계열의 경우 문제풀이가 가능한 수식 문제(수학 또는 과학)가 주어질 가능성이 큽니다.

　㉡ 주제 또는 문제에 대해 10~30분 내외의 발표 준비 시간을 줍니다.

　㉢ 면접장에 입실하여 2~3명의 면접 평가위원이 보는 가운데 지원자 1명을 10~20분간 내외로 평가합니다.

　㉣ 개별 학생의 5분 내외의 발표(발제, 문제 풀이, 해석 포함)가 끝나면 5~10분 내외의 질의응답 시간을 갖습니다. 이때 지원자는 발표 내용에 대한 이유, 찬성과 반대 내용, 대안 제시 내용에 대해서 논리적인 근거 등을 제시하며 타당성이 있게 설명해야 합니다.

　　평가는 논리적 사고력, 의사소통 능력, 학업 역량, 발표력과 태도 등을 종합하여 이루어집니다.

공통 사항	사전 준비	– 지원 계열과 전공 관련 교과서 핵심 개념 정리하기 – 핵심 시사 내용 정리하고 본인의 의견 써보기 　(언론의 사설, 칼럼 많이 읽고 요약하기) – 수업과 활동에서 토론/토의 연습 많이 해보기
	실전 상황	– 상대방 의견 존중하고 내용 종합하기(메모!) – '결론 + 근거' 순으로 간결하게 말하기(1분 내외) – 절대로 흥분하지 않고 '냉정함' 유지하기 – 발언 시간이나 횟수 '독점' 하지 않기 – '(사회자)·패널 종합형' 역할 적극 활용하기
제시문형	사전 준비	– 논술 기출 문제를 분석하고 내용 정리하기

(4) 면접 '진행 방식'에 의한 구분

① 즉문즉답형 면접 : 별도의 제시문 없이 이미 지원자가 제출한 학교생활기록부, 자기소개서 등을 보고 그 내용을 확인하거나 내용에 대한 과정을 구체적으로 물어서 평가하는 면접 형태입니다.

② 제시문 활용형 면접 : 특정 주제 제시문을 대기실에 게시하고 지원자에게 일정한 시간을 주고 정리하게 한 후 면접장에서 그에 대한 생각을 발표하거나 본인의 의견(찬성, 반대, 대안 제시 등)을 개진하게 하는 방식의 면접 형태입니다.

③ 상황 제시형 면접 : "만약 ~의 상황이라면 본인은 어떻게 행동하겠습니까?"와 같은 질문으로 특정한 상황을 제시하여 어떤 답변과 행동, 태도를 보이는 지를 보는 면접 형태입니다. 지원자의 가치관, 태도, 기초 소양 등을 평가하는 데에 유용한 면접 방식입니다. 이러한 면접은 실제로 일어나지 않은 상황에 대한 질문이 주어지기 때문에 지원자들의 평소 가치관을 파악할 수 있다는 특징이 있지만 지원자들의 거짓된 답변이나 특이하지 않은 일반적이고 합리적인 답변만을 유도할 가능성이 많다는 문제점이 있을 수 있습니다.

④ 면접 평가 때의 주의사항

　면접을 진행하다 보면, 종종 지원자들이 습관적으로 적절하지 않은 태도를 취하는 경우를 봅니다. 아마 면접으로 인해 매우 긴장했기 때문이라고 생각합니다. 하지만 이런 경우 평가에는 좋지 못한 영향을 끼칠 수 있기 때문에 다음과 같은 사항을 자세히 알아보고 연습을 통해 교정하는 것이 좋습니다. 물론, 이것이 정답은 아니니 참고만 하십시오.

① '다리'를 떨지 마세요. 질문이 어렵거나 본인이 생각하지 못한 질문이 나올 때 이러한 경우를 봅니다. 긴장을 해서 무의식적으로 이러한 습관이 나타나는 것입니다. 하지만 이 작은 행동이 평가에는 좋지 않은 영향을 미칠 수 있습니다.

② '고개'를 갸우뚱하거나 '머리'를 좌우로 흔들지 마세요. 역시 모르는 질문이나 본인이 생각하지 못한 질문이 나올 때 이러한 행동을 하는 경향이 있습니다. 이러한 행동은 면접관에게 평정심을 잃었음을 보여주기 때문에 주의해야 합니다. 이는 모의 면접 등을 통해 안정 있는 태도를 유지하는 연습을 하여 교정하는 것이 필요합니다.

③ 한숨을 크게 내쉬거나 머리를 긁적이지 마세요. 자신도 모르게 한숨을 내쉬거나 머리를 긁적이는 학생이 있습니다. 면접관에게 자신감이 없고 소심하다는 인상을 줄 수 있으므로 역시 연습과 교정이 필요합니다.

④ 면접 평가위원 중 한 사람만 계속 응시하지 마세요. 지원자는 질문을 하는 면접관만 바라보는 경향이 있는데, 질문에 대한 답변을 할 때에는 질문한 면접관을 먼저 본 후, 나머지 면접관 전원을 돌아보면서 눈을 맞추어야 합니다. 평가는 질문을 한 면접관만이 하는 것이 아니라 참석한 모든 면접관이 하기 때문입니다.

⑤ 답변을 할 때 면접 평가위원의 '눈'만 똑바로 쳐다보지 마세요. 이러한 태도는 '눈싸움'을 하는 것과 같이 면접관에게 무의식적으로 지원자와 대결 상태로 인지하게 하여 좋지 않습니다. 2초 정도 눈을 맞춘 후에는 눈과 코

사이나 인중을 보고, 다시 눈을 보고 인중 등을 보는 태도를 적절하게 유지하는 것이 좋습니다.

⑥ 답변할 때에는 항상 '미소'를 지으세요. 설사 모르는 질문이 나와도 그냥 미소를 지으십시오. 면접을 진행하다 보면 지원자에게 호감을 표하는 면접관이 반드시 있습니다. 그 분에게는 특별히 더 미소를 띠는 것이 실질적인 평가에도 도움이 되고, 지원자의 긴장감을 줄이는 데도 도움을 줄 것입니다. 면접만을 위한 미소는 어색해질 수 있습니다. 원래 얼굴의 표정을 완전히 뜯어고친다는 마음으로 연습을 해야 합니다. 면접의 어떤 상황에서도 자연스럽게 웃는 밝은 미소를 보이는 것이 평가에 유리합니다.

⑦ '천장'을 보거나 '아래'를 보지 마세요. 이러한 행동도 지원자가 예상하지 못한 질문이 나오거나 말문이 막힐 때 주로 하는 행동입니다. 한 번 정도는 할 수 있지만 지속적으로 보이게 된다면 면접관은 '질문을 계속 해야 하나?', '이대로 끝내야 하나?' 등의 갈등을 하게 됩니다.

⑧ 답변을 하면서나 마친 후에 울지 마세요. 지원자가 힘들었던 교내·외의 활동이나 어려웠던 가정(가족)사 등을 말할 때 이렇게 행동하는 경우가 있습니다. 지원자가 울면 면접관들은 "편하게 하세요."라면서 달래주실 것입니다. 그런데 사실 면접관들은 말과는 달리 심정적으로 편하지 않습니다. 그래서 이렇게 울먹이는 지원자는 평가에서 손해를 볼 수도 있습니다. 서류(학교생활기록부, 자기소개서) 내용을 확인하는 질문에서 이러한 경향이 두드러집니다. 따라서 서류 확인에 대한 예상 질문과 해답을 만들어 대비하고, 늘 평정심을 유지하는 연습이 요구됩니다.

⑨ 앉은 자세에서 '다리'를 꼬거나 너무 벌리지 마세요. 간혹 치마를 입은 여학생이 다리를 벌리고 앉는 경우가 있습니다. 이런 경우 평가 위원의 입장에서는 민망스럽습니다.(시선을 어떻게 처리해야할지? 이걸 말을 해야 하는지? 온갖 수만 가지 생각이 그 짧은 찰나에 스쳐지나갑니다). 그러므로 치마를 입은 경우 다리를 가지런히 모아서 앉고(치마에 손수건을 얹어도 좋습니다), 바지를 입은 경우에도 본인의 어깨넓이를 벗어나지 않도록 주의하기 바랍니다. 반면에 남학생의 경우에는 너무 과도하게 벌리고 앉아 문제가 되기도 합니다. 역시 어깨넓이 정도만 벌리고 앉는 것이 좋습니다.

⑩ 움츠리지 말고 '어깨'를 펴세요. 역시 당황스런 질문이 나오거나 답변이 여의치 않은 경우가 반복될 때, 심리적으로 위축되어 이러한 경우가 많습니다. 이럴 경우 점점 상체를 움츠리고 어깨가 접힙니다. 당당하게 자신감 있게 답변하십시오.

⑪ 안경 쓴 학생의 경우에 답변을 하면서, 안경을 자주 만지지 마세요. 안경을 올렸다 내리는 행위도 마찬가지입니다. 사람이 불안해 보입니다. 무의식적인 습관이지만 면접 평가위원들에게는 질문에 당황하거나 긴장한 것으로 인식되어 평가에 좋지 않은 영향을 줄 수 있습니다.

⑫ 머리를 자주 쓸어 넘기는 행위도 자제해 주세요. 주로 머리가 긴 학생인 경우가 많습니다. 한두 번은 예의로 넘어갈 수 있습니다. 그러나 답변할 때마다 계속 습관적으로 그러면 좋지 못한 영향을 줄 것입니다. 면접시험에서는 긴 머리가 흘러내리지 않도록 머리띠나 머리핀을 이용해서 고정하고, 머리가 눈을 가리지 않도록 하십시오.

⑬ 답변을 할 때 자연스러운 제스처를 사용해 주세요. 제스처(gesture)는 말의 효과를 더하기 위하여 하는 몸짓이나 손짓을 의미합니다. 답변에 어울리는 편안한 손동작은 답변의 신뢰도를 향상시킬 수 있습니다. 반면에, 군인처럼 팔을 쭉 펴고 주먹을 꽉 쥐고 입만 사용해서 답변하는 것은 다소 경직되어 보입니다. 그리고 주먹을 너무 힘줘서 꽉 쥐지 말고 자연스럽게 쥐는 것이 보는 사람에게도 편안함을 줍니다.

⑭ 답변할 때마다 자주 침을 삼키는 행위를 자제해 주세요. 꼴딱꼴딱 침을 삼키는 수험생이 있습니다. 누구나 면접에서는 긴장을 하기 마련이지만 이렇게 잦은 행위는 면접 평가위원들의 불안감을 가중시키고 평가에 부정적인 영향을 줄 수 있습니다.

⑮ '어…', '마…', '음…' 같은 표현을 하지 않도록 주의하세요. 물론 한두 번 정도는 괜찮다고 할 수 있습니다. 주로 답변을 할 때 바로 답변하지 않고 잠시 답변 내용을 정리하거나 습관적으로 사용, 혹은 일부 지방에서 사투리로 사용하는 경우가 있을 것으로 생각됩니다. 그러나 지방에서 올라와 사투리를 사용하는 경우를 제외하고는 불필요한 경우로서, 면접 평가위원들에게 답변을 몰라서 시간을 끄는 행위라는 오해를 줄 수 있습니다.

⑯ 성량은 적당한 크기이거나 오히려 큰 목소리로 답변하세요. 이러한 성량이 본인의 특성을 살려 인상을 좋게 하는 데에 도움이 됩니다. 큰 목소리와 정확한 발음으로 너무 빠르지도 느리지도 않게 적당한 속도로 하는 것이 좋습니다. 이건 반복적인 연습과 선생님이나 전문가의 피드백 등을 통해 어느 정도 해결할 수 있습니다.

⑰ 면접이 끝나고 나갈 때는 너무 빨리 도망치듯이 나가지 말고 천천히 나가세요. 간혹 면접이 끝나면 홀가분한 마음으로 급하게 뛰쳐나가는 경우가 있습니다. 면접은 면접장 밖을 나갈 때도 다시 대기실로 이동할 때도, 복도에 나가서도 진행된다고 생각하십시오. 여기저기 평가의 눈들이 있습니다(면접 평가위원들이 평가 중간에 쉬는 시간을 활용하여 화장실이나 자동판매기 앞, 복도에서 마주칠 수도 있습니다). 그 대학교 정문(또는 후문)을 빠져나갈 때가 비로소 면접이 끝나는 것입니다.

⑱ 본인의 뒷모습은 최대한 적게 노출하도록 하세요. 나갈 때는 바로 '획' 뒤돌아서 나가지 말고 뒷걸음질을 조금 치다가 뒤로 돌아 나가시기 바랍니다. 너무 세세한 부분까지 신경 쓴다고 생각할지도 모르지만 이러한 작은 행동 하나 하나가 본인의 인상을 좋게 만들 수 있습니다.

⑲ 면접장에서 나갈 때는 문을 천천히 살며시 닫으세요. 면접이 끝났다는 시원함 때문인지 문을 '쾅' 닫고 나가는 경우가 종종 있습니다. 지금까지 잘 본 면접이 심하면 허사가 될 수도 있습니다. 끝까지 긴장감을 풀지 말고 면접에 집중하십시오. 아직 끝나지 않았습니다.

⑳ 면접장 밖에서 떠들거나 소리치지 않도록 주의하세요. 간혹 이러한 경우가 보여서 하는 얘기입니다. 이러한 행위는 다른 면접자에게 방해를 줄 수도 있고 면접 평가위원들이 평가한 내용을 정리하는 데에도 많은 어려움을 줍니다. 마찬가지로 면접에 같이 온 친구들과 얘기하는 행위도 가능한 자제해 주시기 바랍니다.

㉑ 면접 평가위원들이 여러분들이 답변을 할 때마다 미소를 짓는 것에 오해하지 마세요. 이러한 미소가 합격을 보장하는 것은 아닙니다. 물론 여러분들이 합격을 할 수도 있습니다. 하지만 그게 본심이 아닐 수도 있습니다. 사실 그렇게 면접 평가 전에 사전 교육을 받고 오십니다. 왜냐하면 여러분은

잠재적인 고객이기 때문입니다. 이번에 떨어지면 다른 수시의 전형에서도 볼 수 있고, 수능을 본 후 정시 전형에서도 볼 수 있기 때문입니다. 또한 혹시 모를 민원의 발생을 사전에 차단하는 효과도 있습니다. 그러니 면접 평가위원들이 답변을 할 때마다 미소를 보였다고 해서 반드시 합격이라고 단정 짓는 우를 범하지 말기를 바랍니다. 오히려 냉철하게 본인의 면접 과정과 답변 내용을 다시금 차분히 정리해 보면, 면접 평가위원들의 미소가 아니라 본인 스스로가 합격에 대한 판단을 어느 정도 할 수 있을 것입니다. 또한 이처럼 반성적인 태도로 자신을 돌아보는 행위는 나머지 다른 대학의 면접시험 평가를 준비하는 데에도 좋은 영향을 줄 것입니다.

㉒ 양팔은 자연스럽게 살짝 구부리고 양손은 무릎에 부드럽게 올려놓으세요. 간혹 남학생의 경우에는 양팔을 너무 쭉 피고 앉아 대단히 부자연스럽고 경직되어 보이는 경우가 많습니다. 기억하십시오. 면접시험장은 군대가 아니고 면접관들도 군인이 아닙니다. 일부러 군기(?)가 바짝 든 이등병의 모습을 할 필요는 없습니다. 그런 모습이 오히려 '나 긴장하고 있다'라는 시그널을 면접관들에게 주는 행동입니다. 이름을 부르면 관등성명(이병 홍길동!!)이 튀어나올 것 같아 오히려 면접관들이 이럴 때는 팔을 편하게 하고 앉으라고 할 겁니다. 제스처를 취할 때만 손과 팔을 자연스럽게 사용하고 다시 부드럽게 무릎에 놓는 행동이 바람직합니다. 그렇다고 이것이 한 번에 되진 않을 것입니다. 따라서 반복적인 연습만이 해결책입니다.

⑤ 면접 평가 때의 복장과 외모

(1) 면접의 기본 복장

면접관에게 좋은 첫인상을 주는 것은 평가에 무척 도움이 됩니다. 이러한 것에 대해 다음의 2가지로 정리할 수 있습니다.

① 남녀 학생 모두 교복이 제일 좋습니다. 면접의 기본 복장은 학생으로서의 깔끔한 모습을 보여주는 것이 제일 바람직하다고 생각합니다. 그러나 최근 블라인드 면접으로 교복을 못 입게 하는 학교가 늘고 있습니다. 이럴 때는 깔끔한 캐쥬얼 평상복을 입고 가시는 게 좋습니다.

② 재수생과 같이 부득이하게 교복을 입을 수 없는 상황이라면 깔끔한 캐주얼 평상복도 나쁘지 않습니다. 물론 편하게 캐주얼을 입는 것도 나쁘지 않습니다. 그러나 색깔이 너무 튀거나 무늬가 현란한 옷은 피하는 것이 좋습니다. 또한 운동복 복장도 피하는 것이 바람직합니다. 남학생은 진한 색 마이, 남방(흰색 또는 청색), 면바지(베이지색 또는 남색), 구두(검은색 또는 짙은 갈색) 또는 운동화(흰색이나 밝은 색깔 계열 또는 어두운 색도 가능)가 무난한 코디라고 생각합니다. 운동화가 아니면 흰색보다는 짙은 색(회색, 검은색 등) 양말이 더 좋습니다. 여학생은 마이, 블라우스(흰색 또는 파스텔 톤), 치마(베이지 또는 남색), 구두(검은색 계열) 또는 운동화(흰색이나 밝은 색깔 계열)가 무난한 코디라고 생각합니다. 역시 구두라면 짙은 색 양말이 좋습니다. 다용도로 활용이 가능한 손수건 소지는 무방하므로 별도로 챙기는 것이 좋습니다.

(2) 면접 때의 외모

면접 때 외모는 다음의 6가지 정도는 주의해야 합니다.

① 짙은 화장은 금물입니다. 여학생은 기본적인 옅은 화장 정도는 어느 정도 가능합니다. 그러나 너무 진한 화장은 평가에 좋지 않은 영향을 줄 것입니다. 요즈음은 간혹 남학생의 경우도 화장을 하고 오는 경우가 있습니다. 그러나 이러한 상황이 아직은 면접 평가위원들에게는 익숙하지 않을 것입니다.

② 짧은 반바지나 치마는 교복이라도 안 됩니다. 남학생들 중에 간혹 반바지나 칠부 바지를 입는 경우도 있는데 이러한 것도 가능한 한 자제하는 것이 좋습니다. 또, 여학생들의 경우 교복 치마를 너무 짧게 줄인 상태라면 교복 바지를 입거나 오히려 평상복이 나을 것입니다. 만약 짧은 (교복)치마를 어쩔 수 없이 입었다면, 손수건이나 카디건 등으로 가리는 것이 좋습니다.

③ 여학생의 경우 속이 훤히 비치는 시폰 계열의 블라우스는 자제해야 합니다. 역시 면접 평가위원들의 시선을 방해하거나 평가의 집중을 어렵게 할 수 있기 때문입니다.

④ 너무 튀는 염색은 하지 마십시오. 간혹 머리를 샛노랗게 염색한 학생들이 있습니다. 아직까지 대학생은 아니므로 너무 튀는 염색머리는 면접 평가위원들에게 좋은 인상을 주지 못할 것입니다. 따라서 본인이 튀는 염색 머리라고 여겨진다면 미리 자연스런 갈색이나 검정색으로 재염색한 후, 면접에 임하는 것이 바람직합니다.

⑤ 모자는 쓰지 마십시오. 만약 모자를 쓰고 왔다면 면접 대기실에서 벗고 면접장에 들어오시기 바랍니다. 물론, 머리는 단정하게 정리를 하는 것이 좋은 인상을 주는 데에 도움이 될 것입니다.

⑥ 귀걸이와 목걸이 같은 액세서리는 자제해야 합니다. 혹시 평소에 귀걸이와 목걸이를 하고 다녔다고 하더라도 면접 당일에는 착용하지 않는 것이 좋습니다. 다만, 시계는 가능합니다.

⑥ 면접 평가 질문 방식 및 기본 답변 방법

(1) 면접 평가의 질문 방식

일반적으로 STAR 기법을 응용하여 많이 활용합니다.

▮ S(Situation) – 상황

⋯➧ 당신이 처해 있던 상황에 대해서 말씀해 보십시오.

① (학습 또는 활동을 하기 위한) 상황

② (개인, 가족, 학교 등) 배경(Background)

③ 히스토리(History)

④ (학습 또는 활동을 한) 계기 또는 동기

▮ T(Task) – 과업, 과제

⋯➧ 당신이 수행한 일은 무엇이었습니까?

① (학습 또는 활동) 목적, 목표, 효과 등 추구하고자 하는 궁극적 실현 가치

② 구체적으로 수행한 학습 또는 활동 내용

③ 학습/ 활동 과정에서 있었던 일

④ (학습/ 활동을 위한) 단계와 절차, 로드맵(Road Map)

▮ A(Action Plan or Attitude) – 행동 또는 태도

⋯➧ 어떻게 대응했습니까? 취한 행동에 대해서 말씀해 보십시오.

① (학습 또는 활동) 구체적 추진 계획이나 태도

② 반응(Reaction) 의 구체적 방법

③ 접근/ 대처의 구체적 방법

▮ R(Result) – 결과 및 변화

⋯➧ 그 행동의 결과는 어땠습니까?

① 추진 결과(성과, 업적)

② 학습/ 활동의 결과가 미친 영향

③ 최종 결과(물)

④ 후속 학습/ 활동

(2) 기본적인 답변 방법 4가지

① 질문의 의도를 정확히 파악하고 답변해야 한다.

- 면접은 보통 '평가위원의 질문 → 지원자의 답변 → 평가위원의 채점' 순으로 진행됩니다. 이러한 과정에서 면접 평가위원은 질문을 할 때, 평가를 위한 의도를 가지고 질문을 던집니다. 따라서 답변에 대한 꼬리를 무는 질문을 던지기도 합니다.

- 이러한 의도도 이미 '평가 매뉴얼'에 있는 경우가 대부분입니다. 따라서 지원자는 질문을 듣고 먼저 그 의도를 정확하게 파악하는 데에 집중할 필요가 있습니다. 의도와는 다르게 엉뚱한 답변을 하면 그때부터 평가 점수가 깎일 수 있습니다.

- 또한 질문에서 요구하는 답변 수가 정해져 있는 경우가 있을 수 있습니다. 그럴 때에는 그에 맞게 제시해야 합니다. 그보다 적으면 감점이 될 확률이 높습니다.

② 결론부터 말하고, 범주를 확실하게 구분하면서 얘기해야 한다.

- 소수의 면접 평가 위원들이 많은 학생들을 상대하기 때문에 면접을 진행할수록 평가위원들이 느끼게 되는 피로감은 굉장히 크다고 할 수 있습니다. 따라서 지원자들은 답변을 할 때 장황한 설명보다는 의견의 핵심이나 결론

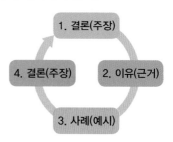

부터 말하는 습관을 만들어 놓아야 합니다. 결론을 먼저 말하고 그렇게 생각하는 이유와 그에 맞는 구체적인 사례를 들어서 마무리하는 것이 바람직합니다. 즉, 결론(주장) → 이유(근거) → 사례(예시) → 결론(주장)의 양괄식이 가장 바람직합니다. 또는 결론(주장) → 이유(근거) → 사례(예시)의 두괄식도 좋은 답변 방식입니다.

- 본인의 의견(또는 논지)을 제시할 때에는 첫째, 둘째, 셋째 이런 식으로 구분하여 답변을 하는 것이 명확한 느낌을 줍니다. 답변할 내용의 가짓수가 여러 개라면 항상 이렇게 순서를 구분해서 최우선순위를 가장 앞

부분에서 말하기 바랍니다. 그냥 하나 얘기하고, "그 다음에 ~, 그 다음에 ~" 식으로 답변하면 같은 내용이라도 면접 준비가 안 되었다는 '인상'을 줄 것입니다.

- 마지막으로 내용을 계열화하여 전체에서 부분으로, 일반적인 내용에서 특별한 내용으로, 총론에서 각론적인 얘기로 풀어가는 것이 명쾌하다는 인상을 줄 수 있으니 참고하기 바랍니다.

③ 평가 시간은 누구나 공평하게 주어진다.

- 면접 시간은 누구에게나 '공평'하게 주어집니다. 따라서 질문에 대해 답변할 때에는 결론부터, 핵심 사항부터 얘기함으로써 본인의 강점을 드러내는 것이 바람직합니다. 간혹 답변하다 감정에 치우쳐 눈물을 흘릴 경우에는 그만큼 평가를 위한 검증 시간이 줄어들 수 있습니다. 핵심과 관계없는 얘기만을 장황하게 나열한 경우에도 평가에 좋을 리가 없습니다. 이럴 경우 평가위원이 답변을 끊을 수도 있으니 너무 기분 나쁘게 생각하지 말고 오히려 좋은 평가를 위해 끊어준다고 생각하십시오. 그리고 재빠르게 질문과 답변의 핵심이 무엇인지 다시금 생각해 봐야 합니다.

- 답변은 문항 당 '30초~1분 내외'를 기준으로 하십시오. 아무리 좋은 내용도 길어지면 초점이 흐려집니다. 과유불급이라고 했습니다. 이를 항상 명심하고 타이머를 놓고 시간을 체크하는 연습을 해야 합니다.

④ '~요.'가 아니라 '~다.'로 끝을 맺어야 한다.

- 면접 평가를 하다 보면 평소의 습관처럼 말하는 수험생들이 간혹 보입니다. 말이 보통 '~했구요., ~했는데요., ~그런데요., ~있어요.' 등의 '~요'로 끝나는 경우가 많습니다. 이렇게 끝나는 경우에는 면접관들 입장에서는 '연습이 부족한 것이 아닌가'라는 생각과 '이곳은 선생님이나 어른들과 편하게 담소하는 곳이 아닌데'라는 두 가지 생각이 듭니다.

- 결론적으로 별로 좋게 보지 않는다는 말입니다. 또한 '~요'로 말하다 보면 묘하게 반말과 존댓말의 경계를 넘나들기도 합니다. 여러모로 '~요'로 끝나는 것은 주의해야 합니다. 그러므로 질문에 대한 답변을 할 때에는 '~다'로 끝내는 연습을 하는 것이 바람직합니다. 평소 습관 모드가 아니라 하루빨리 '시험 모드'로 바꿔야 할 때입니다.

⑦ 면접 평가 진행 단계별 기본 답변 자세

면접의 기본자세는 순서와 과정(process)별로 다음의 6가지로 정리할 수 있습니다.

① 면접장 또는 대기실 앞에 있는 조교(준비위원)의 '들어가세요.'라는 신호를 확인한 뒤, 면접실 문을 노크합니다. 그러면, '들어오세요.'라는 답변이 돌아옵니다.

② 문을 열고, 목례를 한 후, 상체를 펴고 미소를 지으며 "안녕하세요?" 또는 "안녕하십니까?"라고 먼저 인사말을 하십시오. 이때 주의할 점은 인사말을 먼저 하고 인사를 해야 한다는 것입니다.

③ 인사를 할 때에는, 여학생의 경우에는 배꼽 부분에 손을 모으고 1~2초 정도 인사하고, 남학생의 경우에는 양 옆 허벅지 부분에 팔을 붙이고 허리를 굽혀 1~2초 정도 인사합니다. 남녀 학생이 반대의 형태로 인사를 하면 어색하게 보일 수 있습니다.

④ "그럼, 앉으세요."라는 면접 평가위원의 말이 있은 후 자리에 착석하십시오(앉으라고 하기 전에 앉는 학생이 간혹 있는 데 좋지 못한 인상을 줄 수 있습니다).

⑤ 이제 면접을 진행하면 됩니다. 면접 평가위원의 질문을 잘 경청하고 그에 대한 답변을 하면 됩니다. 답변하는 방식은 답변을 명확하게 시작할 수 있는, 즉 '결론부터 얘기하는' 양괄식[결론 – 이유 – 사례 – 결론] 또는 두괄식[결론 – 이유 – 사례]으로 하는 것이 좋습니다. 각 문항마다 답변을 마칠 때에는 '이상입니다'라는 말로 끝을 맺어주십시오. 그렇지 않으면 언제 끝나는지 평가자는 모를 수 있기 때문입니다.

⑥ 면접이 다 끝나면, 면접 평가위원 중 한분이 이제 '이상으로 면접을 마치겠습니다.'라고 합니다. 그러면 자리에서 일어나 "고맙습니다."나 "감사합니다."라고 인사말을 한 후, 처음과 동일한 방법으로 인사를 하면 됩니다.

※ (면접장을 나가면서 마지막으로 주의할 사항)

인사 후에는 밖으로 천천히 걸어가서 문을 '살며시' 닫으면 됩니다. 다만, 면접관들에게 마지막 인사말을 할 때 '수고하세요,'나 '고생하세요.'라고 해서는 안 됩니다. 보통 윗사람이 아랫사람에 하는 인사말이기 때문입니다. '고맙습니다,'나 '감사합니다.'로 마무리 인사를 하는 것이 바람직합니다.

⑧ 면접 평가 연습 방법

면접의 연습 방법은 기본적으로 다음의 5가지로 정리할 수 있습니다.

이 중에서 4번째 항목인 전문 컨설턴트(입학사정관 출신 등)와 함께하는 연습 방법이 효과 면에서는 가장 좋다고 할 수 있습니다. 그렇지만 적지 않은 비용이 발생할 수가 있습니다. 왜냐하면 1:1 맞춤형 컨설팅이기 때문입니다.

그리고 전문 컨설턴트가 생각보다 많지도 않고 찾기도 쉽지 않습니다. 따라서 현실적으로는 혼자서 하는 방법, 친구와 함께 하는 방법, 학교 선생님과 함께하는 방법이 가장 보편적입니다.

(1) '혼자'일 때 할 수 있는 연습 방법

- 첫째, 큰 거울을 보고 연습하십시오. 반신이나 얼굴 거울 등 작은 사이즈 보다는 큰 사이즈로 몸의 전체가 다 보이는 전신 거울이 좋습니다. 말을 할 때 자신의 모습이 어떤지 점검해 보는 것이 중요합니다.
- 둘째, 카메라나 스마트폰 등을 이용해 자신의 면접하는 모습을 촬영 해 보는 것입니다. 이러한 모니터링을 통해 무의식적으로 나오는 자신의 행동과 태도들을 점검하고 고칠 수 있습니다.
- 셋째, 발성 및 발음 교정을 위해 본인의 목소리를 핸드폰(녹음 기능) 또는 일반 녹음기(voice recorder, 음성기록장치)를 활용하는 방법입니다. 녹음 내용을 들어보고 본인의 발음, 속도, 고저, 성량, 어조, 목소리 톤 등을 점검하고 수정할 수 있습니다.

(2) 친구(들)와 함께하는 연습 방법

- 첫째, 친한 친구 1명과 하는 방법입니다. 친하기 때문에 시간과 장소를 편하게 정할 수 있는 이점이 있으며, 다른 사람들은 쉽게 알 수 없는 장점과 단점까지도 제대로 파악하여 가감 없이 조언을 해줄 수 있습니다. 카메라나 스마트폰을 이용한 촬영 내용을 피드백 할 때에도 내가 놓치는 부분을 친구가 보완해 줄 수도 있습니다. 다만, 면접 연습보다는 오

히려 웃고 노는 시간이 더 많아져 소기의 성과를 얻기가 쉽지 않을 수도 있다는 단점이 있습니다.

- 둘째, 같은 전공이나 계열의 친구 1~2명과 하는 방법입니다. 친하지 않을 수도 있지만 서로에게 전략적으로 접근하여 최상의 핵심을 추출해 줄 수 있는 장점이 있습니다. 또한 친하지 않기 때문에 면접 때와 같은 긴장감을 어느 정도 유지하면서, 서로에 대한 편견이나 선입견 없이 좀 더 객관적으로 조언할 수 있으므로 면접에는 더 도움이 됩니다. 다만, 함께하는 인원이 많고 친하지 않을수록 서로 시간과 장소를 맞추는 것이 어려울 수 있습니다. 그러다 보면 연습 횟수나 시간이 줄어들어 결과적으로는 제대로 된 연습 효과를 얻을 수가 없게 됩니다.

  따라서 인원을 일부 조정하거나 선생님의 도움을 받는 등의 방법을 적절하게 활용하여 효과를 높이기 바랍니다. 역시 스마트폰과 스톱워치 등도 적절하게 활용할 수 있습니다.

- 셋째, '그룹' 면접 팀을 구성하여 실전처럼 모의 면접 연습을 하는 것입니다. 한 팀 당 4인 정도가 가장 적합합니다. 돌아가며 1명이 수험생이 되고, 나머지 3명은 면접관의 역할을 합니다. 각자 사전에 예상 문제와 예시답안을 만들어 오면 더 효율적으로 진행할 수 있으며 연습 효과도 극대화될 것입니다.

  모의 면접을 하면서 내용에 대한 토의와 피드백을 통해 수정하게 되면 점점 더 완벽해지는 형태로 실전감각을 높일 수 있습니다. 또한 스마트폰과 스톱워치, 메모지 등도 적절하게 활용하여 효과를 높일 수 있습니다. 질문과 답변의 내용은 핵심단어 중심으로 하고, 항목별로 번호를 붙여 카드 형태로 구성하는 것이 활용 면에서 더 효율적일 것입니다. 추가되는 주제와 내용은 카드를 더 만들면 됩니다. 이를 통해 무한 반복으로 연습이 가능하다는 장점이 있습니다.

(3) 선생님과 함께하는 연습 방법

- 첫째, 담임 선생님과 함께하는 방법입니다. 담임 선생님은 여러분과 거

의 매일 같이 생활하기에 전공 적합성뿐만 아니라, 발성하는 태도와 스킬 부분에서 많은 조언과 피드백을 해 주실 것입니다.

- 둘째, 진로진학상담부장 또는 진학부장 선생님과 함께하는 방법입니다. 이 분들은 오랜 진학 경험이 있는 전문가이기 때문에 전공 적합성, 인성 등의 실전 평가 영역과 더불어 면접에서의 태도, 스킬 등에서 폭넓게 피드백을 해 주실 것입니다.

(4) 전문 컨설턴트와 함께하는 연습 방법

전문 컨설턴트(前 입학사정관, 경력자, 인사담당자 등)는 구하기가 쉽지 않습니다. 혹시 구한다고 하더라도 비용이 많이 발생할 수 있으므로 친구와 함께 그룹으로 하는 것이 비용을 줄이는 방법이 될 것입니다. 만약 전문 컨설턴트를 활용하신다면, 그분들은 실전을 경험해 봤기 때문에 전공 적합성, 인성, 발전 가능성 등의 평가 영역에 대해 세부적으로 물어보고 최대한 활용하기 바랍니다.

(5) 방법의 혼합과 반복 또 반복

- 첫째, 결국, '반복'(again)이 핵심입니다. 면접 전까지는 일정한 시간을 정해서 꼭 '반복 또 반복(Again & Again)'해서 하십시오.
- 둘째, 전신 거울을 보면서 혼자서 하거나, 친구와 함께하거나, 선생님과 함께했던 내용 등을 반드시 혼자서 정리하는 시간이 필요합니다.
- 셋째, 목표하는 대학의 합격을 생각하며 이미지 트레이닝을 매일 하십시오. 스스로 주문을 외우십시오. "나는 반드시 합격한다. 나는 반드시 합격한다."라고요. 그리고 합격 후 그 대학에 입학해서 활기차고 당당하게 다니는 모습을 늘 상상하십시오. 벚꽃이 휘날릴 때 멋진 이성과 데이트도 하고 대학의 축제도 즐기는 모습을 상상하십시오. 그러면 상상이 곧 현실로 바뀔 것입니다.

⑨ 면접장 상황 소개 및 서류 평가 요약서

(1) 면접장 상황과 서류 평가 결과서 내용

대학별로 전부 똑같지는 않지만 대체로 면접장(실)은 다음의 두 가지 상황과 체계를 보입니다.

① 면접 평가위원들이 해당 수험생의 자료를 모두 가지고 있는 경우

면접 평가위원들의 각 책상 위에 해당 수험생의 서류 평가 결과서(또는 서류 평가 요약서), 학교생활기록부, 자기소개서 등의 서류가 있습니다 (그러나 추천서는 없을 수 있습니다). 학교에 따라 서류가 아니라 이미 저장된 내용을 노트북 모니터를 통해서 자료의 내용을 보기도 합니다(이럴 경우는 추천서가 있을 수 있습니다). 이러한 경우는 모든 내용을 바로 바로 확인할 수 있고 구조화 되어 있어서 객관적이고 용이하게 평가할 수 있다는 장점이 있습니다. 그렇지만, 수험생 개인의 서류 내용에 따라 면접 평가위원별로 의도하지 않는 선입견과 편견이 평가에 작용할 수 있다는 한계와 특징을 가지고 있기도 합니다. 대체적으로 일반전형에서 이렇게 실시하는 경우가 많습니다.

【 참고 】 서류 평가 결과서 또는 서류 평가 요약서 (예시)

지원학과(부) :　　　　　　　　　　　　　　수험번호 :

성명	서류 평가 요약	면접 확인 사항
○○○	1. [출결] (특이사항 기록) 2. [리더십] (학교 및 학급 임원 주요 사항) 3. [봉사활동] (교외) – 시간(특이사항 기록) 　　　　　　　(교내) – 시간(특이사항 기록) 4. [(자율)동아리] (특이사항 기록) 5. [수상 내역] 6. [교과 성적] (전과목 또는 주요 과목 평균 등급) 7. [독서] (주요 책 제목 제시) 8. [진로] 9. [기타 특이사항] (인적 사항, 자격증, 교외 활동 상황 등)	개조식 또는 질문 형태로 제시

서류 평가 결과서(요약서 = 면접 평가지)

서류 평가 결과서의 항목은 크게 9개 정도로 구분하여 기록할 수 있습니다.

1. '출결 사항'은 무단 지각, 결석, 결과의 사항이나 장기 질병으로 인한 결석 등을 기록할 수 있습니다.

2. '리더십' 사항은 학교 및 학급 임원으로서의 주요 사항을 기록할 수 있습니다. 예컨대, 전교 (부)회장, 학급 (부)반장, 동아리 기장 등이 해당될 수 있습니다.

3. '봉사활동' 사항은 교외와 교내의 봉사 시간을 기입할 수 있으며, 지속적으로 봉사활동을 오래했거나 남들이 하기 싫어하는 봉사활동을 한 경우의 사항을 기록할 수 있습니다.

4. 동아리 항목은 고교 1학년부터 3학년까지 주요하게 활동한 동아리 명과 관련 주요 사항을 적을 수 있습니다. 또한 자율동아리일 경우 별도로 표시하여 그 활동도 기록할 수 있습니다.

5. 수상 내역은 고교 1학년부터 3학년 1학기까지의 교내 수상 중 주요 내역을 기록할 수 있습니다. 예를 들어, 교내 경시대회 수상, 봉사 관련 수상 등을 기록할 수 있습니다.

6. 교과 성적 사항은 내신 성적으로 고교 1학년부터 3학년 1학기까지의 전 과목과 전공 계열별 주요 과목, 예를 들어 인문 계열은 국어, 영어, 사회 등의 과목을, 자연 계열은 수학, 과학 등의 과목의 평균 내신 등급을 기록할 수 있습니다.

7. 독서활동 사항은 지원 전공 관련 주요 도서를 3권 이내로 기록할 수 있습니다. 아무래도 고교 1학년 때보다는 2학년 때 읽은 전공 관련 심화 책이 기록될 확률이 높다고 할 수 있습니다.

8. 진로 사항은 지원자가 학교생활기록부 진로 희망 사항 난이나 자기소개서 4번 항목(서울대학교 제외)인 '학업 계획과 향후 진로 계획'에 기술한 진로 내용을 기록할 수 있습니다.

9. 기타 특이사항은 지원자가 고교 재학 중에 전학을 간 사항이나 학교생활기록부에 기록할 순 없지만 자기소개서에 전공 관련 자격증을 취득한 내용이 기록된 경우, 또는 학교생활기록부에는 기록되어 있지 않지만 자기소개서나 추천서에 지원 전공 관련 활동이 기록되어 있는 경우에 그 내용을 기록할 수 있습니다.

② 면접 평가위원들의 각 책상 위에 수험생 개인별 특성을 알 수 있는 자료가 없이 '백지' 상태 즉, 블라인드 상태에서 면접을 진행하는 경우 책상 위에 자료라고는 수험생 이름, 수험번호, 평가 영역 체크용 평가란, 결시여부 체크란 등만 있는 면접 대장만이 있습니다. 이러한 경우는 면접 평가위원들이 수험생 개인에 대한 편견이나 선입견이 없이 오로지 수험생이 구술한 면접 내용만을 바탕으로 평가 영역에 체크한다는 특징을 갖고 있습니다. 또한 이때 얻은 점수의 총합만이 평가와 향후 선발을 위한 합격 유무에 반영되는 특징을 갖고 있습니다. 다만, 이럴 경우 수험생의 장점과 특징을 즉각적으로 알 수 없어 이를 학생별로 변별하고 평가하는 데에 시간이 좀 더 소요됩니다.

이와 같이 평가하는 경우는 대체적으로 일반전형이라기보다는 '사회배려자(또는 사회기여자)전형' 또는 '고른기회(또는 교육기회균등)전형'처럼 소수 인원을 선발하는 전형에서 주로 실시되는 경우가 많습니다.

⑩ 면접 평가 관련 중요 사항

(1) 기타 답변할 때 주의할 점

① 면접 평가위원들의 질문에 답할 때, 본인의 부족한 점을 너무 솔직하게 답변하는 것은 지양해야 합니다.

소위 중하위권 이하 대학에 지원하는 수험생들에게서 그러한 경우를 많이 보게 됩니다. 한편으로는, '자포자기 하는 마음으로 그러한 것은 아닌지'라는 생각에 측은한 마음마저 들 때가 있습니다. 그러나 이런 경우는 사실 '면접에 대한 준비 미흡'이 가장 큰 원인이라고 할 수 있습니다. 예컨대, 면접 평가위원이 "~에 대해 특이할 만한 본인만의 활동이 있습니까?"라고 하면 수험생 중 일부는 "아~, 저는 ~ 그것에 대해 특별히 활동한 것이 없습니다. ~" 이렇게 답변하는 경우가 종종 있습니다. 설령, 활동 사항이 많지 않다고 하더라도 아예 활동이 없을 수는 없습니다. 따라서 활동이 없다고 답변할 것이 아니라, 학교생활기록부, 자기소개서에 기재된 활동이나, 교외 활동 중에서 그래도 남들과 다르게 활동한 것을 위주로 답변하는 것이 바람직합니다. 중요한 것은 그게 무엇이 되었든지 없다고 하는 것이 아니라, 작은 실마리라도 만들어 답변을 해야 한다는 것입니다.

② 비속어가 아닌 표준어를 사용해야 합니다.

면접 시 이러한 경우가 있었습니다. "제가 방학 때랑 주말에 아르바이트를 했는데요. 왜 했냐하면 사고 싶은 것이 있었는데, 저희 집에 돈이 '딸려' 가지고요. ~" 이 문장에서 돈이 '딸려'가 아니고 '부족'이 맞는 용어입니다. 또한 "제가 그것은 잘한 '짓'입니다."라고 말하는 경우도 있었습니다. '짓'이 아니라 '일' 또는 '행동', '활동'이 맞는 표현입니다. 면접 상황에서 긴장이 되어 평소에 사용하던 단어가 그대로 튀어나오는 경우가 많은 것입니다. 누구나 무의식적으로 실수할 수 있으므로 실전 연습을 통해 최소화하고 면접 시에는 각별한 주의가 필요합니다.

③ 불필요한 말이나 행동을 하지 않도록 주의해야 합니다.

어쩔 수 없는 사투리가 아니라 '진짜~', '원래~', '그~' 등을 말하는 문장마다 덧붙이는 경우가 의외로 많습니다. 이러한 용어의 잦은 사용은 활동이 진실되었다는 느낌을 주기보다는 오히려 심리적으로 의구심('안 했는데 했다는 것을 일부러 강조하는 것은 아닌지')을 갖게 해 신뢰성을 떨어뜨릴 수 있습니다. 또한 답변의 논리적이고 원활한 흐름을 끊거나, 답변이 정돈되지 않고 그냥 나열되는 느낌을 줄 것입니다.

한편, 코를 자주 만지는 경우도 종종 있습니다. 평가위원의 입장에서는 별로 썩 좋아 보이는 행동은 아니었습니다. 따라서 많은 모의 면접 연습을 통해 긴장해서 생기는 이러한 무의식적인 행동들을 수정하는 것이 바람직합니다.

(2) 압박 질문이나 돌발 질문에 대처하는 방법

면접에서 평가위원들이 항상 답변하기 좋은 부드러운 질문만 던진다면 얼마나 좋겠습니까? 그러나 상황에 따라 압박을 느끼는 질문을 받을 수도 있고, 준비하지 않았던 갑작스런 돌발(모르는 사항) 질문이 언제든지 나올 수 있습니다. 이러한 경우를 대비하여 돌발 질문에 대처하는 방법을 알아보겠습니다.

① 정석대로 솔직하게 답변하는 방법

"그 사항에 대해서는 잘 모르겠습니다. (만약) 기회를 주신다면 다음에 잘 준비해서 답변을 하도록 하겠습니다." 이렇게 답변하는 사람이 의외로 많습니다. 이렇게 답변하는 것은 나쁘지는 않은 대처 방법이나 그렇다고 썩 좋다고도 할 수 없는 방법입니다. 왜냐하면 그 상황에서 누구나 할 수 있는 답변이기 때문입니다. 그런 관점에서 본다면 성의가 부족한 것으로도 인식할 수 있습니다. 그리고 가장 중요한 것은 준비해서 말할 '다음 기회'가 안 올 확률이 높기 때문이기도 합니다.

② '생각할 시간을 잠시 달라'고 말하는 답변의 방법

　"아~, 잠시만 생각할 시간을 주십시오.(필요합니다)". 이렇게 답변한다고 해서 '안 돼요(안 됩니다.)', '시간이 없으니 다음 질문으로 넘어 가겠습니다' 이렇게 하는 면접 평가위원은 극히 드물다고 할 수 있습니다. 이는 앞서 말한 것처럼 여러분은 (전형료를 지불한) 현재의 고객이고 또 다음 (전형)을 위한 잠재적인 고객이기 때문입니다. 그러니 당당하게 시간을 달라고 말할 수 있는 권리도 있습니다. 그러므로 돌발 질문이나 심리적으로 압박을 느끼게 하는 질문을 받는다면, 잠깐의 '멈춤'이라는 시간을 통해 본인의 답변을 생각, 정리하고 그 정리된 내용을 조금이라도 언급하는 것이 더 바람직하다고 할 수 있습니다. 그렇다고 너무 오랜 시간을 끄는 것은 오히려 반감을 살 수도 있으니, 20초 내외를 넘어가지 않도록 해야 합니다.

　면접 평가위원 입장에서 본다면, 수험생에게 어떤 특별한 답변을 기대한다기보다는 이러한 (심리적)압박, 돌발 상황에서 어떻게 대처하는 지에 대한 '태도'를 평가 요소로 본다는 것이 더 중요하다고 할 수 있습니다.

(3) 유용하게 활용 가능한 스페셜 팁(Tip)

　꼬리에 꼬리를 무는 질문이 본인이 원하는 방향으로 진행될 수 있도록 치밀하게 설계하여 면접 평가위원들이 반드시 질문할 수밖에 없도록 하십시오. 예를 들어, 별명, 색깔, 운동, 스포츠, 취미, 특기, 관련된 용어나 개념, 시사적 내용, 특별한 활동 등이 있을 수 있습니다.

⑪ 서류 기반 확인 평가

(1) 학교생활기록부 내용을 확인하는 빈출 질문

　면접관은 면접 대상자인 학생의 학교생활기록부를 확인하여 질문을 하는 경우가 많기 때문에 그에 대한 대비를 잘 해야 합니다. 이번에는 학교생활기록부에서 확인할 질문 사항과 그 전략을 알아보겠습니다.

❶ 고교 생활 중 지원 학과와 관련된 봉사활동을 한 경험이 있다면 사례를 들어 설명해 보세요.

[답변 Point] 주로 교대나 사범계열, 복지 계열에서 이러한 질문을 할 수 있습니다. 교대나 사범계열인 경우는 지역아동센터나 복지단체에서의 학습을 한 경우가 해당됩니다. 복지 계열은 장애인 복지센터, 노인이나 아동복지센터, 고아원, 양로원 등이 해당됩니다. 그러나 이렇게 특별한 경우가 아니면 일반적인 봉사활동을 말해도 무방합니다. 다만 구체적으로 말하는 것은 기본입니다.

❷ 자신의 진로는 무엇이며, 앞으로의 진로 계획에 대해 구체적으로 설명해 보세요.

[답변 Point] 서울대학교를 제외하고 그 외 대학교의 자기소개서에서는 4번의 내용인 경우가 많습니다. 이는 두 가지 경우로 생각해 볼 수 있습니다.

첫째, 진짜로 안 읽어보고 물어볼 수 있습니다. 보통 3인의 면접관이 사전 교육을 받는다 하더라도 많은 학생들의 학교생활기록부, 자기소개서를 모두 읽고 들어오지 않습니다. 입학사정관들이 미리 작성한 서류 평가 요약서를 보고 특별히 필요한 학생의 경우에만 자기소개서, 학교생활기록부를 미리 봅니다. 그 외에는 해당 학생을 면접할 때 살펴봅니다. 물론, 요즘은 대학에 따라 모니터에 탑재하여 미리 보면서 확인하기도 하는 것으로 알고 있습니다.

둘째, 자기소개서에 적은 내용을 확인하는 차원에서 물어볼 수 있습니다. 본인이 구체적으로 탐색해서 작성하지 않고 주변 사람들이 대신 알려줘서 작성하는 경우도 많기 때문입니다. 또한 자기소개서에 적은 내용 외에 추가하거나 보완할 내용도 들을 수 있는 이점이 있습니다. 그리고 글로서 적은 것을 본인의 말로써 구체적으로 표현하는 것도 하나의 역량으로 볼 수 있기 때문입니다.

❸ 고교 생활 중 가장 기억에 남았던 활동은 무엇이며, 그렇게 생각한 이유는 무엇인가요? (= 고교 생활 중 본인에게 가장 의미 있었던 활동은 무엇이고, 그렇게 생각한 이유는 무엇인가요?)

[답변 Point] 가장 강점으로 드러내고 싶은 활동을 얘기하는 것이 필요합니다. 이왕이면 구체적인 사례와 에피소드를 들고, 그 활동을 통해 3가지 변화를 표현하면 좋습니다. 3가지 변화는 그 활동을 통해 무엇을 알았고, 느꼈고, 새로운 실천으로 연결되었다는 것입니다.

예컨대, 전교 회장으로 실천한 공약, 교내 상 중 최우수상의 수상 과정 및 결과 등이 해당됩니다. 이러한 사항이 없다면 특별한 봉사활동이나 (자율)동아리활동, 진로 활동 등 창의적 체험활동을 구체적으로 설명할 수도 있습니다.

❹ 본인이 생각하는 리더십은 무엇이며, 그렇게 생각하는 이유는 무엇인가요?

[답변 Point] 이는 학교생활기록부에 전교 임원, 학급 임원 등을 직접적으로 역임한 수험생에게 주로 질문할 수 있습니다. 물론, 이와 같은 임원을 하지 않고, 학교의 선도부장이나 그 외의 직책을 맡은 경우에도 질문할 수 있습니다. 따라서 리더십에 대한 의미는 미리 예상 질문으로 개념을 정립해서 정리할 필요가 있습니다.

예컨대, "제가 생각하는 리더십의 의미는 기다려 주고 배려하는 것입니다. 어떠한 결정을 위해 충분히 다른 사람들의 의견을 들어주고, 반대 의견에도 경청하는 것이 리더의 주요한 덕목입니다."

5 봉사활동 중 본인에게 가장 의미가 있었던 활동은 무엇이며, 그렇게 생각하는 이유는 무엇인가요?

[답변 Point] 가장 의미가 있었던 활동은 교내 봉사활동 중 평이한 '교내 청소'가 아닌 남들이 하기 꺼려하는 '쓰레기 분리수거, 급식 당번, 컴퓨터실 당번, 문단속 당번' 등을 2회 이상 했으며, 이러한 봉사활동이 학교생활기록부의 행동특성 및 종합의견에 기록된 내용이면 좋습니다. 이유는 구체적인 사례와 경험을 들어 말하는 것이 바람직합니다.

6 동아리활동에서 본인의 주된 역할을 무엇이었으며, 가장 기억에 남는 활동은 무엇인가요?

[답변 Point] 우선 기본적으로 지원 전공 관련이며 1년 이상 꾸준히 활동한 동아리가 있다는 전제하에 답변하는 것이 바람직합니다. 물론, 2년 이상 했다면 더할 나위 없습니다. 동아리 장으로서의 리더십을 발휘한 경험이 있으면 제일 좋습니다. 그러나 리더가 아니었다 해도 상관없습니다. 동아리활동의 결과물들이 있을 것입니다. 예를 들어, 보고서 또는 연구물(실험 결과물 등), 교내 대회에서의 단체 수상, 활동 모음집 등이 그렇다고 할 수 있습니다. 이러한 활동에서 본인의 역할을 구체적으로 얘기하고 에피소드를 곁들여 답변하면 무난합니다.

7 법조인이 장래 진로로 되어 있는데, 법학과가 없는 우리 학교에서 특별히 우리 학과를 지원한 동기가 있나요?

[답변 Point] 이제 우리나라에서 법조인(판사, 검사, 변호사)이 되려면 반드시 대학교에서 학부를 마치고 로스쿨(법학전문대학원)에 진학해야 합니다. 아무래도 법학과에서 법학을 배우고 로스쿨에 진학하는 것이 유리합니다. 그러나 로스쿨은 다양한 전공과 소양을 기본 바탕으로 법학에 대한 이론과 실무를 다양한 사례, 판례를 중심으로 주로 토론식으로 진행을 하여 공부하는 곳이므로 굳이 학부에서 법학을 배우지 않더라도 크게 상관은 없습니다. 오히려 법조계에서 새로운 전문 분야를 개척하고, 발전시키는 데에는 다양한 전공과 소양이 더 필요하다고 할 수 있습니다. 이러한

취지로 생긴 것이 로스쿨이기 때문입니다. 참고로 학부에 법학과가 있는 곳은 로스쿨이 없습니다. 반대로 로스쿨이 있는 곳은 학부에 법학과가 없습니다.

8 무단결석이 한 번 있는데, 무슨 이유 때문인가요?

[답변 Point] 입학사정관들은 무단(결석, 결과, 지각)을 인성, 특히 성실성 측면에서 좋게 평가하지 않습니다. 그 중에서도 결과(출석을 했다가 중간에 사라지는 것)를 더 안 좋게 보는 입학사정관들이 많습니다. 그러니 될 수 있으면 무단 사항이 없도록 해야 하며, 특히 결과는 기록되지 않도록 성실한 학교생활을 해야 합니다. 답변 요령으로는 "그 일을 깊이 반성했으며, 그 일을 계기로 2학년, 3학년에서는 단 한 번도 무단 사항 없이 성실한 학교생활을 했습니다. 이러한 내용은 학교생활기록부 출결사항에 기록으로 확인할 수 있으며, 행동특성 및 종합의견에도 담임 선생님께서 성실성이 향상되었다는 내용으로 기록되어 있습니다."라는 내용을 강조하는 것이 바람직합니다.

9 본인의 수상 내역 중에서 가장 의미가 있던 상은 무엇이며, 그렇게 생각한 이유는 무엇인가요?

[답변 Point] 가능한 한 전공과 관련한 '경시대회' 수상을 말하는 것이 바람직합니다. 또한 단체수상보다는 개인수상 내역이 더 좋습니다. 개인수상에서도 장려상보다는 최우수상이 좋으며, 1학년보다는 2학년 것을 구체적으로 동기, 과정, 결과, 변화에 대해 말하는 것이 바람직합니다.

10 진로 희망을 보니 진로가 변경되었는데, 그 이유는 무엇이며, 그 후에는 진로 활동을 어떻게 했나요?

[답변 Point] 진로는 변경될 수 있습니다. 어찌 보면 고등학교 생활을 하면서 진로는 변경되는 것이 당연하다고 할 수 있습니다. 다만, 입시는 전략적으로 접근할 필요가 있습니다. 우선 진로는 너무 동떨어진 계열로 바꾸는 것은 바람직하지 않습니다. 예컨대, 1학년에는 인문 계열이었는데, 2학

년에는 예체능 계열로 바꾸는 경우입니다. 이럴 경우 모든 교과 연계 활동 (비교과 활동) 등이 어긋나버려 전공 적합성에서 상대적으로 좋지 못한 평가를 받을 수 있기 때문입니다. 따라서 진로의 변경은 가능한 한 동일 계열에서 바꾸는 것이 바람직합니다. 설령 그렇지 않더라도 바뀌고 나서 의 활동과 교과 성적의 긍정적인 변화가 뚜렷한 것이 좋습니다. 바뀌게 된 동기, 과정, 결과, 변화(새로운 실천 등)가 구체적으로 제시되어야 합니다. 이러한 내용을 적극적으로 어필하는 것이 필요합니다.

⑪ 부모님과 희망 진로가 다른데, 특별한 이유가 있나요?

[답변 Point] 사실 부모님의 진로 희망사항은 참고자료일 뿐, 그것을 평가 에 직접적으로 반영한다고 보기는 어렵습니다. 따라서 크게 신경 쓸 필요 는 없습니다. 다만, 진로 희망이 학년별로 항상 판이하게 다르다면 부모님 과 평소에 소통이 잘 안 된다는 느낌을 줄 것입니다. 그러므로 부모님과 상의하여 되도록 자신의 진로와 같게 하는 것이 바람직합니다. 만약에 진 로 희망이 다른 경우에는 "부모님이 생각하는 진로와 제가 생각하는 진로 는 다르나 대화와 소통을 통해 평소에 협의하고 있으며, 부모님도 결국 저 의 발전과 성장을 원하므로, 그러한 방향으로 진로를 설계하고자 합니다." 라고 대답하는 것이 나을 것입니다.

⑫ 전교 회장을 역임했는데, 공약은 무엇이며, 그 실천은 어떻게 했나요?

[답변 Point] 전교 회장을 했다는 자체만으로도 학생부종합전형에서는 상 당히 중요한 플러스 요인입니다. 특히, 리더십과 인성을 중요시하는 여대 에서 특히 중요하게 평가하는 것으로 알고 있습니다. 다만, 더 높은 평가 를 받으려면 공약에 대한 실천 내용이 학교생활기록부, 자기소개서에 언 급되어 있고 소명이 되어 있는 것이 좋습니다.

- 일반적으로 전교 회장에 출마하면 공약을 제시합니다. 우선 공약을 제 시할 때는
  ① (학교에서 실현이 가능한) 현실 가능한 것
  ② 다수의 학생들이 선호하는 것

③ 학교의 관리자(교장, 교감 선생님)를 설득할 수 있는 것을 중심으로 생각하고 설계하는 것이 필요합니다.

- 이러한 3가지 요소가 모두 들어맞는다면 공약에 대한 실천을 하는 것이 용이합니다. 특이한 사례로는 지방의 작은 읍면 학교 학생이었는데, 통학로가 불편하여 새로운 통학로를 개발하겠다는 공약을 세운 학생이 기억납니다.

학생회장 당선 후 지자체장과 면담하여 결국 새로운 통학로를 개발하였습니다. 그리고 그러한 내용이 지역 언론에 게재되었습니다. 이러한 사례의 경우 높은 평가를 받았던 기억이 납니다. 물론, 이러한 경우는 특별한 경우입니다. 본인의 상황에서, 학교의 상황에서 가장 필요하고 실현 가능한 공약을 제시하고 실천하는 것이 필요합니다.

⓭ 고교생활 중 가장 감명 깊게 읽은 책은 무엇이며, 그렇게 생각하는 이유는 무엇인가요?

[답변 Point] 반복적으로 얘기하지만 결국 입시는 전략입니다. 이 말인즉슨 합격을 위해 전략적으로 개연성이 있는 답변을 할 수도 있다는 것입니다. 이러한 것에 너무 자책하거나 죄책감을 갖진 마십시오. 정말 감명 깊게 읽은 책이 지원한 전공 관련 책이 아니라 그냥 통속적인 소설책이라면 이곳에서는 차라리 말하지 않는 것이 좋습니다.

- 이곳은 솔직한 내용을 '상담'하는 곳이 아니라 가고 싶은 대학을 '합격'하기 위해 온 곳입니다. 반드시 전공 관련 책(가능한 한 2학년에 읽은 책) 중에 한 권을 얘기하고 그 책을 읽게 된 계기, 핵심 내용, 본인에게 준 영향이나 변화(새로운 실천 = 후속 활동)에 대해 구체적으로 답변하는 것이 필요하다고 할 수 있습니다.

⓮ 학교생활기록부에서 성적을 보니, 기술·가정 과목의 성적이 상대적으로 좋지 않은데, 이러한 이유가 있나요?

[답변 Point] 전 과목을 잘하는 것이 쉽지 않습니다. 특히, 내신 경쟁이 심한 고교에서는 더욱 어려울 수 있습니다. 그러므로 한 두 과목은 성적이

다른 과목에 비해 상대적으로 부족할 수 있습니다. 다만, 가능한 주요 과목은 성적이 떨어지지 않도록 해야 합니다. 인문 계열(문과)은 국어, 영어, 사회 과목을 자연 계열(이과)은 수학, 과학 과목의 성적이 떨어지지 않도록 해야 합니다.

- "우리 학교는 지역에서 내신 경쟁이 쉽지 않은(?) 학교(특수목적고나 유명한 자율형 사립고가 아니면 일일이 개별 학교 사정을 확인하기 어려움)이고, 아무래도 주요 과목에 치중하다 보니 상대적으로 기술·가정이 조금 떨어진 것 같은데, 다소 성적이 떨어진 다음 학기부터는 향상을 위한 노력을 기울여왔습니다." 정도의 답변을 하면 됩니다.

⓯ 학교생활기록부에서 성적을 보니, 예체능 과목 중 미술에 '미흡'이라고 표기되어 있는데, 특별한 이유가 있나요?

[답변 Point] 예체능 과목은 평가 영역 중 인성 역량을 평가하기 위함입니다. 특히, 성실성 측면을 더 보기 위함이지요. 예체능 과목은 보통 3단계로 되어 있습니다. '우수, 보통, 미흡'이 그것입니다. 우수를 받으면 제일 좋지만 보통을 받는 다 해서 특별히 마이너스 사항은 아닙니다.

- 문제는 미흡입니다. '미흡'은 그 학생의 성실성에 대해 의심을 받으며, 학교에 따라서는 인성 평가 영역에서 본인이 받은 점수에서 1단계 감점(하락)을 받을 수 있습니다(예컨대, 인성 평가 영역 5점 만점 중 본인이 획득한 점수가 4점이라면 1점이 감점되어 3점을 받는다는 의미임). 예체능 과목에서 성실하게 수업하고 참여했다면 '보통' 이상은 받을 수 있다고 생각하기 때문입니다. 그러므로 고교생활 중 예체능 과목에서 '미흡'은 받지 않도록 해야 합니다.
- "1학년 때 미술 과목에서 몇 번 준비물을 가져오지 못한 경우가 있었는데, 그것이 점수에 반영되어 그러한 것입니다. 하지만 그러한 점을 깊이 반성하고 2학년과 3학년에는 그러한 일이 반복되지 않도록 노력하여 성적이 '우수'로 향상되었습니다." 정도로 말하는 것이 바람직합니다.

16 학교 교과에 경제 과목이 없는데, 경제학과를 지원하기 위해 경제 관련 공부는 어떻게 했나요?

[답변 Point] 고등학교에서는 모든 과목이 개설되기 어려울 수 있습니다. 왜냐하면 학교마다 교육과정(커리큘럼)이 있으며 이는 과목 교사의 수급 등 학교의 사정에 따라 다를 수 있기 때문입니다. 그래서 원하는 과목이 개설되지 않을 수도 있습니다.

• "학교의 사정상 교육과정에 '경제' 과목이 개설되지 않았습니다. 그렇지만 저는 이에 굴하지 않고, 인터넷 강의를 통해 혼자서 공부했습니다. 또한 학교에 '경제 공부 동아리'를 만들어 저처럼 경제학과에 관심이 있거나 적성이 맞는 학생들을 모아 경제 관련 신문 스크랩, 경제 이슈 관련 토론 등을 했으며, 이러한 내용을 모아 연말에 보고서를 만들었습니다. 또한 이와 관련한 교내 대회에 단체로 참가하여 입상을 하기도 했습니다." 정도로 답변하는 것이 바람직합니다.

17 학교생활기록부의 창의적 체험활동 부분에 기존 동아리 외에 자율 동아리 활동이 있는데, 특별한 이유가 있나요?

[답변 Point] 자율 동아리를 만드는 이유는 크게 두 가지입니다.

첫째는 본인이 원하는 동아리가 인기가 높아 정원이 마감되어 비슷한 동아리를 하나 더 만드는 경우입니다.

둘째는 기존의 동아리의 내용 범위가 너무 크거나 불분명하여, 본인이 하고 싶은 세부적인 분야의 동아리활동을 위해 만드는 경우입니다.

• 자율 동아리를 만들기 위해서는 선생님과 친구들의 도움이 필요합니다. 또한 학년 초에 계획서를 만들어 통과되어야만 학교생활기록부에 기록된다는 특징을 가지고 있습니다.

그러므로 사전에 상호 협의와 상담을 통해 준비된 계획을 가지고 만드는 것이 바람직합니다. 아무래도 1학년 보다는 2학년에 만드는 것이 상황적으로 더 유리해 보입니다. 자율 동아리활동을 한다면 가능한 한 '결과물'을 만드는 것이 좋습니다.

• 보고서, 연구물, 실험 일지, 스크랩 모음집, 포트폴리오 등의 결과물을

원서 접수할 때 받는 학교는 거의 없습니다. 그러나 학교에 따라 서류 평가를 하면서 활동 사항에 대한 확인 제출용으로 요구하는 학교가 있을 수 있습니다. 이러한 확인 제출 서류는 마이너스 요소가 아니라 플러스 요소이므로 오히려 연락이 오는 것이 더 좋다고 할 수 있습니다.

⑱ 학교생활기록부의 내용과 자기소개서의 일부 활동 내용에서 차이가 있는 것으로 보이는데, 특별한 이유가 있나요?

[답변 Point] 자기소개서는 학교생활기록부에 기재된 내용을 기반으로 작성되는 것이 적합하다고 할 수 있습니다. 그렇지만 자기소개서에 학교생활기록부에 없거나 한 단어 또는 한 줄 정도만 기록된 내용을 본인이 특별한 의미가 있다고 판단하여 그러한 내용을 확장하여 작성하는 경우가 있을 수 있습니다.

- 예를 들어 창의적 체험활동 중 교외 봉사활동, 진로 활동이 그러할 수 있고, 지원 전공 관련 자격증을 취득 했으나 학교생활기록부에 적지 못한 사항 등이 있을 수 있습니다. 물론, 기본적으로 학교생활기록부에 기술되어 있는 사항을 확장하고 발전시키는 것이 가장 바람직하다고 할 수 있습니다. 하지만 학교생활기록부에 없다고 해서 본인이 내세우고 싶은 활동을 적지 않는 것은 평가에 좋을 게 없습니다.

- "학교생활기록부에는 일부만 적혀 있으나, ~한 계기로 시작하게 되어 구체적으로 ~한 활동들을 했습니다. 이를 통해 ~한 것들을 새롭게 배우고 ~을 느낄 수 있었습니다. 또한 후속 활동으로 ~한 것들을 하게 되어 제 진로에 더 다가가는 데에 많은 도움이 되었다고 생각합니다."

⑲ 1학년 때는 성적이 부진했는데, 2학년 때는 성적이 향상된 특별한 이유가 있나요?

[답변 Point] 성적은 이왕이면 높은 것이 좋고, 만약 1학년 처음부터 높았다면 계속적으로 그 상태를 유지하는 것이 좋습니다. 그렇지만 성적을 항상 높게 유지하는 것이 쉬운 일은 아닐 것입니다. 공부할 것도 많고, 활동할 것도 많고, 생각할 것도, 그 외에 해야 할 것들도 많기 때문이지요.

- 성적이 향상되면 학교에 따라서는 평가 기준에 의거하여 '학업 역량' 영역(학교에 따라서는 전공 적합성 영역)에서 본인이 획득한 점수에서 1점의 가산점이 있을 수 있습니다. 물론, 반대로 떨어진다면 감점이 있을 수 있습니다. 학교에 따라 가산점이나 감점을 주는 것이 없다고 하더라도 성적의 향상은 입학사정관들의 정성 평가에 의해 좋게 평가될 수 있습니다. 다만, 그렇다고 해서 가산점과 좋은 평가를 위해 1학년 성적을 일부러 밑바닥(?)에서 시작하지는 마시기 바랍니다.
- "1학년에는 새로운 (지역과) 학교가 낯설기도 했고, 제 진로와 성적과 관련하여 방황을 하기도 했습니다. 이러한 정체성의 혼란과 고민으로 인해 다소 성적이 하락했으나 부모님과 선생님과의 상담 공부 방법의 변화 등을 통해 진로와 공부 방법에 대한 어느 정도의 범위와 방향성을 정하게 되었고 이를 통해 새롭게 마음을 다잡아 2학년부터는 성적이 향상되었습니다." 정도로 답변하는 것이 바람직합니다.

(2) 자기소개서 내용을 확인하는 빈출 질문

자기소개서에 대한 확인을 위해 면접관들이 자주 사용하는 질문들을 확인하고, 이에 대비할 수 있도록 준비 사항 및 솔루션을 알아보겠습니다.

❶ 자기소개서에 시사에 관심이 많다고 기록되어 있는데, 요즈음 가장 관심 있는 시사 주제는 무엇이고, 그 이유는 무엇인가요?

[답변 Point] 주로 인문이나 사회 계열에 지원하는 학생들이 이렇게 자기소개서에 기록하는 경우가 많습니다. 우선 이러한 기록은 본인이 정말 시사에 자신 있을 경우에 기록하는 것이 좋습니다. 괜히 어설프게 일반적으로 시사에 관심이 많다고 해서, '이렇게 쓴다고 해서 무슨 일이 있겠어?'라는 안일한 생각으로 적는다면 면접에서 오히려 낭패를 볼 수도 있습니다.

- 예컨대, 최근에 면접을 진행한 인문·사회 계열 학생들 중에 "시사에 관심이 많다고 기록되어 있네요. 요즘 가칭 '김영란 법'이 우리 사회에서 큰 이슈가 되고 있습니다. 본인의 진로와 '김영란 법'은 어떠한 관계가

있고, 본인이라면 그 상황에서 어떻게 대처할 수 있는지요?"라는 면접 평가위원의 질문을 받고 대다수의 수험생들이 엄청나게 당황했던 사례가 있었습니다.

- 따라서 자기소개서에 기입하는 한 단어, 한 줄의 문장은 면접에서 어떤 질문으로 다가올지 모르므로 신중하게 기입해야 합니다. 만약 위와 같이 기입했다면 그 내용(시사 관련 주요 쟁점과 논란이 될 수 있는 사항)에 대한 예상 질문과 답변에 대해 충분히 고민하고 철저한 준비가 되어 있어야 합니다.

❷ 자격증을 취득했다고 했는데, 어떤 동기로 어떤 과정 거쳐 취득했으며, 그 자격증 취득이 본인의 진로에 어떤 영향을 미쳤나요?

[**답변 Point**] 자격증은 대부분 일반고 계열의 학생들보다는 특성화고 학생들에게 유리한 항목입니다. 학교생활기록부에 기입되는 자격증도 대부분 이러한 기술관련 자격증이기 때문입니다. 일반고 계열의 학생들에게 자격증은 취득할 수 있는 분야가 한정되어 있고 학교생활기록부에 기록될 수 없다는 한계가 있습니다.

- 다만, 내신 성적이 좋고 비교과 활동이 뒷받침된다면 지원 전공과 관련하여 본인의 강점을 내세우기에는 상당히 좋은 플러스 요인일 것입니다. 물론, 자기소개서에 기록해서 0점이 되는 자격증(예) 한자자격증 등)은 제외입니다. 예를 들어, 상경 계열(경제, 경영, 회계, 무역, 물류학과 등)을 지원한다면 국가공인인 '매경테스트'(매일경제신문 주관)나 '한경 테샛'(한국경제신문 주관) 자격증은 기획재정부가 소관부처로서 학생부에 기입이 가능한 자격증에 해당됩니다.

- 그러나 일반적으로 자격증은 학생부에 직접적으로 작성하는 것이 어렵습니다. 그래도 역사학과(또는 국사학과)를 지원한다면 '한국사능력검정시험'(국사편찬위원회 주관)이 취득하기 좋은 자격증에 해당됩니다. 이러한 국가자격증 또는 국가공인자격증은 해당학과 교수님이 출제위원으로 들어갈 수도 있습니다. 본인이 출제한 자격증 시험에서 높은 등급이나 자격증을 취득한 사람이 더 좋아 보이는 건 어찌 보면 지극히

당연한 일일수도 있습니다.

- "아는 친척의 소개로 우연한 계기가 되어 시작했고, 기출 문제 위주로 공부하고 친구들과 스터디를 하여 자격증을 취득했습니다. 그 자격증이 저의 진로인 ○○로 나아가는 데에 자신감을 주었습니다. ~"

❸ 왜 우리 학과에 지원했나요? 본인이 보기에 미래에 어떠한 전망이 있다고 생각하나요?

[**답변 Point**] 요즘 고등학생들은 취업을 많이 생각하는 경향이 있습니다. 그래서 인문·사회 계열은 국가자격증이 발급되는 학과(사회복지학과 계열, 유아교육학과, 아동보육학과 등)를 선택하거나 상대적으로 취업의 기회가 많은 경상 계열(경제, 경영, 무역, 회계, 물류학과 등)이나 심리학 계열 전공에 대한 지원율이 높은 편입니다. 초등학교 선생님이 될 수 있는 교육대학교 등의 경쟁률이 높은 것도 같은 맥락입니다.

- 이공 계열은 생명 계열이나 공학 계열 등의 지원율이 순수 자연 계열 전공보다는 상대적으로 높습니다. 그러나 이러한 경향에도 요즘 같은 힘든 시대에 그 전공이 본인의 취업을 반드시 보장해 주진 않습니다.
- 이미 경쟁이 심한 레드오션을 선택하기보다는 블루오션을 발견하고 발전시키는 패기가 오히려 더 설득력이 있을 수 있습니다. 시야를 넓혀 정보 검색 등을 통해 진로와 방향성을 새롭게 설정하고, 거기에 맞게 마인드맵을 그리고 설계하는 노력이 요구된다고 할 수 있습니다. 이러한 마인드 맵 설계도를 자기소개서와 면접장에서 펼칠 수만 있다면 합격은 물론 앞으로의 대학생활이 좀 더 적극적이고 활기찰 수 있습니다.

❹ 우리 학교 입학 후 학업 계획 및 진로 계획에 대해 구체적으로 말씀해 보십시오.

[**답변 Point**] 주로 자기소개서 4번 문항이 이 질문과 유사한 경우가 많습니다. 한편으로 생각해 보면, '자기소개서 4번에 이미 썼는데 왜 물어보지?'라고 궁금해 할 수 있습니다.

- 하지만 면접 평가위원들 입장에서 보면, '이 내용을 정말 본인이 쓴 건

가?', '진로 계획이 현실적으로 가능성이 있는 얘기인가?'라고 생각해볼 수도 있습니다. 그러므로 지원자는 자기소개서 4번에 썼던 내용을 기본적으로 숙지하는 것이 필요합니다. 그리고 자기소개서 작성 후 면접까지는 시간이 있으므로 이러한 내용을 좀 더 구체적으로 보강하는 것이 필요합니다.

- 정보를 얻기 위해서는 해당 대학이나 다른 대학의 학과 홈페이지나 '커리어 넷'이나 '워크 넷' 등의 정부기관 사이트에서 교육과정, 진로 전망 등을 확인하는 방법이 있습니다. 또한 선배 직업인이나 전문가들을 통해 정보를 습득하는 방법들도 있습니다.

- 무엇보다 중요한 것은 좀 더 구체적이고 지속적으로 실천이 가능하면서도 미래 지향적인 본인만의 학업 계획과 진로 계획을 수립하는 일입니다. 그냥 평범하게 "무슨 개론을 듣고, 전공 선택과 필수를 수강하고, 토익 공부를 한 후, 대학원에 진학하거나 취업을 하겠다."라는 특징 없는 답변은 어떻게 보면 안 하느니만 못할 수도 있다는 것을 명심하기 바랍니다.

5 **본인은 자기주도 학습을 무엇이라고 생각하고, 그 이유는 무엇인가요?**

[**답변 Point**] 이러한 질문은 자기소개서 1번과 관련이 있을 수 있습니다. 대학은 원칙적으로 학업을 하는 곳입니다. 그래서 대학에서 학습할 능력이 있는 사람을 선발하고 평가하기 위해 '대학수학능력시험'이라는 것을 합니다.

- 한편, 대학은 스스로 어떤 분야에서의 공부가 좋아서 그 분야에 대한 진리탐구를 하고자 입학하는 것을 전제로 합니다. 특히, 4년제 대학은 이러한 목적으로 세워졌습니다. 물론, 취업을 목적으로 입학할 수도 있고, 2~3년의 기간 동안 기술을 위주로 배우는 전문대학교는 예외라고 할 수 있습니다.

- 초등학교, 중학교, 고등학교에서는 이러한 교육과정이 대부분 정해져서 그냥 한 자리에 앉아서 수업을 들으면 되는 경우가 많았습니다. 하지만 대학은 그렇지 않습니다. 대학의 커리큘럼 즉, 교육과정은 교양,

전공 선택, 전공 필수 등이 있으며 이러한 교육과정을 본인이 선택해서 짜야합니다. 물론, 선배의 도움을 받거나 조교의 도움을 받을 수도 있습니다.

- 그러나 본인의 학습 스타일, 환경에 따라 교육과정을 계획하고 학습에 대한 계획을 자기 주도적으로 세워야 합니다. 본인이 아침잠이 많고, 저녁이나 밤늦게 집중이나 몰입도가 높은 올빼미 형이라면 오후나 야간 수업을 위주로 교육과정을 설계하는 것이 좋습니다.

- 반대로 이른 아침에 부지런하고, 밤에는 일찍 자야하는 '새벽형 인간'이라면 오전 수업을 위주로 교육과정을 설계하는 것이 바람직합니다. 또한 아르바이트를 해야 한다면 그 시간은 피해서 짜는 것이 낫고, 집이 멀어 장거리를 통학해야 한다면 이른 오전은 피하는 것이 더 좋을 것입니다.

- 자기주도 학습은 '몰입과 집중을 위한 최상의 계획을 스스로 설계하고 실천하는 것'입니다. 수립한 계획에 대한 이유는 위에 언급한 대로 본인의 학습 및 성격, 습관, 스타일과 기타 제반 환경에 맞게 적절한 근거를 제시한다면 바람직합니다.

❻ 자기소개서 3번 항목에 친구와의 갈등 상황과 해결에 대해 기술했는데, 그 과정과 결과를 설명하고, 친구와 갈등을 해결하는 본인만의 특별한 방법이 있다면 말해 보세요.

[답변 Point] 자기소개서 3번 항목은 인성에 관한 내용을 평가하기 위한 항목입니다. 배려, 나눔, 협력, 갈등관리 등의 항목이 있습니다.

- 그렇지만 대다수의 학생들이 배려, 나눔, 협력보다는 갈등관리 위주로 서술하는 경우가 많습니다. 왜냐하면 배려, 나눔, 협력의 사례는 잘 기억에 남지도 않거니와 쓸 것도 마땅치 않다고 생각하기 때문입니다. 반면 갈등관리가 본인에게는 더 임팩트가 커서 더 기억에 많이 남아 있고 쓸 것이 풍부하다고 생각하기도 합니다.

- 어쩔 수 없이 갈등관리를 썼다면 최대한 그 과정을 구체적으로 설명하고 그 결과로 인해 알고, 느끼고, 변화된 내용을 말하는 데에 치중하는

것이 더 중요하다고 생각합니다. 본인만의 독특한 해결 방법이 있으면 사용하되, 없으면 일반적인 대화, 진정성 있는 사과, 주변 사람들을 통한 조정 등을 얘기하면 됩니다. 이 질문에서 중요한 것은 갈등이 끝나고 난 후의 '변화' 즉, 후속 활동과 실천입니다.

제3부

교대·사대 기출문제 분석 및 풀이

평범한 교사는 말을 전한다. 훌륭한 교사는 설명을 한다.
뛰어난 교사는 모범을 보인다.
위대한 교사는 스스로 하고픈 마음이 생기도록 한다.

– 윌리엄 아서 워드

❶ 경인교대

[Q] - [찬/반 면접]

한국은 난민협회에 가입했음에도 불구하고 여러 가지 이유를 들어 난민 수용에 소극적인 태도를 보이고 있다. 현재 유럽이 난민을 받아들이는 상황에 대해 난민 수용에 대한 반대 의견도 높아지고 있다. 난민 수용에 대한 '찬성/반대' 의견을 각각 세 가지씩 제시하시오. (2016 정시)

[A] - [찬성 의견]

① 인도주의적 입장이다. 살기 어려운 이웃에게 풍족한 사람이 도움의 손길을 내주듯, 내전으로 목숨이 위태로운 사람들을 받아야 한다는 것이다. 모든 사람의 인권은 존중받아야 마땅하며 생명권은 그 무엇보다 최상의 가치로 여겨야 한다고 주장한다.

② 출산율이 저조한 한국 사회에서, 이민자를 받아들여 향후 인구 절벽 문제를 해결하기 위한 첫 단추가 될 수 있다는 점이다. 삼성경제연구소는 2010년에 대한민국이 저출산·고령화에 대비하기 위해 2050년까지 이민자 1,159만 명을 받아들여야 한다고 주장한 적이 있다.

③ 세계화 시대에 발맞춰 다원성을 존중해야 한다는 점도 내세운다.

[A] - [반대 의견]

① 이슬람 근본주의에 대한 반발심이 가장 크다. 유럽의 경우에도 시리아 난민을 대거 수용한 이후 그로 인해 여러 가지 범죄가 증가하고 있다거나, 사회가 혼란스러워지는 일이 많다는 것이다. 무슬림은 실정법보다 교리를 우선시하는 경향을 보이는데 이 때문에 국민 대통합을 이루기 힘들 수 있다는 지적이다.

② 난민 신청으로 인한 지원 혜택을 내국인이 부담해야 한다는 점도 있다. 우리나라의 경우 난민 신청을 통해 난민으로 인정될 경우 한 달에 1인 43만 원, 5인 가구 이상일 경우 138만 원 가량을 지원받을 수 있

다. 국내에도 지원해야 할 저소득 계층이 많은데 난민을 도울 수 있냐는 것이다.

③ 난민 수용 문제는 '로마에 가면 로마법을 따르라'는 말처럼, '대한민국에 오면 대한민국 법을 따를 수 있는지'가 핵심이다. 그들이 한국어를 할 수 있는지, 한국문화에 따라 생활할 수 있는지, 한국 법에 저촉되는 행동을 하지 않는지를 확실하게 검증을 할 수 있는 시스템을 만들어나가는 게 우리가 앞으로 해야 할 일이다.

[Q] - [제시문 면접]

제시문을 읽고 '혐오 현상'이 왜 사회적으로 문제가 되는지를 세 가지 제시하고, 혐오 현상을 해결하기 위한 구체적인 방안을 세 가지 이상 제안하시오.

최근 사회에서 나타난 혐오 현상의 사례를 들면, '맘충' '급식충'과 같이 벌레에 빗댄 표현으로 비하하는 양상이나, 여자라는 이유만으로 살인한 사건, 이주민이라는 이유만으로 폭행한 사건 같은 '혐오 범죄'를 들 수 있다.

• **출제 의도** : 혐오 현상을 사회적 문제로 인식하고, 이를 바탕으로 합리적이고 창의적인 문제 해결 방안을 제안할 수 있는지 평가하기 위한 문제다. 혐오 현상에 대한 올바른 이해, 사회적으로 문제가 되는 이유를 타당하게 제시했는지 평가한다. 혐오 현상의 해결 방법을 개인의 의식 개선 측면이나 사회문화와 제도 개선 측면에서 다양하게 제시했는지도 평가 대상이다. 해결 방법은 구체성과 실현가능성이 있어야 한다.

[A]

혐오란 자기 신체의 안정과 정결함을 위해 인간이 갖는 본능적인 감정으로 자신의 신체 또는 정신을 오염시킬 수 있는 '더러운 것'으로부터 보호하려는 방어 기제다. 혐오 현상의 근본적인 원인은 관용 정신의 부재를 꼽을 수 있다. 나와 다른 사람을 인정하고 그들을 받아들이기보단, 그들을 공격해 밖으로 내보내는 것이다. 이러한 관용정신 부재는 우리나라 사회가 전 세계 여느 나라보다 심각하다.

2010~2014 세계가치관조사에 따르면 대한민국의 타인에 대한 관용과 존중도는 45.3점으로 OECD 국가 중 최하위를 기록했다. 한국 사회는 타국가보다 인구밀도가 높고 관계 망 자체가 좁아 집단주의가 팽배한데, 여기에 관용의 부족이 더해져 집단 혐오현상이 나타난 것이다. 이성혐오, 계층혐오, 지역혐오 등 혐오의 대상이 다양한 것도 이 때문이다.

관용 부재의 원인은 소통 부족에서 찾을 수 있는데, 기술의 발달로 계층 간, 집단 간, 개인 간의 소통이 부족해지면서 서로를 이해할 기회가 부족해졌기 때문이다. 특히 여성혐오 문제에 대한 사회적 차원의 대책을 마련하기 위해서는 남녀간·세대 간 인식의 격차를 줄이면서 사회적 합의를 끌어내는 노력부터 이뤄져야 할 필요가 있다고 생각한다. 즉, 양성평등과 가치관의 차이를 극복할 수 있는 능력을 기르는 교육이 시급하다고 판단한다.

교육은 과거 대한민국의 급성장의 발판이 되었듯이 보이지 않는 힘으로 우리 사회에 만연한 여성혐오 현상 역시 분명히 해결할 수 있을 것이라고 생각한다. 또한 개인적으로도 상대를 이해하려는 노력을 지속적으로 해나가며 사회의 긍정적인 변화를 위해 앞장서야 할 것이다.

[Q] - [제시문 면접]

제시문을 읽고 로봇세 도입의 찬반에 대한 자신의 입장을 정하고, 논거를 두 가지 제시하도록 하시오. 로봇세 도입으로 나타날 수 있는 문제점에 대한 보완 방안 두 가지도 제시하시오.

'미래 사회에는 로봇과 인공지능이 인간의 직업과 노동을 상당 부분 대체하게 될 것이라는 전망이 있으며, 예상되는 문제를 해결하기 위한 다양한 방안이 모색되고 있다. 2017년에 빌 게이츠는 인간의 일을 대체하는 로봇의 노동에도 세금, 즉 로봇 세(Robot tax)를 부과해야 한다고 주장하였다. 그들의 주장은 "로봇을 통해 새로운 부를 창출한다면 세금을 부과할 수 있고, 이러한 세금을 로봇으로 인해 실직한 사람들을 위한 복지와 이를 포함한 보편적 복지, 그리고 새로운 일자리 창출에 사용해야 한다"는 것이다. 또한 로봇에도 인격과 시민권을 부여하고자 하는 움직임이 증가하고 있어 로봇세에 대한 찬반 논의가 활발하게 일어나고 있다'는 것이었다.

[A] - [찬성 의견]

로봇에 세금을 부과하면 급속한 자동화 속도를 늦추면서 복지기금도 마련할 수 있다는 것이 주된 주장이다. 한 마디로 과학화 기계화 자동화 과정에서 밀려나는 비전문 노동자 계층을 위한 재원 마련 필요성에서 시작된 논의다.

실직 근로자를 노인이나 어린이를 서비스 분야에 투입하고 로봇세를 그 재원으로 사용하자는 구체적 방안까지 제시됐다. 학자나 이론가의 이같은 주장은 당장 일자리를 잃는 계층이 발생한다는 점에 주목하면서 이에 따른 빈부 격차를 해소하자는 의도가 작용하고 있다. 일부 경제학자는 인공지능인 구글 홈이나 아마존 알렉사로 인해 가정부가 일자리를 잃기도 하고, 이미 자율주행차 택시회사는 택시기사를 대체하고 있다는 점을 예시로 들 수 있다.

[A] - [반대 의견]

많은 경제학자가 로봇세에 반대하는 것은 무엇보다도 '로봇의 정의가 무엇이며, 로봇이 인간의 일자리를 빼앗아간다는 게 맞는 얘기냐'는 논리에서 출발한다.

미국 재무장관을 지낸 래리 서머스 하버드대 교수는 항공기 탑승권 발급 기계나 모바일 뱅킹, 은행 현금자동입출금기(ATM) 같은 시스템으로 일자리가 줄어들었지만 이런 기술에 과세하지는 않았다는 점을 지적한다. 로봇으로 더 나은 상품과 서비스가 나오는 만큼 로봇에 대해 단지 일자리 약탈자로 몰아 과세해서는 안 된다는 논리다.

로봇 생산업계에서는 로봇 보급이 많은 사회에서 실업률이 오히려 더 낮다는 점을 지적한다. 예컨대 독일 일본 한국은 근로자 1만 명당 로봇이 300대에 달할 정도로 로봇 보급률이 세계 최고지만 실업률은 세계적으로 볼 때 낮은 편이라는 얘기다.

인류 혁신과 기술 진보에 세금을 매길 수 없기에 반대한다는 주장도 있다. 산업혁명 때 대량 실업을 초래했다고 방직기나 증기기관에 세금을 매겼더라면 지금과 같은 기술 발달과 문명 진보가 가능했겠느냐는 문제 제기다. 오히려 보조금을 줘서라도 신기술은 더 육성해야 한다는 주장이기도 하다.

로봇이든 무엇이든 생산성을 증대시키고 부를 확대한 기업은 이미 기업이 내는 법인세에다 기업 종사자가 따로 내는 소득세로 이중과세 부담을 지고 있다는 항변이다. 세금의 억제적 성격에 주목하면서 로봇이라는 신기술에 대해서는 장려 정책이 더 맞다는 주장도 있다.

[A] - [대안]

로봇, AI(인공지능)가 일자리를 파괴한다는 주장이 진실인지부터 살펴볼 필요가 있다. 일본은 이 분야에서 세계 1위 국가지만 일자리가 넘쳐 청년이 골라 취업하는 사회가 됐다. 전통적 은행 업무의 90%가 기계로 대체됐지만 은행원은 줄지 않았다. 경제 과학이 발전할수록 직업은 더 세분화되고 전문화될 뿐이다. 물론 실직자는 나올 수 있고, 그에 대한 재취업 교육 등 지원 대책도 필요하다. 그러나 세금 신설이 정해진 해법은 아니다. 소득이 늘어나면 과세해야 한다는 주장도 나오지만 부의 증대에 따라 세금도 늘어나는 과세 시스템은 이미 가동 중이다. 복지 등 정부 지출 구조조정, 작은 정부로의 이행 등으로 재원을 마련하는 게 지름길이다.

혁신의 현장에 세금을 부과하기보다 오히려 어떻게 하면 혁신을 장려하고 유도할 것이냐에 더 고민해야 기술이 발전하고 경제도 성장한다.

[Q] - [제시문 면접]

제시문을 읽고 초연결 사회에서 발생할 수 있는 사회문제를 두 가지를 들고, 이러한 사회문제를 해결하기 위한 교육 내용을 각 한 가지씩 말해 보시오.

'최근 사회는 사람, 사물, 데이터 등 모든 것이 네트워크로 연결된 초연결 사회(hyper-connected society)로 변화되고 있다. 여기서 초연결 사회란 모든 것이 서로 연결되어, 모든 것에 대한 정보가 생성/수집 및 공유/활용될 수 있는 사회이다.

초연결 사회에서는 인간과 인간, 인간과 사물은 물론, 사물과 사물끼리도 네트워크를 토대로 한 상호 소통이 가능해진다. 또한 사물인터넷, 인공지능, 빅데이터 등의 기술 발달로 교육, 의료, 금융, 제조, 교통, 유통 등 다양한 분야에서 혁신적이고 지능적인 서비스가 도입될 수 있다. 이에 초연결 사회에서는 개인적인 삶의 방식뿐만 아니라 사회 전체에 큰 혁신이 일어날 수 있다. 그러나 이러한 초연결 사회에도 다양한 사회문제가 발생할 수 있다.

[A]

초연결 사회(Hyper-connected society)란 인간 대 인간은 물론, 기기와 사물 같은 무생물 객체끼리도 네트워크를 바탕으로 상호 유기적 소통을 해 새로운 가치와 혁신의 창출이 가능해지는 사회를 의미한다.

초연결로 편리가 극대화할수록 개별 인간의 자주성(自主性)은 훨씬 취약해질 가능성이 높다. 앞으로 자율주행차와 스마트홈을 자신의 생각만으로 조작하는 세상이 오겠지만 그게 자신의 통제권이 강화된다는 의미는 아니다. 오히려 초연결에 대한 의존이 극대화함을 의미한다.

자신의 통제권은 사실 모든 통제를 중앙의 그 무엇에 맡기는 한에서만 보호된다. 아마존웹서비스(AWS)가 장애를 일으켰을 때와 KT의 통신구에서 화재가 발생했을 때 우리는 그 대책 없음을 경험했다. 초연결의 극히 일부가 일시적으로 붕괴됐을 뿐이지만 사회 곳곳이 멈춰버렸다. 정전으로 엘리베이터와 지하철이 멈췄을 때처럼 개별 인간이 할 수 있는 것은 무엇도 없다. 그저 복구될 때를 기다리는 것 말고는. 그 실체는 '구름'(클라우드) 너머에 존재하는 그들만 알고 있기 때문이다.

무엇보다 큰 문제는, 초연결이 개별 인간의 모든 것을 좌지우지하는 세상으로 가지만, 사실상 개별 인간의 총체적 의지로 행하는 '사회적 통제'가 매우 어렵다는 점이다. 초연결 서비스의 주체가 민간 기업이기 때문이다. KT처럼 국내 기업의 경우 정부가 어느 정도 들여다보겠지만 한계는 뚜렷하다. 비전문가가 구름(클라우드) 너머에 숨어 있는 바늘을 찾는 일만큼 어려울 수 있는 것이다.

'사회적 통제'의 어려움을 단적으로 보여준 건 아마존이었다. 그 회사 클라우드 시스템에 문제가 생겨 국내 수십 곳의 인터넷 사이트가 몇 시간 씩 불통이 되었지만 이 회사는 그 흔한 '사과의 변'은 물론이고 우리 사회에 아무런 말 한 마디 하지 않았다. 그런 회사에 우리가 할 수 있는 일(통제)은 아무 것도 없어보였다. 단지 돈 내고 우리 정보까지 주면서 그들의 기술을 쓰는 것 말고는 없었다.

[Q] - [개별 면접]

초등 교사로서 갖춰야 할 가장 중요한 덕목은 무엇이라고 생각하는가?

[A]

중요한 3가지 덕목으로 지적소양, 배려와 소통, 열린 마음이 필요할 것으로 보인다.

아래는 3가지 덕목을 바탕으로 한 구체적 실천 행동이다.

1. 풍부한 지식을 보유한다.

학생은 수업 시간에 자신이 무엇인가 배웠다고 생각될 때 자신에 대해 긍정적인 마음을 가지게 된다. 그러므로 교사는 수업 시간에 학생에게 실질적이고 가치 있는 지식을 가르치기 위해 철저하게 수업 준비를 해야 한다.

2. 행복한 교실을 만든다.

교실은 학생들에게 편안하고 안전한 장소가 되어야 한다. 그리고 교사는 그러한 장소에서 아이들을 도와주는 친근하고 친절한 도우미라는 생각으로 교실을 편안하고 안전하게 꾸며주어야 한다.

3. 이름을 부른다.

학생의 이름을 불러준다. 학기 초에 학생들의 이름을 미리 암기하여 수업 첫날부터 아이의 이름을 제대로 불러준다. 교사가 학생의 이름을 불러주는 것만으로도 학생은 자신의 존재감을 느낄 수 있다.

4. 긍정적 칭찬을 한다.

학생을 칭찬하고 격려해 주는 것은 매우 중요하다. 학생들이 어려움을 겪고 있을 때, 조언하기보다는 긍정적인 말로 격려해 주도록 하며, 어떤 경우에도 칭찬에 인색해서는 안 된다.

5. 적절한 피드백을 한다.

교사는 학생에게 높은 기대치를 가지며, 그러한 기대치를 성취할 수 있도록 자신의 모든 역량과 열정을 다하여 학생을 도와주어야 한다. 교사의 긍정적이고 솔직한 피드백은 학생의 성장을 도와준다.

6. 학생의 실수를 용납한다.

교실은 실수가 용납되는 안전한 공간이라는 인식을 학생에게 심어주도록 한다. 실수를 통해 더 큰 성공으로 나아갈 수 있기 때문에 학생의 실수를 평가하고 비판하기보다는 학생은 미숙하기에 충분히 실수할 수 있다고 용납해 주어야 한다.

7. 따뜻한 미소와 친근한 터치, 친절한 말을 한다.

교사의 따뜻한 미소와 친근한 터치와 같은 작은 몸짓과 긍정적인 행동은 한 명의 학생의 인생을 바꿀 수도 있다. 특히 말에는 힘이 있기 때문에 교사의 말로 인해 학생을 치유할 수도, 파괴할 수도 있다. 그러므로 항상 친절하고 진실 된 말을 해야 한다.

8. 학부모와도 좋은 관계를 유지한다.

학생이 잘못했을 때만 부모에게 연락하면 부모 입장에서 교사는 불편하고 반갑지 않은 존재가 된다. 가끔씩 학부모에게 연락하여 아이에 대해 칭찬하는 안부 인사를 하는 것이 좋다.

9. 협동 학습을 중요시한다.

학생들이 반 친구들과 팀을 이루어서 과제 활동을 할 수 있도록 도와라. 이를 통해 학생들은 사람은 결코 혼자 살 수 없다는 인생의 지혜를 스스로 배우게 된다.

마지막으로 평범한 교사는 가르치고, 좋은 교사는 설명해 주며, 훌륭한 교사는 직접 시범을 통해 보여주고, 위대한 교사는 학생에게 영감을 불어넣어준다는 말을 생각해 볼 필요가 있다.

[Q] - [개별 면접]

교육의 본질은 무엇이라고 생각하는가? 본인의 생각을 이야기해 보시오.

• 출제 의도 : 교육의 본질이 무엇이냐는 질문은 교육을 해야 하는 근본적인 목적을 물어보는 것이다. 우리나라 교육법 제 1조에서는 교육의 목적을 홍익인간의 이념에 두고 인격을 완성하고 자주적 생활 능력을 기르고, 공민으로서의 자질을 갖추게 함으로써, 민주국가의 발전과 인류 공영의 이상 실현에 기여하게 한다고 밝히고 있다.

[A]

교육에 대한 세 가지 정의 방식은 다음과 같다.

첫째, 전수형이다. 전수형은 가치 지향성을 강조한다. 대표적 학자로는 R. S. Peters가 있다.

둘째, 인간의 잠재적 가능성형이다. 이는 학습자의 자율성을 강조하는 것이다. 대표적 학자로는 J. J. Rousseau가 있다.

셋째, 인간 행동의 변화형이다. 행동주의 교육학으로 조작적 정의를 내리는 것이다. 대표적 학자는 정범모로 교육은 인간 행동의 계획적 변화라고 주장했다.

교육의 본질적 4대 기능

교육의 본질적 4대 기능은 질서·체제의 현상적 유지, 인간의 조화적 발전 조성, 문화유산의 계승·발전, 사회 혁신을 위한 인적 기반 조성이다. 서로 모순 대립하는 기능의 변증법적 통일 과정에서 진정한 교육의 본질이 발로되면 교육의 전진이 이루어진다. 자기 자신의 잠재력을 깨닫고 이끌어내는 순간에 어떤 사람이든 자기 자신의 잠재력을 아는 순간 가장 행복해 한다고 생각한다. 왜냐하면 자신이 가치 있는 존재라고 느끼기 때문이다. 더 궁극적으로 말하면 자신이 원래 가치 있는 존재인데 그 사실을 모르고 있다가 깨닫게 되는 것으로 설명할 수 있다.

교육의 본질은 모든 이가 자신의 가치를 깨닫게 만들어주는 수단이라고 할 수 있다.

미국의 교육학자 Dewey는 교육의 본질에 대해 다음과 같이 말했다. "교육은 생활이다.""교육은 성장이다.""교육은 경험이 아니고 경험의 재구성이다.""교육은 사회화 과정이다.""교육은 전인과 관련된다.""교육은 피교육자의 자발적 참여와 적극적 활동을 필요로 한다."

❷ 공주교대

[Q] - [개별 면접]

교권침해 문제가 심각해지고 있는데 이에 대한 원인은 무엇이라고 생각하는가? 해결책이 있다면 무엇이라고 생각하는지 말해 보시오.

[A] - [원인]

교권의 개념에 비추어 볼 때 교권 침해란 '교원의 법적인 교육할 권리와 사회·윤리적 권위나 전문적 권위를 침해 또는 무시하는 행위'라고 정의할 수 있다. 학생, 학부모 등으로부터 교사가 당하는 폭언, 협박, 폭행 등의 부당행위는 최근 가장 빈번하게 발생하는 교권 침해다.

최근 조사에 따르면 학부모의 교권침해 사례는 243건으로 절반에 가까운 48.5%를 차지했다. 이어 처분권자(교장 등)에 의한 피해 16%(80건), 교직원에 의한 피해 15.3%(77건), 학생에 의한 피해 14%(70건), 제3자에 의한 피해 6%(31건) 순이다.

학교 급별로도 학부모로 인한 피해 호소가 상당수를 차지했다. 유·초·특수학교의 경우 해당 내용의 상담은 187건으로 전체 58.8%에 해당했다. 중학교의 경우 42.4%(39건)의 피해가 접수됐다.

교사의 정당한 교육 활동을 학대로 몰아 허위사실을 온라인에 유포하거나, 학교폭력대책자치위원회의 처분에 불만을 품고 학교와 교사에게 금품을 요구하거나, 수년간 과도한 소송을 제기하는 등의 상담 사례가 접수됐다.

2018년에는 수업 방해 23건, 폭언·욕설 18건, 명예훼손 11건, 폭행 11건, 성희롱 7건 순이었다. 학생에 의한 교권침해 상담 비중은 2016년 10.14%, 2017년 11.81%, 2018년 13.97%로 매년 증가하고 있다.

[A] - [해결책]

교총은 개정된 교원의 지위 향상 및 교육 활동 보호를 위한 특별법(교원지위법)의 시행을 예고했다. 그 법에는 학부모 등의 교권침해에 대해 교육감의 고발조치 의무화, 관할청의 법률지원단 구성 · 운영 의무화, 교권침해 학부모 특별교육 미 이수 시 300만 원까지 과태료 부과, 교권침해 학생 징계에 전학, 학급 교체 추가 등을 담았다.

[Q] - [개별 면접]

최근 아동학대 문제가 불거지면서, 아동학대가 사회적 모두의 책임이라는 의견이 있다. 교사로서 아동학대에 대해 어떻게 대처할 것인가? 교사로서 아동학대에 대해 할 수 있는 일이 있다면 무엇일지 이야기해 보시오.

[A] - [대처 방안]

'아동학대'란 보호자를 포함한 성인이 아동의 건강 또는 복지를 해치거나 정상적 발달을 저해할 수 있는 신체적 · 정신적 · 성적 폭력이나 가혹행위를 하는 것과 아동의 보호자가 아동을 유기하거나 방임하는 것을 말한다(「아동복지법」 제3조제7호).

학교와 교사는 아동학대 피해 아동의 보호를 위해 어떠한 책임과 역할을 해야 할까? 먼저 아동학대처벌법 제10조 2항에 의거하여, 초 · 중 · 고등학교의 교직원은 직무를 수행하면서 아동학대 범죄를 알게 된 경우나 그 의심되는 경우, 아동보호 전문기관 또는 수사기관에 신고하여야 하는 신고 의무자이다.

그밖에도 피해 아동의 학교생활, 가족력 등 관련 자료를 제공하고 피해 아동에 대한 학교 사회복지 서비스 제공, 아동 · 학부모 · 교사에 대한 아동학대 예방 교육 등을 지원해야 한다. 아울러 지역사회에서 학교와 교사를 활용하는 아동보호 체계의 구축이 필요하다. 일반적으로 아동은 가정에서보다 더 많은 시간을 학교에서 보내고 있기 때문에, 신고 의무자로서 가정에서 발생하는 아동학대에 대한 교사의 발견 및 신고 체계의 구축이 필요하다.

또한, 학교라는 세팅을 활용하여 교사는 아동학대 피해 아동과 그 가정에 대한 정보를 아동보호 전문기관과 공유하고, 교사로서 아동학대 피해 아동에 대한 지속적인 지원 및 상담 서비스 등을 제공하여야 한다. 나아가 학교의 정규 교육과정을 활용하여 아동학대 예방 교육을 모든 학생에게 실시하는 것이 필요하다. 이를 통해 모든 아동이 아동학대에 대한 정확한 인식을 가지게 되고, 아동이 가정과 지역사회에서 경험할 수 있는 아동학대 피해 상황에서 대처할 수 있는 방법과 기술을 습득할 수 있을 것이다.

[A] - [예방 방안]

아동학대의 궁극적 예방을 위하여 학교와 교사는 다음과 같은 아동학대 예방 교육을 실시하여야 한다.

첫째, 아동 연령별 맞춤형 아동학대 예방 및 아동권리 교육을 실시한다.

영유아부터 고등학생까지의 아동들에게 아동 안전교육(아동학대 예방 등)을 실시하도록 하고 있는 아동복지법의 의무 규정에 근거하여 초·중·고등학교에서 충실한 아동교육을 실시하도록 한다. 초등학생에 대해서는 놀이식, 체험식 교육 등을 최대한 활용하고, 각 학교의 자체교육 또는 아동 복지기관의 찾아가는 교육을 활용하도록 한다. 아동학대의 이해, 아동보호전문기관 설치·운영 및 아동학대 사례 개입 과정, 아동학대 신고 의무자의 역할 등의 내용을 아동학대 예방 교육의 구체적인 커리큘럼에 포함시킨다.

둘째, 부모에 대한 올바른 아동 양육 방법 등의 부모 교육을 실시한다.

생애주기별로 예비 부모인 혼인 신고자로부터 임신, 출생 신고, 필수 예방접종, 영유아 건강검진 과정에서 적절하게 수강 기회를 제공한다. 부모 교육의 구체적인 커리큘럼에 포함되어야 할 내용으로는 연령별 아동 발달의 이해, 아동학대의 이해, 아동학대 예방을 위한 바람직한 훈육 방법, 체벌의 문제점과 체벌을 대신하는 프로그램, 문제 행동 예방 전략 등이 있다.

마지막으로 아동학대에 대한 우리 모두의 인식 전환이 필요하다.

최근의 「아동학대범죄의 처벌 등에 관한 특례법」의 제정은 아동학대는 우리 모두의 관심과 사회적 대책 마련이 필요한 중요한 사회 문제인 동시에 아동에 대한 범죄 행위라는 것을 의미한다. 따라서 우리나라에서 훈육이나 체벌이라는 명목 하에 보호자를 포함한 성인에 의해 아동에게 자행되고 있는 신체 학대, 정서 학대, 성적 학대와 방임은 아동의 건강과 복지를 해치고 정상적 발달을 저해하는 '아동에 대한 성인의 폭력적 범죄 행위'라는 우리 모두의 인식 전환이 반드시 필요하다.

[Q] - [개별 면접]

온라인 교육(인터넷 강의 등)의 장점과 단점을 말해 보시오.(기출 수정)

[A] - [온라인 교육의 장점]

1. 시간 유연성

일부 온라인 학생은 가정교사와 통신하거나 평가를 수행하거나 화상 회의를 볼 때 특정 시간에 컴퓨터 또는 태블릿에 연결해야 하지만 이는 평소와 다르다. 온라인 학생은 보통 코스 자료를 하루 24 시간 동안 볼 수 있다. 온라인 교육은 평범하지 않은 시간 (예 새벽)에도 하루 중 언제든지 공부할 수 있는 훌륭한 기회를 제공한다.

2. 접근 용이성

온라인 교육을 선택하는 옵션 중 하나는 학습 센터에 출석하지 않아도 된다는 것이다. 따라서 운송 수단과 교통비용을 절약 할 수 있으며, 비가 내리거나 추운 날에는 이상적이라고 할 수 있다.

3. 영구 콘텐츠 업데이트

온라인 교육을 통해 하루 중 언제든지 콘텐츠를 업데이트 할 수 있다. 뿐만 아니라 언제든지 작업을 보낼 수 있다. 학생과 교사 모두에게 이상적인 도구이다.

4. 필요에 따른 방향과 계획 가능

학생은 각자의 필요에 따라 자료를 검토해야 하기 때문에 연구 내용과 연구 방법을 결정할 수 있다.

5. 저렴한 수강료

온라인 교육은 더 많은 학생의 등록을 허용하고 시설에 비용을 필요로 하지 않기 때문에 일반적으로 대면 교육보다 저렴하다.

6. 위치와 무관

온라인 교육의 가장 중요한 장점은 전 세계 어느 곳에서나 교육에 쉽게 액세스 할 수 있다는 것이다.

[A] - [온라인 교육의 단점]

1. 교육 동기와 자제력의 필요

온라인 교육은 많은 이점을 가지고 있지만, 동기 부여와 자제력이 필요하다. 어떤 사람은 이 방식으로 전체 코스의 발자취를 따라 가기가 더 어려울 수 있다.

2. 사회적 상호작용의 제한

수업에 참석하지 않는 것이 많은 경우에 큰 이점이 될 수 있다. 그러나 온라인 교육은 냉담해질 수 있으며 사회적 상호작용의 한계가 될 수 있다. 다른 한편으로, 전통적인 훈련은 많은 경우 유익한 교사와 급우와 직접 대화 할 수 있게 한다.

3. 기기 고장 등 기술 문제로 인한 실패

기술적 진보는 많은 학생이 카페테리아, 도서관 또는 기차 어디에서나 연결될 수 있도록 도와주었다. 그러나 때로는 기술적 수단이 실패로 작용하여 작업 수행이 어려울 수도 있다. 예를 들어 컴퓨터가 고장 났을 경우 온라인 수업을 들을 수 없다.

4. 기술적 요구 사항의 필요

온라인 교육을 위해서는 컴퓨터, 인터넷 연결 및 많은 경우 업데이트 된 소프트웨어가 필요하다. 불행히도 모든 학생이 이러한 요구 사항을 충족시키는 것은 아니며, 이는 교육적 경험으로 인해 문제가 될 수 있다. 또한 일부 상황에서는 추가 경제적 비용이 소요될 수 있다.

5. 학습 후 연습의 어려움

온라인 교육은 실제 작업과 연습에서 문제가 될 수 있다.

6. 학습 후 평가의 어려움

온라인 교육에서는 교사가 학생의 평가를 통제하기가 어렵다.

[Q] - [교육 개별 면접]

[1] 창의융합 교육에 대해 찬성하는가? 반대하는가? 근거를 들어 말해 보시오.

[개념] 융합인재 교육

창의융합적 사고력과 문제해결 능력을 키우는 교육을 의미한다. 2015 개정 교육과정에서 특히 강조하고 있다.

[A] - [STEAM 핵심 키워드]

1. 과학기술 기반 교육

STEAM을 정의하자면 '과학기술에 대한 학생의 흥미와 이해를 높이고 과학기술 기반의 융합적 사고력과 실생활 문제해결력을 배양하는 교육' 이라고 설명할 수 있다. 더 많은 학생이 과학기술 분야로 진출하도록 새로운 교수학습 방법을 도입한 것이다. 과학과 수학의 개념과 원리를 이용해 뼈대를 만들고 공학과 기술을 통해 실생활과 연계되는 문제를 해결하도록 유도한다. 과학과 수학이 중심 역할을 담당하기 때문에 수업 내용에도 과학기술 내용이 포함되어야 한다.

　미국과 영국에서는 과학기술 분야 우수 인재를 확보하기 위해 스템 (STEM) 교육을 실시하고 있고, 독일에서는 민트(MINT) 교육을 실시하고 있다. STEM 교육은 과학(S), 기술(T), 공학(E), 수학(M) 등 4개 분야 각각에 중점을 두고 있는데, 우리나라는 STEM에 인문·예술(A) 요소를 덧붙여 창의성을 기르는 STEAM 교육을 실시하고 있다.

　우리나라의 STEAM 교육은 과학기술에 대한 흥미를 높이기 위해 시작되었지만, STEAM 수업이 학생의 과학에 대한 흥미를 유발하는 데 그치지 않고 과학기술에 대한 원리를 이해하고 과학·수학 교과의 성취기준을 달성하여 관련 분야 인재로 성장하는 것을 목표로 실시되고 있다.

2. 실생활 문제해결력

　STEAM의 독특한 점은 학생이 매일 접하는 실제 현실 세계에서 해결책을 찾는다는 것이다. 물론 교과서의 내용 중에도 실생활과 연계된 부분이 있다. 하지만 학교에서는 이미 누군가 완성해 놓은 지식과 개념을 정해진 위계에 따라 순서대로 배워야 한다. 교과서와 실생활을 분리해서 설명하는 경우가 많아서 학생들의 흥미를 끌어내기가 쉽지 않다.

　교과서에 담긴 지식을 외워서 한정된 문제를 푸는 방식으로는 학생의 호기심과 흥미를 유발할 수 없다. 그 지식을 왜 배워야 하는지, 어디에 사용할 수 있는지까지 이해해야 한다.

　학습의 의미와 목적을 깨닫게 되면 해결 방안을 스스로 설계해서 직접 탐구하고 실험하는 과정을 통해 실생활에서의 문제해결력을 키워나갈 수 있다. STEAM은 이렇게 실생활과 연계해 과학·수학 이해도를 높이기 위해 기술과 공학 요소까지 포함시켰다.

　STEAM 도입 초기인 2012년에 개발된 프로그램들은 10차시 내외 분량의 주제 중심 수업이었다. 특정 주제를 중심으로 해서 과학, 공학, 수학, 예술 교과를 연계하는 데 초점을 두고 교과목 간의 융합을 적극적으로 시도했다. 하지만 특정 주제를 미리 선정한 후에 그에 적합한 교과와 단원을 찾아 STEAM요소를 연결시키다보니 융합이 매끄럽지 않았다.

STEAM은 실생활 문제에 중점을 둔 자연스런 융합을 지향한다. 특정 교과나 주제 또는 고정된 개념에서 시작하지 않고 실생활에서 마주칠 수 있는 소재를 이용해 맥락을 구성하는 방식으로 진행된다.

실생활 문제는 어느 한 과목의 지식만 가지고는 풀 수 없는 경우가 대부분이다. 여러 학문에 숨은 유용한 지식을 하나로 연결해 활용해야 해결이 가능하다. 생활 속의 문제를 해결하기 위해 여러 교과의 지식을 활용하는 과정에서 자연스럽게 융합이 이루어진다. 'STEAM 수업'이라 부르려면 S, T, E, A, M 중에서 두 개 이상의 교과나 요소를 포함해야 한다는 기준도 이 때문이다.

문제를 중심에 놓고 이를 해결하기 위해 다각도에서 고민하고 탐구하는 교육은 당연히 여러 종류의 요소를 동원할 수밖에 없다. STEAM 수업에서 발생하는 융합은 목적이 아닌 수단이다. 또한 목표를 달성하는 과정에서 자연스레 일어나는 현상이다.

3. 융합인재 교육 STEAM 개념

STEAM이 기존 교육과 가장 크게 차이가 나는 특징으로는 '융합'을 꼽을 수 있다. 지금까지의 과학교육은 단일 교과를 '쉽고 재미있게' 구성해 학생들의 이해와 관심을 높이는 것이 목적이었지만, 다양한 방식으로 이루어지는 학문 간 통합과 융합의 트렌드에 대응하는 데는 한계가 있다.

4차 산업혁명 시대가 도래하면서, 단순히 지식을 많이 쌓는 것만으로는 개인의 경쟁력을 확보하기가 어려워졌다. 이제는 기존 지식을 어떻게 융합에 활용하는가의 문제에 대답하는 것이 더욱 중요하다.

STEAM에서 강조되는 융합적 소양은 다양한 지식을 활용해 문제까지도 해결할 수 있는 능력을 의미한다. 학교 현장에서 STEAM을 실행하는 교사들이 가장 많이 고민하는 부분도 '융합'이다.

현장 적용 초기 단계에 과학(S), 기술(T), 공학(E), 수학(M) 등 각 분야를 어색하게 연결하는 형태의 연계와 융합 사례가 많이 나타났다. 그러나 융합은 목적이 아니라 수단이 되어야 한다. STEAM이 말하는 궁극적인 융합은 실생활 속에서 나타나는 '자연스러운 융합'이다.

실생활 문제는 대체로 어느 한 과목만의 지식으로는 풀 수 없으며 여러 학문의 지식을 활용해야 해결 가능한 복합적인 문제이다. 실생활 문제를 해결하기 위해 여러 교과의 지식을 활용하는 과정에서 자연스레 융합이 일어난다.

STEAM 프로그램에 반드시 수학·과학이나 공학·기술 또는 예술이라는 요소 전부가 포함되어야 하는 것은 아니다. 주제나 문제와 관련된 지식과 기능 중에서 필요한 부분만 포함시켜도 된다.

스스로 깨우치는 교육이 필요하다. 기본의 학교 교육은 체계화된 지식을 교사의 강의를 통해 학생에게 전달하는 방식으로 이루어져 왔다. 교사가 교과서에 수록된 개념 대부분을 학생에게 직접 설명하는 형식이었다. 다른 분야의 학문과 연계하거나 통합하는 방식도 거의 고려되지 않았다.

반면 STEAM은 교사가 교과서 속 개념을 직접 강의하는 대신에, 주어진 문제를 학생이 자발적으로 재정의하고 해결하는 과정을 통해 여러 분야의 학문을 통합해 사고하고 스스로 지식을 깨우치게 하는 교육이다. 미래 사회를 살아갈 학생들에게 필요한 것은 지식의 암기가 아닌 '지식 활용 능력'이라는 인식에서 출발했기 때문이다.

4. STEAM 교육의 배경

• 심각한 이공계 기피 현상
  - 청소년들의 과학에 관한 관심 저조
  - 수학, 과학이 어려운 과목이라는 인식 팽배
  - 우수한 과학기술 인력 양성 및 공급의 실패
• 흥미 및 학습 동기 저조
  - 상위권 성적에 문제해결력, 창의력, 흥미도, 자기 주도 학습 능력의 저조
  - 2009 PISA 학습효율화지수 (성적/학습시간 : 24/34)
  - 2009 PISA 과학 흥미도(55), 학습동기(57)
• 인성, 감성, 예술과 관련된 창의성 교육 필요
  - 주관적 행복지수 OECD 국가 중 최하위
  - 감성을 지닌 장조지식인 필요

5. 과학기술의 흥미와 이해를 높여라

STEAM의 여러 목표 중에는 과학기술에 대한 학생들의 흥미와 이해를 높이는 일이 가장 우선이다.

미래 국가 경쟁력은 과학기술 인재의 역량과 직결된다. 그러나 과학기술을 어려운 학문으로 인식하는 학생이 늘어나면서 과학기술 과목에 대한 자신감과 흥미가 세계 하위권으로 추락한다는 사실이 우려를 자아낸다. STEAM을 통해 학생들이 과학기술 분야에 흥미를 갖고 재미있게 즐길수록 이공계 진학생의 숫자가 늘어나고 과학기술 분야의 역량도 한층 강화될 것이다.

STEAM은 수학·과학 과목의 이론과 개념뿐만 아니라 '실생활'과의 연계성을 강조한다. 기존의 학교 교육은 교과서에 정립된 학문 개념을 일방적으로 전달하는 데 주력해 왔다. 반면에 STEAM은 학생 본인과의 관련성을 깨닫는 것이 우선이다. 학습 내용이 사회 어느 분야에서 쓰이는지 그리고 왜 배워야 하는지를 우선 체험한 다음, 스스로 설계하고 탐구하며 실험하는 과정을 통해 실생활 속 문제해결력을 배양하는 데 초점을 맞춘다.

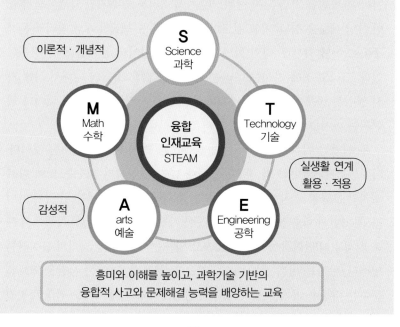

이론적·개념적

S
Science
과학

M
Math
수학

융합
인재교육
STEAM

T
Technology
기술

실생활 연계
활용·적용

감성적

A
arts
예술

E
Engineering
공학

흥미와 이해를 높이고, 과학기술 기반의
융합적 사고와 문제해결 능력을 배양하는 교육

[2] 야간 자율학습을 강제로 시행하는 것에 대해 찬성하는가? 반대하는가? 이유는 무엇인가?

야간 자율학습(이하, 야자)을 하는 학교의 대표적 유형 2가지

유형 1 **강제적인 자율학습을 하는 학교**

야간 자율학습을 신청하였으나 야간 자율학습을 하지 않고 집으로 바로 가는 학생들은 부모님과 면담, 성찰 교실을 실시하곤 한다. 야간 자율학습에 계속 오지 않는 경우, 교칙에 따라 처벌이 더욱 엄격해진다.

유형 2 **원하는 사람에 한하여 자율학습을 참여할 수 있도록 지도하는 학교**

야간 자율학습을 자율적으로 참여할 수 있고, 학생의 인권이 보장되는 제도라고 생각한다. 스트레스를 받더라도 강제적으로 야간 자율학습을 하는 학교보다 자율적으로 야간 자율학습을 하는 학교에서의 스트레스가 감소될 것이다.

[A] - [찬성 의견]

야자의 장점은 무엇일까?

야자의 장점 첫 번째는 바로 그 날 배운 것을 바로 복습할 수 있다는 것이다. 학원을 가면 되지 않겠느냐는 목소리도 있겠지만 학원에선 복습이 아닌 예습을 한다. 학교 진도의 몇 배로 빠른 속도의 개념 정리와 문제 풀이로 어떤 학생은 자기 학년 수준을 뛰어넘어서 문제를 푸는 경우도 있다. 그리고 집에 가서는 우리는 유혹하는 많은 것들의 의해서 집에 가서 열심히 공부해야겠다는 자기와의 다짐을 지키는 학생들이 몇이나 될런지는 미지수이다.

두 번째는 야자를 하면서 혼자 공부하는 법을 배우게 된다는 것이다. 야자 시간을 얼마나 잘 활용하느냐에 따라 영향력의 지수는 많이 다르겠지만 고등학교 시절의 자기 공부는 학원에만 의지해서는 될 것이 아니라, 자기만의 학습 노하우를 찾는 것이 가장 중요한 것 같다. 학원에서 배운 지식을 내면화하여 자기의 것으로 만드는 것은 결국 자기의 몫이라는 말이다. 야자는 이런 것들 사이에 스스로 공부할 수 있는 시간을 확보해 준다는 장점을 가지고 있다. 아무리 공부벌레인 학생이라도 귀찮고 지겹

다는 생각을 단 한번쯤은 해 봤을 것이다. 자기 페이스대로 따라주지 않을 때도 있기 때문이다. 그러나 이런 상황에서도 해야 한다는 반 강제적인 성격을 띠고 있어서 학생들의 의지력을 필요로 한다. 그만큼 나중에 플러스 효과를 주는 것이다.

[A] - [반대 의견]

야자는 그 반의 분위기가 좌우한다. 분위기가 나쁘면 오히려 안 하는 것만 못하는 역효과를 내게 되는 것이다. 즉, 시간 낭비가 되는 것이다. 감독 선생님들께서 계신다고 하더라도 아이들끼리 어느 순간부터 떠들게 된다. 이것은 자칫 그 날의 야자를 포기하게 만들 수도 있는 것이다. 야자는 말 그대로 방과 후에 하는 자율학습이다. 그러나 하지 않으면 왠지 심리적인 불안감이 들고, 남이 하니깐 자기도 한다는 타율학습의 성격이 되어버린 것 때문에 많은 효과를 거두지 못하는 사례도 적지 않다.

학기 초에는 잘 모르는 친구들과 함께 하기 때문에 조용하고 좋은 분위기 속에서 공부를 하게 되지만 시간이 지나면 지날수록 아이들은 친해지기 마련이고, 분위기가 많이 해이해진다. 이것이 야자의 가장 큰 단점이라 할 수 있겠다. 또한 학생이 가장 큰 목소리로 주장하는 것이 자율학습의 의미에 관한 것이다. 자율학습의 의미는 스스로 학습한다는 것인데 왜 강제로 시행하는지에 말이다.

공부란 힘든 것이다. 지적 수준이 아주 높다거나 공부하는 것을 원해 좋아하는 사람이 아니라면 말이다. 대부분의 사람은 공부를 억지로 한다. 관건은 누가 그 '억지로 하는 공부'를 좀 더 잘 참아내고 효율적으로 하느냐하는 것이다. 야자는 강제성 때문에 빛을 발한다. 집에서 많은 유혹을 뿌리치고 할 수 없기에 우리는 잠재적으로 학교에서 강제로 시키기라도 해서 자신을 잡아주길 원하는 심리가 있다. 따라서 야자의 좋은 점과 나쁜 점만을 거론하여 대립 양상을 만드는 것보다, 학원은 주말과 방학을 통해서 약한 부분만 보충할 수 있도록 하고 야자를 효과적으로 사용하여 자기에게 많은 도움이 될 수 있도록 하는 것이 바람직하다.

[3] 스마트폰을 수업 시간에 활용하자는 의견이 있다. 스마트폰을 수업에 활용하는 것에 대해 찬성하는 입장인가? 반대하는 입장인가? 이유는 무엇인가?

[A] - [찬성 의견]

스마트폰을 활용하는 것은 결국 콘텐츠의 문제다. 그러나 적합한 애플리케이션을 찾기가 어려웠다. 대신 스마트폰의 모바일적 특징을 이용했다. 원하는 시간과 장소에서 수업 관련 정보를 찾을 수 있다. 전략은 교사와 학습자 간의 관계를 스마트폰을 통해 보다 가깝게 하는 것이다. 트위터가 유용하다. 팔로워에게 공개적으로 메시지를 전달했을 뿐 아니라 트위터의 '다이렉트 메시지'를 통해 학생과 1:1로 대화를 나눌 수 있다. 또한 갑작스런 강의실 변경이나 과제 제출 정보 등을 스마트폰을 통해 실시간으로 전달해 행정적 전략을 수행할 수 있다.

다양한 수업 전략은 곧 얼마나 다양하고 적절한 애플리케이션을 활용하느냐와 직결된다. 애플리케이션은 트위터(twitter)와 엠앤톡(m&Talk), 스프링노트(spring note), 포럼스프로(Forums Pro)가 있다. 트위터와 엠앤톡은 학생들과의 커뮤니케이션 도구로 유용하다. 포럼스프로를 통해서 토론을 진행했고, 스프링노트는 학생들의 생각을 공유하게 해 주는 기반이 된다.

스마트폰은 수업에 어떤 변화를 가져왔을까? 학생들이 수업의 구성원으로서 느끼는 소속감이 크게 증가한다. 반면 모든 학생이 스마트폰에 흥미를 갖고 능동적으로 활용할 것이란 기대는 예상과 달랐다. 스마트폰의 정보 교환은 실시간으로 진행되며, 학생들의 높은 참여도를 요구한다. 기기가 주는 매력에도 불구하고 이런 학습 유형에 맞지 않은 학생은 수업에 잘 따라오지 못했다. 스마트폰을 활용한 수업이 하나의 수업 방식으로 자리 잡기 위해서는 학습자의 다양한 특성을 고려한 수업 프로그램 개발이 필요하다.

가장 아쉬웠던 부분 역시 스마트폰을 수업에 활용하기에는 애플리케이션을 비롯해 교육과 관련한 프로그램이 부족하다는 것이다. 수업을 준비할 때 필요한 애플리케이션을 일일이 찾는데 많은 시간이 걸렸다. 교육적으로 효과가 있는 애플리케이션을 개발하고 통합적으로 제공할 필요가 있다.

교사가 스마트폰 학습에 관심을 가지기 시작한 계기는 수업 시간에 잠을 자는 학생들을 못 견디는 개인적인 성향 때문이었다. 학생들 일부는 아무리 잔소리를 해도 수업에 집중하지 못했다. 학력 저하나 수업에 흥미를 잃은 학생들을 어떻게 하면 주도적으로 수업에 참여하게 할 수 있을까 고민하던 중에 디지털 교과서 연구학교 운영 연수에서 비슷한 고민을 하던 교사들을 만났다. 스마트폰의 팝2, 핑퐁, 정보무늬(QR코드), 동영상 편집 등의 다양한 앱을 이용해 학생들의 참여를 이끌어낸 경험을 공유한 것이다.

그러나 주변에선 우려했다. 스마트폰에 대한 부정적인 인식 때문이었다. 동료 교사들보다 학부모들의 우려가 더 컸다. 하지만 미국·핀란드 등에서 디지털 기기를 이용한 교육이 이미 오래전부터 실시돼 광범위하게 쓰이고 있고 실제 아이들의 반응도 뜨겁다는 걸 느꼈기 때문에 계속해서 추진해왔다. 디지털 시대에서 수업의 변화는 피할 수 없는 상황이다. 일단 수업을 해 보면 모두가 함께하고 있다는 것을 느끼면 교사로서 보람을 느끼게 된다. 학생들도 지루하지 않고 재미있다는 반응을 보인다.

스마트폰을 활용한 수업 효과는 높다는 연구 결과가 있다. 그러나 스마트폰으로 하는 수업의 비중은 전체 수업의 50%를 넘지 않는다. 학생들과 마음을 여는 시간이 한 달 반 정도 걸리고 개념에 대한 전달은 여전히 고전적인 칠판 수업으로 진행되기 때문이다.

스마트폰과 고전적 교육법을 병행할 경우 아이들의 성적은 학급마다 편차는 있지만 보통 20% 정도인 60점 미만인 학생들이 스마트폰으로 교육을 하면 거의 나오지 않는다. 기초 학력 부진자가 덜 생긴다는 말이다.

[Q] - [교양 면접]

다음의 각 질문에 답하시오.

[1] 김영란법 시행에 대해 찬성하는지 반대하는지 선택하여 그 의견을 근거를 들어 말해보시오.

[개념] 김영란법

2012년 김영란 전 국민권익위원장이 추진했던 법안으로, 부정 청탁 금지법이다. 공무원이 직무 관련성이 없는 사람에게 100만 원 이상의 금품이나 향응을 받으면 대가성이 없어도 형사처분을 할 수 있도록 하는 내용이다. 최초 2012년에 제기되었고 2015년 3월 3일 국회 본회의를 통과해서 1년 6개월간의 유예 기간을 거쳐 2016년 9월 28일부터 시행되었다.

이 법안으로 공직자와 언론사 임직원, 사립학교와 유치원의 임직원, 사학재단 이사장과 이사는 직무 관련성이나 대가성에 상관없이 본인이나 배우자가 100만 원을 넘는 금품 또는 향응을 받으면 무조건 형사처분을 받는다. 또한 직무와 관련 있는 사람으로부터 3만 원이 넘는 식사를 대접받으면 과태료를 물게 되고 선물 금액은 5만 원 이내고 경조사비 상한액은 10만 원 이내로 제한된다.

다만 상조회, 동호회, 동창회, 친목회 등 지속적 친분 관계를 맺은 사람이 질병이나 재난으로 어려운 처지에 놓인 공직자에게 제공하는 금품이나 공직자 직무와 관련된 행사에서 주최자가 통상적인 범위에서 참석자에게 제공하는 교통 숙박 음식 등은 수수 금지 대상에서 제외된다. 또 공직자의 배우자가 금품을 받을 경우에도 반환 또는 인도하거나, 거부 의사를 표시하면 처벌 또는 과태료 부과 대상에서 제외된다.

[A] - [찬성 입장 근거]

1. 여론조사 결과 10명 중 7명의 국민은 반부패법인 김영란법을 찬성하는 것으로 나타난다. 뇌물수수, 비리와 같은 부패를 근절하기 위해 강력한 법이 필요하다.
2. 형평성에 맞는 법 적용이 필요하다. 현재 공립학교 교사는 금품 수수

에 있어서 처벌을 받지만 사립학교 교사는 문제가 되지 않았다. 이러한 부분에 있어서 형평성에 맞게 법 적용이 된다.

3. 직무의 공공성이 인정되는 경우에 이를 확대하는 것이 바람직하다. 적용 범위와 관련해 내용이 모호해 명확성 원칙에 반한다는 논의가 있기는 하지만(반대 의견 중에) 명확하다는 것은 통상 일반인의 법 감정에 의할 경우 해당 법률의 입법 목적이나 내용 등이 건전한 상식에 비추어 정형화 될 수 있으면 되는 것이다. 아무런 논란의 여지가 없을 정도로 완벽하게 규정하는 것은 입법 기술상으로도 불가능하고 바람직하지도 않다.

4. 식사 1인 3만 원, 선물 5만 원이 비상식적인 돈이 아니다. 일반적으로 밖에서 그 정도 가격으로 충분히 식사와 접대를 할 수 있고, 선물 마련을 할 수 있다고 판단하기 때문에 억지라고 판단되지 않는다.

[A] - [반대 입장]

1. 이 법은 대상 범위가 지나치게 넓어 오히려 법 자체의 실효성을 떨어뜨릴 우려가 있다.

2. 부정 청탁의 개념이 모호하여 국민의 민원에 대한 공무원들의 복지부동을 초래하고 자칫 헌법이 정한 국민의 기본권인 청원권이 위축될 우려가 있다.

3. 형벌의 명확성 원칙에 위배될 우려가 있다. 공직자의 금품 수수 금지는 공감하는 내용이나 예외 사유로 규정된 내용이 명확하지 않다. 예를 들어 '원활한 직무 수행을 목적으로 제공되는 선물', '사회 상규에 따라 허용되는 금품' 등은 판단이 어려워 해석상의 분쟁을 야기할 수 있다.

4. 형법상 친족의 범인 은닉 행위에 대해서는 적법 행위에 대한 기대 가능성이 없다는 이유로 처벌하지 않고 있는 공직자로 하여금 배우자의 금품 수수 사실을 신고토록 의무화 하는 것은 이런 취지와 어긋난다.

[2] 인구 10만인 도시에서 1인당 100만 원을 거둬서 1명의 장애인을 위한 시설을 설치하려고 한다. 이곳에는 장애인들의 안전을 위하여 많은 비용을 들여 안전시설 설치를 하려고 한다. 이에 대해 자신은 찬성하는가? 반대하는가? 이유는 무엇인가?

[A]

> 존 롤스의 정의론에 의하면 2가지 원리가 제시된다. 하나는 기회의 원리, 나머지 하나는 조정의 원리이다. 장애인은 사회의 소수자에 해당한다. 롤스의 정의론에 의하면 조정의 원리에 의해 구별되어 더 많은 지원이 요구된다 하겠다. 경제적 효용성과 효율성만을 요구할 수 없다는 것이다. 하지만 이것은 어디까지 사회의 합의에 의한다는 것이 전제되어 있다. 사회의 합의에 의한 것이라면 지원을 찬성한다. 다만, 비용이나 거두는 방법 등 사회적 합의 없이 권력층의 주도로 일방적으로 진행되는 것이라면 반대의 입장을 취할 수 있다.

[3] 한미 동맹 강화와 한중 관계 개선 중 무엇이 우리나라의 이익에 더 이익이 된다고 생각하는가? 근거를 들어 말하시오.

[A] - [한미 동맹 강화 찬성] - 주한 미군을 중심으로

> 주한 미군은 우리에게 군사적으로나 경제적으로 많은 이익을 준다. 굳건한 한미 동맹의 존재는 전투력 강화, 우수한 정찰 장비와 최신예 전투기, 압도적인 함대들, 기갑 병력, 정예화 된 보병 등으로 이어져, 대한민국 국군 장병들의 피를 한 방울이라도 적게 흘리게 할 수 있고, 적이 함부로 공격할 수 없게 하는 전쟁 억지력 또한 가지고 있다.
>
> 미국은 천조국이라는 별명에 걸맞게, 국방비에만 천조 원 이상을 투자하므로 미국의 국방력은 세계 어느 나라도 따라갈 수 없다. 이러한 미국의 강력한 군사력이 국군 전력에 보탬이 됨으로써 대한민국의 국방비 절

감에 많은 기여를 할 뿐만 아니라 국내에서 활동하는 외국계 기업 및 투자자들에게 '한국은 미군과 동맹국인 안전한 나라'라는 인식을 주어 경제 발전에도 이바지하고 있다.

물론 실도 있다. 일부 수준 미달의 미군 장병이 사회적 물의를 일으켜 민간 피해를 주거나, 국군에게 자국 무기 판매를 위해 협박하는 게 아니냐 하는 주장도 있다. 전자는 어쩔 수 없는 일부의 실수로, 자국 군의 명예를 실추하는 어리석은 일이기에, 한국 실정에 맞게 엄정하게 다스려야 할 것이다. 후자는 이러한 무기 독점을 막고 점진적으로 자주국방을 실현하기 위해 꾸준히 무기 및 장비의 국산화와 더불어 신형 무기를 '개발 – 배치 – 해외 수출' 등으로 노력하고 있다. 자주국방은 물론 한국군 자체의 전투력 증강도 있으나, 주변국들과의 동맹과 군사 협력으로 전쟁을 억제하고, 유사시 함께 싸워줄 전우로써 '국군 장병들의 피를 한 방울이라도 덜 흘리게 할' 방법이라면 찬성한다.

[A] - [한중관계 개선 강화 찬성] - 한중 수교를 중심으로

한중 수교는 제2차 세계대전 후 수십여 년간 유지된 동아시아 냉전 체제가 끝이 났다는 것을 상징하며, 한국과 중국이 경제, 정치, 인문 등 다방면으로 교류하게 되는 계기가 되었다. 1992년 첫 수교 때는 양국 관계는 '우호 협력 관계'로, 1998년에 '협력 동반자 관계'로 정하고 2003년에 '전면적인 협력 동반자 관계'로 격상하며 2008년에 계속해서 '전략 동반자 관계'로 발전되는데 2014년에 양국 최고 지도자가 '전략적인 협력 동반자 관계'를 한층 더 깊게 실시하기로 결정하였다.

한중 수교가 되기 전에 양국은 모두 경제 변혁을 통하여 국가의 발전을 이루었다. 한국은 1960년대와 1980년대에 2차의 경제도약을 거쳐 이미 신흥 산업국으로 부상하였고 중국은 1970년대 말기에 개혁 개방을 통해 경제의 고도 성장기에 들어갔다.

이러한 경제 성장 토대 위에 이루어진 한중 수교는 여러 분야에서 비약적으로 발전했다. 특히 경제 분야에서 중국은 우리나라의 최대 교역국이 됐으며, 우리나라도 중국의 세 번째 교역 상대국으로 발전했다.

오늘날 세계 경제는 불확실성의 시대로 규명된다. 이러한 시대에 상호 간 주요 수요국인 한국과 중국은 산업 협력을 위해 보다 많은 협력으로 서로의 장점을 결합해 시너지를 창출해야 한다.

[추가 질문]

한국보다 뛰어난 중국의 기술의 예시를 제시해 보시오.

[A]

환자들이 병원을 가지 않고도 온라인이나 모바일 앱으로 의사에게 직접 증상을 묻고 처방을 받을 수 있는 것을 원격의료 서비스라고 한다. 중국 '춘위이셩(春雨醫生)'은 중국 내 50만 명의 공립 병원 의사들과 협업하여, 현재 약 2억 명의 환자에게 이러한 원격 의료 서비스를 제공하고 있다. '춘위이셩' 가입 의사 중 약 37.2%가 항시 온라인 접속 상태로 환자들은 3분 내 의사의 답변을 들을 수 있다. 환자들은 '춘위이셩' 사이트를 통해 건강 상담뿐 아니라 외래 예약, 다른 환자들이 남긴 증상 및 질병을 검색하고 개인 건강관리까지 할 수 있다. 중국에서는 이런 원격 의료 서비스 업체, 이른바 스마트 건강관리 산업이 성황이다. 바이두, 텐센트와 같은 대기업들도 거액을 투자하고 있다.

한국은 어떨까? 국내에서는 '춘위이셩'과 같은 업체를 찾아보기 어렵다. 원격 의료 도입과 관련한 의료법 개정안이 계류 상태이기 때문이다. 국내 현행 의료법상 의료인-환자 간의 상담 모니터링, 진단 및 처방을 포함한 원격 의료는 불법이다.

스마트 건강관리 산업은 국민 건강은 물론 개인 정보권에도 직접 영향을 미치기 때문에 민감하고 보수적인 접근이 불가피하다는 의료계의 주장에도 일리가 있다. 또한 인구가 많고 면적은 넓은데 의료 서비스는 열악한 중국이 원격 의료를 해결책으로 택한 상황은 우리와 크게 다르다고 볼 수 있다. 하지만, 다가오는 '유병장수' 시대에 엄청나게 커질 것으로 예상하는 스마트 건강관리 산업을 우리나라가 어떻게 육성해 나갈지는 점검해 볼 필요가 있다.

❸ 광주교대

[Q] - [개별 면접]

현재 초등교육 현실의 나아가야 할 방향은 무엇이라고 생각하는지 말씀해 주세요.

[A] - [교육 정책]

□ 정부가 2016년 '지능정보사회 원년'으로 선포하고 관련 시행 로드맵을 발표하였는데, 이러한 시행 로드맵이 효과적으로 시도되고 정착될 수 있는 관련 예산 확보 및 정책이 함께 수반될 수 있어야 한다.

□ 지능정보사회를 맞이하여 교육 내용 및 학습 방식의 변화를 모색함과 동시에 교사들이 이를 어떻게 접근해야 하는가에 대한 근본적인 성찰과 변화가 필요하다. 따라서 미래 사회에서 필요한 역량을 대하는 교사들의 인식과 태도 역시 변화될 수 있도록 적극적인 학습 및 연수기회의 장이 마련되어야 한다.

[A] - [교육과정]

□ 새로운 테크놀로지의 활용을 통한 팀워크, 창의성, 문제해결 능력을 수업에서 적극 시도할 수 있도록 교육과정 재구성을 지원해야 한다. 통합 융합 교육, 주제 중심 학습, 문제해결 학습 등이 가능할 수 있는 교육과정 편제의 유연성이 확보될 수 있는 관련 규정 변경이 필요하다. 초등학교의 경우, 교과 교육과정 자율화를 위해 교과별 시수 증감의 폭을 넓히고 교과와 창의적 체험활동을 총 시수만 제시하도록 한다.

□ 교과서의 활용이 '교과서를 가르치는 것'으로부터 '교과서를 참고로 하여 단원을 설계'하는 방식으로 변화해야 한다. 교과서는 학생들이 교과 고유의 탐구과정을 경험할 수 있도록 활동을 구성해야 하고, 학

생 맞춤형 수업이 이루어질 수 있도록 다양한 선택 활동들을 제시해야 하며, 수행 과제 중심으로 교수학습이 이루어질 수 있도록 개발되어야 한다.

□ 인공지능 시대에서 강조하는 소통, 설득 능력, 감성 능력 등의 가치를 학생들이 수업에서 다양한 방식으로 경험하고 계발할 수 있도록 해야 한다. 특히 2015개정 교육과정에서 강조하는 자기관리 역량, 심미적 감성 역량, 의사소통 역량, 공동체 역량 등은 학교 및 수업 현장에서 창의적이며 융합적이고 테크놀로지를 활용하여 어떻게 발현되고 계발될 수 있는지에 관한 구체적인 실례와 역량의 수준 등을 제공하는 가이드라인이 필요하다.

[A] - [교수학습 및 평가]

□ 미국의 컴퓨터 활용 평가 방식(예 Smarter Balanced Assessment)과 같이 테크놀로지를 수업 도구로 활용할 뿐만 아니라, 학습의 진단 및 평가의 도구로 활용하여 효율적인 개별 학습 도구로 활용할 수 있는 방안을 모색해야 한다.

□ 컴퓨터 기반으로 형성 평가 및 총괄 평가 기능을 할 수 있는 웹사이트를 개발하여 교사들이 문항들을 보고, 구성할 수 있도록 하며, 수행평가 과제의 좋은 예시들을 활용할 수 있도록 해야 한다.

[A] - [소프트웨어 교육]

□ 지능정보사회를 맞이하며 테크놀로지의 중요성을 감안할 때 현재 초등학교 소프트웨어 교육 시간으로 제안되고 있는 17시간으로는 시수가 매우 부족하다. 이 문제의 단기적인 해결 방안으로는 과제 학습을 통해 필요한 내용을 학습하도록 하고, 수업 시간에는 결과와 과정을 점검하고, 피드백 제공 활동을 하는 것이다. 또, 타 교과의 내용과 융합

하는 방안이 있다. 예를 들어, 국어 시간에 이야기를 만들고, 그 내용을 엔트리로 구현해 보는 활동, 사회 시간에 투표에 대해 학습하고, 모의 투표하는 프로그램을 만들어보는 활동 등을 할 수 있다.

□ 국가 수준의 교사 및 학생용 교재와 교육 프로그램을 개발하여 일선 학교에 제공할 필요가 있다. 이미 만들어진 교재가 있다면 이를 초등 교사 대상으로 적극적으로 홍보하고, 쉽게 구할 수 있도록 해야 할 것 이다.

□ 대부분의 초등 교사가 소프트웨어 수업을 위한 대학 교육이나 연수를 이수한 적이 거의 없기 때문에 전문적인 수업 역량을 갖추고 있지 못 하다. 이 문제의 해결을 위한 방안은 일반 교사, 관리자 등을 대상으로 소프트웨어 교사 연수를 지속적으로 확대하는 것이다.

□ 교사 대상의 연수는 교사들이 주관이 되어 만들고 운영하는 것이 효과 적이다. 수업을 직접 운영하는 교사들이 그들이 무엇을 필요로 하는지 가장 잘 알고 있기 때문이다. 평소 자율적이고 자발적으로 소프트웨어 교육을 하고 있었던 교사 그룹을 발굴하여 지원해야 한다. 그들의 의 견을 존중하고 제도권의 소프트웨어 교육 행정 및 연수 정책 등에 참 여시켜야 한다.

□ 관리자의 인식과 의지에 따라 일선 학교 교육 정책이 달라지는 경우가 많기 때문에 관리자 연수를 좀 더 확대할 필요가 있다. 관리자들이 연 수에 참여하여 코딩을 직접하고, 소프트웨어 교구를 활용하며 실습을 하다 보면 소프트웨어 교육의 학교 도입 필요성을 직접적으로 느낄 수 있다.

□ 소프트웨어 교육 연수의 내용은 2015 개정 교육과정의 내용을 기본으 로 하되, 도구 활용 방법을 습득하는데 그치지 않고 소프트웨어 교육

의 본질을 알고, 수업을 효과적으로 지도할 수 있는 다양한 방법을 익히도록 구성해야 한다.

□ 소프트웨어 교육을 위한 기반 시설로 컴퓨터실의 컴퓨터를 업그레이드하고 유무선 인터넷 환경을 안정적으로 제공할 수 있도록 해야 한다. 소프트웨어 교육을 위한 교구를 충분히 확보하여 교사와 학생의 교육 요구에 부응할 수 있어야 한다. 이를 위하여 국가와 지역 교육청 차원에서 일선 학교 지원을 위한 예산을 확보해야 하고, 학교의 관리자는 예산을 적절히 안배하여 물적 기반을 충분히 확충해야 한다.

[A] - [인성 교육]

□ 지능정보사회에서의 인성 교육의 접근은 인간과 기계와의 관계에 대한 기술 윤리에 대한 바른 시각 위에 정립되어 인간이 미래 사회에서 기술 발전의 통제권을 유지하며 인간의 존엄이 훼손되지 않도록 하는 데 기여하여야 한다.

□ 지능정보사회에서의 인성 교육의 내용은 지능정보사회의 다양한 가치적 쟁점들, 즉 인간다움의 본질, 교육의 내재적 목적, 불평등 문제, 인터넷 세계에서의 인간 변화, 과학기술 문해력 등을 반영할 수 있어야 한다. 이를 위하여 도덕성 영역에서는 도덕적 판단력의 위기의 문제, 인간 존엄에 대한 혼란, 생명 의료 윤리의 약화와 로봇 윤리의 대두 등을, 사회성 영역에서는 인간의 소외와 공감 능력 상실의 문제를, 감성 영역에서는 인간의 감성 상실과 SNS 중독 문제가 다루어져야 한다.

□ 지능정보사회에서의 인성 교육의 방법은 학교 교육과정의 다양한 관련 교과와 연계하여 가르쳐야 한다. 인성 교육을 부차적인 관점에서

주지 교과에 첨가하는 방식에서 벗어나, 보다 본질적으로 탐구와 학습이 초점이 되는 지성 교육의 실용적이고 현실적인 맥락 속에서 인성 핵심 역량이 함양되어지도록 해야 한다. 동시에 '과학기술 문해력'이 인성 핵심역량에 포함되도록 해야 한다.

□ 지능정보사회에서의 인성 교육을 위해서는 인성 교육의 핵심 교과라 할 수 있는 도덕 교과에 인간의 존엄과 로봇과 기계 윤리에 대해 집중적으로 다룰 수 있도록 '인간과 기계와의 관계에 대한 윤리'로 분리 확장되어 기술 윤리가 집중적으로 다루어져야 한다.

[Q] - [개별 면접]

성숙한 사회인으로 성장하고 살아가는 데 소통은 아주 중요한 것입니다. 교사가 된다면 성장하는 아이들에게 이를 어떻게 가르칠 것인지 말씀해 주세요.

'교사의 학생 이해 및 소통 역량'을 '학생이 처한 다양한 상황의 특성, 곧 인지 · 정의 · 신체 · 가정 배경적 특성 등에 기초하여 현재 특정 학생에게 의미 있는 것이 무엇인지 파악하고 생각과 느낌을 학생과 상호 공유하는 능력'이라 규정하였다.(한국교육개발원)

학교 현장에 가서 바로 적용해 볼 수 있는 다양한 창의 체험 워크숍을 진행할 수 있다. JPC극장놀이를 통한 집단 소통 및 융합 창의력 계발, 소통과 나눔, 미술을 통한 소통의 기술-도슨스 체험하기, 소통을 통한 적성 찾기 등 4가지 주제 가운데 하나를 선정해 교사들이 직접 배우고, 익히는 체험을 할 수 있다.

교사들이 빠르게 변화되는 학생들의 문화를 적극적으로 이해하려는 많은 노력과 사회 변화에 따른 인성 교육과 생활 교육에 대한 더 많은 시간과 노력을 투자해야 한다. 이러한 노력들에 의해 진정성을 간직한 인간관계가 만들어져서 의사소통이 가능할 수 있다.

[Q] - [개별 면접]

본인이 생각했을 때 이상적인 다문화 교육은 무엇이라고 생각하는지 이야기해 보세요.

[A]

1. 다문화 교육의 개념

다문화 교육이란, 문화적으로 다원적인 사회를 준비시키고 자신의 문화에 대한 정체성을 가지고 타문화와 인종에 대해 개방적이고 이해적인 태도를 가져 그 문화를 공유할 수 있도록 하는 데 목적을 두는 교육이다.

2. 다문화 교육의 필요성

다문화 교육은 다양한 인종과 민족이 함께 살고 있는 나라를 중심으로 발전되어 왔다. 그러한 이유로 단일민족으로 구성된 우리나라 사람들은 다문화 교육은 미국과 같은 다민족 사회에만 필요한 것이라는 오해를 갖게 되었고, 이로 인해 다문화 교육에 대한 이해나 교육 자료의 개발 등이 잘 이루어지지 않았다. 그러나 우리나라도 여러 민족과 인종이 활발히 교류하는 국제시대의 한 일원인 만큼, 다른 나라 사람들의 문화나 종교, 정치 등에 대해서도 이해를 해야 할 것이다.

3. 다문화 교육의 목표

다양한 사람들이 상호 의존적인 세계에서 각기 스스로를 존중하는 태도를 갖게 하고 나아가 다른 사람들을 이해하고 수용하는 관계 속에서 긍정적인 개인적, 문화적 정체감을 갖도록 하는 것이라고 할 수 있다. 즉, 다문화 교육은 소수만을 위한 특정 프로그램이 아니라 모든 학생들이 상호 의존적인 세계에서 효과적으로 살아가기 위해 요구되는 지식, 기술, 태도를 가지게 하는 것을 목표로 하는 교육철학으로서, 그것은 정확한 앎으로 역사적인 생략과 문화적인 왜곡을 대치함으로써 무지, 편견, 인종 차별을 극복하고자 한다.

4. 우리나라에서 다문화 교육의 의미

조선시대에는 쇄국정책으로 인해 외국 문물을 받아들이는 것을 거부하고 외국인을 배격하는 풍토를 가지게 되었다. 따라서 외국의 새로운 문물이나 다양성을 이해하고 수용하는 데는 지나치게 완고하면서도, 일부 선진국의 물질문명은 선호하는 모순을 보여 왔으며, 그 결과 다른 나라나 민족에 대해 매우 편견적인 태도와 사고를 가지게 되었다. 또한, 우리나라 사람들은 미국인이나 유럽의 백인들에게는 무척 호의적이나 동남아인들이나 흑인들은 멸시하는 인종 차별의 이중적 논리로 인해 많은 비판을 받아왔다.

우리나라에서도 다문화 교육에 대한 요구와 필요성이 증가함에 따라서 보다 올바른 다문화적인 정보를 얻을 수 있고 우리나라의 특성에 맞으며 교육 현장에 현실감 있게 적용할 수 있는 다문화 교육과정의 개발이 필요하다.

5. 다문화 교육의 내용 및 활동

교육자들은 다문화 교육을 실시하기 위하여 다양한 방법을 시도하고 있는데, 초·중등학생을 대상으로 다문화 교육을 실시할 때는 첫째, 학습자가 구체적으로 가깝게 느낄 수 있도록 다문화 교육을 적용시키는 것이 핵심 내용이며 둘째, 과정 중심과 통합적인 방법을 적용하는 것이 적합하다.

다문화 교육을 전개할 때는 정확한 지식과 정보를 줄 수 있는 교실 환경의 구성도 중요하다. 특히 우리나라와 같은 단일민족 국가에서 다문화 교육을 전개할 때는 교실 환경에 각별히 신경을 써야 한다. 왜냐하면 다양한 문화에 대한 풍부하면서 정확한 지식을 줄 수 있는 환경은 다른 나라와 사람에 대한 학생들의 관심을 증진시킬 뿐만 아니라, 다양한 민족이나 인종을 접하는 기회가 적기 때문에 가질 수 있는 편견과 고정관념을 줄여줄 수 있기 때문이다. 이러한 교실 환경 구성과 더불어 다문화 교육을 하는 교사의 정확하고 편견 없는 정보를 주고자 하는 노력도 학생들에게 그 자체로서 정보가 되어 다문화 교육에 중요한 역할을 하게 된다.

[Q] - [개별 면접]

앞으로 다가오는 4차 산업혁명 시대에 교육 현장에서는 어떤 준비가 필요할까요?

[A]

1. 개별 학습자 중심 수업

제2차 산업혁명으로 시작된 보편 교육이 한계를 드러내면서, 개인 맞춤형 학습에 대한 요구가 생겨났으나 여러 가지 관행과 기술 등의 문제로 수용되지 못한 측면이 있었다. 최근 인공지능 기술과 데이터 분석 기술 등을 활용하는 적응적 학습 기술(adaptive learning technologies)과 온라인 학습 환경의 발전은 개별 학습자의 학습 활동 데이터를 수집하고 분석하여 학습자 수준에 따른 개별적인 학습 경로를 설계하고 제공하는 개인 맞춤형 학습을 가능하게 한다.

맞춤형 학습은 개별 학습자가 각기 다른 목표 지점을 향해 나아가는 개념이기 때문에 개인별로 자신에게 적합한 학습 목표를 설정하고 이를 달성하기 위한 교수학습 과정상의 처치를 제공받는 개념이다. 따라서 전통적인 교실 수업 패러다임을 넘어 학습자 중심 학습의 실현이 가능하다.

2. 교수학습 방법의 변화

(1) 혼합 학습(blended learning) : 교실 학습과 온라인 학습 병행

- 물리적으로 한 공간에 모여 면대면 상호작용을 할 때 최대 효과를 얻을 수 있는 활동들에 수업 시간을 할애하고, 그 밖의 활동이나 내용에 대해서는 개별적으로 온라인 학습을 하게 된다.
- 플립 러닝(flipped learning)이 대표적이다. 플립 러닝이란 한국어로 역진행 수업이라고 하며, 교사가 미리 준비해 놓은 수업 영상과 자료를 통해 학생이 미리 학습하고, 수업 시간에 교사가 해당 교과 내용을 전달하기보다는 학생들과 상호작용을 하거나 심화된 학습 활동을 하는데 시간을 할애하는 수업 방식이다.

(2) 협력 학습(collaborative learning) : 교실 밖 실세계 문제의 공동 해결

　　정보기술을 활용하여 학문 중심 학습(academic learning)의 결과를 실생활에 적용해 볼 기회를 확대해 나간다.

• 학습자에게 실생활 연계를 위해 주어지는 과제는 개인의 학습 활동을 넘어 소집단 활동 및 교실 안팎의 적극적 교류를 통해 해결 가능한 경우가 많다.

• 정보기술을 활용하여 교실, 학교, 국가를 넘어 학습자와 학습자, 학습자와 교사, 학습자와 전문가 간의 협력 학습을 수행한다.

(3) 연계 학습(crossover learning) : 교실 학습과 교실 밖 현장 학습 연계

• 기술의 발달은 교실에서의 학습과 비형식적인 환경에서의 학습을 하나의 연속선상에 올려놓고 있다. 이렇게 형식적, 비형식적 학습을 연계하는 개념이 연계 학습(crossover learning)이다.

• 교실 학습은 일상적인 삶에서의 경험(예를 들어, 박물관이나 동아리 활동과 같은 비형식적 환경에서의 학습)을 통해 풍부해지고, 비형식적인 환경에서의 학습은 교실에서 논의된 질문들에 의해 깊어질 수 있다.

[Q] - [개별 면접]

　　대도시와 중소 도시, 읍면 지역의 교육 격차를 확인할 수 있는 사례를 이야기해 보고, 이러한 교육 불평등 문제를 해결할 수 있는 방안이 무엇이라고 생각하는지 말해 보세요.

[A] - [사례]

학년이 올라갈수록 그 차이가 더 커진다.

　　다양한 자료를 통해 도농 간 교육 격차의 현황을 설명할 수 있다. 교원 1인당 학생 수(2005년, 한국교육개발원 자료)를 보면, 대도시일수록 많다. 초등의 경우 도서벽지 11명, 읍면 18명, 중소 도시 29명, 특별·광역시 26명이며, 일반계 고교는 각각 9명, 13명, 16명, 16명이다.

100명 이하 소규모 학교는 2006년 기준으로 초등 2019개, 중학 603개, 고교 123개다. "농산어촌 지역 학교의 소규모화가 심화되고 있는데 농산어촌 전체 5152개 가운데 학생 수가 30명 이하인 학교 수가 770개이며, 60명 이하는 1695개다."

학업성취도 차이가 크다.

2004년에 실시한 학력평가 자료를 보면, 도시 지역의 학생들이 읍·면 지역보다 높다. 기초 학력 미달 학생의 비율은 초등학교 6학년 국어의 경우 대도시가 4.1%인데 비해 읍면 지역은 5.0%다. 이런 경향은 학년이 올라갈수록 그 차이가 커지고 있다. 또 고등 교육기관 진학률을 보면, 대도시나 수도권에 비해 중소 도시나 읍면단위 지역에서 진학률이 더 높게 나온다. 이는 상대적으로 경쟁률이 낮음에 기인한 것이라고 볼 수 있다. 그러나 대학 졸업자의 취업률을 보면 다르다. 2006년에 나온 한 자료에 의하면, 전문대학은 수도권(79.8%)에 비해 지방(86.7%)이 취업률이 높은 편이며, 대학은 지방(65.3%)에 비해 수도권(70.0%)이 높은 것으로 나타났다.

전체적으로 일반적인 예상과 달리 수도권에 비해 지방이 취업률이 낮은 것은 아니다. 지방 소재 대학을 나온 사람들이 상당수는 지방에 근무하고 있다. 이는 "지방대학 졸업자의 타 지역 유출이 심각한 상황은 아님을 보여주는 결과"라고 볼 수 있다.

[A] - [교육 격차 원인과 대책 방안]

교육 격차의 발생 요인으로 외부 환경 요인은 지역 경제 기반의 취약, 인구 감소와 유출, 낮은 재정 자립도, 수도권 중심의 국가·사회 체제, 정보 격차 등을 들 수 있고, 교육 체제 요인은 중앙집권적 체제와 관료·권위주의 관행, 학벌주의와 입시주의 교육 등을 들 수 있다.

교육 격차 개선 방안 지역 경제 기반 확충과 교육 재정 확대, 지방의 교육 문화 기반 구축, 지방자치단체의 지원, 교육기관의 자율권 확대와 지방 학교의 특성화, 산학 연계와 교육 공동체 구축, 명문대학의 지방 이전 등을 들 수 있다.

지방 교육은 현재 위기이지만 또한 도전의 기회이다. 앞으로 지방 교육은 지방교육 주체들에게 맡겨질 가능성이 높다. 따라서 지방 교육 주체들의 역량과 의지가 지방 교육의 미래를 좌우할 것이다. 지방 교육의 활성화를 통한 교육 격차 해소를 위해서는 지방 교원의 역량도 매우 중요하다. 지방 교원들이 전문성을 발휘하며 전념할 수 있는 여건과 환경을 마련하는 일도 결코 소홀히 해서는 안 될 것이다.

[Q] - [개별 면접]

예비 교사로서 체육 수업(몸으로 하는 수업, 운동 등)에 참여를 잘 못하는 친구가 있다면 어떻게 지도하고 싶은가?

[A]

성공적인 초등 체육 수업을 위한 5가지 방법

1. 학급 단위의 준비물 Set를 만든다.

학교 현장에서 매번 체육시간마다 필요한 체육 용구나 준비물을 꼼꼼히 준비하여 수업을 시행하는 것은 매우 어려운 일이다. 과학 준비실과 같이 정리되어진 장소도 없고 더더욱 준비 요원의 도움은 아예 기대할 수 없기 때문이다. 이에 각 학급별로 체육 시간에 많이 활용되는 줄넘기, 학급 공 같은 기본적인 용구를 바구니에 세트화시켜서 필요할 때마다 수시로 활용 하는 것이 바람직하다.

2. 수업 시간 10분 전을 최대한 활용한다.

체육 수업을 시작하기 전 10분 간을 어떻게 활용하느냐에 따라 수업

의 질은 크게 달라진다. 구체적 활용 방법으로

첫째, 수업내용에 대한 설명을 교실에서 실시한다. 교실에는 프로젝션 TV와 인터넷 컴퓨터, VTR 등 수업의 내용을 시청각적으로 설명하기에 매우 유용한 장비들을 갖추고 있다. 따라서 운동장이나 체육관에서 단순한 구두 설명보다는 쉬는 시간을 활용해 수업 내용을 교실에서 설명한 후 이동하면 매우 좋은 결과를 얻을 수 있다.

둘째, 수업 전 자유놀이를 준비한다. 실제로 체육 수업 전 10분간은 아이들이 체육 시간이라는 점 때문에 몹시도 마음이 들떠 운동장이나 체육관에서 선생님의 관리 감독 없이 지나친 장난을 치다가 안전사고를 당하기 쉽다. 따라서 교사가 직접 운동장으로 인솔하기 어려운 경우 몇 개의 조별로 긴 줄넘기, 제기차기, 훌라후프 같은 자유놀이를 할 수 있게 준비를 시키면 된다.

3. 다양한 줄 세우기 방법을 연습시킨다.

체육 수업의 실패를 경험한 교사들의 대부분은 "아이들을 어떻게 줄을 세워 어떤 것부터 지도해야 할지 모르겠다."라는 말을 자주한다. 즉, 체육 수업에서 줄서기는 본 수업을 매끄럽게 진행해 나가기 위해 절대적으로 필요한 과정이며 수업의 성패를 좌우하는 생각보다 꽤 중요한 문제인 것이다. 따라서 학기 초부터 체육시간이 되면 교육과정 상의 내용을 서둘러 지도하기에 앞서 자신의 학급을 자유자제로 통솔할 수 있는 다양한 줄서기 방법을 계속해서 연습시켜야 한다. ○열 횡대, ×열 종대, 홀짝으로, 조별로, 분단별로, 2명씩 짝지어서 등같이 다양한 인원과 모양을 지닌 줄서기를 수시로 연습시켜 놓으면 수업을 스피드하게 진행할 수 있을 뿐 아니라 아동들의 수업참여 집중력 또한 높일 수 있는 장점을 지니게 된다.

4. 다양한 준비운동을 준비한다.

의례 체육 시간의 준비운동 하면 국민체조와 운동장 2바퀴를 뛰는 것을 연상하게 된다. 학창시절 행해졌던 대다수의 준비운동 형식이 그러하였기에 그것을 받아들이는 입장에서도 무척이나 무미건조하고 형식적이었음을 인정해야 할 것이다. 하지만 준비운동은 형식화되어서는 안 될 것이며, 본 운동의 수행을 효율적으로 이뤄지게 하기 위해 반드시 소기의 목적을 완수할 수 있는 알찬 내용이어야 한다. 따라서 적어도 초등 현장의 수업에서는 아동들의 호기심과 흥미를 유발시킬 수 있는 다양한 종류의 준비운동을 준비해서 수시로 돌아가며 활용해야 할 것이다. 예를 들어, 아동들이 좋아하는 최신 음악에 맞춰 안무를 꾸민 율동 체조, 친구와 함께 하는 짝 체조, 음악을 들으면서 줄을 넘는 음악 줄넘기, 아동들이 좋아하는 술래잡기 놀이 등을 준비운동으로 활용하면 수업의 흥미를 높일 수 있을 뿐만 아니라 '몸 데우기'라는 준비운동의 소기목적 또한 달성할 수 있을 것이다.

5. 체육 시간에도 음악을 듣는다.

　체육시간은 대체로 '무미건조한 기합소리와 호각소리만이 울려 퍼진다'는 선입견을 가질 수 있다. 하지만 상황과 단계에 맞는 적절한 음악의 사용은 체육 시간을 한결 더 윤기 있고 생동감 있게 만드는 재료가 될 수 있다. 준비와 정리 체조 시 사용되는 잔잔하고 부드러운 음악, 본 운동 때 역동적으로 흐르는 음악 등은 신체동작과 움직임에 리듬감을 더해 보다 신나는 체육시간을 보낼 수 있다.

[Q] - [개별 면접]

　예비 교사로서 초등학생들에게 재난 안전교육을 시켜야 한다면 어떻게 지도할 것인지 이야기해 보세요.

[A]

1. 상황에 따른 지진 발생 시 행동 요령
• 집 안에 있을 경우 : 탁자 아래로 들어가 몸을 보호한다. 흔들림이 멈추면 전기와 가스를 차단하고 문을 열어 출구를 확보한 후 밖으로 나간다.

- 집 밖에 있을 경우 : 떨어지는 물건에 대비하여 가방이나 손으로 머리를 보호하며 건물과 거리를 두고 운동장이나 공원 등 넓은 공간으로 대피한다.
- 엘리베이터에 있을 경우 : 모든 층의 버튼을 눌러 가장 먼저 열리는 층에서 내린 후 계단을 이용한다. (지진 시 절대 엘리베이터를 타면 안 된다.)

2. 화재 발생 시 대피 및 신고 방법

- 불을 발견 즉시 '불이야' 하고 큰소리로 외쳐 다른 사람에게 알리고, 엘리베이터를 이용하지 말고 계단을 이용하여 아래층으로 대피한다. 아래층 대피가 불가능할 때는 옥상으로 대피한다.
- 불길 속을 통과할 때에는 물에 적신 담요나 수건 등으로 몸과 얼굴을 감싸고 연기가 많을 때는 코와 입을 손이나 젖은 수건 등으로 막고 낮은 자세로 이동한다.
- 방문을 열기 전에 문 손잡이를 만져 보고 뜨겁지 않으면 문을 조심스럽게 열고 밖으로 나간다. 출구가 없으면 연기가 방안으로 들어오지 못하도록 옷이나 이불에 물을 적셔 문틈을 막고 구조를 기다린다.
- 화재 시 전화로 119를 누르고 불이 난 내용을 간단하고 명료하게 설명하고 주소를 알려준다.

[Q] - [개별 면접]

북한에 대해 관심이 없고 통일의 필요성도 느끼지 못하는 학생들에게 통일 교육을 위해 어떻게 하는 것이 좋을까요?

- **출제 의도** : 국가 구성원이자 역사적 주체로서 통일에 대한 바람직한 지향점을 설정하고 보편적 가치인 통일 의식을 함양하고, 실천적 주체로서 역할을 다할 수 있도록 윤리적 가치와 동기를 함양하고 있는지를 알아보기 위한 문항이다.

- **출제 근거** : 고등학교 교육과정에서 제시한 다음에 근거를 둔다. "우리 사회, 민족 공동체, 지구 공동체의 다양한 갈등 양상을 이해하고, 우리 사회의 통합, 민족의 평화, 지구촌 공존을 위한 윤리적 과제를 탐구하여 진정한 사회 통합과 민족 통일 및 지구촌 평화를 실현하고자 하는 도덕적 공동체 의식을 함양한다.
- **문항 해설** : "우리 사회의 통합, 민족의 평화, 지구촌 공존을 위한 윤리적 과제를 탐구하여 진정한 사회 통합과 민족 통일 및 지구촌 평화를 실현"하는데 기여하는 것은 민주 시민 교육에서 핵심적인 사안이다. 이때 통일에 대한 높은 동기뿐만 아니라, 구체적인 실천 윤리로 자리 잡도록 하는 것이 중요하다. 미래 교사로서 통일에 대한 실천적 방법에 관심을 둠으로써 국가 공동체의 윤리적 가치를 실현할 수 있으며 교육에 적절하게 적용할 수 있을 것이다. 이에 통일에 관한 실천적 지향성을 살펴봄으로써 예비 교사로서의 자질과 문제 해결력을 판별해낼 수 있을 것이다.
- **문항 목표**
  - 북한에 대한 정확한 이해
  - 보편적 가치로서의 통일 의식 함양
  - 남북한 문화 및 경제 교류 방안
  - 북한 이탈 주민에 대한 배려 방안 등
  - 한국사 교육의 강화를 통한 동질성 회복
  - 상호 이해와 더불어 영토에 대한 관심
  - 올바른 국어사용을 통한 언어적 동질성 회복

[A]

교과 수업 및 창의적 체험 활동을 재구성하여 다음과 같은 활동을 하면 부족한 통일 교육 수업 시간을 확보할 수 있을 뿐만 아니라 즐거운 통일 수업을 시도할 수 있다.
- 남북한 어린이 자화상 그리기
- 꿈의 다리 이어 그리기

- 통일 한국 상품 디자인하기
- 남북한 놀이 비교 체험하기
- 협력 퀴즈 풀기
- 미래 통일 한국의 마을 지도 그리기
- 통일 신문 제작하기
- 토론 대회 열기
- 통일 한국의 상징물 찾고 휘장 만들기

[Q] - [개별 면접]

지원자의 교직에 대한 적성 여부를 알아보기 위해 어떤 노력을 기울였는지 설명해 보세요.

교직 적성검사를 사전에 실시해서 그 결과를 바탕으로 교직을 준비했다고 할 수 있다. 또한 지역 아동센터에서의 교사 봉사 경험을 추가할 수 있다. 본인의 구체적 경험을 바탕으로 개진하면 된다.

[A]

'마술하는 선생님'으로 유명한 모 교사는 이른바 '놀아본 선생님'으로 통한다. 학창시절 가출도 해보고, 나이트에서 아르바이트도 해보는 등 방황한 경험이 있다. 단순히 방황을 해 보라는 게 아니라 공부도 하면서 아르바이트 · 여행 등 정말 다양한 경험치를 쌓고 교대 진학을 고민해 보면 좋겠다.

물론 가장 중요한 조건은 아이들을 정말 좋아해야 한다. 30여 명이 한꺼번에 떠들면 힘들 수 있다. 그럴 때 인상 찌푸리고 머리 위에 손! 입 다물어! 식으로 짜증을 내는 교사라면 그 교사도 힘들고, 아이들도 힘들다. 아이들이 진짜 좋으면 힘들어도 다양하고 재미있는 방법으로 교실을 함께 꾸려갈 수 있다.

[A] - [사례]

　　모 교사는 학창시절 학습이나 발달 등이 조금 느린 아이였다. 이런 사연들이 있다는 게 교직 생활의 장점이었다. 공부를 어려워하는 친구나 아픈 친구 등이 있으면 내 경험에 비춰 이해하고 응대할 수 있다. 학부모 상담을 할 때도 '저도 학창시절 모범생이 아니었어요. 프로게이머를 한다고 학교 안 간다고 하기도 하고 방황도 했죠. 공부도 잘못해서 걱정이 많았습니다.' 이렇게 얘기를 들려드리면 걱정을 많이 덜고 간다. 아이들한테도 제 어릴 적 경험을 많이 이야기해 주는데 초등학생들한테는 선생님이 말해 주는 실패, 어려움 등 다양한 경험이 성장하는 데 큰 자양분이 된다.

[Q] - [개별 면접]

　　초등 교사는 단순히 가르치는 기술보다 더 중요한 것들이 많은데 어떠한 면이 중요하다고 생각하나요?

[A]

　　교사에게는 우선 전문성이 필요하다. 학생에게 각종 교과목을 가르치는 능력이 있어야 하고 학급 경영 능력, 교육 수요를 평가하는 능력, 학생들과 친밀한 관계를 유지하는 기술, 학생들의 필요와 요구를 정확하게 파악하는 능력 등이 있어야 좋은 교사가 될 수 있다.

　　효율적인 수업을 위해 교과 지식은 물론 교수방법에 관한 지식도 가져야 한다. 또 학생의 사고를 촉진하는 질문을 하는 능력, 각종 교구를 적절하게 활용하는 능력, 수업 중 학생 통제 기법, 학습 부진아 지도 방법, 교과별 수행평가 기법 등에 대한 이해와 적용 능력도 필요하다. 성실성도 교사의 자질에서 빼놓을 수 없는 부분이다.

　　성실성은 헌신적인 교육 활동을 가능하게 하는 원동력이 된다. 또 아이들을 사랑하고 수업을 하면서 그 자체로 재미와 흥미를 느낄 수 있으면 더욱 좋다. 물론 도덕성과 책임의식도 가져야한다.

[Q] - [개별 면접]

현대인들은 공동체를 이루지 못하고 외로움과 질병 속에서 홀로 고통 받고 살아가는 경우가 많습니다. 이를 극복하기 위한 대책에는 무엇이 있겠는지 말해 보시오.

[A]

고독은 사람을 병들게 한다. 연령을 불문하고 1인 가구가 빠른 속도로 증가하고 있는 요즘 외로움을 다스릴 방법은 무엇인지 다음을 통해 대책을 알아보고자 한다.

① 고독의 폐해를 인식할 것

외로움을 극복하는 첫걸음은 외로움이 몸과 마음 모두에 얼마나 나쁜 영향을 미치는지 인식하는 것이다. 2015년에 나온 연구에 따르면 사회적 고립은 하루에 담배 15개비를 피우는 것과 마찬가지 수준으로 해롭다. 외로움이 심하면 치매는 물론 심장병, 뇌졸중에 걸릴 위험도 높아진다.

② 원인을 분석할 것

쓸쓸하다면 이유는 둘 중 하나다. 곁에 사람이 없거나 아니면 사람들에 둘러싸여있지만 누구도 내 말에 귀를 기울이지 않는다는 느낌을 받는다는 것이다. 원인이 어떤 쪽에 있는지 알아야 적당한 극복 방법을 찾아낼 수 있다.

③ 대화를 시도할 것

친지들과의 대화는 고독을 극복하는 가장 쉽고 확실한 방법이다. 속내를 털어놓을 이가 없다면 이제라도 새로운 사람을 만나야 한다. 2016년 시작된 영국의 '고독 극복 캠페인'은 그럴 경우 자원봉사가 최적이라고 권한다. 관계를 형성하는 계기도 되지만 그 자체로 가치 있는 활동을 한다는 느낌을 주기 때문이다.

④ 인터넷에 접속할 것

영국의 국립보건서비스(NHS)는 고독한 노인들에게 온라인 활동을 권장한다. SNS를 통해 맺은 관계가 현실의 교류를 대체할 수는 없지만 외로움을 잊는 데는 어느 정도 도움이 되기 때문이다.

⑤ 가족과 자주 만날 것

트위터를 하는 것도, 자선 바자회에서 봉사를 하는 것도 좋다. 그러나 가장 중요한 것은 가족들과 충분한 시간을 보내는 것이다. 2011년 오스트레일리아의 그리피스대학교 연구진은 노인들이 낯선 이들에 섞여 활동할 때보다는 가족들과 함께 지낼 때 외로움이 덜하다고 느낀다는 사실을 발견했다.

⑥ 고독과 친해질 것

혼자 있는 시간을 무서워하는 대신 즐기는 법을 배워야 한다. 그림을 그리거나 악기를 연주하거나 좋아하는 것을 하면서 시간을 보내자. 또 그런 취미가 있음에 감사하자. 외출을 시도하는 것도 괜찮다. 이제 혼자 극장에 가거나 맛 집을 찾는 것도 좋다.

[Q] - [개별 면접]

요즘 청소년들은 디지털 세대로 불립니다. 학생의 경험을 토대로 스마트 기기 활용의 긍정적 측면과 부정적 측면에 대해 말해 보시오

[A] - [긍정적 측면]

스마트폰이 보편화될수록 우리 모두의 일상생활에 많은 변화를 가져다주었다. 스마트폰은 전화 기능 이외에 인터넷 등 다양한 기능이 갖춰져 있으므로 언제 어디서나 빠르게 정보를 얻을 수 있다는 장점을 가지고 있다.

[A] - [부정적 측면]

스마트폰을 즐겨 쓰는 청소년은 과장된 스마트폰 사용으로 인해 학업이 방해될 수 있다. 뿐만 아니라 스마트폰을 오랫동안 사용하면 손목이나 안구의 건강을 해칠 수 있다.

[Q] - [교직 개별 면접]

초등교육에 관심이 많은 것 같은데, 현재 우리나라의 초등교육의 문제점은 무엇이라고 생각하나요?

[A]

- 교장의 권한이 너무 비대하고 집중되어 있다. 중요 문제에 대해 수직적 소수 결정 권한을 수평적 다수 결정 권한으로 이양하는 것이 필요하다.
- 행정업무가 너무 많다. 학폭, 방과후, 돌봄, 계약제 채용 등의 공통적인 업무는 교육지원청이 가져가서 종합적이고 체계적으로 처리해 주면 교사는 수업에 더 집중할 수 있을 것이다.

[추가 질문]

고등학교에서 토론식 수업에서 학생들이 말을 잘 듣던가요?

[A]

이 질문이 그리 적절해 보이지 않는다. 토론식 수업에서 학생들이 말을 잘 듣는다는 의미가 무엇인지 모르겠다. 토론식 수업을 교사가 중심으로 진행하니 학생들이 복종해서 잘 따라온다는 말일 수 있겠다. 그러나 토론식 수업에서 교사는 본인이 중심으로 하면 안 되고 학생이 참여하고 학생이 주도적으로 진행해야 효과를 보는 수업이라고 할 수 있다. 토론식 수업에서 교사가 중심이 되어야 한다는 패러다임을 바꿀 필요가 있다. 그래야 토론식 수업에서 교육적 효과를 볼 수 있다.

[Q] - [개별 면접]

우리는 '정의로운 사회' 정착을 위해 노력하고 있다. 지원자가 생각하는 '정의로운 사회'는 어떤 사회인지 설명해 보시오.

[A]

미국의 정치 철학자 존 롤스는 정의로운 사회를 건설하자고 주장한다. 개개인만 정의로운 것이 아니라 사회 전체가 정의로워야 한다는 것이다. 개인의 정의가 사회적인 정의가 되고 사회적인 정의가 국가적인 정의로 확산될 때, 온 세계가 정의롭게 된다. 그렇다면 정의란 무엇일까? 자유롭고 평등한 사회, 정치적인 권리에 훼손되지 않는 사회를 의미한다. 분배의 정의가 실현되는 사회이다.

[Q] - [단발성 개별 질문]

광주교대의 가장 좋은 점은 무엇인가?

[A]

학교 홈페이지와 모집요강을 통해 학교의 특성과 장점을 파악하고 다양하게 자료를 수집한 후 3가지 정도를 찾아 구체적으로 말하는 것이 좋은 방법이다.

[Q] - [단발성 개별 질문]

중등 교사와 초등 교사의 차이는 무엇일까요?

[A]

중등교사는 자기 전공과목만 가르치면 되지만 초등 교사는 전 과목을 다 가르쳐야 한다. 중등 교사는 생활지도가 주로 사춘기 아이들을 다루는 내용으로 되어 있지만 초등 교사는 일부 저학년의 경우에는 생활지도가 보육에 가까울 수 있다.

[추가 질문]

- 중등교육은 전인 교육을 지향하지 않나요?
- 중등교육은 인성 교육을 진행하지 않나요?
- 그럼 중등교육에 비해 초등교육의 특별한 학급 운영 방안은 뭐라고 생각하나요?

[Q] - [단발성 개별 질문]

자신이 경험했던 교사 중 안 좋았던 선생님을 말해 보세요.

[A]

학교에는 누구나 다음과 같은 별명을 가진 교사가 있다. 주로 내 경우에는 수학 과목이 그랬다. 독사, 깡패, 미친개, 백발마녀, 한니발, 변태(BT) 등이다. 본인도 기억을 잘 더듬어 보면 저런 별명을 가진 교사가 있을 것이다. 그 교사에 대한 사례를 구체적으로 들어 말하면 된다. 다만, 안 좋았던 기억을 반드시 승화하라는 것이다. 안 좋았던 기억만 얘기하면 좋은 점수를 받기 어렵다. 반드시 그걸 통해 다른 좋은 것으로 치환해야 한다.

[Q] - [압박성 개별 질문]

다른 친구들한테 들은 안 좋았던 선생님 이야기를 해 보세요.

[A]

굳이 본인 경험이 아닌 다른 친구들 경험 얘기를 할 필요는 없을 것 같다. 다음 질문으로 넘어가도록 부드럽게 다른 화제로 돌리는 것을 추천한다.

공부 이외에 잘하는 것이 있으면 말해 보세요.

[A]

다른 특기가 없다면 예체능 특기면 좋다. 이를 통해 초등교육에 활용한다고 하면 더 좋을 듯하다.

[Q] - [단발성 개별 질문]

본인의 특기를 말해 보세요.

[압박 질문]

그게 특기예요?

[Q] - [단발성 개별 질문]

마지막으로 하고 싶은 말을 해 보세요.

[A]

안 시킬 수도 있지만 미리 멘트를 준비하는 것도 필요하다.

[Q] - [자기소개서 관련 질문]

다문화가정 아이들과 일반 가정 아이들의 차이점과 그것을 해결하기 위해 어떻게 노력했는가?

[A]

다문화가정 아이들은 일반가정 아이들에 비해 한국말이 어눌할 수 있다. 문해력이 떨어져 학업성취도도 낮을 수 있다. 또한 원치 않게 가정 해

체나 부부별거가 많을 수 있다. 이로 인해 심리적 위축, 자존감이 상대적으로 낮을 수 있다. 따라서 심리상담, 개별 맞춤형 학습 지도가 필요할 것으로 보인다.

[Q] - [자기소개서 관련 질문]

예술이 초등교육에 어떤 영향을 미쳤다고 생각하나요?

[A]

예술교육은 중요하다. 특히, 초등학교 시절 예술교육이 입시에 본격적으로 진입하는 중등교육에 비한다면 많은 부분을 차지한다고 볼 수 있다. 따라서 초등학교에서 많고 다양한 예술을 접할 필요가 있다. 직접적 경험이나 체험이 제일 좋지만 그것이 여의치 않다면 간접적 체험이라도 많이 늘려야 한다. 학교에서 하는 예술교육은 제한될 수 있으므로 교육청 직속기관인 연구정보원, 융합교육원, 예술교육원 등을 활용하여 수업과 교육과정과 연계된 예술교육을 한다면 학생의 정서함양, 자존감 신장 등에 큰 도움을 줄 수 있다.

[추가 질문]

자신의 경험이 있으면 말해 보세요.

[Q] - [학교생활기록부 관련 질문]

봉사활동을 많이 했는데 학생들에게 봉사란 무엇인가?

[A]

고등학교 때 봉사는 학습에 다소 부담을 주는 활동이다. 다만, 이러한 봉사활동으로 인해 새롭게 봉사라는 의미를 되새길 수 있었다.

그래서 학생이 얻은 것이 무엇인가요?

[A]

지역 아동센터나 사회복지센터, 다문화가족 지원센터에서 아이들을 가르치면서 교사라는 적성을 재확인할 수 있었고 가르치는 일이 참 보람된 일이라는 것을 느꼈다.

[Q] - [학교생활기록부 관련 질문]

공부도 잘하고 봉사도 많이 했는데 봉사가 왜 필요한가?

[추가 질문들]

- 그럼 학생에게 가장 뜻깊은 봉사는 무엇인가요?
- 기억에 남는 봉사가 있나요?
- 그 봉사하면서 기억에 남는 아이가 있나요?

개별 질문에 가까우므로 본인의 사례를 구체적으로 들어 언급하는 것이 필요하다.

[Q] - [학교생활기록부 관련 질문]

동아리 황동을 굉장히 많이 했는데 이렇게 많이 하면 학업에 지장이 가지 않나요?

[A]

학업에 지장이 가지 않는 범위에서 조정하여 했습니다. 그리고 동아리 활동을 통해서 관심분야에 대해 더 공부하고 조사하고 탐구하게 되어 오히려 학습에 도움을 줬습니다.

[Q] - [학교생활기록부 관련 질문]

책을 많이 읽었는데 기억에 남는 책을 소개해 주세요.

개별 질문에 가까우므로 본인의 사례를 구체적으로 들어 언급하는 것이 필요하다.

[Q] - [학교생활기록부 관련 질문]

과제 연구대회에서 상을 받았는데 내용이 무엇인가요?

개별 질문에 가까우므로 본인의 사례를 구체적으로 들어 언급하는 것이 필요하다.

[추가 질문]

학생은 고등학교 시절에 존경하는 선생님이 있었나요?

[Q] - [학교생활기록부 관련 질문]

토론 동아리를 했다고 했는데 가장 기억에 남는 논제는 무엇인가요?

[A] - [예시]

① 동성애 찬성과 반대
② 남북통일 찬성과 반대
③ GMO 식품 찬성과 반대
④ 유승준 입국 찬성과 반대 등

[추가 질문]

그래서 본인은 어떤 입장을 취했나요?

본인이 했던 경험을 구체적 사례를 들어 말한다. 특히 본인은 찬성과 반대 중 어떤 입장이었고 그에 대한 논거는 무엇이었는지를 면접관이 추가적으로 물어 보지 않아도 답변하는 것이 본인의 역할이 드러나는 것이므로 더 바람직하다.

④ 대구교대

[Q] - [상황 제시 개별 면접]

초등학교 3학년에게 나눗셈을 가르칠 때 학생 스스로 시행착오를 겪으며 올바른 셈을 하는 방법을 찾도록 해야 한다는 입장이라고 가정할 때, 정석으로 나눗셈을 가르쳐야 한다는 입장에게 의견을 제시한다고 가정하고 말해 보시오.

[A]

고기를 잡는 방법과 고기를 잡아주는 것은 차이가 있다. 인문주의와 구성주의의 철학의 차이라고도 할 수 있다. 객관주의란 진리 또는 지식을 고정된 실체로 보고 보편타당한 절대적 진리와 지식을 추구하는 것으로, 수동적인 학습자관을 취하는 행동주의와 인지주의가 객관주의 인식론에 바탕을 둔다.

구성주의는 개인의 인지작용과 사회적 상호작용을 통해 자신에게 적합한 지식을 구성한다는 상대주의 인식론에 근거를 두고 있으며, 이는 학습자 스스로 자신이 원하는 학습 목표를 설정하고 수행하는 능동적인 구성적 과정이다.

객관주의 교육관과 구성주의 교육관은 기본 철학, 학습에 대한 인식, 학습의 상황조건, 학습의 결과, 교수에 대한 사고방식 및 교수의 초점, 교수의 목적 및 교수방법, 지식의 형태 및 교사의 역할, 교수설계 및 평가 등에서 다르다. 현대의 지식정보화 시대는 인간의 창의성과 문제해결 능력이 요구되며, 이는 구성주의 교육을 통해 학습자의 삶의 개혁이 가능하도록 해야 한다.

[Q] - [상황 제시 개별 면접]

학교 내에서 실수로 민 것을 오해해서 학생 둘이 서로 때리는 일이 발생하였다. 이 상황에서 어떻게 지도할 것인가?

[A]

우선 서로 간 감정을 누그러뜨리고 개별적으로 상담을 한 후 서로 얘기를 할 수 있는 기회를 줌으로써 서로의 오해를 풀도록 한다.

[Q] - [상황 제시 개별 면접]

지원자가 담임 선생님이리면 다음과 같은 상황에서 어떻게 대처할 것인가? [보기]에서 하나를 골라 다른 [보기]와 비교해 더 적절한 이유를 설명하도록 하시오.

[초등학교 6학년생들이 추억에 남을 음식을 만드는 상황]

현수네 모둠은 카레라이스를 만들기로 했는데 감자 칼 사용에 애를 먹는 상황이다. 20분이 지나도록 껍질조차 다 벗기질 못하고 끙끙대고 있다.

[A] [예시]

① "좀 서둘러야겠구나. 다른 친구들이 도와주면 좋겠다"라고 말하며 독려한다.

② 현수네 모둠으로 직접 가서 시범을 보이며 함께 음식을 만든다.

③ "현수가 아주 열심이로구나. 잘하고 있어. 괜찮아"라며 안심시킨다.

[Q] - [상황 제시 개별 면접]

다음 상황을 읽고, 여러분이 '담임교사'라면 '영수'를 어떻게 지도할 것인지 말해보고, 그렇게 지도하는 이유를 설명해 보시오.

○○ 초등학교 3학년 1반 체육 시간. 담임교사는 25명의 학생들을 대상으로 100미터 달리기 수업을 진행하고 있다. 25명의 학생들 중에서 24명의 학생들은 배운 대로 100미터를 잘 달려서 골인 지점에 도착하였다. 하지만 영수는 출발 지점에서 꼼짝하지 않고 서서 뛸 생각을 하지 않고 있다. 영수가 달리기를 해야 체육 수업을 마치고 다른 수업으로 이동할 수 있다. 그렇지 않으면 다음 수업에 지장을 주게 된다. 담임교사는 영수에게 다가가서 말을 건넨다.

담임 선생님 : 영수야, 왜 달리지 않고 있니?
영 수 : 선생님, 저는 오늘 달리기하기 싫어요. 제가 먼저였는데 친구가 자기 마음대로 순서를 바꾸었어요. 그리고 저에게 꼴찌를 할 거라고 놀리기도 했어요.

[A] - 담임 선생님의 지도 계획

[Q] - [상황 제시 개별 면접]

다음 상황을 읽고, 여러분이 이 이야기 속의 담임 선생님이라면 어떻게 대처할지 말해 보세요.

어느 고등학교에서는 인성 교육 차원에서 인문 교양 도서 읽기를 장려합니다. 이를 위해 학교 도서관의 대출 기록 및 개인별 독서기록장을 토대로 학기 말에 개인별, 반별 시상이 계획되어 있습니다. 2학년 3반 담임 선생님은 매주 1인당 한 권씩 대출하여 독후감을 쓸 것을 지시하였습니다. 처음 2, 3주는 잘 지켜졌지만 금세 참여율이 급격히 떨어져서 반도 참여하지 않게 되었습니다. 급기야 담임 선생님은 의무적으로 대출하도록 하는 일을 이제 포기해야겠다고 생각했는데, 어느 날 도서관 대출 기록을 보니 그 주에는 대부분의 학생들이 한 권씩 대출해 간 것을 알게 되었습니다. 선생님은 놀라서 반장에게 물었더니 반장은 이렇게 대답했습니다. "참여율이 너무 낮아서 긴급 학급 회의를 했습니다. 논란 끝에 다수결에 의해 한 번 대출하지 않으면 천 원, 두 번 대출하지 않으면 이천 원씩 벌금을 내기로 결정했습니다.

[A] - 담임 선생님의 대처

[Q] - [상황 제시 개별 면접]

다음 상황을 읽고, 여러분이 고3인 나라면 어떻게 대답할지 이야기해 보고, 왜 그렇게 대답하는 게 적절한 대답인지 설명해 보세요.

고3인 나는 야간 자율학습을 마치고 늦게 귀가해 보니, 중학교 2학년인 동생 철수의 진로문제를 두고 동생과 아버지 사이에 언쟁이 벌어지고 있었다. 철수는 요즈음 갑자기 야구에 빠져서 아예 프로야구 선수가 되는 것을 목표로 열심히 운동을 하고 있는데, 아버지께서 심하게 만류하시는 중이었다. "세상 일이 열정만으로 되지는 않아. 캐나다 대학생을 상대로 설문 조사를 했다는데, 무언가에 열정이 있다고 대답한 학생들의 90%가 스포츠, 음악, 예술 분야래. 그런데 실제 그런 분야의 일자리는 3%밖에 안 돼. 괜한 고생 말고 공부해서 대학 가자." 그러나 동생 철수는 굽히지 않았다. "저는 이렇게 재미있는 일을 해본 적이 없어요. 이렇게 열심히만 한다면 돈을 많이 버는 스포츠 스타가 될 수 있다고 생각해요." 곁에서 힘들게 지켜보시던 어머니께서 내게 도움을 요청했다. "너도 힘들 텐데 미안하구나. 그런데 네 동생 문제를 어떻게 하면 좋겠니?"

[A]

[Q] - [상황 제시 개별 면접]

다음 상황을 읽고, 여러분이 '담임 선생님'이라면 아래 학생을 어떻게 지도할 것인지 고등학교 생활에서의 직접 또는 간접 경험(졸업자는 졸업 후 경험 가능)을 토대로 이야기해 보고, 그렇게 지도하는 이유를 설명하시오.

○○ 초등학교 5학년 3반 교실. 학생은 미술을 좋아하며 학교에서 보내는 시간의 대부분을 그림을 그리는 일에 사용합니다. 성격도 온순하고 친구들이 공부하는 것을 방해하지도 않습니다. 하지만 학생은 미술 시간 이외의 다른 수업에는 흥미를 보이지 않습니다. 수학 시간임에도 불구하고 그림 그리기에만 몰두합니다. 학생의 수학책이나 익힘책에는 알 수 없는 그림들로 가득 차 있습니다. 담임 선생님은 학생이 다른 과목에도 흥미를 갖고 열심히 공부하기를 바라고 있습니다.

[A] - 담임 선생님의 지도

[Q] - [상황 제시 개별 면접]

다음 상황을 읽고, 여러분이 박 교사라면 어떻게 답변할 것인지 말해보고, 그렇게 답변한 이유를 설명하시오.

○○초등학교 3학년 교실. 25년 동안 교직 생활을 하고 있는 김 교사와 최근에 대학원을 졸업한 박 교사가 두 자리 수 나눗셈을 가르치는 방법에 대해 이야기하고 있다.

박 교사 : 최신 이론에 따르면, 교사가 나눗셈 하는 방법을 직접 가르치기보다는 학생들 나름대로 시행착오를 겪으면서 스스로의 방법을 찾아보도록 안내하는 것이 효과적이라고 합니다. 선생님께서도 이 방법을 시도해 보시면 어떠실는지요?

김 교사 : 선생님 말씀은 잘 알겠습니다. 하지만 저도 25년 동안 초등학생을 가르쳐 왔고, 저의 경험에 따르면 두 자리 수 나눗셈은 직접 가르치는 것이 그런 대로 효과적이던데요. 학생들이 문제도 잘 풀고 가르치기도 편해요. 새로운 방법이 무조건 좋은 것은 아니지요.

[A] - 담임 선생님

[Q] - [상황 제시 개별 면접]

다음 상황을 읽고, 여러분이 담임교사라면 어떻게 답변을 할 것인지 말해 보고, 그렇게 답변한 이유를 설명하시오.

쉬는 시간에 초등학교 5학년인 성준이와 민준이가 서로 싸우고 있어, 교사 는 두 학생의 이야기를 들었다.

성준 : 쉬는 시간에 친구들과 얘기하고 있는데 민준이가 등 뒤에서 툭 치는 거 예요. 그래서 저도 민준이를 밀쳤어요. 그런데 민준이는 제 머리를 때 렸어요. 그래서 저도 민준이 팔을 때렸어요.

민준 : 저는 지나가다가 저도 모르게 성준이와 부딪친 것 같아요. 그런데 성준 이가 저를 밀쳐서 제가 머리를 때렸어요. 그렇지만 성준이가 저를 먼저 때렸기 때문에 저는 성준이에게 사과할 마음이 없어요.

[A] - 담임 선생님

[Q] - [상황 제시 개별 면접]

다음을 읽고, 담임교사가 되어 학급 전체 학생을 대상으로 이야기하는 상황을 교탁에 서서 1분간 실연하시오.

5학년 담임교사인 '나'는 학생들의 대화에서 욕설이 일상적으로 사용된다는 것을 발견하였다. '나'는 벌점 부과 방법으로 해결하려 하였으나 표면적인 개선에 그치고 있음을 알게 되었다. 그래서 학생 스스로 올바른 언어 사용의 필요성을 인식하고 개선하도록 지도하고자 한다.

[A] - 담임 선생님

❺ 부산교대

[Q] - [개별 면접]

(변형) 학교 교실 내 CCTV 설치에 대해 긍정적, 부정적인 면은 무엇이 있을지 이야기해 보시오.

[A] - [긍정적인 면(찬성)]

"교실은 학교 폭력이 가장 빈번하게 발생하는 장소"

최근 학생이나 학부모, 외부인들이 교사를 폭행하거나 수업을 방해하는 교권침해 사건이 급증하고 있다. CCTV를 설치하면 학생이나 학부모가 행동을 조심하게 될 것이며 폭력 사건에 대한 증거자료로 제시할 수도 있다. 학교 폭력이 가장 빈번하게 발생하는 장소가 교실이다. 많은 사람들이 인적이 드문 곳이나 은밀한 곳에서 학교 폭력이 많이 발생한다고 생각한다. 물론 이 역시 사실이기도 하다. 그러나 실제로 보는 눈이 많고 개방된 교실에서도 학교폭력은 공공연하게 이루어지고 있다. 내 아이에게도 이런 일이 생길 수 있다고 생각하니 손이 떨리고 무섭다. 선생님이 없는 쉬는 시간에도 교실 내 CCTV가 감시의 눈 역할을 할 수 있을 것이다. 대부분의 학부모들 역시 대수롭지 않은 일로 CCTV를 보여 달라고 하진 않는다. 학교폭력이나 교권침해 사건 등이 발생했을 때에 한해 교장이나 담당 교사에게만 영상을 공개한다. 따라서 사생활 침해의 우려는 없다. 정말 심각한 일이 발생했을 때 증거 자료로 확보할 수 있게 교실 내 CCTV 설치를 고려해야 한다.

[A] - [부정적인 면(반대)]

"사생활, 행동 자유권, 표현의 자유 등 개인의 기본권 제한"

CCTV로 인해 교실 내에서 생활하는 모든 학생과 교사들의 행동이 촬영되고, 지속적 감시에 의해 개인의 초상권과 프라이버시권, 학생들의 행동 자유권, 표현의 자유 등 개인의 기본권이 제한돼 인권침해 소지가 있는 만큼 교실 내에는 CCTV를 설치하지 않는 것이 바람직하다. 또한 CCTV 설치가 학교폭력 감소에 도움이 된다고 하더라도 학생들의 사생활, 학습ㆍ표현의 자유, 교원의 가르칠 자유를 침해한다는 우려는 계속될 수 있다.

[Q] - [개별 면접]

일반 아동과 장애 아동이 한 교실에서 수업하게 하는 통합 교육에 대해서 긍정적인 면과 부정적인 면이 무엇인지, 부정적인 면을 줄이기 위한 방안은 무엇일지 이야기해 보시오.

[A] - [통합 교육의 장점(긍정적인 면)]

① 장애 유무에 관계없이 여러가지 능력과 개성을 가진 아동 또래가 교육이나 생활 중에 영향을 주고받으면서 생활 경험을 넓혀가는 동시에 일반 아동에 의해 배우는 것이 많다.

② 장애아에 있어서는 일반 아동한테 여러 가지 자극을 받아 모방함으로써 언어나 사회성, 흥미 관심 등 한 사람 한 사람이 가지고 있는 능력 발달을 촉진해 갈 수 있다.

③ 일반 아동과 사이좋게 놀게 되고 친구 관계가 넓어진다.

④ 일반 아동의 행동을 본받아 생활습관이 속진되고, 규칙을 알게 되고 바른 행동을 취하게 된다.

⑤ 일반 아동은 장애 친구와 함께 배우고 함께 생활해 가는 중에 장애를 가진 친구를 알며 생각하고 자신의 태도, 원조하는 방법 등을 몸에 익힐 수 있다.

⑥ 지도자 자신이 통합교육을 통해서 장애아를 바르게 이해할 수 있고 장애아에 대한 지식을 넓히며, 지도 기술을 향상시킬 수 있다.

⑦ 어려움을 이겨가며 성장하는 힘이랑 도움을 주는 어린이들의 모습에 감동하며 교육의 본질을 느낀다.

[A] - [통합 교육의 단점(부정적인 면)]

① 집단 구성원이 너무 많기 때문에, 개개인의 능력, 특성에 따라 교육하기가 힘들다.

② 나이가 들수록, 일반 아동과 장애아와의 능력차가 커지고, 결국은 할 수 없게 된다.

③ 장애아를 위한 시설이 미비하고, 교육적 배려가 불충분하기 때문에, 소극적으로 된다든지, 정서불안을 일으킨다든지, 적응 장애를 일으킬 수 있다.

④ 장애아에게 개별지도 시간이 늘어나는 만큼, 일반 아동에게 충분한 지도가 되지 못하고 불만이 생긴다든지, 차별의식이 오히려 강하게 나타난다.

⑤ 일반 아동의 지나친 도움을 받아 자립심이 약해지고, 의뢰심이 강하게 되는 등 장애아 자신의 발달이 저해된다.

⑥ 친구들이 장애아를 조롱한다든지, 흉내를 낸다든지, 약한 자를 괴롭히는 일이 있다.

⑦ 지도자가 장애아 지도를 위해 시간, 주의와 노력이 들어, 일반 아동 지도를 충분히 할 수 없다.

⑧ 교사 또는 지도자는 장애아에 대한 전문적 지식이나 지도 기술이 부족하기 때문에 장애아를 자세히 가르치기 어렵고 적절한 지도가 되기 어렵다.

⑨ 일반 아동과 장애아 쌍방이 적절한 지도가 되지 않기 때문에, 일반 아동 부모들의 불만이 높고, 오히려 장애아에 대한 차별의식이 강하게 생기며, 또한 마찬가지로 장애아 부모의 불만, 불신감을 더해 갈 수 있다.

따라서 전문 교사의 인력 충원과, 전문성 제고를 위한 노력과 더불어 한편에서는 통합 교육의 성패가 교사 역량에 따른 개인의 책임으로만 돌아가지 않도록 하는 시스템이 마련돼야 한다. 중요한 것은 통합 교육에 대한 사회적 이해와 공감 그리고 노력이다. 통합 교육의 가치와 필요성에 대해 끊임없이 대화하고 공감하는 과정에서 통합 교육은 진보할 수 있다.

[Q] - [개별 면접]

'수능 영어 절대평가'에 대한 찬성과 반대 어느 한쪽 입장에서 자신의 견해를 밝히시오.

[A] - [반대 의견]

수학능력시험 영어영역 절대평가 제도는 시행되지 말아야 한다고 생각한다. 수능 영어 절대평가 제도의 목적은 사교육비를 절감하고 수능 영어 문제들의 난이도가 사교육을 받는 학생들에 맞춰 지나치게 높아지는 현상을 막는 것인데, 이러한 목적이 이뤄지기는커녕 오히려 악영향을 낼 수도 있다.

첫 번째로, 영어영역을 상대평가에서 절대평가로 바꾸는 과정에서 더 이상 지나치게 어려운 문제를 출제해 변별력을 높일 필요가 없어져 문제의 난이도가 쉬워질 수 있다. 현지인도 못 풀던 난이도의 문제가 갑자기 쉬워진다면 어떤 문제가 생길까? 영어를 잘하는 학생에게는 도리어 역차별이 될 수 있다. 물론 본래 난이도에서 암기식이 아닌 응용하는 식으로 평가 방식이 근본적으로 바뀌어야 되는 것이 맞다. 하지만 영어 절대평가로만 생각하자면 영어 공부를 잘 하던 학생들이 바뀐 등급 산출 제도로 인해 자신보다 영어를 못하는 학생들과 같은 등급을 받아 역차별을 받을 수 있다는 것이다.

두 번째로, 영어 절대평가의 목적인 사교육비 절감이 제대로 이뤄지지 않는다는 점이다. 통계청 자료에 따르면 영어 절대평가 제도가 공표됐을 당시 일시적으로 영어 사교육 기관들이 눈에 띄게 줄어든 것은 사실이다. 하지만 그 비중을 훨씬 넘게 다른 과목의 사교육 기관들이 생겨났고 자연스럽게 학부모들의 사교육비 부담은 다시 올라갔다. 이처럼 영어 절대평가로 인해 풍선효과를 입는 다른 과목들이 있어서 영어 학원에 있을 시간이 줄어든 대신 타 과목 학원에 있는 시간이 늘어난 것이다. 결과적으로 사교육비 부담을 줄이기는커녕 경쟁에서 이기기 위해 더욱 사교육을 시키는 결과가 나왔다.

세 번째로, 모든 평가의 목적은 결국 대입이라는 점이다. 우리가 수능을 보는 목적은 결과적으로 대입을 위해서다. 3대 주요 과목이라 불리는 국영수에서 아까 말했듯 영어 과목의 난이도가 낮아져 학생들의 변별력이 낮아진다면 대입 기준을 세울 때 엄청난 후폭풍이 일어날 것이다. 예를 들어 서울대학교 대입 기준이 국어 2등급, 수학 2등급, 영어 1등급인데 여기서 영어의 변별력을 낮춘다면 대학에서는 다른 과목으로 학생들을 판단하려 할 것이다. 국어 등급 기준을 2등급에서 1등급으로 올린다던지 아님 하다못해 탐구 과목들의 등급 기준을 올린다던가 하는 대책을 실시해, 결과적으로 경쟁은 더욱 심화되고 경쟁에서 살아남기 위해 학생들에게 가해지는 사교육 양은 늘어날 것이다.

마지막으로, 수능 영어 절대평가 제도가 시행되는 첫 해는 2018학년도, 즉 지금 고등학교 2학년 학생들의 등급 산출에 시행된다는 것인데 어쩌면 고등학생들이 3년을 준비해 보는 수능까지 절대평가에 맞춰 많은 참고서 · 자습서 · 문제집 등등의 교재들이 제대로 바뀔 수 있을까가 의문이다. 정말 만약에 시행을 한다면 조금 더 기간을 둬야 했지 않았을까 싶다.

수능 영어 절대평가 제도가 시행되는 취지는 좋다. 하지만 시행됐을 때 생기는 악영향에 대한 근본적 대책이 아직까지 나오지 않고 있어 당장 내년도에 시험을 치러야 하는 고등학교 2학년 학생들의 마음은 조급해져만 간다. 이미 실패해버린 사교육비 절감 효과, 수능의 목적인 대학 입시환경 등을 본다면 수능 영어 절대평가 제도는 절대 최선책이 아니다. 예를 들어 영어 자격시험 같은 제도를 만들어 평가하는 것과 같이 현 수능 영어처럼 단순 암기식 공부를 위한 사교육이 이뤄지지 않게 하는 것이 더욱 큰 효과를 기대할 수 있을 것이라고 본다.

[A] - [찬성 의견]

학생들의 영어 공부방법이 고난도 문제풀이 위주로만 가던 지금 상황에 가장 필요한 것이 영어 절대평가 제도다. 교육청에서 발표한 영어 절대평가 시행 목적은 '사교육비 절감'과 '학생들의 공부 부담 덜어주기'다. 더나아가 영어 절대평가는 상대평가에 비해 학생들의 영어 성취정도를 보다 정확하고 현명하게 평가 할 수 있다는 점에서 필요하다고 생각한다.

첫 번째로, 영어 절대평가가 시행되기 이전 수능 영어 평가는 상대평가로 상위 4%까지 1등급, 11%까지 2등급, 23%까지 3등급 등으로 나뉘는 방식이었다. 하지만 이러한 평가는 시험 문제의 난이도나 개인의 영어 성취도와는 관계없이 상대적으로 평가를 가리는 방식이었다. 그로 인해 시험 문제들은 점수에 대한 변별을 주기 위해 고난도 문제 출제에 집중하는 방식으로 진행됐다. 이러한 문제 출제 방식은 수능 영어 시험을 학생들의 학습 성취 정도가 어느 정도인가가 아닌 그저 대학 입시에 필요한 성적을 가리기 위한 방법으로 쓰이게 만들었다.

그에 반해 영어 절대평가의 시험 문제 출제는 고난도 문제를 이용한 학생의 영어 점수 변별에 초점을 맞추는 것이 아닌 '성취수준을 달성했는가'에 초점을 맞춰 출제 돼 학생들의 영어 성취정도를 무시하지 않을 수 있게 됐다.

두 번째로, 고난도 문제 출제율이 낮아졌다는 것은 학생들의 공부 부담을 감소시키는데 한 몫 했다고 본다. 수능 영어가 상대평가였던 당시 학생들 사이에선 영어를 포기한 '영포자'로 불리는 사람들을 흔히 볼 수 있었다. 이과 학생은 물론 문과 학생 사이에서도 그 수는 상당하다.

'영포자'가 증가하게 된 이유는 바로 수능 영어 과목에서 좋은 점수를 받아봤자 자신보다 잘 본 사람들이 너무 많기 때문에 등급이 오를 것이라는 기대는 할 수 조차 없었기 때문이다. 하지만 영어 절대평가가 시행된 후 영포자였던 학생들은 '노력하면 나도 1등급을 맞을 수 있을 거야'라는 생각으로 다시 영어 공부를 시작하고 있다. 더불어 절대평가 제도는 학생들이 수능 고난도 문제 풀이에만 치우치지 않고 자신의 영어 실력을 향상시키는 데에 전념할 수 있도록 만들어줬다.

마지막으로, 학생들이 영어 공부에서 문제 풀이보다 실질적인 영어 능력 향상에 집중함으로써 영어를 공부하는 이유·목적 면에서 상대적 경쟁을 위함이라는 것이 사라지게 됐다.

이러한 공부는 의사소통 면에서 훌륭하게 작용할 수 있게 됐고 기존 영어 공부 방식에 비해 학생들의 영어에 대한 긍정적 효과를 불러일으킬 수 있게 됐다. 또한 상대평가와 비교해 다른 학생들보다 상대적으로 높은 점수를 얻기 위한 방편이었던 해외 연수나 영어캠프 등의 사교육이 필요 없어지게 되면서 불필요한 사교육비가 절감되기 때문에 본래 영어 절대평가 시행 목적이 타당하다는 것도 엿볼 수 있다.

영어 절대평가는 기존 주입식 교육이 아닌 새로운 공부 방법을 만들어낼 수 있게 했으며 상대평가에 비해 충분히 긍정적인 효과를 불러일으켰다고 생각한다. 또한 영어 절대평가는 실질적으로 학생들에게 가장 도움을 줄 수 있으면서 가장 필요한 제도이기 때문에 마땅히 시행돼야 한다고 본다.

[Q] - [개별 면접]

'객관식 평가 폐지'를 다뤘다. 객관식 평가를 찬성하는 입장과 반대하는 입장의 근거를 지문으로 제시했다. 찬성과 반대 한쪽 입장을 택해 본인의 견해를 밝히시오.

[A] - [찬성 의견]

서술형, 논술형 문제는 선생님들이 어떤 기준으로 맞고 틀린지를 평가할지 알 수 없어 혼란스럽다. 서술형 평가에서 좋은 점수를 받기 위해 자녀를 논술 학원까지 추가로 보내야 하는 것 아닌가라는 생각이 든다. 따라서 사교육 의존도가 더 심해질 것으로 생각된다.

우선 정답이 없는 시험이기에 학생, 학부모를 설득할 만한 공정한 평가 기준을 제시하기 어렵다. 채점자의 주관이 개입될 여지가 있기 때문이다. 초등학교 단계에서는 단순 지식수준을 평가할 객관식의 순기능도 무시할 수 없기에 전면 폐지보다는 절충안이 적절하다.

[A] - [반대 의견]

학교 현장에서 이미 토론 위주로 수업이 진행되고 있다. 객관식 문항 보다는 서술형, 논술형 문항으로 평가하는 것이 시대의 변화에 맞다. 4차 산업혁명 시대에 걸맞은 인재 양성을 위해 필요한 변화이다. 사지선다, 오지선다형의 객관식 문제는 참고서와 문제집을 단순 암기하는 주입식 교육에 기반을 두었던 제도이다. 프랑스, 독일, 영국 등의 선진국과 마찬가지로 논술 위주의 시험 유형과 수업 방식을 도입해야 할 때다. 서술식 시험은 제한된 틀에서 벗어나 학생들이 자유롭게 기술한 결과물을 평가하기 때문에 학생뿐 아니라 가르치는 선생님의 수업 방식도 창의적으로 혁신될 수 있다.

결론적으로 창의력과 사고력이 더욱 중시되는 시대에 맞춰 객관식 평가를 폐지해야 한다는 의견과 객관적인 채점 기준이 마련되지 않은 채 전면 폐지하는 것은 위험 요소가 많다는 의견으로 요약된다.

[Q] - [개별 면접]

일부 교육청은 초등학교 1~2학년을 대상으로 쉬는 시간, 점심시간 등을 늘려 놀이 시간으로 활용하고, 오후 3시에 하교하는 시범학교를 운영하기로 하였다. 이에 대해 긍정적인 면과 부정적인 면을 제시하고, 교육청의 방안에 대해 자신의 생각을 말하시오.

[A] - [찬성 의견]

초등 저학년생의 하교 시각을 오후 3시로 늦추는 것을 찬성한다.
초등생들은 학교에서 각 학년과 나이에 적합한 학습을 받는다. 그런 학습을 친구들과 함께하는 교실에서 어울리며 참여하고, 휴식과 놀이를 함께 한다면 더더욱 마음 편히 할 수 있을 것이다.

집으로 돌아가는 하교 시각을 조금 늦춰서 친구들과도 더욱 오래 함께하고, 돌봄이 필요한 어린이들이 학교의 도움을 받는다면 부모님들도 학교 선생님들도 마음에 안정을 느낄 수 있을 것이다.

학부모는 찬성 이유로 '맞벌이 가정에 도움이 될 것 같다'(29%)는 항목을 가장 많이 들었다. 이어 '사교육비 부담과 고통을 덜어줄 것 같다(24%)' '휴식 시간(쉬는 시간, 점심시간 등)이 짧았는데 길어지면 좋을 것 같다(17%)' '공교육이 강화될 수 있을 것 같다'(11%)는 등의 이유가 있었다.

[A] - [반대 의견]

어린이들은 긴 시간 동안 집중을 하기 어렵다. 오전 9시부터 오후 3시까지 학교에서 수업을 한다면 총 6시간 동안 수업을 받게 되는 것이다. 이 시간이 저학년 어린이들에게는 너무나 길고 힘든 시간으로 느껴질 수 있다. 또한 긴 시간 동안 집중하기 어려운 어린이들이 6시간 동안 학교에서 수업을 받는다면 자칫 스트레스로 번질 위험이 있다. 따라서 저학년 학생들이 오후 3시에 하교하는 것을 반대한다.

학교는 공부하고 생각하고 활동하는 곳이기 때문에 돌봄에 부담을 가져야 하는 기관이 아니라고 생각한다. 그리고 선생님들도 많이 피로할 텐데 돌봄 시간을 늘리게 되면 방과 후 선생님, 돌봄 선생님들이 더욱 힘들어지게 되고 인력이 부족해질 수도 있다.

마지막으로 저학년 어린이들은 집중력이 낮아 쉽게 지루해하는데 3시에 하교를 하면 지루해서 집중도 못하고 스트레스를 받을것이다. 그러므로 초등 저학년 어린이들이 오후 3시에 하교하는 것을 반대한다.

초등학교 저학년 어린이들의 하교 시각을 오후 3시로 늦추게 된다면 어린이들의 학원 시간 조정에 피해가 갈 수 있다. 또한 학원에 다니지 못하게 될 수 있고, 이는 학원을 운영하는 사람들에게도 피해를 줄 수 있다. 그리고 맞벌이 가구가 아닌 집안의 자녀에게 늦은 시각의 하교는 오히려 피해일 수 있다. 친구들과 놀고 소통하는 시간은 학교 쉬는 시간, 점심시간, 방과 후 시간으로 충분하다고 생각한다.

학원과 맞벌이를 하지 않는 가정의 자녀들의 의견도 함께 고민하여 맞벌이 가정의 자녀들을 위한 돌봄 교실을 필수가 아닌 선택으로 하는 것이 가장 바람직한 방법이라고 보인다.

교사 반발도 예상된다. 여건이 충분하지 않은 상황에서 교수 부담이 늘고 퇴근 시간까지 늦춰질 수 있기 때문이다. 저학년 하교 시간 연장은 일률적 시행보다 학교별 의견 수렴과 안전한 학교 환경 조성 등을 거쳐 교육 공동체가 선택할 사안이다. 하교 시간 연장 시 업무 시간 축소로 교원의 수업 연구와 준비 시간 부담이 커질 수밖에 없다. 학교교육에 모두 떠넘기는 식은 저출산 해소에 아무런 도움이 되지 않은 채 학교만 괴롭힐 것이다.

반대 의견을 나타낸 학부모는 '저학년이 학교에 오래 머무는 건 무리다(25%)'는 점을 가장 많이 지적했다. 저학년 학생은 학교에 오래 두면 체력적·정신적으로 힘들어할 것이라는 얘기다. 이어 '사교육이 불가피한 상황에서 학원 시간이 늦춰져 귀가 시간만 늦어질 것(19%)' '기존 돌봄 교실이나 방과 후 프로그램을 잘 활용하면 될 것(9%)' '학교에서 모두 모아놓고 놀이 수업을 하는 데 한계가 있다(9%)'는 이유 등이 나왔다.

[Q] - [개별 면접]

현재 학생들의 학습량을 줄이는 것에 대해 긍정적인가, 아니면 부정적인가?

[A] - [긍정적인 의견]

학습량 적정화의 목적이 단순히 학생들의 학습 부담을 줄여주는 데 있는 것은 아니다. 학습량 적정화의 근본적 취지는 학생의 학습 경험의 질 자체를 개선하는 데 있다. 100개를 암기하던 것을 50개만 암기하도록 해 부담을 줄여주는 식의 변화가 아닌, 소수의 핵심 원리를 이해함으로써 100개 이상의 사실에 대한 큰 그림을 그리도록 하는 것이 학습량 적정화의 요체다.

더 많은 지역의 특산물을 더 많이 기억하는 교육을 넘어 예컨대 "우리가 사는 장소는 어떻게 사는가에 영향을 미친다"는 큰 그림을 배경으로 낱낱의 지역 특성을 이해하도록 하는 것이 과제가 돼야 한다. 역사적 사건들이 일어난 연도를 하나하나 기억하는 것을 넘어 역사적 사건들의 인과관계의 성격을 이해하고, 역사에 기록되는 것과 기록되지 않는 것, 기억하는 것과 기억하지 않는 것의 차이가 무엇인지를 탐구·논의하고 이해하는 역사 교육이 돼야 한다.

학습량의 적정화는 학습 경험의 질을 근본적으로 개선하기 위한 기본 조건이다. '진도 나가기'에 급급해 토론이나 탐구의 시간을 갖기 어렵다는 교사들의 하소연은 학습의 질 개선을 위해서는 일차적으로 양적 적정화가 필요하다는 점을 일깨워준다. 물론 학습량 적정화가 학습 내용 요소들의 개수 감축에만 머물러서는 안 되며, 내용 요소 감축 자체가 목적이 돼서도 안 된다. 더욱 중요한 과제는 교과별 학습 내용을 '핵심 원리' 중심으로 엄선하고, 이를 중심으로 관련되는 세부 사실들에 대한 큰 그림을 그릴 수 있도록 내용 요소들을 체계적으로 구조화하는 일이다.

학생들이 느끼는 학습 부담은 학습 주제의 개수 자체가 원인일 수도 있지만, 기본개념이나 큰 그림에 대한 이해 없이 백과사전식 단편 지식들을 낱낱으로 기억하게 하는 수업 및 평가 방식이야말로 학습의 즐거움을 빼앗고 의미 없는 부담을 가져오는 근본적 원인이다.

교육의 경쟁력을 높이기 위해서는 알아야 할 것을 빠짐없이 가르쳐야 한다는 주장이 타당하려면 진정으로 '알아야 할 것'이 무엇인지를 심각하게 고민해야 한다. 교육의 경쟁력은 양의 과다가 아닌 학습 경험의 질에 의해 좌우되기 때문이다.

[Q] - [개별 면접]

최근 학생 수가 감소하여 생긴 초등학교의 여유 공간 일부를 공공 보육시설로 활용하자는 의견이 있다. 이에 대해 긍정적인 면과 부정적인 면을 제시하고, 초등학교 여유 공간 일부를 공공 보육시설로 활용하자는 의견에 대한 자신의 생각을 말하시오.

[A] - [찬성(긍정) 의견]

초등학교는 어떤 시설보다 쾌적하고 아이들이 안전하게 지낼 수 있는 곳이다. 예전부터 제법 알려진 정책 아이디어인데 교육은 교육부가, 보육은 복지부와 여성가족부가 관할하는 탓에 실현되지 못했다.

빈 교실을 국공립어린이집으로 만들자는 의견은 국회에서 논의가 계속 진행됐다. 모 더불어민주당 의원은 "초교 유휴 교실을 국공립어린이집으로 용도 변경할 수 있다."는 영유아보육법 개정안을 발의했다. 개정안은 소관 상임위인 보건복지위원회 의결을 거쳤지만 법사위에서 "교육계와 충분한 협의가 없었다"는 이유로 계류 중이다. 추진 의지를 보이는 복지부는 저출산 여파로 전국에 초교 내 빈 교실이 930여 개 있고, 이를 사용하면 어린이집 조성 예산을 줄일 수 있다고 설명한다. 복지부 관계자는 "어린이집 하나를 신축하려면 평균 16억 8000만 원이 드는데 빈 교실을 활용하면 1억 2000만 원이면 된다."고 설명했다. 또 초교는 보통 인구 밀집 지역에 있어 이곳에 어린이집을 만들면 접근성이 좋고, 안전하다고 생각해 부모들도 반긴다. 교육부 측도 '원칙적으로 찬성'이라면서 '부처 간 조율에 시간이 필요하다.'고 밝혔다.

[A] - [반대 의견]

하지만 일선 시·도 교육청과 학교들은 대체적으로 반대한다. 특히 서울교육청은 반대 논평까지 냈다. 학령인구는 줄었지만 초등 돌봄 교실, 교과 교실, 급식실, 체육관 등 필요 시설이 늘어 빈 교실이 많지 않은 데다 빈 공간에는 어린이집보다 국공립유치원을 먼저 지어야 한다는 논리다. 서울교육청 관계자는 '국공립유치원에 입학하는 게 로또 당첨보다 어렵다'는 한탄이 나오는 상황에서 "우리 담당이 아닌 어린이집을 먼저 짓기는 어렵다."고 말했다. 또, 초등학생의 학습권 침해, 학교 개방에 따른 안전 문제 등이 발생할 수 있다고 우려한다. 관리감독 주체가 다른 초등학교(교육청)와 어린이집(지방자치단체)이 한 공간에 있으면 사고 시 책임 소재 문제가 불거질 수 있다.

[Q] - [개별 면접]

최근 교육부는 학교생활기록부 기재 항목을 현행 10개에서 정규 교육과정 중심의 7~8개로 줄이는 방안을 검토하고 있다. 이에 대해 긍정적인 면과 부정적인 면을 제시하고, 교육부의 방안에 대한 자신의 생각을 말하시오.

[A] [학생기록부 설문조사 결과]

교육부는 지난 2017년 10월 11~18일 전국 초중고 학생·학부모·교원, 대학 입학사정관 등 17만 672명을 대상으로 학생기록부에 대한 설문조사를 한 결과, 대학 진학에 타당성이 있는가 하는 질문에 48.9%가 '그렇다'고 긍정적인 응답을 했고, '부정적'이라는 답변은 20.6%였다. 학생부의 신뢰도는 긍정적인 답변이 48.4%, 부정적인 응답이 17.7%였다. 사교육 유발 여부에는 43.6%가 동의, 동의하지 않는다는 29.1%였다. 사교육 유발 가능성이 있는 항목은 '수상 경력' 53.3%, '세부능력 및 특기 사항' 23.7%, 자율활동 5.2% 순이었다. 학생부에 기재될 필요가 없을 항목에는 '수상 경력' 26.4%, 자율활동 18.1%, '진로 희망 사항' 14.2% 순이었다.

[A] [학생기록부 기재 항목 축소 찬성 의견]

학생부 기재 항목 축소에 찬성한다. 학생부 기재 항목 중 특히 '수상 경력'과 '소논문'이 학생들에게 입시 경쟁을 불러일으키고 이 항목들이 사교육을 유발하고 있다.

수상 경력 기재는 사교육을 유발해 일부 상위권에 상을 몰아줘 비교육적이고, 소논문도 부모의 재력에 좌우될 수 있다. 또, 경쟁 교육을 부추겨 교과 공부보다는 자격증 취득으로 학생들을 내몰 수 있다. 그리고 교사에게는 학생들을 대상으로 특기사항을 기재하도록 하는 과도한 부담을 주어 형식적 기록을 유발할 것이다.

[A] [학생기록부 기재 항목 축소 반대 의견]

학생부(학교생활기록부) 기재 항목 축소에 반대한다. 학생부종합전형을 실시하는 대학은 학생부에 기재된 학생들의 수상경력만 보는 것이 아니고 다른 활동도 고려하기 때문에 무작정 이런 항목을 삭제하는 게 능사가 아니다. 현행 학생부 항목을 축소하는 것만이 능사가 아니라 사교육과 학부모의 입김을 방지할 수 있도록 하는 것이 중요하다. 또 학생부에서 '수상기록'을 폐지하는 것은 사교육 감소에 효과가 없고, 수상기록 폐지의 근거가 한 학생에게 몰아주기라는데 실제 그런 일이 존재하는지 의구심도 들고, 대학은 결과만 보는 것이 아니라 학생부에 기록된 학생의 준비 과정과 동기를 더 중시한다. 다양한 평가수단이 없어지면 대학에서 학생들을 분석적으로 평가할 방법이 없게 된다.

[Q] - [개별 면접]

자유학기(년)제를 초등학교 6학년에 확대 적용하자는 의견에 대해 찬성과 반대 중 자신의 견해를 밝히시오.

[A] - [반대 의견]

초등학교 6학년에 자유학기(년)제를 확대 적용하자는 의견에 대해 반대한다. 왜냐하면 중학교에서 전면 적용한다고 해서 초등학교에도 실시해야 한다는 건 논리에 맞지 않기 때문이다. 초등학교와 중학교는 학교급이 다르듯이 학생의 성장과 발달 단계에서 많은 차이를 보인다.

중학교 자유학기(년)제가 내실 있게 운영되는지 살펴볼 일이다. 진로 탐색과 진로 활동에서 대부분 1학년 또는 1학년 2학기에 빨리 시행하고 2학년부터는 학습에 매진하는 것이 현실이다. 물론, 하지 않는 것보다는 낫겠지만 형식적으로 운영되는 것도 많다.

초등학교 6학년에 확대 적용하자는 뜻은 좋으나 현실적으로 교육과정을 운영할 때 중학교와 마찬가지로 형식적으로 운영될 확률이 높다. 또한 초등학교 6학년은 아직 진로 활동에 대해 많이 생각하기에는 어리다. 수업 방식의 다양화와 주제 탐구 활동은 초등학교 수업에서는 이미 비슷하게 운영되므로 이것을 또 자유학기제라는 프레임으로 씌우는 것은 바람직하지 않다고 생각한다.

❻ 서울교대

[Q] - [개별 면접]

트랜스휴머니즘은 과학과 기술을 이용해 인간의 정신과 육체의 능력을 개선하려는 운동이다. 트랜스휴머니즘에 대한 간단히 설명한 뒤 긍정적인 측면과 부정적인 측면을 각각 논하시오.

[개념] 트랜스휴머니즘(transhumanism)

과학과 기술을 이용해 사람의 정신적, 육체적 성질과 능력을 개선하려는 지적, 문화적 운동이다. 이것은 장애, 고통, 질병, 노화, 죽음과 같은 인간의 조건들을 바람직하지 않고 불필요한 것으로 규정한다. 트랜스휴머니스트들은 생명과학과 신생기술이 그런 조건들을 해결해 줄 것이라고 기대한다.

[A] - [찬성] 기술을 통한 인간의 확장

지금 사람들이 즐겨 사용하는 스마트폰은 우리 기억을 외부에 확장시킨 도구다. 이제 사람들은 더 이상 전화번호나 일정을 기억하지 않는다. 학자들은 이를 인간의 외부 기억 공간 또는 '외부피질 (exocortex)'이라고 말한다. 1960년대 미국 ARPA(고등연구계획국)의 책임자였던 심리학자 조셉 릭라이더는 '인간-컴퓨터 공존(1960)'이란 논문에서 인간과 컴퓨터가 강하게 연결되면 서로를 보완해 주는 역할을 하면서 인간의 뇌가 전에는 불가능하던 수준의 사고를 하고 정보를 처리할 수 있을 것이라 주장했다. 그는 사이버네틱스와 인공 지능의 후원자였고 인터넷의 전신인 아르파넷의 연구를 지원했다.

사실 인간이 발명한 다양한 기호와 문자를 통한 정보의 저장, 수학은 모두 인간의 마음을 기능적으로 재정리하는 외부 기호 시스템이며 기억 능력의 외부화이다. 구글의 글래스나 최근 관심을 끄는 홀로렌즈, 가상 현실 기기 등은 우리의 기능을 확장하고 경험의 수준을 새로운 세계로 나아가게 만드는 기기라고 할 수 있다.

군사 목적을 위한 인간의 확장은 다양하게 이루어져왔다. 엑소스켈레톤은 하인라인의 SF소설 '스타쉽 트루퍼스(1959)'에 이미 등장한다. 2010년 엑소 바이오닉스의 헐크(HULC : Human Universal Load Carrier)나 사르코스/레이시온의 XOS, XOS2 모두 군인의 능력을 강화하는 엑소스켈레톤 슈트다.

하지만 이 제품들은 크기와 파워 소비 문제로 개발이 보류됐다. 헐크는 배터리를 통한 자체 전원 공급을 구현했지만 큰 소음이 문제였다.

이후, 초기 모델을 개선하고 단순화해 모터나 전자 장치가 없는 패시브 엑소스켈레톤인 iHAS가 개발돼 작업장이나 산업체에서 사용 가능성을 확인하고 있다. 이 분야에는 록히드 마틴의 포티스, 혼다의 몸무게 지원 기기 등 지지 장치나 강화된 글로브, 로봇 팔 등이 있다. 엑소스켈레톤은 장애가 있는 사람들이 걷게 하거나 불가능했던 움직임을 가능하게 만드는 영역에서도 의미 있는 결과를 보이고 있다. 최근 스위스 취리히에서는 세계 최초의 사이배슬론이 열렸다.

장애가 있는 사람들을 지원하는 기술을 기반으로 다양한 경기를 함으로써 인간을 지원하는 기술의 현재를 살펴보는 행사다. 스위스 취리히대학의 로버트 리너 교수가 주도해 만들어졌으며 스위스 국립 '로봇역량연구센터'가 주최한다. 슈퍼 장애인 올림픽이라고 부르기도 한다.

인간과 기계의 연결은 '브레인 컴퓨터 인터페이스(BCI)'라는 영역에서도 여러 가지 흥미로운 결과를 보여주고 있다. 뇌파를 통한 로봇 팔의 제어, 원숭이 뇌를 이용한 타이핑, 생각으로 조정하는 드론, 생각으로 제어하는 로봇 등 수많은 연구 결과가 계속 쏟아져 나온다. 이는 인간의 확장이 생각과 기계가 연결되는 수준으로 이루어지면서 인공지능과 인간의 결합에 한 걸음 다가가는 계기가 될 것이다.

뇌와 기억에 대한 연구가 진전되면서 학습 능력을 높이거나 정보를 뇌에 직접 이식하려는 연구도 진행되고 있다. 미국 캘리포니아의 HRL연구소는 훈련된 조종사의 두뇌에서 얻은 전기 신호를 비행을 배우는 초보자에게 전달, 훈련 효과가 33% 개선됐다는 논문을 발표했다.

앞서 2011년에는 보스턴대학과 일본 쿄토의 ATR계산뇌과학연구소가

fMRI를 분석하면서 특정 시각적인 면을 유도해 시각 기능의 성과를 개선할 수 있음을 보여줬다.

이를 통해 전체 뇌 영역에서 활동을 제어할 수 있도록 훈련이 가능하다는 것을 시사했다. 이는 우리가 매트릭스 영화에서 봤던, 쿵푸나 헬리콥터 조정법을 바로 두뇌로 다운로드 시키려는 미래의 도전으로 나아가기 위함이다. 2013년 MIT의 뇌과학자들이 쥐를 이용해 거짓 기억을 뇌에 심는 것이 가능하다는 것을 보였다.

이와 같은 연구들은 우리의 지적 능력을 강화할 수 있음을 보여준다. 또 기억에 대한 보다 명확한 이해를 통해 장기적으로 마인드 업로딩으로 가는 길을 찾아내려고 한다.

마인드 업로딩 또는 전체 두뇌 에뮬레이션(WBE)이라고 하는 분야는 우리 정신의 상태를 컴퓨팅 장비로 복사할 수 있다는 가설을 입증하려는 시도다. 이런 장비는 현재의 컴퓨터를 넘어서 양자 컴퓨터나 소프트웨어 기반의 인공 뉴럴 네트워크를 포함한다.

트랜스휴먼 연구의 핵심 중 하나인 마인드 업로딩은 인간 삶의 확장이고 또 다른 의미의 영생을 말하기도 한다. 내 마음의 상태를 어떤 휴머노이드 로봇에 업로드 함으로써 생물학적 인간의 한계를 극복하고, 우주여행이 가능하도록 할 수 있다는 장기적인 비전인 것이다.

[A] - [반대] 우려의 목소리와 비판

트랜스휴머니즘에 가장 강력한 반대의 의견을 표현하는 사상가 중 한 명이 프란시스 후쿠야마이다. 2004년 '포린 폴리시'의 특집 '세상에서 가장 위험한 생각들'을 통해 그는 트랜스휴머니즘을 그 중 하나로 꼽았다. 그가 주장하는 문제의 첫 번째는 인간 평등의 원칙이 무너진다는 것이다. 평범한 사람을 능가하는 트랜스휴먼이 등장하면 그들의 권리나 남겨진 사람의 권리는 어떻게 될 것인가? 부유한 사람만이 그런 기회를 갖는 것이 과연 온당한 것인가? 등의 질문은 제리 카플란이 '인간은 필요 없다'에서 제기한 문제이다.

인간 평등을 위협하는 아이디어는 훨씬 악의적일 수 있다. 더구나 강화된 인간과 일반 인간이 스포츠, 투자, 시험, 사업에서 경쟁하는 것이 합당한지 우리의 기준을 만들어야 한다.

또 다른 문제는 장애가 없는 사람이 자기 몸의 일부를 보다 기능이 좋은 기기로 교체하고 싶어할 것인가 하는 점이다. 재력이 있는 사람이 의도적으로 문제가 없는 신체를 더 강력한 모듈로 갈아 치우는 것을 윤리적으로 허용할 수 있는지 우리는 아직 논의하지 못하고 있다.

두 번째로 인간의 확장을 주장하는 사람들이 과연 어떤 인간이 좋은 인간인지 이해하고 결정할 수 있는가 하는 점이다. 인간 사회의 선을 자신들이 이해한다고 주장할 수 있을 것인가? 인간은 훨씬 더 복잡한 진화의 산물이고 우리는 부분의 합보다 훨씬 더 많은 것을 가진 전체다. 또 때로는 선과 악이 양면성을 갖는다.

많은 트랜스휴머니스트나 인간을 넘어서는 기계 지능의 탄생을 얘기하는 미래학자들의 가정은 기술의 진보가 지수 함수적으로 빠르게 이뤄진다는 생각에서 출발한다. 그러나 이를 지수 함수의 오류라고 비판하는 사람들이 있다. 영국의 물리학자인 폴 데이비스는 자원의 한계로 지수 함수적 발전은 지속될 수 없다고 주장한다. 미래학자이며 물리학자인 씨어도어 모디스 역시 순수한 지수 함수를 따르는 것은 자연에 없으며 실제는 로지스틱 함수라고 말한다. 처음에는 지수 함수적으로 증가하는 것처럼 보이지만 곧 평평한 부분과 한계에 달하는 S 커브를 주장하는 것이다.

커즈와일의 특이점 주장이 종교에 가까운 신념이라고 비판하는 사람들도 많다. 유대-기독교의 종말 시나리오에 가깝다고 보는 것이다. 두뇌에 대한 역 공학적인 면에서 보더라도 데이터 수집은 지수 함수적으로 일어나겠지만 통찰은 단지 연속적으로 이루어진다고 지적한다(뇌과학자 데이비드 린덴). 예를 들어, 유전자에 대한 데이터 확보는 급증하지만 유전학에 대한 이해는 매우 느리게 이루어지는 것과 같다.

마인드 업로딩 역시 존재론적 질문을 피할 수 없다. 내 마음을 다 옮긴 어떤 장치나 존재는 나와 같은 것인지 아니면 또 다른 버전인지 우리는 알 수가 없다. 인간성은 어디까지 적용할 수 있는 개념일지, 내 기억의 일부가 남의 기억이나 조작된 정보로 이루어진다면 그 것은 나의 정체성에 어떤 문제를 일으키는 것인지 아직 알 수가 없다.

[Q] - [개별 면접]

죄수의 딜레마를 내쉬 균형 이론의 관점에서 설명하고, 내쉬 균형 이론에서 설명할 수 있는 구체적인 사례를 제시하시오.

[A]

내쉬 균형(Nash equilibrium)은 게임 이론에서 경쟁자 대응에 따라 최선의 선택을 하면 서로가 자신의 선택을 바꾸지 않는 균형 상태를 말한다. 상대의 전략을 주어진 것으로 보고 그 상태에서 최적의 선택을 하는 것을 의미한다. 예를 들어 금발의 여자가 우량주라면 다른 갈색머리를 선택하는 것이 차선책이란 말이다. 또한 가위 바위 보에서 상대방이 '나 주먹 낼게'라고 할 때의 나의 대응 방법이다. 같은 맥락이다.

죄수의 딜레마는 공범으로 의심되는 두 명의 용의자를 따로따로 수사실로 불러 자백을 할 수 있는 기회를 준다. '둘 다 자백하지 않으면 1년 징역, 둘 다 서로의 죄를 자백하면 5년 징역, 둘 중 한 명이 자백하고 다른 한 명은 자백하지 않았다면, 자백한 쪽은 석방, 자백하지 않은 쪽은 10년 징역에 처하게 된다'는 상황에서 용의자는 자백을 하는 것이 이득인지, 아니면 자백하지 않는 것이 이득인지 따진다.

두 사람이 각자의 이익을 위해서 이성적으로 행동한다고 가정하면, 상대방이 취하는 행동과 무관하게 자신이 자백하는 것이 이득이므로 둘 다 자백을 택하게 된다. 그 결과 둘 다 사이좋게(?) 5년의 징역을 살게 된다. 각자가 최선의 이익을 보려는 행동으로 인해서 모두가 오히려 큰 손해를 본 것이다. 반대로 두 사람 모두 공공의 이익(두 사람의 형량 총합)을 위해 개인의 이익을 포기한다면 결과적으로는 두 사람 모두 적지 않은 이익을 볼 수 있다.

[Q] - [개별 면접]

링겔만 효과는 집단 과제에 참여하는 개인의 수가 증가할수록 집단의 성과에 대한 개인의 공헌도가 감소하는 현상을 말한다. 우리 사회에서 나타날 수 있는 링겔만 효과 사례를 제시하고, 원인과 대책에 대해 논하라.

[A]

링겔만 효과는 시너지 효과의 반대 현상을 의미한다. 링겔만은 말의 능력에 대한 연구를 하던 중 마차를 끄는 두 마리 말의 힘이 한 마리가 끌던 때 힘의 2배가 되지 않는다는 것을 발견했다. 링겔만은 이런 현상이 과연 사람에게도 나타나는지 알아보려고 줄다리기 실험을 했다. 참가자들이 각자 얼마나 세게 줄을 당기는지 측정할 수 있는 장치를 달아 전체가 줄을 당길 때의 힘과 개인이 혼자 줄을 당길 때의 힘을 비교했다. 결과는 놀라웠다. 줄다리기에 참여하는 사람이 한 명 더 늘었다고 해서 전체 힘이 그와 비례해 커지지 않았다. 예를 들어 개인 한 명이 가진 힘의 크기를 100으로 봤을 때 2명이 줄을 당기면 한 사람당 93, 3명이 줄을 당길 때는 85, 더 나아가 8명이 줄다리기를 할 때는 겨우 64 정도의 힘밖에 쓰지 않았다. 즉, 3명이 3인 분의 힘을 쓴 게 아니라 2.5인 분을, 8명이 8인 분만큼 노력한 게 아니라 5인 분의 힘만 썼다.

인원이 많아질수록 개인의 공헌도는 작아진다는 것, 사람들은 자신의 역할이 분명히 드러나지 않는 상황에서 최선의 노력을 다하지 않는 심리가 있다는 게 밝혀졌다.

30명이 줄다리기를 하면 사실 누가 최선을 다했는지, 누가 그냥 줄만 잡고 있었는지 알기가 어렵다. 줄다리기에서 지더라도 패배의 책임을 여러 사람과 나누기 때문에 별로 부담이 없어 반드시 이겨야겠다는 마음이 들지 않는다. 이렇게 개인의 공헌도가 다른 사람들에게 가려져 분명히 드러나지 않는 상황, 또는 결과에 대한 책임이 누구에게 있는지 분명하지 않은 상황에서 링겔만 효과가 나타난다. 큰 조직에서 '나 하나쯤이야' 하는 생각으로 '무임승차(Free Ride)'하는 사람들이 꼭 등장하는 이유이다.

거대 조직 속에서 일하다 보면 구성원들이 자기 가치를 발견하지 못하고 스스로를 조직 속 부품처럼 여겨 일할 의욕을 잃는다는 분석도 있다. 자연스레 게으름으로 이어진다. 또, 조직 구성원이 많아지면 조직 목표에 대한 충분한 의사소통을 하기 어렵고 좋은 팀워크를 발휘하기도 어려워져 이런 현상이 나타나기도 한다. 어느 시점에서 어떻게 힘과 지혜를 모아야 하는지 몰라 자신의 능력을 100% 발휘하지 않는다.

이런 이유로 많은 대기업이 '일을 잘하기 위해 가장 적절한 인원은 몇 명인가' 고민한다. 일 잘하는 인재를 일정 숫자 이상 같은 팀에 배치하지 않는다거나, 팀을 소규모 인원으로 구성하는 방식을 택한다.

미국 온라인 유통업체인 아마존 최고경영자 제프 베조스(Bezos)도 "라지 사이즈 피자 2판으로 한 끼 식사를 해결할 수 있는 6~10명 정도의 인원이 팀 구성에 최적이다."고 말했다. 그 정도 작은 인원이어야 구성원들 간 소통이 활발하게 이루어지고 빠른 의사 결정이 가능하며 구성원 개개인이 책임감을 갖고 최선을 다해 역량을 발휘한다고 볼 수 있다.

링겔만 효과는 정부·기업·학교 등 어떤 형태의 조직에서도 나타날 수 있다. 따라서 조직 내 인원을 확대할 때에는 링겔만 효과에 대한 충분한 검토가 필요하다. 지금도 비대한 공무원 조직의 숫자를 늘리는 것이 우리 사회에 어떤 영향을 미칠지, 만약 공무원 조직을 늘린다 하면 어떤 방식으로 조직을 운용해야 할지 고민이 필요한 시점이다.

한편, 1979년에 밥 라타네라는 심리학자는 다른 방식의 실험으로 사회적 태만의 원인을 찾아보았다. 라타네는 소리 측정 실험을 하면서, 남자 대학생 108명을 세 집단으로 나눠 각기 다른 설명을 들려줬다. 첫 번째 집단에는 혼자서 소리를 지를 때는 소리 크기 측정이 가능하지만 여러 명이 함께 소리를 지를 때는 개인별 목소리 크기를 측정할 수 없다고 설명했다. 두 번째 집단은 혼자의 경우는 물론 집단으로 소리를 지를 때에도 개인별로 목소리 크기를 측정할 수 있다는 설명을 들었다. 세 번째 집단에는 반대로, 집단은 물론 혼자서 소리를 지를 때도 목소리 크기를 측정하지 않는다고 알려줬다.

대학생들은 눈이 가려지고 귀에는 소음헤드폰을 착용한 상태에서, 혼자서나 2명 혹은 4명이 같이 소리를 지르게 했다. 실험에는 실제로는 혼자지만 다른 학생들과 같이 소리를 지른다고 믿는 상황도 포함했다.

실험 결과는 몇 가지 흥미로운 심리적 사실을 알려준다. 대학생들은 개인별 측정이 불가능하다고 믿는 상황에서는 눈에 띄게 소리를 작게 질렀다. 흥미를 끄는 부분은 혼자 소리를 지를 때만 측정이 가능하다고 말했던 첫 번째 집단이다. 첫 번째 집단은 두 명이 소리를 지르는 상황에서는 아예 소리를 측정하지 않겠다고 말한 세 번째 집단과 비슷한 정도의 크기로 소리를 냈다. 하지만 네 명이 소리를 지르는 상황에서는 세 번째 집단보다도 더 작은 소리를 냈다. 현실과 가장 비슷한 상황인 첫 번째 집단에서 사회적 태만이 가장 눈에 띄게 나타난 것이다. 이 실험은 집단 속에서 개인의 기여도를 측정할 수 있는가가 사회적 태만이 나타나는 핵심 조건임을 알려준다.

그럼, 사회적 태만을 막는 방법은 없을까? 실험에서 보았듯 사회적 태만은 집단 속에서 개인의 기여도를 측정할 수 없을 때 발생한다. 따라서 사회적 태만을 막으려면 성과 평가 시 개인별로 기여도를 측정할 수 있는 시스템을 갖춰야 한다.

승진과 보상 체계에서도 개인별 성과에 따라 개인별로 다른 인센티브를 줄 수 있는 제도를 만들면 무임 승차자의 출현은 어느 정도 방지할 수 있다. 개인별 인센티브가 무조건 정답이라는 말은 아니다. 특히 개인 간, 부서 간 이기주의가 팽배해 협력이 잘 이루어지지 않는 기업에서는 부서나 회사 전체의 이익으로 보상을 제공하는 집단 인센티브 제도가 조직문화를 변화시키는 데 효과적이다. 중요한 것은 부서 이기주의든, 사회적 태만이든 기업의 상황과 조직원들의 특성을 충분히 이해하고 선택하는 것이다.

[Q] - [자료 제시 개별 면접]

다음에 제시된 그래프는 우리 사회의 단면을 보여준다. 이 현상으로 인하여 야기되는 사회문제의 사례를 들고 그 해결 방안을 말하시오.

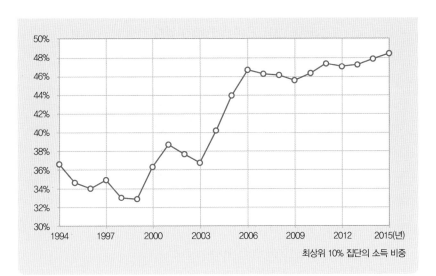

최상위 10% 집단의 소득 비중

[A]

　사회 양극화란 간단히 말하면 사회 · 경제적 지위가 높은 사람들이나 집단, 계층일수록 더욱 잘 살게 되는 반면 형편이 어려운 사회적 약자는 더욱 살기 힘들어지는 현상을 의미한다. 즉, 부유층과 서민층, 대기업과 중소기업, 정규직과 비정규직, 수도권과 지방, 대도시와 농어촌 간의 사회경제적 차이가 더욱 벌어지게 된다는 말이다. 이러한 현상은 지난 90년대 말 경제위기 이후 더욱 두드러졌다.

　자유로운 경쟁이 보장되는 자유민주주의 국가에서 각 개체 간의 생활 수준의 차이가 발생하는 것은 어찌 보면 자연스러운 현상일지 모르나, 이러한 격차가 더욱 벌어지고 있다는 데 문제의 심각성이 있다.

　한 통계에 의하면 지난 95년에서 2003년 사이 우리나라 하위 10%의 소득은 평균 소득의 41% 수준에서 34% 수준으로 떨어진 반면, 상위 10%의 소득은 평균의 199%에서 225%로 상승했다.

　이렇게 잘 나가는 사람과 형편이 어려운 사람의 격차가 벌어질수록 사회의 단합과 안정이 위협을 받는다. 살기 힘든 계층이나 지역은 아무리 노력을 해도 형편이 나아지지 않는 것 때문에 사회에 대해서 불만을 가지게 될 뿐만 아니라 노동 의욕도 상실하게 된다. 최근 로또나 경마에 사람들의 관심이 쏠리는 것도 이와 무관하지 않다. 양극화는 또한 건전한 소비 능력을 가진 중산층의 붕괴를 의미하며 이는 사회 전체의 경제력 저하로 나타난다.

요즘 경기가 나쁜 것도 대다수 국민의 소비 심리가 위축되어서 물건을 사는 것을 꺼리기 때문이다. 양극화로 인해서 발생하는 낙오자나 사회적 약자를 구제하는 데 들어가는 막대한 사회적 비용도 국민 경제에 부담이 된다. 따라서 사회가 안정되고 경제가 활성화되기 위해서는 안정적인 경제력을 갖춘 중산층이 확대되어야 한다. 즉, 양극화 문제가 해소되어야 한다.

[A] - [원인]

양극화 현상이 심화된 원인은 어디에 있는가? 우리나라도 80년대에는 경제 호황으로 인해 한 때 중산층이 매우 두터워졌고, 여론조사에서 자신이 중산층에 속한다고 생각하는 사람들의 비율이 70%를 넘기도 했다. '중산층'이라는 개념을 너무 경제적인 시각에서 바라본 측면이 있기는 하지만, 그것은 그만큼 국민들이 활력이 넘치고 경제에 대해서 자신감을 가지고 있었다는 증거이기도 하다. 또한 이러한 중산층의 증가와 그들의 민주화에 대한 욕구에 힘입어 1987년 민주화 항쟁도 성공을 거둘 수 있었던 것이다. 그러나 1990년대 들어 김영삼 정부의 금융 및 경제 자유화 조치, 그리고 1997년 외환위기 이후 급격한 경제 개방과 규제 완화로 노동 환경이 악화되고, 실업자와 빈민층이 급증하는 사태가 벌어졌다. 중산층이 붕괴한 것이다.

양극화 현상의 가장 큰 원인은 신자유주의 경제 정책의 무분별한 수용으로 인한 노동 환경의 악화에 있다. 신자유주의 경제 정책의 적극적인 수용 이후 정리해고가 쉬워지고 비정규직이 급격히 늘어나게 되었다. 예전에는 평생직장이라는 개념이 정착되었으나 요즘에 그런 생각을 가지고 있는 사람은 거의 없다.

오늘날 대부분의 국가들은 세계화와 신자유주의의 영향력 아래에 놓여있다. 전 세계적으로 정보, 상품, 서비스, 문화 등의 활발한 교환과 교류를 의미하는 세계화와, 영미식의 사회경제 정책을 뜻하는 신자유주의는 기본적으로 경쟁과 자율을 중시한다. 모든 개인과 기업이 자유롭게 경쟁을 하도록 기회를 주되 그 결과에 대해서는 각자가 책임을 지게 하는 체제인 것이다.

그러나 전 세계적 수준에서의 무한경쟁을 의미하는 신자유주의 정책은 사회에 활력과 혁신의 계기로 작용하기도 하지만, 정부의 영향력이 약화되고 결과적으로 대다수의 낙오자를 발생시킬 수밖에 없는 체제라는 것이 문제다. 전 세계적 경쟁 체제에 돌입하게 되면 미국과 같이 경제력과 군사력이 압도적으로 강한 나라는 득이 많지만, 남미 국가들과 같이 국력이 약한 나라들은 경제가 오히려 악화되기 마련이다.

그렇다면 우리나라의 경우는 어떠한가? 우리나라도 이제 세계 11위의 경제 대국으로 성장했는데 세계 시장에서 경쟁할 만하지 않을까? 반도체, 조선, 휴대폰, 가전제품 등에서 우리 기업들이 세계적인 경쟁력을 가지고 있기는 하지만, 이는 극소수 대기업에 해당되는 것이고 대다수 기업들과 은행들은 선진국의 기업, 금융기관들과 경쟁하기에는 아직 능력이 부족하다. 곧 대대적인 개방화 물결을 맞게 될 농어촌 지역도 마찬가지다. 세계와 경쟁하기에는 아직 준비가 덜 되어있다. 또한 삼성전자, 현대자동차와 같은 잘 나가는 대기업들과 대부분의 은행들도 개방과 규제 완화로 인해 외국 자본의 영향에 취약한 상태에 처해 있다. 물론 외국 자본을 유치하는 것이 필요한 일이지만, 외국 자본이 소유하거나 많은 지분을 가진 기업의 경우 정리해고를 쉽게 하는 경향이 있으며, 주식 배당에 지나치게 신경을 쓴 나머지 장기적인 투자나 기술 개발에 소홀한 경향이 있다.

이렇게 되면 우리의 노동 환경은 악화되며 양극화 현상의 심화는 불을 보듯 뻔하다. 우리나라에 양극화가 심화된 것은 바로 신자유주의 정책의 무분별한 수용에 의한 일자리 감소, 소득 불안정 때문이다.

[A] - [해결 방안]

양극화의 해결 방법은 무엇일까? 일자리 창출을 통해 양극화 문제를 해소하겠다고 한 것은 타당한 측면이 있다. 그러나 신자유주의 정책을 유지하는 한 사회의 양극화 문제는 지속될 수밖에 없다. 근본적인 해결을 위해서는 노사정 간의 대타협과 신중하고 단계적인 개방화 조치가 필요하다.

세계화는 이제 거스르기 힘든 세계적 추세이다. 미국과 경제·군사적으로 밀접한 관계에 있는 우리로서는 더욱 힘든 일이다. 그렇지만 세계 11위의 경제력을 가진 국가답게 세계적 추세에 그대로 끌려가지 않고, 우리의 주체적 시각을 가지고서 세계화에 대처해 나갈 필요가 있다.

지구상에 영미식의 경제 모델만 존재하는 것도 아니다. 독일이나 스웨덴처럼 생활수준도 높으면서도 평등하고 사회가 안정된 국가들도 존재한다. 일본의 경우에도 나름의 안정적인 노사관계를 통해 세계 2위의 경제 대국을 건설했다. 우리도 우리 실정에 맞는 경제 모델 마련이 시급하다. 이는 기본적으로 노사정의 대타협을 통해서 안정적인 노동 환경을 만드는 것이 핵심이다. 이렇게 될 때만이 우리 사회의 양극화 문제는 상당 부분 해결될 것이다.

[Q] - [개별 면접]

다음과 같은 상황에 나타난 박 교사의 관점이 지닐 수 있는 문제점을 말하시오.

다문화 학생이 많은 서울 S초등학교는 담당 교사가 베트남, 중국, 일본 배경의 다문화 학생들을 위해 한국어를 포함한 4개 언어로 가정통신문을 작성해야 하는 상황이다. 상황 설정과 함께 김 교사와 박 교사의 대화문이 제시됐다. 김 교사는 문화 다양성을 위해 다문화 학생 부모의 모어(母語)로 가정통신문을 보내야 한다는 입장이고, 박 교사는 한국 문화에 동화되고, 문화 고유성을 지키기 위해 한국어로 가정통신문을 작성해야 한다는 입장이다.

[A]

빠르게 진행되고 있는 다문화 사회의 이행과는 다르게 한국인의 다문화 수용성은 매우 낮다. 이는 오랫동안 이어져 온 뿌리 깊은 단일민족주의와 백의민족이라는 순혈주의 때문이다. 사실 한국인이 단일민족이라는 이야기는 역사적으로도 생물학적으로도 사실이 아니라 꾸며진 신화다. 세계 가치관 조사에서 한국인의 다문화 수용성은 가장 낮은 하위 10% 안에 들었고, 유럽 8개국의 다문화 수용성의 절반 정도다. (김경근 2015. 8. 20. '한국 성인 다문화 수용성 수준과 과제') 일반적으로 다문화 수용성은 가난한 나라일수록, 저학력일수록, 저소득층일수록, 연령이 높을수록 낮은 것으로 나타난다. 수출을 해서 먹고 사는 나라, 한류문화의 확산을 자랑하는 한국인이 타 종교, 타 문화, 타 인종을 수용하지 못한다면 이는 대단한 모순이고 윤리적 오류이다. 이민자나 귀화인이 많은 것이 항상 다문화와 직결되지는 않는다. 비록 이민자를 많이 수용하더라도 그 이민자들 및 그 후손들이 현지의 문화에 동화한다면 그것은 엄밀히 따졌을 때 다문화라고 부를 수 없다. 그것은 하나의 문화로 이민자들을 수용하는 동화주의인 것이다.

동화주의에 기반한 국가는 '귀화인, 이민자도 우리 사회에서는 우리말을 익혀야 하며 사회활동을 해야 한다'는 것이다. 노르웨이, 대한민국, 러시아, 체코 등이 이민자의 정착에 대해 이런 언어 정책을 시행하며 이런 국가에서는 결혼 이민자라 할지라도 언어 능력이 없으면 국적 취득이 불가능하다.

[Q] - [개별 면접]

다문화 사회의 세계 시민으로서 갖춰야 할 태도를 제시하고, 그 이유를 설명하시오. (일부 수정)

• **출제 의도** : 이 문항을 출제한 의도는 세계화, 정보화 등의 급격한 사회 변화에서 인류의 보편적 가치를 인식하고, 상호존중의 태도를 통해 민주주

의 사회로 발전하는 데 개인의 역할을 인식하고 있는지를 살펴보는 데 두었다. 사회적으로 '시민의식'에 대한 요구가 많은 만큼 이에 대한 올바른 인식과 성숙한 민주주의 사회 구현을 위한 실천 의지, 그리고 후세대에게 그러한 사회 구현을 위한 태도와 역량 교육은 중요한 부분이다. 그래서 예비 교사로서 갖춰야 할 자질로 시민의식이 요구된다고 보았다.

• **문항 해설** : 세계화, 정보화는 우리의 삶에 어떤 영향을 미치고 있으며, 이로 인해 나타나는 다양한 갈등과 인권침해 등의 문제를 평화적으로 해결할 방법은 무엇일까? 라는 핵심 질문을 통해 세계화, 정보화 사회가 가져온 사회 변화로 인해 겪게 되는 여러 가지 문제들을 해결하기 위해서는 국제사회, 국가의 노력도 필요하지만 개인의 세계시민 의식이 필요함을 파악하고자 하였다.

• **배경지식:** 세계시민 교육은 세계시민성(또는 세계시민의식)을 바탕으로 한다. 세계시민성의 개념은 세계시민주의(Cosmopolitanism), 지구시민의식(Planetary Citizenship) 등과 동일한 의미를 지니고 있으며, 법적 지위를 수반하지 않으면서 세계 차원에서 연대감, 집단 정체성, 소통 능력과 인류 공동 번영의 가치를 지지하는 공통점을 지닌다(한경구 외, 2015 : p. 37). 유네스코가 발간한 『글로벌 시민 교육 : 21세기 새로운 인재 기르기(Global Citizenship Education : Preparing Learners for the Challenges of the 21st Century)』는 세계시민 교육을 "더 정의롭고, 평화로우며, 관용적이고, 포용적이며, 안전하고, 지속 가능한 세상을 만드는 데 앞장설 수 있도록 필요한 학습자의 지식과 기술, 가치와 태도를 계발"하는 것을 목표로 삼는 교육 패러다임으로 정의하고 있다(유네스코, 2014 : p. 17). 특히 세계시민 교육은 인권 교육, 반 편견 교육, 지속 가능 발전 교육, 국제 이해 교육, 문화 간 이해 교육 등을 모두 포괄하는 상위의 개념으로 이해할 수 있다.

• **답안 예시**
  − 공동체적 연대의식 협력과 소통

- 도덕적 가치, 타인에 대한 선, 약자에 대한 배려와 관용
- 적법성, 정당성, 공정성, 평등성, 공평성
- 공정한 대우, 타인 존중, 상호 인정 등

[A]

시민 교육과 세계시민 교육의 차이점

세계시민 교육은 학교교육의 접근법의 측면에서 기존의 단일국가 기반의 전통적 시민 교육과 어떠한 점에서 차이를 보일까?

전통적 시민 교육과 세계시민 교육의 주요 차이점을 다음과 같이 대조하고 있다.

첫째, 세계시민 교육은 학습자(아동, 청소년, 성인)를 능동적인 교육 주체로 삼는 교육이라는 특징을 지닌다. 학습자가 국지적·세계적 문제에 모두 동등한 관심을 가지고 적극적인 역할을 담당할 수 있는 능력을 함양한다. 이를 통해 학습자는 보다 공정하고 관용적이고 지속 가능한 발전이 가능한 세상을 만드는 데 능동적으로 기여할 수 있다.

둘째, 세계시민 교육은 변혁적인 교육이다. 기성세대의 가치 체계와 규범을 일방적으로 학습자에게 전달하는 경향이 있던 전통적 시민교육과는 달리, 글로벌 시민교육은 학습자가 자신이 보유한 권리와 의무를 깨달을 수 있는 기회를 제공함으로써, 더 나은 세상, 더 나은 미래를 만들어갈 수 있도록 이끈다.

셋째, 세계시민 교육은 '과정 중심적'이고 '문제해결 중심적' 교육이다. 단순히 '지식 습득' 위주의 학교교육이 아니라, 필수 지식을 토대로 주어진 문제를 창의적으로 해결해 나가는 '과정 중심적인' 교육을 강조한다.

넷째, 세계시민 교육은 참여 지향적이며 실천 지향적인 교육이다. 글로벌 시민 교육은 '시민성에 대하여 배우는 교육'을 뛰어넘어, '시민성의 실천을 통해 배우는 교육'이다.

마지막으로 세계시민 교육은 '평생교육적 접근'이 요구되며, 학교의 공식적 교육과정과 잠재적 교육과정 모두를 통해 전개되어야 하는 교육이다.

[Q] - [제시문 제시 개별 면접]

다음 제시문을 읽고 ① 정서적 건강 ② 인지적 발달 ③ 사회적 건강 효과를 각각 예를 들어 설명하시오.

미국 훌리블랜드 클리닉에서는 규칙적인 우동을 하지 않는 것이 흡연보다 더 해롭다는 연구 결과를 제시하였다. 비흡연자에 비해 흡연자의 조기 사망 위험이 3배인 반면, 운동을 하지 않는 사람은 운동을 많이 하는 이들과 비교할 때 조기 사망 위험이 5배나 되었다. 이처럼 규칙적인 신체 활동 및 운동은 체력 증진, 다양한 성인병 예방 등 신체적 건강뿐만 아니라 ① 정서적 건강, ② 인지적 발달, ③ 사회적 건강에도 긍정적 효과가 있다.

신체적 활동 및 운동의 효과

- **체중 조절** : 적정 체중을 유지하기 위해서는 올바른 식단과 신체활동이 필수적으로 요구된다. 사람에 따라 체중 조절을 위한 신체활동량에는 차이가 있지만, 일주일에 150분 이상의 중강도 유산소 운동은 체중 유지에 도움이 된다.
- **기분 전환 및 정신건강 증진** : 규칙적인 신체활동은 사고와 학습, 판단 능력을 향상시키며 우울증을 감소시키고 질 좋은 수면을 취할 수 있도록 도움을 준다. 유산소 운동 뿐만 아니라 근력 운동도 정신건강에 긍정적인 효과가 나타난다고 알려졌으며 낮은 강도의 신체활동이라도 심리적으로 긍정적인 영향을 준다.
- **당뇨병과 대사증후군 위험 감소** : 일주일에 120~150분의 규칙적인 중강도 유산소 운동은 대사증후군의 위험률을 낮춘다고 알려져 있으며 신체활동은 혈당을 조절하여 당뇨병을 개선하는 데도 효과적이다.
- **심혈관계 질환 위험 감소** : 일주일에 최소 150분 이상 중강도의 유산소 운동을 할 경우 심장질환이나 뇌졸중의 발생 위험이 감소한다. 또한 규칙적인 신체활동은 혈압을 낮추고 콜레스테롤 수치를 개선하는 데에도 효과적이다.
- **뼈와 근육의 강화** : 뼈와 관절, 근육은 단순히 몸을 움직이기 위해서만 필요

한 것이 아니라 기본적인 일상 활동을 지속하고 활동적으로 움직이기 위하여 필수적이다. 유산소 운동은 노화에 따른 골밀도의 감소를 늦출 수 있으며, 고관절 골절·관절염·근감소의 예방에도 효과가 있다.

- **일부 암 발생 위험 감소** : 규칙적으로 운동을 실천하는 사람은 그렇지 않은 사람보다 대장암과 유방암의 위험이 낮으며 다른 암에 미치는 긍정적인 효과에 대해서도 지속적으로 연구가 되고 있다. 규칙적인 신체활동은 삶의 질과 더불어 암을 극복할 수 있는 체력을 길러주는 데도 도움이 된다.
- **운동의 정서적 효과** : 운동은 정신 건강에도 좋다. 운동은 기억력 개선, 스트레스 해소, 불안감 완화, 학습 능력 향상 등 다양한 정신적인 강점을 갖고 있다.

[A] - 운동의 정서적 효과 7가지

1. 행복 증진

운동을 할 때마다 신체는 엔도르핀을 분비하여 기쁨과 행복감을 느낄 수 잇다. 이로 인해 운동은 우울증이 있는 사람들에게 적극 권장된다. 마찬가지로 스트레스나 불안을 겪고 있다면, 운동이 몸과 마음을 피로하게 만드는 긴장을 완화하는 데 도움을 준다. 이는 휴식과 숙면에 도움이 되며, 더 생산적인 하루를 보낼 수 있게 해준다.

2. 자존감 향상

운동을 하면 보다 더 건강해지고 행복해질 수 있다. 이는 스스로를 더 가치 있게 여기는 데 도움이 되는 자존감을 높이는 데 좋다.

3. 사회적 관계 향상

스스로에 대해 더 나은 인식을 갖고, 행복감을 느끼며, 자신을 사랑하고 가치 있게 여기는 것은 사회적 관계에도 도움이 된다. 자신감이 높아져 다른 사람들과의 관계를 더 깊고 쉽게 맺을 수 있다. 또한 사교적인 활동에 대한 느낌이 좋아지기 때문에, 그룹 활동, 그룹 스포츠, 모르는 사람과의 대화를 시작하는 것에 있어 동기부여가 된다.

4. 인지 능력이 퇴화하는 것을 예방함

알츠하이머와 같은 퇴행성 질환에 대해 걱정이 된다면, 운동이 이를 예방하는 데 있어 도움이 된다는 점을 알고 있어야 한다.

5. 중독 증상 조절

특정 약물, 술, 담배 등에 중독이 되어 있다면, 운동이 이를 조절하는 데 도움이 된다. 중독 증세를 완전히 끊게 되는 경우도 있다. 중독은 도파민이라는 호르몬과 밀접한 관련이 있는데, 이 호르몬은 운동 중에도 방출된다. 그렇기 때문에 중독을 조절하는 데 있어서 운동의 효과가 매우 좋다.

6. 기억력 향상

운동은 기억력과 학습력을 담당하고 있는 해마의 세포 생성에 도움이 된다. 이로 인해 운동을 하면 기억력이 향상될 것이며, 더 효과적으로 학습 활동을 할 수 있다. 오랫동안 앉아서 생활하는 것은 기억력에 좋지 않은 습관이다.

7. 생산력이 높아진다!

운동이 몸을 피곤하게 만들어, 해야 하는 일이나 다른 활동에 있어서 성과가 떨어질 것이라고 생각할 수도 있다. 하지만 이는 사실과는 다르다.

운동을 하면 하루 종일 활동성이 유지되기 때문에, 오히려 더 많은 활력이 생긴다. 따라서 기력이 떨어지거나 일을 하는 도중 집중력이 떨어지지 않는다.

기분이 좋지 않거나 생산력이 떨어질 때는 운동이 도움이 될 수 있다는 점을 잊지 말자. 가끔은 간단한 운동을 살짝만 해도 수많은 문제가 해결된다.

❼ 전주교대

[Q] - [개별 면접]

최근 들어 미성년자의 범죄가 날로 흉포해지면서 소년법 폐지 청원 운동까지 일고 있다. 소년법 폐지에 대한 자신의 찬반 입장을 선택하고, 그 이유를 밝히시오.

[개념] 소년법

반사회성이 있는 소년에 대해 그 환경의 조정과 성행의 교정에 관한 보호처분을 하고 형사처분에 관한 특별조치를 함으로써 소년의 건전한 육성을 기하기 위해 제정된 법률이다. 19세 미만의 자를 소년으로 규정하고 있으며, 10세 이상 14세 미만의 소년을 소년보호사건의 대상으로 한다.

[A] - [폐지 찬성 의견]

① 소년법의 취지는 미성년자의 우발적인 범죄에 대해 사회에 복귀할 수 있는 기회를 한 번 더 주자는 것이다. 하지만 최근 청소년들의 범죄는 우발적인 범죄가 아닌, 계획적 범죄로 변해가고 있다. 소년법 재정의 취지에 있어서 어긋나기 때문에 보호의 대상이 될 수 없다.

② 청소년 범죄의 정도와 수법이 청소년이 저질렀다고는 볼 수 없을 정도로 흉악해지고 있다. 하지만 처벌 수위가 낮기 때문에 이를 악용하여 또 다시 범죄를 저지른다. 또한 피해자의 보호가 잘 이루어지지 않아 가해자가 아닌 피해자가 숨어살게 되는 악순환이 반복되고 있다.

[A] - [폐지 반대 의견]

① 우선 미성년자의 범죄는 잘못된 것은 많지만 이런 범죄를 저지른 많은 청소년들이 어렸을 때 폭력과 학대에 노출되었던 경우가 많다. 즉, 부모로 인해 범죄를 저지른 경우가 많다. 근본적으로 청소년들의 범죄를 줄이기 위해서는 소년법을 폐지할 것이 아니라 그들의 가정환경

개선을 위해 노력해야 한다.

② 청소년들은 우발적으로 범죄를 저지르기 쉽다. 그렇기 때문에 이를 고려하여 높은 형량을 주기 보다는 교화에 더 초점을 맞춰야 한다. 또한 소년법의 만들어진 배경이 있기 때문에 감정적으로 폐지를 말하면 안 된다.

[Q] - [개별 면접]

양성이 평등한 사회를 실현하기 위해 초등학교 교사가 할 일은 무엇인지 구체적 예를 들어 말하시오.

[A]

최근 성폭력 피해 경험을 고발하는 '미투(#MeToo) 운동'이 들불처럼 번지고 있다. 미투 운동을 계기로 한 쪽에서는 권력 구조 내에서 발생하는 잘못된 성적 관행을 고쳐 나갈 것을 주장하는 한편 또 다른 쪽에서는 일상생활에 만연하게 퍼진 성폭력을 근절하기 위해 청소년기부터 올바른 성 인식과 양성평등 인식을 심어주는 교육이 중요하다는 주장이 나온다.

학교의 양성평등 교육은 '학생참여 중심 활동'으로 진행된다는 것이 특징이다. 교사가 학생들에게 일방적으로 지식을 전달하는 강의 형태로 수업이 진행될 경우 학생들은 수업 내용을 지루하게 느끼기 쉽고, 이로 인해 양성평등 인식의 중요성과 필요성을 인지하지 못할 가능성이 크다. 하지만 학생들이 프로젝트에 참여하는 방식으로 양성평등 교육이 이뤄지면, 학생들은 다채로운 활동 그 자체를 즐기면서 양성평등 인식도 내면화할 수 있게 된다. 학생들은 양성평등을 주제로 동화책 내용을 새롭게 재구성해 보고, 엄마에게 집중된 가사 일, 남자는 울면 안 된다는 인식 등 일상 속에서 발견할 수 있는 남·여 차별 사례와 해결 방안에 대해 토의·토론하고, 양성평등 인식을 담아 동요 가사를 개사하고, UCC(손수 제작물)를 만드는 등의 프로젝트 활동을 수행했다.

김 교사는 "학생들에게 '여자 화장실에는 변기 개수가 1.5배 더 필요하다'는 내용의 기사를 보여주며, 남·여 화장실 변기 개수가 달라야 하는 이유를 이야기하도록 했다"며 "학생들은 토의를 통해 남성과 여성의 신체 차이를 인지하게 되고, 변기 개수에 차이를 둬야 하는 이유를 생각해 보며 스스로 성적 차이와 성 차별을 구분해 이해하게 된다"고 말했다.

양성평등 시범학교들이 실시한 양성평등 교육은 또 다른 핵심은 기존 교과와의 연계성을 최대한으로 높인 것이다. 교사들은 학생들이 양성평등 개념을 몸소 느끼고 이해할 수 있도록 기존 교과의 교육과정을 재구성했다. 국어, 사회 등 기존 교과의 성격을 고려해 양성평등 교육과 비교적 연관성이 높은 단원 위주로 프로젝트 활동 등을 개발해 접목한 것이다.

이 교사는 "이벤트성으로 양성평등 교육을 진행하면 일회성에 그치기 쉬워 그 효과가 제대로 나타나기 어렵다"면서 "교과 수업과 어우러져 양성평등 교육이 꾸준하게 이뤄질 때 비로소 그 효과가 극대화될 것이라 생각했다"고 말했다.

5학년 학생들이 참여한 도덕·국어·사회·실과·체육 교과를 융합한 수업에서는 양성평등을 인권의 관점에서 살펴보고(도덕), 문학 작품과 일상생활 속에서 고정된 성 역할로 불평등함을 느낀 상황을 찾아본 뒤 대처 방안을 모색한다(국어). 또, 조선 시대의 불평등한 신분 제도와 남녀 차별적인 여가생활에 대해 탐색하고(사회), 옷차림에 영향을 미치는 사회·문화적 요소에 대해 살펴보며(실과), 남·여학생이 함께 각 나라의 민속춤을 발표해 보는(체육) 등의 활동으로 이어진다. 각 교과에서 꼭 배워야할 개념 및 지식을 학습하는 과정에서 자연스레 양성평등 인식이 형성되도록 설계한 것이다.

이 교사는 "학생들은 남녀가 평등하다는 사실은 대부분 이해하고 있지만, 일상생활에서 발생하는 차별을 인지하는 것에는 어려움을 느꼈다. 그런데 교과 수업을 통해 실생활에서 남·여가 느끼는 불평등한 상황을 탐구하며 무엇이 불평등한 상황인지 파악할 수 있는 성 감수성을 키울 수 있었다"고 말했다.

[Q] - [개별 면접]

2018년 평창 동계올림픽에서 우리나라 아이스하키 팀을 남북단일팀으로 구성하였다. 단일팀 구성의 긍정적인 면과 부정적인 면을 말해 보시오.

[A] - [긍정적인 면]

단일팀 추진은 그 긍정적 효과와 부정적 효과를 함께 놓고 평가해야한다. 단일팀 추진의 긍정적인 효과는 남북한 간 및 북미 간 긴장 완화와 평화 분위기 조성, 평화 올림픽으로서의 평창 올림픽에 대한 홍보, 한반도 평화와 통일에 대한 세계 각국에 대한 의지 천명 등이다.

우선 단일팀 추진이 상징하는 평화와 화합은 올림픽의 취지에 부합한다. 원래 고대의 올림픽은 거의 항상 전쟁 상태에 있던 고대 그리스의 도시 국가들이 올림픽 기간 동안에는 서로 싸움을 멈추고 스포츠와 제전을 통해 유사한 문화와 전통을 가진 공동체로서의 정체성을 되살리는 데 의미가 있었다. 근대에 올림픽이 부활한 것도 심각한 대립 상태에 있었던 유럽 국가들을 포함하여 전 세계 국가들이 분쟁을 잠시라도 멈추고 인류 공동체로서 화합의 장을 마련하자는 것이 창설 취지다.

올림픽 기원이 되는 고대 올림픽이나 근대 올림픽에서 모두 가장 숭고한 올림픽의 정신은 분쟁과 증오와 배타심을 내려놓는 휴전 정신이다. 이러한 올림픽의 정신에 단일팀 추진은 매우 부합하고, IOC · 국제아이스하키연맹 등에서 국가들 간의 형평성 문제가 있음에도 적극적으로 환영하는 의사를 밝히고 지원하는 노력을 하고 있는 것은 이 때문이다.

스포츠와 정치가 무관하다 주장하는 측은 올림픽의 정신 자체가 이미 정치적 지향점을 갖고 있다는 것을 인식할 필요가 있다. 긴장을 완화하고 평화를 조성하는 것도 정치의 역할이며, 선수들의 실력으로 메달 경쟁을 벌이는 것만이 스포츠 정신이고, 스포츠에서 정치적 의미를 완전히 배제하는 것이 스포츠 정신에 충실한 것만은 아니다. 물론, 선수 개인 간의 공정한 경쟁 역시 스포츠 정신의 중요한 부분이고, 이것이 함부로 훼손되어서는 안 될 것이지만, 그러한 스포츠 정신을 존중하는 동시에, 스포츠를 통한 평화 증진 역시 중요하게 고려되어야 할 명분으로서 가치를 갖는다. 주요 외신들이 긴장 상태의 한반도가 평창 올림픽을 통해 외교적 돌파구를 마련했다고 보도하고 있는 것도 같은 맥락에서 나오는 것이다.

미국 일간지 뉴욕 타임스(NYT)는 이번 합의에 대해 "지난 십여 년 동안 남북 간 있었던 가장 극적인 화해의 몸짓"이라고 평가하면서 이번 발표가 "북한의 핵·미사일 실험으로 전쟁 가능성이 특히 커진 바로 그 순간에 나왔다"고 강조했다. NYT는 북한 핵무기 프로그램을 놓고 수십 년간 이어진 교착상태를 타개할 즉각적인 돌파구로 이어질 것이라고 예상하는 사람은 거의 없지만, 한반도 긴장과 전쟁 가능성에 대한 이야기에 지치고 불안해진 한국인들에게는 반가운 일이라고 평가했다.

NYT는 특히 올림픽 남북단일팀 구성이 남북에 이정표가 될 것이라고 내다봤다. 미국 CNN 방송도 남북단일팀을 '외교적 돌파구'로 묘사하며 "큰 진전을 일궈냈다"고 분석했다. 영국 BBC 방송은 남북 공동 입장과 단일팀 구성은 새해 시작된 남북 관계의 해빙기를 보여주며, 또 한 번의 한반도 전쟁으로 향하는 듯 보였던 위기 상황에서 보기 힘든 희망의 순간을 나타낸다고 평가했다.

영국의 언론 더 가디언은 1월 21일 사설을 통해 평창 동계올림픽에서 남북한 단일팀 출전이 과거 스포츠 외교의 전례에 따라 한반도 평화의 작은 실마리가 될 수도 있을 것으로 전망했다. 더 가디언은 스포츠를 통한 화해가 획기적인 변화를 만들어내지는 못하지만 더 큰 분쟁으로부터 격리되는 안정성을 갖추고 있다고 주장했다. 개막식에 초대받은 슈뢰더 전 독일 총리는 "승리가 아닌 참여가 올림픽 정신이라 생각한다"면서 "남북이 아이스하키 단일팀으로 참여한다는 말을 듣고 아주 기뻤다. 단일팀 경기를 평창에서 보게 되는 것이 의미 있는 일이라고 생각한다"고 말했다. 트럼프 미국 대통령은 "나는 남북이 평창 동계 올림픽 문제를 넘어서는 걸 정말 보고 싶다. 그들이 올림픽을 넘어서 협력하기를 바란다.", "적절한 시점에 우리도 관여하게 될 것"이라고 밝혔으며 시진핑 중국 주석 역시 평창 동계올림픽 이후에도 남북 대화가 북핵 문제의 평화적 해결과 한반도 평화 정착으로 이어질 수 있도록 협력을 강화하겠다고 했다.

이와 같은 세계의 여러 반응들은 평창올림픽이 단순히 스포츠 축제라는 의미를 넘어, 남북대화와 북핵 문제 해결의 계기로서 기회를 제공한다는 것에 대한 근거라고 할 수 있다. 단일팀 추진은 이와 같은 스포츠 외적인 정치 상황까지 함께 고려하여야 그 정책의 공과를 평가할 수 있다.

더군다나, 지금의 한반도 상황으로 인해 단일팀 구성은 평화 메시지를 전한다는 상징적 차원의 명분을 넘어 안보와 외교 측면에서도 현실적인 중요성을 갖는다. 현재의 한반도는 북핵이 미국 본토를 위협할 수 있는 단계의 코앞인 상황으로, 자국에 대한 위협 제거를 위한 미국의 선제 타격이 언제 있게 되더라도 이상할 것이 없는 상황이다. 선제 타격을 당한 북한이 그러한 모욕을 감수할지, 아니면 같이 죽자는 식으로 더 큰 도발을 일으킬지는 예측이 불가능하다. 한반도에서 전쟁이 일어난다면 수백만 명의 목숨이 사라지고 수십 년 동안 이루어 온 경제적 성과도 잿더미가 될 수 있는 상황이다.

올림픽을 놓고 남북미 삼국의 외교 전략을 분석한 기사에서는 트럼프의 미국우선주의와 강경 전략으로 인해 한반도 전쟁의 위험성이 높아짐을 지적하고 있다. 지금 단일팀은 단지 보여주기 쇼의 차원이 아니라, 한반도의 존망이 걸린 이슈를 풀어가는 데에 중요한 카드 중 하나로 봐야 한다. 평화올림픽에 대한 홍보는 단지 홍보 차원이 아니라, 한반도 평화와 긴장 완화 필요성에 대한 국제 여론을 환기시킴으로써, 전쟁 위기를 고조시키려는 여러 세력들의 입지를 약화시킨다는 측면에서도 중요하다.

이런 상황에서 북미 간의 긴장을 완화하고 대화의 계기를 만들어 전쟁의 가능성을 최소화하려는 것은 정부의 당연한 역할이다. 단일팀 구성을 한다고 해서 그런 목적에 얼마나 도움이 되겠느냐 하는 회의가 있을 수 있겠지만, 일반 국민 입장에서 미국, 북한, 중국 등 여러 나라들과 이루어지고 있는 대화와 협상의 내막을 모두 짐작하긴 어렵다. 적어도 IOC가 먼저 제안한 단일팀 구성을 우리나라가 거부할 경우 그것이 대화와 협상을 위한 분위기에 좋은 영향은 미치지 않을 것이다. 우리나라가 직면한 심각한 상황을 생각한다면, 정부가 단일팀을 포함한 여러 수단들을 사용하여 긴장 완화를 위해 노력하는 것을 일방적으로 비난하기 어렵다.

2017년 후반까지도 평창 올림픽의 안전은 의문시되었다. 오스트리아 총리가 2017년 9월에 평창올림픽에서 안전이 보장되지 않으면 자국 선수들을 참여시킬 수 없다고 했던 건 당시 분위기를 상징하며, 또한 오스트리아만 그런 입장인 것도 아니다. 현재는 북한의 올림픽 참여로 그런 우려는 찾아볼 수 없고 성공적 올림픽이 될 가능성이 매우 커졌다. 남북단일팀의 논의는 올림픽 흥행에 관심이 있었던 IOC와 국제아이스하키협회의 기획에서 나왔다는 분석도 있다. IOC는 여자 아이스하키 단일팀 구성이 평창 동계올림픽 흥행에도 큰 도움이 된다고 본 듯 하며, 더구나 NHL 선수가 한국에 오지 않는 상황에서 동계 올림픽 중에 가장 인기 있는 종목인 아이스하키 종목을 흥행 시켜야 했다.

르네 국제아이스하키연맹 회장은 남북 여자 아이스하키 단일팀은 자신의 아이디어에서 출발했다고 밝혔다. 남북 단일팀 프로젝트를 구상한 것은 지금으로부터 4~5년 전으로, 2014년 9월 연맹이 한국 남녀 아이스하키에 평창 동계올림픽 개최국 자동 출전권을 부여하기로 하면서 단일팀 논의는 더욱 구체화됐다고 한다. 지난 4, 5년은 남북 단일팀을 위해 복잡한 퍼즐을 하나씩 맞추는 작업이었다고 한다. 당초 대한아이스하키협회장과 한국 여자 아이스하키 감독은 반대 의사를 밝혔고 IIHF의 내부 규정에도 어긋났지만, 단일팀을 통해 올림픽의 가치인 평화와 존중, 우정의 가치를 전파하고자 계속 추진했다고 한다. 북한에 2차례 방문하여 논의도 했지만, 논의가 새나가면 반대하는 사람들이 많을 거로 생각해서 단일팀 논의는 비밀리에 진행했다고 밝혔다. 동계올림픽에서 아이스하키 종목은 금메달 수는 적지만 대회 최대의 흥행 카드로 여겨진다. 다른 종목에 비해 더 많은 인원이 감상할 수 있고 티켓 가격도 높은 편이며 경기 수도 많기 때문이다. 또한 동계올림픽에서 득점 싸움이 있어 치열한 접전을 생생하게 느낄 수 있는 종목은 아이스하키가 유일하다. 진정한 '단일팀'을 만들기 위해서는 아이스하키 외에 대안이 없었을 것이라는 분석도 있다.

인도적 차원에서 그 누구라도 공개적으로 언급하지 않을 이점이지만, 이번에 파견된 북한 선수단과 예술단, 응원단 인원들은 평창 올림픽을 앞두고 큰 우려 사항 중 하나였던 김정은 정권의 무력 도발에 있어 일종의 실질적인 대한민국 측의 인질로서 북한의 도발에 따른 남북한 간 무력 충돌을 억제하는 역할을 하고 있는 것으로 볼 수도 있다. 제1, 2 연평해전, 연평도 포격 사태나 천안함 피격 사건 등의 무력 도발로 악명을 쌓아온 북한군이 평창 올림픽이 치러지는 평창군과 강릉시, 정성군에서 고작 100여 km 떨어진 군사 분계선 너머 인근에 주둔하고 있는 만큼 평창 올림픽에 참가하는 외국 선수단들이 북한군에 의한 기습적인 포 사격 등의 무력 도발을 우려할 만도 한 상황이다. 이번 단일팀 논의로 성사된 북한 선수단과 관련 인원 파견을 통해 북한 외의 외국 선수단들에게 '북한 정권이 아무리 막장이라도 자국민이 참여하고 있는 행사장을 향해 포를 쏘진 않을 것'이라는 일종의 안도감(...)을 제공할 수 있다.

실력이 약한 팀과의 연합, 공동 훈련 기간의 부족으로 인한 전력 약화의 우려가 있지만 북한 선수들 중 몇 명은 뛰어난 실력을 보이고 있어, 우리 팀 선수 19명에 가장 잘 맞는 북한 선수 3명을 보강한다면 전력에 큰 손실은 되지 않을 수 있다.

[A] - [부정적인 면]

현재 2018 평창 동계 올림픽 여자 아이스하키 남북한 단일팀을 두고 벌어진 논란은 현 대한민국 정부에서 평화 분위기 조성이라는 애매한 대의를 위해 자국 선수들의 희생을 강요하고 그것을 합리화하는 과정에서 불거졌다. 이런 국가 행사에서는 갑의 입장에 서있는 정부가 스스로 추구하는 정치적 목적을 달성하기 위해 을의 입장인 대한민국 여자 아이스하키 대표팀 선수들에게 정부의 권위를 등에 업고 일방적으로 '까라면 까'를 사용한 전형적인 갑의 횡포로 비칠 소지가 다분하다. 이번 단일팀을 옹호하는 측에서는 정부 인사들이 선수들을 만난 자리에서 영세한 규모의 여자 아이스하키 종목을 위한 실업팀 창단 및 인프라 개선 등을 약속했음을 들어 극단적으로는 '보상을 약속했으니 문제없는 것이 아니냐', 다소 온건하게는 '시일이 급박해 당사자들의 의견 수렴이 미흡했지만 남북한 단일팀이라는 역사적 순간을 연출하기 위한 대승적 결단이 필요했다' 등 다양한 옹호 입장을 내비치고 있다. 하지만 정부의 이 같은 행동을 두둔하는 논리는 결국 "큰 이익을 위해 저지르는 작은 불의 정도는 덮고 넘어가야 한다"의 수준을 벗어나지 못한다. 이는 현 정부 및 집권 여당에서 정권을 쥐기 전까지 그렇게도 목 놓아 부르짖었던 정의와 정면으로 어긋나는 발상이다.

애초에 근본적으로 그 평화라는 것의 방향부터 잘못되었다.한 탈북자 학교 교사의 글 평화와 화합은 저 북한의 지배층들이 아니라 억압 받고 착취당하는 북한 국민들과 이루어야 하는 것이다. 찬성 측의 주요 명분인 올림픽 정신이라면 오히려 대대적인 군사 작전을 펼쳐서 북한 지배층을 체포하고 국민들을 해방이라도 시켜야 마땅할 것이다. 올림픽의 휴전 정신은 고대에나 근대에나 허망한 오해나 물질적인 이득 때문에 싸우는 것을 멈추자는 것이었지, 결코 불의에 타협하고 악행을 방관하자는 것이 아니기 때문이다. 무엇보다 자국 선수를 권위로 찍어 누르는 불의로써 가져올 수 있다는 그 '큰 이익'이라는 것 자체가 무엇이며 어떤 효과가 있을 지 불투명한 상황이다. 정부가 이번 단일팀 논란에 있어 내세우는 정치적 논리는 한반도 평화라는 의제에 있어서 그 어떤 직관적이고 명확한 대한민국의 이득을 제시하지 못하고 있다. 그저 북한이 2018 평창 동계올림픽에 참여함으로 남북한 간 화해 분위기를 조성하는데 일조할 것이라는, 참으로 신사적이고 낙관적인 입장을 보이고 있을 뿐이다.

북한 정권은 이런 낭만적인 기대에 젖어 있던 남한과 그 동맹국을 향해 과거나 현재나 늘 군사적 위협, 군사력을 통한 도발, 외교적 결례 등의 커다란 엿으로 화답해왔다. 이번만큼은 다르겠다고 주장할 수 있겠으나, 이번에도 다를 것이 없을 것이란 주장을 반박할 근거는 보이지 않는다. 우리가 상대방에게 좋은 일을 해줬으니 상대방도 우리에게 좋은 일로 보답하지 않겠냐는 막연한 기대뿐이다.

대한민국 정부가 한반도의 평화와 화합을 추구하며 화해 분위기 조성을 위해 무던히 애를 쓰고 있음은 부정하기 어려운 사실이다. 하지만 평창 동계올림픽 개막식 전야제가 열리는 바로 그날에 북한에서는 대규모 군사 퍼레이드인 열병식이 개최될 예정이다. 이게 날짜가 우연히 겹친 게 아니라 다분히 의도적으로 평창 동계올림픽에 맞춰 남한에 대한 무력시위를 계획했다고 볼 수밖에 없는 것이, 2017년까지도 4월 25일로 지정했던 건군절을 2018년 1월 23일 평창 동계올림픽 즈음에 둘로 나누어 2월 8일을 조선인민군 창건일로, 4월 25일을 조선인민혁명군 창건일로 재설정한 것이다. 이런 정황으로 볼 때 북한 수뇌부는 자신들이 한반도에서 전략적 주도권을 쥐기 위해 대한민국 정부의 평화를 향한 노력을 그저 하나의 수단으로 취급하고 있다는 것 역시 어렵지 않게 유추할 수 있다. 이런 북한의 태도는 그 자신들에게는 일약 합리의 극치를 달리는 전략적 결정이겠으나, 남북 간의 진정한 평화와 화합을 원하는 대한민국 시민들에게는 그저 비이성적이고 비정상적인 고집으로 보일 뿐이며 그럼에도 대한민국 정부는 끝내 북한을 향한 러브콜을 포기하지 않음으로써 내부 갈등만 심화되는 상황이다.

한국과 미국은 이미 평화적인 평창 올림픽 개최를 위해 북한의 요구에 맞춰 한미합동훈련을 연기한 바 있다. 허나 한미연합훈련을 두고 "우리 인민에 대한 도발을 중단하라"며 신경질을 내던 북한 수뇌부는 굳이 건군절을 둘로 나눠가면서 평창 동계올림픽 개막에 맞춰 창군 70주년 대규모 군사 열병식을 계획하고 있으니, 이는 다분히 "평창 평화 올림픽이 평화와 화합의 분위기를 조성함으로써 북핵 문제 해결의 교두보를 놓게 될 것"이라는 정부의 주장을 망상의 영역으로 밀어 넣고 있다고 해도 과언이 아니다.

이런 정부의 입장이 비판받는 가장 근본적인 이유는 평창 동계올림픽이 북한 비핵화의 첫걸음으로 이어질 것이라는 의견이 그저 문재인 정부만의 일방적인, 그저 지극히 낙관적인 유추 말고는 현실적 근거가 없는 주장일 뿐이라는 점이다. 만일 현 정부의 입장이 렉스 틸러슨 미 국무장관의 "날씨 이야기라도 좋으니 대화를 시작하자"는 말처럼 북한의 핵 문제가 연관국들의 군사 행동으로 이어지기 전에 조건 없는 대화에 나섬으로써 평화적 해결을 위한 최소한의 접점을 마련하자는 차원의 절박한 주장이었다면 그에 반대할 사람은 극히 일부였을 것이다. 하지만 현 정부의 태도는 '북한이 참가하는 평창 올림픽은 평화 올림픽'이라는 이상한 대전제를 놓고 북한의 거의 모든 요구를 선입금이나 다름없이 처리해 주면서 그에 대한 대가로 받아내야 할 국익 차원의 반대급부는 사실상 김정은 정권의 호의에 전적으로 기대고 있는 이상한 모양새를 하고 있다.

대한민국의 현대사에 조금이라도 관심이 있는 이들은 알고 있을 것이다. 북한과의 대화는 언제나 그에 상응하는, 혹은 그 이상의 대가를 필요로 했고 북한은 극히 제한적으로 유효한 유화의 제스처를 취하는 것만으로 그 대가를 모조리 쓸어갈 수 있었으며, 이렇게 쓸어 담아간 대가는 대부분 북한 정권의 핵실험과 군사 도발을 위한 원동력의 일환이 되었다는 사실을 말이다.

이번 남북한 단일팀 및 올림픽 공동 개최 이슈 역시 조건 없는 혹은 대가 없는 대화라고 보기엔 무리다. 북한은 평창 올림픽 개최 이전부터 수차례의 핵실험과 탄도 미사일 시험 발사로 유엔 안보리를 위시한 국제 사회와 한미일 동맹을 도발하면서, 동시에 한미 연합 군사훈련을 자신들을 향한 도발로 규정하면서 중단할 것을 요구하는 이중적 행태를 보여 왔다. 그럼에도 앞서 언급한 바와 같이 한국은 이를 받아들여 평창 올림픽 기간 동안 한미연합훈련을 중단하는 정성을 보였고 동시에 대북 제재 분위기 때문에 집행을 미뤘던 대북 교류 협력 역시 시행할 계획이다. 하지만 그에 돌아온 북한 측의 대답은 금강산에서 개최하기로 합의했던 개막식 전야제의 일방적인 취소 통보와 앞서 언급한 평창 올림픽 개막 전날인 2월 8일에 맞춘 70주년 대규모 군사 퍼레이드였다. 이를 두고 청와대 관계자는 "북한의 인민군 창건일이 공교롭게 평창 동계올림픽 개막식 전날과 날짜가 겹치지만, 이는 우연의 일치일 뿐"이라는 인지부조화적 해명을 남겨 논란이 되기도 했다.

북한이 김정은 체제 출범 이후인 지난 2015년부터 건군절을 변경해 기념해온 것으로 보고 있다는 정부의 입장을 신뢰한다고 쳐도 평화 올림픽을 위해 한미연합훈련을 중단한 정부가 평화 올림픽 분위기를 저해할 수 있는 북한 인민군 창건일의 열병식을 중단시키지 못한다면 평화 올림픽의 취지도 빛이 바랠 뿐이다. 핵무기와 ICBM, SLBM 등의 장거리 탄도 미사일, 생화학 무기 등 수많은 대량 살상 무기를 남쪽으로 겨누고 여러 차례 무력 도발을 감행한 정권을 상대로 사과를 받기는커녕 대화를 위한 일방적이고 부당한 대가를 지불하고 있다는 비판 역시 피하기 힘들다.

해외 언론 등지에서 이번 남북 단일팀 구성을 두고 평화적 분위기를 언급하는 것 자체는 명백한 사실이다. 하지만 그런 언론에서도 핵과 ICBM을 위시한 실제 북한의 대외 전략이 바뀔 것이라고 기대하는 사람은 없다. 일시적인 평화 분위기와 대화 시도 자체를 긍정할 뿐이다.

애초에 60년 넘게 분리되어 사실상 다른 국가가 된 나라들의 대표 선수들이 잠깐 모여 몇 경기를 함께 뛴다는 수준의 카타르시스를 통해 성립할 수 있는 것이 한반도 평화 체제였다면 진작 통일 한국이 등장했을 것이다. 차라리 이번 단일팀 이벤트를 교두보 삼아 어떻게 북한과의 대화를 이끌어 갈 것인지에 대한 정부 차원의 로드맵이라도 공표했다면 평화 올림픽에 대한 정부의 주장은 힘을 얻었을지도 모른다. 하지만 안타깝게도 대한민국 정부는 한국 공군의 F-35A 출고식에서 송출 예정이었던 정부 관료의 축사를 취소하거나, 북한 지휘부를 제거하는 참수부대에 관련된 기사에서 참수라는 단어를 넣지 말라는 압박을 기자들에게 가하거나, 부산항에 기항하려는 미국 버지니아급 핵잠수함 텍사스함을 두고 군이 청와대 지침에 따라 "남북 대화와 평창 올림픽 분위기를 봐서 조용한 진해 기지로 가달라"고 미 해군에 부탁하자 텍사스함이 항로를 돌려 일본 사세보로 간 것을 청와대에서 직접 "미국이 스스로 계획을 바꿔 부산에 들르지 않았다"는 거짓말을 하는 등, 북한의 불편한 심기를 건드리지 않도록 하는 것에 더 힘을 쏟고 있는 것으로 보인다.

북한과의 대화를 두고 세계 곳곳 유수의 지도자들이 이를 긍정하고 있다는 것 역시 남북한 여자 아이스하키 단일팀 긍정에 대한 논거로 사용되지만, 그 근거라는 발언들을 살펴보면 대다수가 외교적 수사로 점철된 원론적 이야기에 지나지 않는다. 외교적 수사라는 거품 아래의 진의를 살펴보기 위해서는 해당 발언을 한 국가가 발언 이후 취하는 행동을 면밀히 분석하고 동시에 해당 국가 정부의 관계자 혹은 내밀한 소식통이 제공하는 정보가 필수적이다. 하지만 찬성 측의 논거 중 하나로 제시되는 시진핑 주석의 발언은 김정은 정권에 매년 수조 원을 갖다 주고 있는 전 세계 제일의 친북 국가인 중국의 집권 공산당이 뭔 일 터질 때마다 으레 내놓는 원론적 입장과 크게 다를 것이 없다.

국제 대북 압박 공조의 핵심 국가인 미국 역시 대외적으로는 앞서 찬성 측의 논거로 제시된 바와 같이 트럼프 대통령이 직접 6일(현지시간) 공화당 지도부와 함께 별장인 캠프 데이비드에서 가진 신년 기자회견 자리에서는 남북 간 고위 회담을 두고 "그들은 지금은 올림픽에 관해 이야기하고 있다. 그것은 큰 시작이다", "나는 남북이 평창 동계올림픽 문제를 넘어서는 걸 정말 보고 싶다. 그들이 올림픽을 넘어서 협력하기를 바란다"는 원론적 발언을 남겼다. 하지만 이를 두고 현 미 중앙 정보국(CIA) 국장인 마이크 폼페오(Mike Pompeo)는 CBS 뉴스와의 인터뷰에서 다음과 같은 비관적인 입장을 보였다.

"평화가 이뤄지길 기대하지만 역사가 가리키듯 북한의 주장은 거짓이고 김정은의 전략적 관점을 전혀 바꿀 수 없을 것이다. 말하자면 김정은은 핵폭탄을 유지하려고 할 것이고 트럼프 대통령이 말했듯이 이는 용납할 수 없다"

호주 총리인 맬컴 턴블은 18일 아베 총리와의 정상 회담 이후 기자들과 만난 자리에서 "역사는 북한에 대해 쓴 역사를 가르쳐준다"면서 "북한은 군사력을 한참 늘린 다음 달라지는 것처럼 설득하며 소강국면에 접어들지만 (결국) 달라진 것은 아무것도 없고 다시 군사력을 늘려왔다"면서 "이러한 점을 현실적으로 봐야 한다"라는 입장을 밝혔다.

냉전의 여운이 아직 남아있던 시기에 성사된 단일팀의 과거 사례를 들어 2018년 평창 동계 올림픽의 남북한 단일팀을 정당화하는 것은 30년이 넘는 세월 속에서 변화한 국제정세를 전부 무시한 단견이다. 냉전 당시 북한은 국제적인 관점에서 철저히 소외된 국가였다. 그때나 지금이나 김씨 일가가 짱 먹고 별의별 망언과 테러를 일삼는, 사이비 종교를 내세운 막장 독재 국가인 건 다를 게 없지만, 북한과 한국은 미국과 소련 양대 강국의 국제적인 파워 게임인 냉전에 있어 딱히 중요한 국가도 아니었다. 냉전 당시 한국을 어찌 생각했냐는 질문에 ICBM 1발짜리로 생각했다는 소련 시절 장교였던 사람의 발언을 상기해 보자. 냉전이라는 단어가 무게감 있을 뿐이지 남북한이 서로 대화를 하든 피 터지게 머리를 잡아 뜯어가며 싸우든 간에 소련과 미국, 그리고 그들과 동맹 관계에 있는 국가들의 입장에선 냉정하게 말해서 남북한 관계란 단 한 순간의 삐걱거림으로 제3차 세계대전을 향해 직행할 수 있는 미-소 관계에 비하면 지극히 사소한 문제였을 뿐이다.

현재는 어떠한가? 비록 북한의 국력 자체는 보잘 것 없지만 수십 년간의 핵실험 끝에 핵무기를 손에 넣었고, 아직은 불안정하지만 ICBM을 통해서 전 세계 어디든지 원하는 시기에 핵폭탄을 투하할 수 있게 되는 것도 목전에 둔 상황이다. 미국은 현재 북한의 핵문제 해결을 최우선 과제로 꼽고 있고 오바마 시절 건드리지 않았던 중국을 직접 지목하며 제제에 임하라고 주장하고 있다. 냉전 당시의 북한 문제는 따위라고 취급할 수 있을 정도로 북핵 문제의 위기감은 커진 상황이다. 현재와 같은 상황에서 이런 위기감의 근원이라 할 수 있는 북한의 핵개발 문제는 무시한 채 마치 평창 동계올림픽에서 남북단일팀이 성사된다면 모든 것이 해결될 것처럼 평화 분위기만 강조하는 것은 비이성적이다. 이는 현재 강경한 대북 제재를 기초로 북한을 협상 테이블로 끌어내려는 유엔 안보리 차원에서의 국제 공조와도 어긋난다. 김정은 정권을 향해 국제 사회의 제재와 별개로 대한민국과 조금 만이라도 대화한다면, 혹은 대화하는 시늉 또는 분위기만 잡아도 원하는 것을 얼마든지 얻어낼 수 있다는 신호를 주는 것과 크게 다를 바가 없다.

또한 단일팀을 국민 여론이 납득하게 만들기 위해 아이스하키 룰도 제대로 모르는 정치인들이 말도 안 되는 거짓말과 억지 명분을 갖다 붙인 것도 결코 합리화 될 수 없는 부분이다. "남북 선수 모두 35명 엔트리에 들어가니까 문제없다"는 애매모호한 변명을 처음부터 지금까지 밀어붙이고 있는데 이는 한마디로 조삼모사에 가까운 말이다. 선수 명단 35명에 들어가거나 말거나 실제 경기에 나가는 라인업 22명에 포함되지 못한다면 경기에 못 나가는 건 똑같고, 북한 선수들이 두세 명이라도 포함된다면 피해를 보는 남한 선수는 분명히 생기기 마련이지만 아직도 남한 선수의 피해는 전혀 없다는 심히 억지스러운 주장을 계속하고 있다. 그리고 문재인 대통령이 선수단을 방문하여 지원을 약속하는 등, 겉으로는 이제라도 소통을 시도하는 듯 보이지만, 단일팀 논의 자체도 강제적 통보에 가까웠으며 이 부분에 대해서는 머레이 감독이 이틀 전에 통보를 받았다고 한 바 있다. 거기다 선수들이 인터뷰 등에서 꾸준히 반대의 목소리를 내왔음에도 이낙연 총리는 선수들 사이에서도 좋은 분위기가 돌고 있다는 등 여론을 억지로 밀어붙이고 있다는 것도 생각해봐야 한다. 심지어 이재정 경기교육감은 아예 성명을 발표하여 "선수 개인의 욕망을 버리고 역사를 만든다는 자부심을 가져라"며, 선수들의 스포츠 정신은 대를 위하여 얼마든지 희생되어도 되는 소 정도로 모는 발언까지 하였다. 또한, 일부 찬성 측 지지자들의 선수들에 대한 강압적인 태도 역시 비판의 대상이다.

또한 선수들에게 희생을 강요한다는 비판 의견이 많이 나오고 있다. 정부 측에선 봅슬레이와 페어 조 단일팀 논란에선 한발 물러나면서도, 아이스하키 단일팀은 그대로 추진하겠다며 거듭 강조하면서 당사자인 선수들의 반대를 전혀 고려하지 않는 태도를 보이고 있어 논란이 확산되고 있다. 국민 청원에도 반대 의견이 계속해서 올라오고 있다. 해당 국민 청원 링크 아이스하키 팬인 홍 모 씨는 정부의 이런 행동은 선수들의 행복추구권을 무시했다고 일침을 가하는 동시에 인권위에 제소했다.

[Q] - [개별 면접]

최근에 제주특별자치도는 고등학교까지 무상교육을 확대하기로 결정했다. 이러한 고교 무상교육에 대한 찬반 입장을 밝히고, 그 이유를 말하시오.

[A] - [찬성 의견]

이제 경제적 여건이 되었다. 경제협력개발기구(OECD) 35개국 가운데 고교 무상교육을 하지 않는 나라는 한국뿐이다. 일본도 2010년부터 공립고의 무상교육이 전면 실시됐다. 중앙정부보다 더 일찍 제주특별자치도 교육청은 올해부터 고교 무상교육을 실시하고 있기도 하다. 2016년 기준으로 고교 진학률이 99.7%에 달하기 때문에 고교 무상교육은 보통교육의 확립에도 기여할 수 있다. 2017년 민간이 부담하는 공교육비가 OECD 회원국 평균의 2배에 이르는 것은 우리의 경제 규모와 국격에 어울리지 않는다. 따라서 고교 무상교육은 국가 간 비교의 맥락에서 교육 정책의 정상화에 가깝다. 교육의 보편적 복지를 실현하고 서민들 가계의 교육비 부담 절감을 위해 시행 시기를 앞당겨야 한다.

[A] - [반대 의견]

고교 무상교육의 조기 도입은 포퓰리즘 정책이며, 우선순위가 아니다. 정작 고교 무상교육을 도입하면 학교교육 외에 사교육을 받을 사람들이 제일 혜택 받을 것이다. 무상교육이 모든 만병통치약이라고 보면 안 된다. 학교 건물의 석면 제거 작업이 지지부진하고 내진 설계가 미비하고 30년 이상이 지난 노후 건물이 많다. 차라리 예산 여유가 있다면 고교 무상교육보다 학교 안전에 우선 투입해야 한다. 단순 고교 무상교육보다는 의무교육으로 격상하는 방안이 더 낫다.

한편, 한정된 교육 재원을 사회적으로 가장 효율적으로 활용한다는 측면에서 공동체교육에 해당하는 유아교육이 직업전문교육으로 전환되는 고교교육에 비해 공공성이 크다고 생각한다. 최근 사태에서 보이듯 낮은 공립유치원 비율을 고려할 때 우선적인 투자가 필요하다고 판단할 수 있다.

[Q] - [개별 면접]

일부 국가에서 국민들에게 빈부 격차에 관계없이 정부가 일정액을 '기본 소득'으로 지급하는 국민기본 소득제 도입을 추진하려고 한다. 이에 대한 장단점을 말해 보시오.

[A] - [찬성 의견]

"일자리 부족 양극화 문제 대안 될 수 있어"

우선 찬성 측은 기본 소득이 자본주의와 기술의 진보가 가져오는 불평등, 불안정성 문제에 해법이 될 수 있음을 주요 논거로 제시한다. 백승호 가톨릭대 사회복지학과 교수는 "4차 산업혁명이 도래하면서 전일제 정규직 일자리가 줄어들고 시간제 비정규직 일자리가 늘고 있다"면서 "이 때문에 노동자의 수입이 불안정해질 뿐 아니라 근로자 중심이었던 기존 사회보장제도가 플랫폼 노동자와 같이 새로 등장한 계층을 포괄하지 못하는 문제가 발생하고 있다"고 말했다. 현재 플랫폼 노동자들은 자영업자로 분류돼 있기 때문에 다치거나 해고를 당해도 관련 산재보험이나 실업수당을 받을 수 없다.

구교준 고려대 행정학과 교수는 "여러 나라가 자본주의의 한계를 인정하고 대안을 모색하고 있다"면서 "일론 머스크, 마크 저커버그 등 친(親)자본주의 성향의 인물들도 기본 소득 도입을 강하게 주장하는 상황"이라고 전했다. 현재 핀란드, 미국, 스페인 등지에서 기본 소득 실험이 다양한 방식으로 진행 중이다.

실제 미국은 시민단체, 실리콘밸리 기업 등 민간이 기본 소득 실험에 적극적으로 나서고 있다. 미 에어비엔비 등을 키워낸 대표적인 스타트업 인큐베이터 와이콤비네이터(Y-Combinator)는 미국 내 1만 명의 집단에서 선정된 3,000명에게 한 달에 1,000달러를 3년간 지급하는 기본 소득 실험에 나섰다. 페이스북의 공동 창업자 크리스 휴즈가 설립한 이코노믹 시큐리티 프로젝트(Economic Security Project)도 지난해 10월부터 미국 캘리포니아주 스탁턴에서 500달러를 매달 100명에게 지급했을 때 어떤 영향을 미치는지 연구하고 있다.

기본 소득이 '복지 함정' 문제에 대안이라는 의견도 있다. 복지 함정이란 사회보장비를 지급받는 이들이 노동을 포기하면서 정부 재정에 구멍이 뚫리고 경제 성장 동력을 갉아먹는 현상을 가리킨다. 이원재 LAB2050 대표는 "실업수당이나 기초수당 등 대부분의 조건부 수당이 취업이나 소득 발생 시 사라지는 반면, 기본 소득은 소득이 생겨도 그대로 지급되기 때문에 근로 의욕이 줄어들지 않는다"면서 "여러 가지 수당 지급을 위한 조사와 관리 등 복지 관련 운영 예산을 줄이는 긍정적인 기능이 있다"고 주장했다.

[A] - [반대 의견]

"근로 의욕 떨어뜨리고 재정에 과도한 부담"

기본 소득 반대론자들은 "기본 소득이 비용 대비 효과가 떨어지고 재원 마련에 막대한 세금이 필요하다"며 도입을 반대하고 있다. 2017년 OECD에서도 근로 활동을 하고 소득이 있는 대다수의 사람에게까지 기본 소득을 지급할 경우 오히려 기존 복지 수혜자들이 가장 큰 수급액 감소의 피해를 보게 된다는 연구 결과를 낸 바 있다.

조경엽 한국경제연구원 연구위원은 "기본소득제는 노동자의 근로 의욕을 떨어뜨리고 사회 전체의 소득 분배를 악화시킬 가능성이 크다"면서 "특히 모든 계층에 기본 소득을 주는 완전 기본 소득에서 이러한 부작용이 크게 나타날 것"이라고 꼬집었다.

기본 소득 도입이 재정에 과도한 부담을 줄 것이라는 우려도 나온다. 그동안 기본 소득 지지론자들은 우리나라 재정 건전성, OECD 국가 평균 수준보다 낮은 복지 지출비(GDP의 10%) 등을 고려했을 때 부분적 기본 소득은 충분히 도입할 수 있다고 주장해왔다. 반면 반대론자들은 한국의 빠른 고령화 속도와 서구권에 비해 짧은 국민연금 납입 기간 등을 따져봤을 때 현재의 복지 지출 수준을 유지해도 약 20년 뒤엔 서구와 비슷하게 복지비용을 쓰게 될 것이라며 반박한다.

양재진 연세대 행정학과 교수는 "현재 전 국민을 대상으로 월 50만 원의 기본 소득을 지급하려면 연간 총 305조원의 예산이 필요하다는 연구 결과도 있다"면서 "이미 지급하는 사회 부조 방식의 현금형 급여액(약 17조 원)을 차감하면 실제 필요한 재원은 약 288조 원으로 올해 일자리 대책을 포함한 복지예산(161조 원)의 약 1.8배에 해당하는 막대한 규모"라고 전했다.

[Q] - [개별 면접]

최근 미세먼지와 황사, 공해 등 환경 유해물질과 관련된 국민들의 안전의식이 높아지고 있다. 환경 유해물질을 줄이기 위해 개인 차원에서 할 수 있는 방안과, 정부 차원에서 할 수 있는 방안을 각각 한 가지씩 제시하시오.

- **출제 의도** : 과학과 교육의 성격 규정에 나온 바, "과학적 참여와 평생 학습 능력은 사회에서 공동체의 일원으로 합리적으로 책임 있게 행동하기 위해 과학기술의 사회적 문제에 대한 관심을 가지고 의사 결정 과정에 참여하며 새로운 과학기술 환경에 적응하기 위해 스스로 지속적으로 학습해 나가는 능력을 가리킨다"에서 말하는 것으로, 우리의 현재의 상황에서 대기오염의 문제를 과학적으로 이해하고 해결하려는 학습 능력과 시민으로서의 윤리의식, 그리고 문제해결력 등을 평가하기 위한 문항이다.
- **출제 근거** : 고등학교 교육 목표 4항을 비롯하여, 과학 계열의 〈과학탐구실험〉에서의 자연 현상과 일상생활의 문제를 상호 연관적으로 인식하고 시민으로서의 소양과 윤리의 의식의 함양에 관련되어 있다.

- **문항 해설** : 현재 우리 생활에 막대한 영향을 끼치고 있는 대기 오염의 문제는 단순한 환경오염 차원을 넘어 국가 간 공조 체제를 요청하고 있다. 이에 생활 속에서 발견한 문제를 과학적으로 파악하고 해결책을 모색할 뿐만 아니라 윤리적 수준에서 시민의식에 호소함으로써 상황 해결에 다가설 수 있다. 자연 현상에 대한 학습의 결과를 현실 생활에 활용하고 이를 실천 윤리로 확장할 수 있는가를 통해 미래형 교사로서의 적성을 판별하기 위한 문항으로 출제되었다.

- **답안 예시**

〈발생 원인〉

- 이상 기후로 인한 강수량 부족
- 산림 훼손에 따른 사막화

- 화석 연료 사용량의 증가
- 산업화에 따른 자동차 및 산업 시설의 증가
- 중국에서 넘어온 스모그와 공장 매연, 배기가스
- 가스레인지, 전기그릴, 오븐기기 등 전자기기 사용의 증가 등

〈해결 대책〉
① 개인적 측면
- 대중교통의 이용, 에너지 절약 운동 실천
- 친환경 기업 제품 사용, 일회용품 사용의 제한 등

② 사회적 측면
- 인접국 중국 등과 환경 문제에 관심을 갖고 국제적인 협력
- 친환경 차량의 개발과 정부의 지원 확대
- 쓰레기를 줄이기 위한 새로운 소비 패턴의 조성
- 환경 교육의 강화
- 근검절약의 강조와 소비 중심 사회에서 탈피 노력 등

[A] - [개인 차원 방안]

자가용 대신 대중교통이나 자전거, 도보로 이동하는 것이 바람직하다.

[A] - [정부 차원 방안]

미세먼지 절감을 위한 노후 경유차를 획기적으로 제한하고, 전기차나 수소차 이용을 유도하며, 대중교통인 버스를 전기차나 수소차로 모두 변경하는 것에 대한 적극적 검토가 필요하다. 또한 그린벨트 유지 및 녹지나 공원 확충이 필요할 것으로 보인다.

[Q] - [개별 면접]

학령인구 감소와 교원 임용 적체 문제를 해결하기 위한 방법으로 '1수업 2교사제'가 제안된 바 있다. 이에 대한 찬반 입장을 밝히고, 그 이유를 말하시오.

[A] - [반대 의견]

첫째, 비정규직 정책으로는 실패가 자명하다. 협력교사제를 경험한 교사들 사이에서도 효과를 놓고 의견이 분분하다. "시간강사 신분의 협력교사들과 충분한 수업협의를 요구하기 어렵다", "수업만으로 한계가 있다"는 주장이 함께 공존한다. 현재, 협력 교사들의 고용 형태는 시간강사다. 주당 14시간, 하루 3시간 정도를 가르친다. 모든 협력 교사들에게 정교사와 동일한 협의, 정서 지원 등 종합적인 역할을 요구할 수는 없다. 정부가 협력교사제의 실효성을 정확하게 점검하고자 하는 진정성이 있다면, 시범 단계부터 강사와 예비 교사가 아닌, 정교사로 실험해야 하는 대목이다.

둘째, 학습 부진 문제는 더 많은 전문성을 요구받는다. 교사들이 협력교사로 인해 수업에 도움을 얻는다고 느끼는 것이 실제 학습 부진 문제를 해결하고 있다는 것과 동일시 될 수 없다. 학습 부진의 원인은 매우 복합적이다. 그에 따른 해결책 또한 입체적인 조치가 필요하다. 수업 보조 수준의 나쁜 일자리로 해결될 수 있는 사안이 아니다. 오히려, 일반 교사보다 더 많은 전문성이 요구된다.

셋째, 교실에서 특별히 돌봐야 할 대상은 학습부진아만이 아니다. 교실에는 느린 학습자, 정서행동장애 학생, 경계성 학생 등 특별 지원이 필요한 학생이 늘 존재한다. 이들은 중증장애학생을 전담하는 특수교사와 일반교사들 사이, 사각지대에 존재하는 학생들이다. 일본과 핀란드처럼 특수학생의 대상 범위를 넓히고, 이들을 전문적으로 돌보고 공공 자원을 연계할 전문적인 교사들이 필요한 상황이다.

또 하나의 쟁점은 정부 정책의 우선순위다. 학습부진아를 끊임없이 만들어내는 정책을 해소하는 것이 먼저다. 수포자와 영포자 등 조기에 중도 탈락자를 만들어내는 주범은 학생 개인이 아니라, 지나치게 어려운 교육과정에 있다. 발달 단계에 비해 지나치게 높은 교육과정의 난이도를 내리고 학습량을 적정화 하면, 학습 부진의 상당 부분을 해결할 수 있다. 또한, 1수업 2교사제가 학생들에게 대한 개별 접근의 기회를 넓히자는 취지인 만큼, 교사 한 명이 담당하는 학생들의 숫자를 줄이면 될 문제다.

대도시의 높은 학급당 학생 수는 공교육의 최대 걸림돌이다. 2015년 기준으로, 한국은 초등학교 학급당 학생 수는 23.4명, 중학교는 30명으로 경제협력개발기구(OECD)보다 각각 2.3명, 6.7명 많다. 학습 부진을 끊임없이 양산하는 정책을 해소하지 않고, 1수업 2교사제를 앞세운 것은 정책의 실효성을 생각하지 않고 예산 절감만 앞세워 성급히 도입한다는 비판에서 벗어나기 어렵다.

[A] - [찬성 의견]

1수업 2교사제가 학생들에게 학교생활과 교과 학습에 대한 자신감을 심어 주는 좋은 계기가 됐다"고 긍정적인 평가를 남겼다. 또 수업 시간에 잘 참여하지 않던 학생이 학습 지원 강사의 도움을 받아 수업 시간에 소외되지 않는 것도 장점으로 꼽았다. "수업 중 협력 교사로부터 자연스럽게 이뤄지는 학습부진아 지도에 효과가 있다", "수업 방해 학생에 대한 생활지도까지 도움을 받고 있다"는 긍정적인 면도 있다.

한 학생은 "수학 기초가 모자라 질문도 못하고 망설이고 있을 때 교사 한 분이 더 있어 좋았다"며 "관심도 많이 가져주고 문제 해결 방법을 개별적으로 친절히 가르쳐 줘 이해하기 쉬웠다"고 말했다. 자연스럽게 수학에 대한 자신감을 회복하는 등 효과를 거둔 것으로 나타났다.

[Q] - [개별 면접]

'연명의료결정법'은 무의미한 연명 의료에 대한 자기결정권을 인정한 법으로 올해 본격 시행된다. 연명의료결정법 시행의 긍정적인 면과 부정적인 면을 말해 보시오.

[A] - [긍정적인 면(찬성)]

존엄사를 찬성하는 측에서는 환자에게 자연스럽고, 품위 있는 죽음을 맞이할 권리가 있다고 주장한다. 환자의 행복추구권과 자기결정권을 존중해 줘야 한다는 것을 주장한다.

[A] - [부정적인 면(반대)]

존엄사 반대 측에서는 연명 치료 중단의 결정에 본인 의사가 얼마나 반영될지 알 수 없고 치료 중단이 남발될 가능성을 우려한다. 또 인간의 생명은 그 자체로 가치가 있다고 주장하며 치료 중단은 곧 소극적 안락사와 같다고 주장한다. 최근 서울대 의대가 실시한 여론 조사에 따르면 연명 치료 지속 여부를 환자가 결정할 수 있도록 제도를 바꾸는 것에 대해 80%가 찬성했다. 국민들의 인식이 바뀌고 있는 점을 확인할 수 있다. 그러나 반대 여론도 만만치 않다. 생명을 다루는 만큼 존엄사는 쉽게 결정할 수 있는 문제기 때문이다.

[A] - [대안]

진정한 존엄사가 시행되기 위해서는 호스피스의 활성화가 필요하다. 연명 치료를 중단한 환자들을 수용할 수 있는 호스피스 병동 시설과 인력, 그리고 호스피스를 향한 사회적 인식의 변화도 갖춰야 한다. 웰 다잉 법은 2년의 유예기간을 거쳐 2018년부터 본격 시행된다. 유예 기간 동안 많은 준비가 필요할 것으로 보인다.

[Q] - [개별 면접]

여러분이 지금까지 학교 교육을 받은 경험으로 볼 때, 개선되거나 폐지되어야 한다고 생각하는 교육제도 한 가지를 말하고 그 이유를 설명하시오

[A]

1) 객관식 지필고사 위주의 평가제도

   지식과 정답만 외우고 시험이 끝나면 아무것도 남지 않는다.

2) 형식 위주의 생존 수영

   실제 수영을 할 수도 없고 수영장에 가서 물만 담그고 온다.

[Q] - [개별 면접]

4차 산업혁명을 대비하자는 논의가 일고 있다. 이 논의가 교육계에 미칠 영향을 긍정적인 면과 부정적인 면으로 구분하여 말해 보시오.

[A] - [긍정적인 면]

전통적 학교의 규모 축소 이외에도 학교의 제도적 유지 기반인 학력인증이 더 이상 학교를 다니는 이유가 되지 않을 것이라는 등의 예측이다. 즉, 학생들은 온라인 학교를 포함한 비전통적 학교에서 더 많은 시간을 보내고, 검정고시를 보는 학생 수가 증가하게 되며, 공교육과 관련이 없는 다양한 자격증이 나타나면서, 고교와 2년제 대학의 경계가 흐려짐은 물론 4년제보다 교육성과가 좋은 2년제 대학이 늘어날 것이라는 예측 등은 학교의 역할 변화를 가져올 양상이라 할 수 있다.

전통적 학교에서의 수업 방식도 학습 공간의 공유가 활발히 일어나고, 체험 중심의 학습이 확대되며, 교육 시스템은 상호 연결되고 학문간 융합이 일어날 것이라고 예측되고 있다. 결국 학교는 정해진 학제와 학력 인증의 역할에서 벗어나 학습 공동체로의 역할로 확대될 것이다. 이미 이러한 변화는 다양한 형태의 학교 출현으로 가시화되고 있다. 칸 아카데미의 설립자로 유명한 살만 칸은 칸 랩 스쿨이라는 오프라인 학교를 2014년도에 설립하면서, 초등과 중등 정도의 구분만 있는 무학년제를 표방하고, 전적으로 학생들의 흥미와 수준에 맞춘 프로젝트 학습과 시험 평가가 없는 학교 운영 등을 내세우고 있다.

또 다른 예로서, 알트 스쿨은 구글 직원이었던 맥스 벤틸라가 2013년도에 설립한 학교로 1,500억 원에 달하는 민간 투자로 세운 학교로 유명하다. 이 학교 역시 학생들의 흥미와 특성에 따라 반이 편성되고, 학생들의 활동은 철저히 기록, 관리되면서 학생들 개개인에게 맞춤화된 수업이 제공된다.

고등 교육기관의 사례로 미네르바 스쿨은 2011년에 설립되었지만, 올해 하버드대학의 입학 경쟁률보다 높은 경쟁률로 관심을 받았다. 이 학교는 교수와 20명 이내의 학생이 100% 온라인 수업을 통해 지식을 쌓고, 학생들은 6개국에 위치한 기숙사에서 100% 공동체 경험을 하는 체제로 운영되고 있다.

멀리 외국의 사례를 보지 않더라도 얼마 전 연예 기획사로 유명한 SM 엔터테인먼트는 종로학원 하늘교육과 제휴하여 K팝 국제학교를 내년에 설립한다고 발표한 바 있다. 연예인을 꿈꾸는 국내외 학생들에게 전문적인 연예인이 되기 위한 과정은 물론 학력과 진로 탐색을 위한 교육과 정까지 제공하고자 한다는 설립 취지는 철저히 교육 수요에 맞춘 학교 운영 사례라고 할 수 있다.

이들 리포트에서 공통적으로 제시하고 있는 학습의 변화 방향은 크게 3가지이다.

첫째, 온라인과 오프라인의 학습 경험 융합(Blended Learning), 교과 간, 학문 간 융합(STEAM Learning), 형식 교육과 비형식 교육의 융합(Crossover Learning), 과학적 논쟁과 맥락 기반 학습(Context-based Learning) 등이 향후 3년 이내 보편화될 학습이라는 예측과 권고가 이루어지고 있다.

이제 학습은 우리가 전통적으로 암기하기를 권했던 개념과 원리는 학생들이 온라인에서 찾아볼 수 있는 정보로 존재토록 하고, 이러한 정보를 토대로 실생활에서의 적용 사례를 스스로 찾아보고, 토의와 논쟁을 통해 자신만의 아이디어를 만들고, 공유할 수 있는 학습 경험이 제공되도록 설계되어야 한다.

이미 교과 간 융합으로 우리나라에서도 시도되는 STEAM(Science, Technology, Engineering, Art, Math) 학습은 1, 2년 내에 확산될 학습 방

법으로 보고되고 있다. 예컨대, 10년 후에 내가 살 집을 디자인해 보는 과제가 도화지에 그려내는 미술 시간의 활동이 아니라, 공학적 원리를 고려한 설계서에 기반을 둬 3D프린터를 이용하여 실제와 가까운 집을 만들어 보고, 교사는 이 집에서 살게 될 가족들의 삶이 어떨지를 구체적으로 상상해 보도록 하는 교과 간 활동이 융합되어야 한다. 이를 위해 교육과정 운영이 학교와 교사에 의해 자율적으로 운영되어야 하는 것은 기본 전제이다.

둘째, 시공간을 넘나드는 협력 활동과 학습자의 역할을 더 이상 소비자가 아니라 메이커(Maker) 또는 창작자(Creator)로 전환시키는 학습 활동, 그리고 실생활에서의 적용을 염두에 둔 프로젝트 학습, 과제 기반 학습 활동이 이루어지도록 학습이 설계되어야 한다는 것이다.

우리나라 2015 교육과정 개정 방향과 크게 다르지 않다. 다만, 협력의 범위가 온라인을 통해 한 교실의 교사와 학생이 아니라 지역과 국가를 넘어서는 경험으로 확대되어야 하고, SW 교육을 중심으로 하되, 전 교과에서 IT 기술이 융합되어 학생의 아이디어가 다양한 형태(SW, 마인드맵, 인포그래픽, 동영상 등)로 표출되도록 해야 한다. 프로젝트 기반의 학습은 교과 내 지식에 머물지 않고, 사회 문제를 해결하는 경험과 연결되도록 깊이 있게 설계(이를 Horizon Report에서는 디퍼러닝으로 표현)되어야 한다. 이러한 학습 활동을 기획하고 설계, 적용하는 과정에서 교사 간에 정보와 경험을 공유할 수 있도록 교사 대상의 학습 커뮤니티가 활성화될 필요가 있다.

이제 교사 연수에 있어서도 기술 융합을 위한 기본 역량과 학습 설계가 이루어지도록 관련 연수 과정이 마련되어야 한다. 셋째, 학생들의 학습 활동은 기술에 의해 체계적으로 수집 · 관리되고, 분석되어, 학습 개선 정보로서 교사와 학생에게 제시되고, 이러한 학습 분석(Learning Analytics) 기술이 전반적인 평가 체계를 바꿀 수단이 됨을 예측하고 있다. 결국 이러한 분석 정보가 학생들의 수준과 흥미에 맞는 적응적 학습(Adaptive Learning)을 가능케 하고, 별도의 시험이나 평가가 없어도 학습 성과가 진단되는 스텔스 평가(Stealth Assessment) 방식이 적용될 것이라고 보고하고 있다.

모든 학습 활동 데이터가 자동적으로 분석되고, 결과가 평가에 반영되는 것은 시간을 요한다고 해도, 이미 우리 교육에서도 권고되고 있는 수행 평가로의 전환 과정에서 결과 판단이 교사의 관찰이나 직관에만 의존하는 것이 아니라, 일부 온라인에서의 학습 활동 분석 정보가 교사의 관찰이나 기록 정보와 함께 객관적인 평가정보로 활용될 수 있는 시도는 의미 있어 보인다.

이러한 학습 방향은 학교나 교사의 노력에 앞서 데이터 분석 기술의 발달과 제도적 보완이 뒷받침되어야 할 것이다. 결과적으로 우리나라뿐 아니라 모든 글로벌한 트렌드 속에서 지향하는 학습 방향은 한 가지이다. 한 사람의 천재를 만드는 교육이 아니라 모든 학생들이 저마다의 재능과 역량을 펼칠 수 있는 학습이 이루어져야 한다는 것이다. 그 과정에서 학습자 스스로 학습의 즐거움과 유용성을 깨닫게 하는 것은 기본이다. 4차 산업혁명으로의 진화를 이야기한 전문가들의 선언보다 알파고가 오히려 사회 전반에 파장을 일으키고 관련 정책들이 마련되는 과정에서, 우리나라뿐 아니라 전 세계는 결국 교육 체제의 혁신만이 지속적인 국가 경쟁력을 가져오는 방안이라는 데에 이견을 가지지 않았다.

교육 체제 혁신을 위한 많은 시도를 하는 과정에서 적어도 10년 정도는 예측이 가능한 범위 내에서 현실에 기반을 두되 과감한 혁신이 있는 교육 정책이 마련되기를 바란다. 이를 위한 폭넓은 담론과 토론은 기본이지만, 현세대의 경험에 의존하거나 자칫 '해봤더니 안 되더라'고 하는 논쟁이 아니라 나는 못했지만 다음 세대가 가져야 할 학습 경험이 우선되는 발전적 합의가 이루어지기를 진심으로 바란다. 이를 위한 과학적 데이터에 기반을 둔 객관적이고 체계적인 분석과 방향을 제시해야 하는 것이 우리 교육계가 해야 할 역할일 것이다.

ICT(Information & Communication Technology)를 기반으로 새로운 형태의 교육이 등장하고 있다. 이미 잘 알려진 '칸 아카데미(Khan Academy)', '무크(MOOC)' 등의 인터넷 동영상 교육뿐 아니라 강의실 없는 대학으로 유명한 '미네르바 스쿨(Minerva School)', 개별화 교육, 메이커 교육 등이 대표적인 사례다. 몇 달 전, 에듀테크 관련 콘퍼런스를 다녀왔는데, '에듀테크(Education Technology)'라는 명칭을 통해 어댑티브 러닝(Adaptive Learning, 사용자 데이터와 머신러닝을 기반으로 사용자의 수준에 맞춘 문제와 풀이를 제공하는 기술), 소셜 학습 플랫폼, 태블릿 PC를 이용한 증강 학습, 교육용 게임, 빅데이터 기반의 맞춤형 학습 코칭 등 배움의 형태도 다양해지는 추세임을 확인할 수 있었다.

기술의 발전에 따라 교육도 지금보다 나아지는 부분이 분명 있을 것이다. 우선, 언제 어디서나 배움이 일어날 수 있다. 여전히 대다수의 사람들은 교육 공간으로 학교만을 생각한다. 이런 점에서 ICT 기반의 기술은 교육이 반드시 학교에서만 일어난다는 생각을 깰 수 있는 좋은 기폭제가 될 것이다. 얼마 전 '영재발굴단'이라는 텔레비전 프로그램에 피아노를 기막히게 잘 치는 아이가 출연했다. 악보를 전혀 볼 줄 모르는 이 친구가 피아노를 잘 치게 된 비결은 스마트폰에 있었다. 악보를 시각화하여 피아노 건반 위에 차례대로 보여주는 애플리케이션으로 피아노를 배운 것이다. 독학으로 말이다! 이 사례는 앞으로 얼마든지 여러 분야에서 보편화될 가능성이 있다.

또한 개별 맞춤형 교육도 가능해질 것이다. 지금의 교육에서 개별 맞춤이 어려운 이유는 (예전보다 많이 줄었지만 여전히) 과밀한 학급당 학생 수의 영향이 클 것이다. 하지만 빅데이터 기반의 미래 교실에서는 자신의 속도와 개성, 적성에 맞는 개별 맞춤형 교육이 가능해질 것이다. 예를 들면, 벽 전체가 터치스크린으로 둘러싸인 원통형 교실에서 가상현실을 매개로 각 학생들에게 맞춤화된 인공지능 선생님을 만나는 모습을 생각해볼 수 있다. 각자의 속도에 맞게 교육을 받을 수 있음은 물론이거니와, 그동안 축적된 개인별 데이터를 기반으로 자신의 개성과 적성에 맞는 최적화된 학습을 제공받을 수 있을 것이다.

증강현실 및 가상현실, 교육 게이미피케이션(게임의 스토리, 다양한 미션, 재미 요소를 교육에 접목해 학습을 게임처럼 즐기게 하는 방법) 등으로 효과적인 몰입과 체험 교육도 가능해진다. 시공간의 한계를 벗어나 교육 주제에 맞는 효과적인 학습이 가능해지는 것이다. 가상현실 기기를 머리에 쓰는 순간 전 세계는 물론 가상 세계까지 오가며 다채로운 간접 경험을 할 수 있고, 증강현실 기술은 현실 세계 위에 다양한 가상 이미지를 덧붙여주어 책이 가진 2차원 평면이라는 한계를 벗어나 효과적인 배움과 상호작용이 가능하게 해준다. 이런 현상을 통해 교육 격차가 감소될 수도 있다. 기술이 발달함에 따라 교육과 문화적 기회에 대한 접근성이 증가하면서 소외되었던 아이들이 각종 학습 콘텐츠를 이전보다 많이 접할 수 있게 될 것이다. 물론 접근성이 증가한다고 해서 곧바로 격차가 줄어들진 않지만 적어도 배움의 기회라는 측면에서 조금이나마 비슷한 선상에 설 수 있게 되는 효과는 있을 것이다.

[A] - [부정적인 면]

기술 발달에 따른 우려 점의 증대

몇 가지 우려를 감출 수 없다. 어쩌면 기술은 우리의 삶과 교육을 더 피폐하게 만들지도 모른다. 인간을 넘어서는 기계가 등장한 만큼 기계화된 인간이 늘어날지도 모르는 일이며, 기계에 종속되어 그것 없이는 기본적인 삶도 꾸려나갈 수 없는 무기력한 사람이 양산될지도 모른다. 이미 스몸비(smombie, 스마트폰과 좀비의 합성어로 스마트폰에 집중한 채 걷는 사람을 뜻한다)라는 신조어가 생길 만큼 많은 사람들이 스마트폰 중독에 빠져 있는 모습을 확인할 수 있지 않은가.

배움에 있어서도 수업의 목적과 교과 특성을 고려하지 않은 채 최신 기술을 맹목적으로 사용한다면 학습 효율은 오히려 떨어질 것이다. 에스컬레이터를 생각해 보자. 에스컬레이터의 목적은 힘든 경사로를 걷지 않고도 편리하게 가기 위함이다. 그런데 우습게도 에스컬레이터에 올라타 있는 사람들은 그 위에서도 더 빨리 가기 위해 걷고 뛰고, 그러다가 이따금 사고까지 발생한다. 교육에서 기술도 에스컬레이터 같은 견인 역할 정도가 아닐까. 배움에 기술을 적용한 취지를 잊어서는 안 될 것이다.

그리고 자칫 신기술은 교육의 근본적인 문제를 가릴 수도 있다. 현재

피폐해진 교육의 모습이 과연 기술이 부족해서였던가? 새로운 기술로 교육을 혁신하고 미래 기술에 대비하기 위한 각종 교육들을 시행하면 그간의 교육 문제가 해결될까? 교육 문제의 근본 원인은 제대로 진단하지 못하거나 방치해놓고, 새롭거나 좋아 보이는 것에 현혹되어 무작정 따라 하고 무리하게 적용해온 탓도 적지 않다.

2015년 해군사관학교에서는 '거꾸로 배움'(전달식 강의를 전체 배움 공간에서 개별 배움 공간으로 옮기고, 그 결과 남겨진 전체 배움 공간을 역동적이고, 서로 배울 수 있는 환경으로 바꾸는 교육 실천) 열풍이 불었다. 각종 미디어와 강연에서 거꾸로 배움의 효과가 퍼지자 구체적 검증도 없이 학교 전체에 의무적으로 이 수업 방식을 도입하려 했다. 강의에서 거꾸로 배움의 비율이 얼마나 되는지를 보고해야 했고, 교과의 특성과 주제, 교수들의 기존 교수법 등을 전혀 고려하지 않아 많은 이들의 반발을 샀다. 이 모든 것을 신속하게 결정한 것은 다름 아닌 학교장이었다. 이 같은 상황은 교육 현장 곳곳에서 일어나고 있다. 기술이 발전한다고 해서 교육의 본질이 변하는 건 아닐 것이다. 기술을 통한, 기술을 위한 새로운 교육이 또다시 '문제를 가리는 도구'가 되지 않길 바랄 뿐이다.

기술의 발달로 교육이 상업화되는 것 또한 경계해야 할 점이다. 이미 여러 업체들이 ICT 교육을 통한 돈벌이에 뛰어들고 있다. 무크만 봐도 언뜻 보기엔 저렴한 가격으로 언제 어디서든지 교육을 받을 수 있는 좋은 시스템인 것처럼 보이지만, 운영 주체들의 입장에서는 큰 노력 없이 추가적인 수익을 창출하는 서비스이기도 하다. 실제로 무크에는 수료증 출력 같은 추가 옵션에 따라 다양한 요금제가 존재한다. '교육 시장' '교육 산업'이라는 말이 너무나 자연스레 쓰일 정도로 이미 교육은 순수한 형태의 모습으로 존재하지 않는다. 기술을 통해 접근이 쉬운 혁신적인 교육 서비스를 제공한다고는 하지만 배울 기회가 많아진다고 해서 이것이 언제나 내면의 배움으로 이어지는 것은 아니다. 기술은 배움의 문 앞에 빠르게 다다를 수 있는 역할을 할 수는 있지만 그 문을 여는 건 아이들 스스로의 호기심과 동기, 그리고 누군가의 적절한 도움이다. 벽에 난 구멍(Hole in the Wall) 프로젝트를 주도했던 인도의 수가타 미트라 박사는 테드(TED) 강연에서 다음과 같이 말했다(인도의 교육학자 수가타 미트라 박사는 인도 델리의 빈민가 한 건물 벽에 구멍을 내고 컴퓨터를 설치했다. 이를 우연히 본 아이들은 스스로 컴퓨터 내에 설치된 각종 소프트웨어와 인터넷을 익히고 외국어, 수학, 과학 등을 배웠다.

스스로 학습 환경을 만들 수 있는 여건을 제공한다면, 누구나 스스로 배울 수 있다. 기술이 배움의 시작이 되긴 했지만, 이 배움도 의무가 된다면 어떤 첨단 기술도 아이들의 진정한 배움을 유도할 수 없을 것이다. 결국 기술이 해야 할 역할은 '함께 배우는 구성원 간의 관계를 강화하는 것'이 아닐까. 첨단 기술에 힘입어 교육이 자본으로, 돈벌이 수단으로 전락한다면 우리는 또다시 잘못된 교육의 구렁텅이에 빠지는 꼴이 될 것이다.

[A] - [종합 의견]

거품에 빠질 것인가, 거품을 즐길 것인가?

기술은 양날의 칼과 같다. 기술을 활용해 교육이 나아질 수 있는 부분도 있고, 급격한 기술변화에 대비하기 위해 교육이 변해야 할 부분도 있을 것이며, 기술과는 무관하게 교육이 지켜가야 할 부분도 있을 것이다.

교육은 언제나 삶과 맞닿아 있으며 현 사회의 모습을 반영하기에, 우리를 둘러싼 환경이 변할 때마다 교육 역시 이에 맞춰 변화하기 마련이다. 특히 4차 산업혁명으로 인한 기술 변화는 노동시장을 비롯해 우리의 삶을 그 어느 때보다 크고 빠르게 변화시킬 것이다. 사무직, 의사, 약사, 변호사, 회계사, 펀드 매니저, 기자, 택시 및 버스 기사, 판매원 같은 직업들이 10년 후에는 사라질 거라는 전망이다. 이미 인공지능을 통한 의료 진단, 약 제조, 법률 자문, 주식 투자 등이 전 세계 곳곳에서 일어나고 있다. 이런 흐름 속의 핵심은 '본질을 흐리지 않는 것'이다. 기술 만능주의에 빠져 새로운 기술이 우리를 구원할 것이라는 막연한 희망으로 기존 문제들의 근본적인 원인을 외면해서는 안 될 것이다. 여전히 우리가 지향해야 할 것은 기술을 활용한 최첨단 교육이 아니라, 아이들이 본연의 모습을 살리며 성장해 가는 진정한 의미의 교육일 테니까.

그러려면 기계는 결코 따라 할 수 없는 '사람다운' 역량을 길러야 하지 않을까? 사람다운 역량이 무엇인지 알기 위해선 결국 사람에 대한 공부를 해야 할 것이고, 이는 곧 삶에 대한 공부, 삶을 통한 공부가 될 것이다. 어쩌면 삶 자체가 공부가 되는 교육이 더욱 필요한 것이다. 학교가 생기기 이전에도 교육은 존재했다. 삶과 분리되어 있는 교육이 아니라 삶과 맞닿아 있는 교육이 되어야 할 것이다.

다양한 구성원들이 공동체 속에서 한데 어울려 협력을 기반으로 한 배움이 더욱 필요할 때다. 어른들의 편협한 직업관으로 아이들의 미래를 판단하지 않고, 이들이 만들어갈 미래를 위해 진정으로 필요한 기본적인 역량에 초점을 맞춰야 하지 않을까? 앞으로 수많은 직업들이 사라지고 또 생겨날 것이다. 지금까지와는 달리 평생 동안 여러 직업을 갖게 될 상황에서 아이들이 어떤 일을 하더라도 마지막까지 자신의 삶을 살아갈 줄 아는, 그리고 공동체를 생각할 줄 아는 '시민'으로 성장하는 교육이 필요한 시대다.

[Q] - [개별 면접]

교육부에서 유치원과 어린이집 등에서 영어 수업을 금지하겠다고 발표하여 사회적 논란이 일고 있다. 이에 대한 찬반 입장을 밝히고, 그 이유를 말해 보시오.

[A] - [반대 의견]

1. 학부모 불만의 첫 번째 이유 '기회비용'

학부모들의 불만은 크게 두 가지 맥락으로 볼 수 있다. 하나는 상대적으로 저렴한 비용 문제이다. 학부모들이 느끼는 영어 교육의 필요성과 중요성은 그대로인데, 영어 프로그램을 일괄적으로 없애면 결국 가격이 저렴한 방과 후 학교나 유치원 · 어린이집에서 수십만 원대의 사교육 시장으로 그 열기가 옮겨갈 것이란 설명이다. 이른바 '풍선 효과'이다.

이런 이유 때문에 '기회의 불평등'이 발생하게 된다. 수십만 원대 사교육 시장으로 갈 수 있는 가정의 아이들과 달리, 학원에서 따로 영어를 배울 여력이 안 되는 가정의 아이는 영어에 뒤처질 수밖에 없게 된다. 실제로 유아를 대상으로 월 수십만 원에서 많게는 100만 원 넘는 돈을 받는 전일제 영어 학원, 일명 '영어 유치원'은 유치원이 아닌 '학원'으로 등록돼 있어 '공교육정상화법'(선행학습금지법)의 적용도 받지 않는다. "우리는 (학원 등에서) 따로 영어를 (교육)시킬 여건도 안 되며 더더욱 영어 유치원 같은 곳은 보내지 못한다", "(나중에) 학교 가면 (영어 실력으로) 차별받을 게 뻔한 데 몇 만 원짜리 유치원 교육도 서민의 자식에겐 호사인가요", "유치원 영어 수업 3만~4만 원 하는데 사교육 영어 학원은 15만 원 이상 쓰게 된다" 등의 목소리가 나오는 까닭이다.

2. 학부모 불만의 두 번째 이유 '영어 놀이일 뿐'

유치원·어린이집에서 실시하는 영어 방과 후 활동이 '학습'보다 '놀이'에 가깝다는 지적도 학부모들이 불만을 가지는 또 다른 이유이다.

6살 아이를 키우면서 유치원 영어 방과 후 교사로 2년 정도 근무한 문창식 씨는 "보통 유치원에서 영어 프로그램은 20분 정도 진행되는데 동화책 읽어주고 게임, 노래, 스티커 붙이기 등을 통해 단어를 배우는 형식"이라며 "아이들도 오늘이 영어 프로그램을 하는 날인지 물어볼 정도로 재미를 느끼기도 한다"고 설명했다. 최소한 유치원과 어린이집에서는 교육부가 원하는 '한글·영어 등 지식 습득을 위한 교육이 아닌 놀이·돌봄 중심'의 수업이 이미 이뤄지고 있다는 말이다.

이 때문에 "저렴하게 20~30분 즐겁게 노는 수업을 중단한다니 너무 한다", "우리 아이도 집에서 노래 부르면서 즐거워하는 유치원 영어 수업 폐지를 반대 한다", "어린이집 영어 교육은 일주일에 2번 20분씩 정도인데, 그것도 노래나 간단한 게임 위주인데 마치 책상에 앉아서 공부하고 테스트 받는 것처럼 생각하는 사람들이 문제 아닌가요?" 등의 문제 제기가 이어지고 있다.

선행학습 금지가 공교육 정상화인지도 생각해 볼 수 있다. 방과 후 영어 수업이나 특별활동을 무턱대고 금지하는 것이 '공교육 정상화'라는 법의 기존 취지에 맞는지도 생각해 볼 대목이다. 애초에 공교육을 정상화하는 것과 선행학습을 금지하는 것은 별도의 정책 목표인데 두 목표를 같은 선상에서 잡아 정책을 마련하다 보니 (이런 일이) 발생한 것이다.

실제로 이 법은 학원의 선행학습 광고 금지 조항만 있을 뿐, 벌칙 규정이 없어 학교에만 국한된 '반쪽짜리' 법이란 비판도 받았다. 게다가 학생들의 서열을 나누고 경쟁만 강조하는 중·고등학교와 대학교 교육 시스템은 어떻게 하지 못하면서, 선행학습만 금지하는 건 눈 가리고 아웅이라는 지적이 교육계 일각에서 꾸준히 제기되어 왔다.

[Q] - [개별 면접]

현재 우리나라에서는 교사의 정치적 중립을 요구한다. 이에 대한 자신의 찬반 입장을 밝히고 그 이유를 말하시오.

헌법은 공무원의 신분과 정치적 중립성, 교육의 자주성·전문성·정치적 중립성을 보장하고 있다. 이 때문에 교사들의 시국선언이나 집회 참여, 특정 정당에 대한 지지 표현을 두고 헌법이 정한 표현의 자유에 해당한다는 의견과, 교육의 정치적 중립성을 훼손한다는 주장이 계속 부딪혀왔다.

[A] - [찬성 의견]

지금껏 각급 법원에서는 교원의 정치적 의사 표현이 국가공무원법을 위반한 것인가를 두고 유·무죄 판결이 엇갈렸다. 대법원과 헌법재판소 역시 교원의 정치적 행위를 제한하는 쪽에 다소 무게를 둬왔지만 제한 범위에 대해서는 논란이 적지 않다. 노무현 정부 시절인 2004년 3월 헌법재판소 전원재판부는 초·중·고 교사의 정당 가입이나 선거운동을 금지한 정당법과 선거법 조항에 대해 재판관 전원일치 의견으로 합헌 결정을 내렸다. 당시 재판부는 "이 사건 법 조항이 교원의 정치적 기본권을 제한하는 측면이 있으나 국민의 교육기본권을 더욱 보장함으로써 얻을 수 있는 공익을 우선시해야 하는 점 등을 종합적으로 감안할 때 초·중등 교육공무원의 정당 가입 및 선거운동의 자유를 제한하는 것은 헌법적으로 정당화될 수 있다"고 밝혔다.

이명박 정부 시절인 2012년 4월 대법원 전원합의체는 정부 정책을 비판하는 시국선언을 주도해 기소된 교원에게 유죄를 선고한 원심을 확정하며 "공무원과 교육의 정치적 중립성을 선언한 헌법 정신에 비추어 (교원의 정치적 표현에 대한) 자유는 제한될 수밖에 없다"고 설명했다. 다만, 당시 5명의 대법관은 정부 정책을 비판하며 개선을 요구하는 것은 헌법이 보장한 표현의 자유에 해당한다는 의견을 냈다.

한국교원단체총연합회는 "정치적·이념적 대립과 갈등이 심각한 국내 현실에서 교원의 정치참여를 보장할 경우 교단의 정치화와 혼란·갈등이 문제 될 것"이라고 밝혔다.

[A] - [반대 의견]

공무원과 교사의 정치적 중립을 요구하는 나라는 전 세계에서 몇 나라되지 않는다. 우리나라 교육의 목표는 민주시민을 양성하는 것이다. 민주시민은 자신의 관점과 가치 판단에 의해 선택이 자유로워야 한다.

가치 판단을 위한 선택 능력을 신장하려면 결국 정치 교육이 필요하다. 정치 교육은 결국 선택에 대한 책임과 판단력, 비판적 성찰력을 배우는 것이기 때문이다. 그러면 이런 정치 교육이 어려서부터 학교 교육과정에서 배워야 하고 이를 위해서는 모든 수업에서 행해져야 한다. 그런데 교사가 정치적 중립을 지키기 위해 교사의 관점을 얘기하지 못하고 정치 교육을 하지 못하게 되면 결국 이러한 능력을 학생들은 키울 수 없게 된다. 형평성의 문제도 있다. 같은 교원이지만 국공립대 교수는 정치적 활동을 할 수 있다. 국공립 초중등 교원은 정치적 활동이나 중립성을 위배하는 것이 안 되고 국공립대 교원은 정치적 활동이나 중립성을 위배하는 활동이 된다면 이상할 수밖에 없다고 생각할 수 있다.

우리나라와 같이 같은 분단 국가였던 독일의 작은 도시 보이텔스바흐에서는 독일의 교육자, 정치가, 시민사회단체들이 모여 치열한 토론 끝에 이념과 정권에 치우치지 않는다는 정치교육의 원칙에 대해 합의했다. 이것이 보이텔스바흐 협약이다. 이 협약은 본래 학교 정치 교육의 지침으로 만들어졌으나 모든 공교육 영역으로 확대 적용되어 독일 정치 교육의 헌법으로서 기능하고 있으며, 유럽연합 국가들에서 보편적으로 적용되고 있다.

이 협약은 다음 세 가지 원칙을 골자로 한다.

첫째, 주입 또는 교화 금지 원칙이다. 사회적 쟁점 사항에 대해 학생이 잘 모르는 상태에서 교사가 무엇이 바람직한 견해인지를 알려주거나 강요하는 일이 있어서는 안 된다는 것이다. 교육의 목적은 학생 스스로 독립적인 판단을 하도록 지원하는 데 있기 때문이다.

둘째, 논쟁 원칙이다. 사회적으로 논쟁적인 사안은 학교에서도 논쟁을 통해 학습되어야 한다는 것이다. 이 원칙은 주입금지 원칙을 실천하는 원칙이라고 할 수 있다. 다양한 견해, 특히 비판적이고 대안적인 의견을 균형 있게 제시하고 또한 이에 대해 토의와 토론을 하지 않으면 슬그머니 주입과 교화로 변질할 수 있기 때문이다.

셋째, 정치적 행위 능력 강화 원칙이다. 학생들은 자신들의 이해관계를 고려하여 스스로 정치적 입장을 결정하고 행동에 옮길 수 있는 능력을 키울 수 있도록 교육이 이루어져야 한다는 것이다. 현실의 정치 상황에서 학생들은 자신의 개인적 이해관계가 어떻게 영향을 받는지를 탐색해 보고, 또한 자신들이 그런 정치 상황에 어떻게 영향을 미칠 수 있을지 다양한 수단과 방안을 탐색할 수 있어야 한다.

이러한 보이텔스 합의 원칙을 우리나라에 적용하는 것을 적극적으로 검토할 필요가 있다.

한편, 김영식 좋은 교사운동 정책위원장은 "교사들은 선거 기간 사회관계망 서비스(SNS)에 (정치와 관련된) 글도 올릴 수 없을 정도로 권리를 제한 받는다"며 "정치적 중립성은 '공무를 수행하며' 지키면 되는 것이므로 학교 밖에서 정치적 활동이나 시국선언을 할 수 있는 자유는 보장하는 것이 맞다"고 강조했다.

[Q] - [개별 면접]

○○대학교에서는 모든 성적장학금을 폐지하고 학생 가정의 재산과 소득에 따라서 장학금을 지급한다고 한다. 이에 대한 자신의 찬반입장을 밝히고 그 이유를 말하시오.

[A] - [찬성 의견]

"학교마저 부익부 빈익빈이라면 희망이 없다."

고려대 염재호 총장은 "장학금을 보다 효율적으로 지급하기 위해 성적장학금 제도를 폐지하고 대신 어려운 학생들에게 우선적으로 생활비 등을 지급한다"고 밝혔다. 그는 "미국 '아이비리그' 등 다수의 해외 명문대는 '금전적 이익을 위해 공부하는 학생이 없어야 한다'는 이유로 성적장학금을 지급하지 않는다"고 강조했다. 염 총장은 "공부를 잘하면 돈으로 보상받는 체제가 아니라 학생들이 뛰어난 인재로 클 수 있도록 프로그램을 마련하는 방향으로 장학제도를 전면 개편키로 했다"고 덧붙였다.

이 같은 방침에 대해 한 누리꾼은 "시대 변화에 따른 좋은 결정이다. 학교까지 부익부 빈익빈이라면 사회에 희망이 없다"며 찬성한다는 견해를 보였다. 고려대 학생 L모군은 "성적장학금이 사라진다고 열심히 공부하던 학생이 공부를 그만두지는 않는다고 본다"며 찬성의 뜻을 내비쳤다. 또 다른 교내 학생들도 "가난한 학생에게 돈은 생존의 문제"라며 "성적장학금을 받을 수 있을 정도로 공부에 시간을 쓸 정도라면 이미 저소득층은 아닐 것"이라며 찬성한다는 견해를 밝혔다.

누리꾼 중에는 "그렇지 않아도 요즘엔 좋은 대학에 가려면 집안에 돈이 많아야 한다"며 "등록금도 만만치 않은 수준인 만큼 부유하고 성적도 좋은 학생들보다는 아무래도 집안이 어려운 학생들에게 혜택이 돌아가는 게 합리적이라고 본다"는 견해가 다수 있었다. "누군가에게는 보너스 같은 돈이 또 다른 누군가에게는 학업 지속 여부를 결정할 정도로 중요할 수도 있다"며 찬성하는 의견도 있었다.

[A] - [반대 의견]

"무조건 소득 재분배에 치중하는 것은 문제!"

성적장학금은 성적을 통해 장학금을 수령할 수 있으므로 학생에게는 학습을 위한 유인 동기가 된다. 그런데 이것이 폐지된다면 성적 향상에 대한 욕구가 다소 수그러들 수도 있다. 물론, 성적장학금만을 얻으려고 공부를 하는 것은 아니지만 장학금을 받으려고 더 공부를 하게 되는 것도 사실이다.

이영 한양대 경제금융학부 교수는 "국가나 기업 등에서 장학금을 지원하고 있지만 성과에 따라 주는 곳은 대학이 거의 유일하다는 점을 염두에 둘 필요가 있다"고 지적했다. 장학금으로 우수한 성적의 신입생을 학교로 끌어들이고 뛰어난 성과를 낸 학생에게 보상을 제공할 수 있다는 장점이 사라질 것이라는 걱정이다. 대부분 대학이 성적장학금 폐지에 신중한 태도를 보이는 것도 바로 이런 이유에서다.

성적장학금 폐지를 반대하는 학생들은 "성적장학금이 기존 국가장학금의 사각지대에 놓인 학생들에게 '유일한 희망'이었다"고 말한다. 고려대 한 학생은 "장학금이 필요한 학생들에게 더 많이 돌려주겠다는 취지에는 공감하지만 앞으로 남은 학기가 걱정된다"며 "외부 장학금을 신청하려 해도 가정의 소득 수준을 보기 때문에 교내 성적장학금만 받을 수 있었다. 하지만 이제 학비를 덜 수 있는 수단이 없어졌다"고 말했다. 또 다른 재학생은 "성적장학금 폐지에 따른 해결책을 마련하지 않고 무조건 소득 재분배에 치중해 장학금을 준다는 것은 문제가 있다"며 "학교도 성적장학금 폐지가 정말 어려운 학생들을 돕는 일인지 생각해 볼 필요가 있다"고 지적했다.

보편적 복지가 일상화된 유럽처럼 등록금이 싼 것도 아닌데 성적장학금마저 폐지하는 건 아닌 것 같다. 대학생 J씨는 "형편이 어려운 학생들에게 우선적 도움을 주겠다는 취지에는 공감한다"면서도 "형평성 시비나 역차별이라는 지적도 주변에서는 적지 않다"고 밝혔다. 누리꾼 중에도 "저소득층에 대한 지원은 대학이 아니라 나라에서 해야 하는 것 아니냐"

며 "대학은 어쨌든 공부하는 곳인데 성적 우수자에게 아무런 장학 혜택을 주지 않는 것은 좀 이해하기 힘들다"는 반응도 있었다.

[A] - [생각하기]

"교육은 대학에, 복지는 정부에 각각 맡겨야!"

대학을 다니며 힘들게 아르바이트로 돈을 벌어야 하는 학생은 그만큼 학업에 집중하는 게 쉽지는 않을 것이다. 반대로 집안이 비교적 여유가 있어 오직 학업에만 매달릴 수 있는 학생은 성적을 올리는 데도 그만큼 유리하다고 볼 수 있다. 고려대의 성적 장학금 폐지도 이런 논리에 근거했다는 점에서 분명히 일리가 있다고 본다.

다만 성적장학금을 전면적으로 폐지하는 게 과연 옳은지는 좀 생각할 문제다. 주요 대학들을 중심으로 성적장학금을 줄이는 움직임이 이어지고 있지만 이를 완전 폐지하는 대학이 아직까지는 없다. 왜 그런지도 한 번 쯤 생각해볼 필요가 있다.

대학의 본연의 임무는 교육이며, 학생들에 대한 지원도 교육이 목적이 되어야 한다. 따라서 성적우수자에게 아무런 금전적 혜택을 주지 않고 가정 형편을 기준으로만 혜택을 주겠다는 것은 다소 성급한 판단일 수도 있다. 복지는 어디까지 국가가 책임지는 것이지 대학이 책임자일 수는 없기 때문이다. 이런 저런 이유로 대학 진학을 하지 못한 젊은이들과의 형평성 문제 역시 제기될 소지가 있다는 점도 고려할 필요가 있어 보인다.

[Q] - [교직 면접]

초등학교 아이들의 영재교육에 대한 찬성하는가? 반대하는가? 이유는 무엇인가?

[A] - [반대 의견]

전교조는 영재학급은 선행학습과 교과 심화 교육 등 과거 우열반과 다를 바 없고 교과 내용도 수학과 과학 등이 대부분을 차지하는 등 교과 심화수업 등으로 악용될 소지가 높다고 지적했다. 전교조는 시내에서 영재학급을 겨냥한 이른바 영재스쿨이 성업하는 등 시행을 앞두고 과열 등 부작용도 잇따르고 있다며 비영재반과의 교육 불평등 조장, 사교육비 가중 고교평준화 근간 훼손 등 문제점이 많은 영재학급 운영을 철회하고 보완책을 마련하라고 촉구했다. 영재교육은 사실상 우열반을 운영하는 것이고 이를 공개적으로 조장하는 것이다.

한편으로 생각해 보면 영재교육에서 시행하는 좋은 교육과정과 프로그램을 왜 영재라고 판단되는 학생만 받아야 하나라는 의문도 든다. 일반 학생에게 고급의 교육과정과 프로그램을 적용하면 되지 않을까? 영재가 정말 영재인지도 의심스럽다. 사교육과 그 사교육을 통한 시험과 평가로 선발되고 만들어지는 영재가 과연 영재인가?

[A] - [찬성 의견]

일부 학교가 영재학급을 우월반 성격으로 이해한 경우도 있지만 정규 교과과정을 앞질러 가거나 심화수업 등은 결코 허용치 않고 창의성과 능력을 개발하는 순수 영재교육이 되도록 교육할 예정이기 때문에 문제될 것은 없다고 생각한다. 21세기 지식정보화 사회에 능동적으로 대처하기 위해 다양한 영재교육의 기회 제공으로 영재 학생의 조기 발굴 및 육성을 통한 고급 인적자원을 확보해 지역사회와 국가발전에 공헌하는 것이 목적이기 때문에 영재교육은 필요하다.

[Q] - [교직 면접]

상벌 제도의 장점과 단점에 대해 말하시오.

[교사 반응] 상벌점제 폐지에 대한 선생님들의 반응은 어떨까? '지난 2013년 EBS의 조사에 따르면 72%의 교사들이 학생 대상 생활지도에 어려움을 겪고 있다'고 한다. 교총과 같은 단체나 많은 선생님은 상벌점제 폐지를 반대한다. 그 이유는 체벌도 금지했는데 상벌점제까지 폐지하면 수업을 방해하는 학생들을 통제할 수 있는 방법이 마땅치 않기 때문이다.

[개념] 상벌점제
2010년 11월. 전국적으로 체벌이 금지되면서 학교에서 '체벌 없는 인권, 친화적 학교 문화 조성'을 위해 도입한 생활평점제(상·벌점제)다. 상벌점제는 도입 시작 단계에서부터 학교마다 기준이 다르고 상을 받기 위한 가식적은 행동을 강요해 자칫 학생들을 이중인격자로 키우는가 하면 학생이 잘못에 대한 반성할 기회를 빼앗는 반교육적인 조치라며 찬반 논란이 그치지 않았다.

[A]

경남교육청은 상벌점제가 '학생들의 인권을 침해할 소지와 학생 통제의 수단으로 악용될 소지가 있다'는 이유로 학생생활평점제를 2학기부터 폐지하도록 권유하고 내년부터 전면 폐지하기로 했다. 경기도교육청은 지난 2014년 8월에 폐지를 확정했으며, 전북교육청은 상벌점제 대안적 지도를 마련하라는 지침을 내린바 있다. 이와 같은 변화는 상벌점제가 일부러 '착한' 행동을 하고, 벌점을 피하기 위해 '나쁜' 행동을 삼가는 것은 가치 내면화가 아닌 이중인격자로 키우는 반교육적이라는 교육적 판단 때문이다.

학교 폭력을 비롯한 학생 생활 문제가 대부분 그렇듯이 원인을 두고 결과를 치료하다 해법을 찾지 못하고 있다. 상벌점제가 대단한 치료제처럼 도입했다가 문제가 있으면 폐지하고 또 다른 대책을 내놓아 교단을 혼란케 할 것이 아니라 서울시교육청처럼 단순히 '말 잘 듣는 학생'으로 만드는 것이 아니라 '학급헌장(규칙)'을 만들어 타인과 공존할 수 있는 민주시민을 양성하겠다는 관점에서 '민주적인 자발성에 근거한 인권 차원에서의 생활지도 방법'을 모색하고 있다.

'말 잘 듣는 아이'로 만들기 위한 당근과 채찍은 교육이 아니라 순치다. 생활지도의 편의를 위해 학생들을 이중인격자로 만드는 상벌점제는 더 이상 방치해서는 안 된다. 통제와 단속이 아닌 자발성에 근거한 생활지도가 불가능한 게 아니다. 모든 학생을 예비 범죄자 취급하는 상벌점제는 폐지해야 마땅하다.

[Q] - [교직 면접]

과학고 · 영재고 학생들의 의과대학 진학을 제한하는 것에 대해 찬성하는가? 반대하는가?

[A]

2017년부터 학칙 요강 등의 보완을 통해 과학고 영재학교 학생들의 의대 진학에 대한 제재가 구체화되었다. 교육부는 전국 8개 국공립 영재학교가 올해부터 학칙에 '의학 계열 진학 시 불이익을 받을 수 있다'는 내용을 명시했다. 의대 진학 시 학교장 추천서 작성 거부, 고교 장학금/지원금 회수 등이 골자다. 전국 20개 과학고에도 시도교육청을 통해 동일한 학칙 반영을 권고한 공문을 내린 것으로 알려져 그동안 설립 취지에 맞지 않아 논란을 일으켜온 과학고 영재학교의 의대 진학은 당국의 구체적 제재를 받게 됐다.

하지만 업계 일각에서는 교육부의 조치가 여전히 실효성이 있을 것인지에 대한 의문을 제기하고 있다. 8개 영재학교 가운데 한국영재 · 인천영재 · 서울과학고 · 경기과학고 등 4개교는 이미 이 같은 내용을 이미 학칙이나 입학 요강에 기재하고 있는 상태이기 때문이다.

과학고 영재학교 학생의 의대 진학 문제는 매년 불거져왔다. 베리타스 알파는 2013년부터 과학고 · 영재학교 학생의 의대 진학 문제를 꾸준히 제기해왔다. 지난해 5월 "과학고 영재학교 의대행 여전... '실효성 대책 시급'"(2016. 05. 16.) 기사를 통해 과학고 · 영재학교 학생들의 의대행 문제를 본격적으로 짚었다. 2014년부터 2016년까지 과학고 전체 졸업자 4000명 가운데 89명(2.2%), 영재학교 졸업자 1500명 가운데 130명(8.7%)[영재학교 진학 현황은 과학영재학교 4개교(경기과학고, 대구과학고, 서울과학고, 한국과학영재학교) 기준]이 의대에 진학하는 등 이공계 인재 양성이라는 목적에 부합하지 않는 일부 진학 양상이 과학고 · 영재학교에 존재했기 때문이다. 이후 교육부가 관련 방안을 추진 중이라는 계획을 밝혔지만, 고교 학칙 차원에 그치는 방안은 실효성이 없어 의대 차원에서 진학 금지 방안이 마련이 필요하다는 대안 제시도 있었다.(과학고 · 영재학교 의대 대책 실효성 논란. '의대가 제한토록 해야')

[A] - 과학고·영재학교의 의대 진학.. 대학 차원 방안 필요

의대 열풍의 분위기 속에 과학고 영재학교를 의대 진학의 통로로 활용하는 문제는 현장에서 꾸준히 제기돼 왔다. 애초 이공계열 수학 · 과학 인재를 양성한다는 목표로 설립된 과학고 영재학교가 본연의 목적이 아닌 다른 계열 진학의 통로가 된다는 점은 국가 차원에서 투자한 많은 지원금이 결과적으로 다른 곳에 쓰인 셈이기 때문이다. 특히 과학고 영재학교가 사교육 유발 요인이 있는 만큼 사교육을 통해 과학고 영재학교를 진학한 학생이 여전히 사교육의 영향 아래 의대 진학을 많이 한다는 점에서 과학고 영재학교 출신의 의대 진학은 근절되어야 할 현안이라는 의견이 팽배했다.

교육부의 '2014~2016 과학고 · 영재학교 대학 입학 현황'에 따르면 3년간 영재학교는 졸업생 1500명 가운데 130명(8.7%)이 의대로 진학했다. 당시 대전과학고 · 광주과학고는 2014년 과학고에서 전환되고, 세종과학예술영재학교는 2015년, 인천과학예술영재학교는 2016년 운영을 시작해 진학 실적에서 제외됐다.

한국과학영재학교(한국영재)가 2014학년 1명(0.6%)의 의대 진학자를 낸 이후 2015학년과 2016학년 2년 연속으로 의대 진학자가 없던 반면 나머지 3개 영재학교는 꾸준히 의대 진학자를 배출했다. 서울과학고 24명(18.6%), 경기과학고 16명(12.6%), 대구과학고 5명(5.4%) 순이었다. 경기과학고는 전년 13명(10.7%)에 비해 늘어났으며, 서울과학고는 전년 25명(19.4%) 대비 비슷한 수준이었다. 대구과학고는 전년도 10명(10.1%)에서 절반 가까이 줄어들었다. 과학고는 같은 기간(2014~2016년) 전체 졸업자 4000명 가운데 의대 진학자가 89명(2.2%)이었다. 2014년 33명에서 2015학년 27명으로 줄었다가 다시 29명으로 늘어난 양상이다. 서울 지역 과학고인 한성과학고는 2015학년 11명(8%), 2016학년 9명(13%)으로 과학고 가운데 가장 많이 의대로 진학했다. 숫자는 줄었지만 비율은 늘었다. 세종과학고는 2015학년 8명(4.5%), 2016학년 5명(9.3%)이었다. 경남과학고가 2016학년 5명(8.9%), 대구일과학고 3명(6.7%), 전남과학고 2명(4.9%), 경산과학고 1명(2.9%) 전북과학고 1명(2.2%) 울산과학고 1명(2.2%) 창원과학고 1명(2%), 부산과학고 1명(1.5%) 순이었다.

교육부 대책은 일부 학교에서 이뤄지던 조치들을 전체 과학고 영재학교로 확대하고 학칙을 통해 공식화한다는 의미가 있지만 현장에서는 근본적인 대책은 아니라는 평가가 많다. 문제 해결을 위해 일부 영재학교들은 자체적으로 모집요강과 입학설명회 등을 통해 의대 진학을 희망하는 학생은 입학하지 않아야 한다고 설명해왔다. 이미 학칙을 통해 그간 투자된 비용을 회수하는 방안을 공표하고, 의대 진학 시 추천서를 쓰지 않는 방안도 실시했다. 요강 기준 서울과학고는 "의·치·약학 계열 대학으로 진학을 희망하는 학생은 본교 지원이 적합하지 않다", 한국영재는 "의·약학 계열의 진로 희망자는 본교 진학에 부적합함", 경기과학고는 "의예·치의예·한의예 계열의 대학에 진학하려는 경우, 본교 교원의 추천서를 받을 수 없으며 재학 중 각종 혜택으로부터 제외된다"는 문구를 각각 명시하고 있지만 의대 진학자는 계속해서 나오고 있는 상황이기 때문이다.

추천서 작성 거부 방안은 수시 일부 전형에서만 효과가 있다는 점에서 기대하기 어렵다. 추천서를 요구하지 않는 정시를 제외하고 의대 입시에서 수시가 차지하는 비중은 62.6%(1598명)로, 모든 수시 전형이 추천서를 필요로 하는 것은 아니다. 의대 수시를 전형 유형별로 나누면 학생부교과 24.8%(633명), 학생부종합 26.1%(667명), 논술 9.9%(253명), 특기자 1.8%(45명)이다. 이 중 추천서 거부 방안이 실효를 거둘 수 있는 전형은 학생부종합전형이다. 올해 수시 학생부종합전형으로 의대 선발을 실시하는 대학 28개교 중 전형 계획에서 제출 서류를 밝히지 않은 대학을 제외하고 11개교가 추천서를 요구하고 있다.

수시 모집 절반 이상을 차지하는 나머지 유형의 경우 추천서의 영향이 크지 않다. 학생부교과의 경우 추천서를 요구하는 경우가 많지 않다. 올해 전형 계획에서 제출 서류를 명시하지 않은 대학을 제외하고 추천서를 요구하는 학교는 고려대가 유일하다. 교과 성적이 주된 잣대인 전형이기 때문이다. 논술전형 역시 논술고사와 수능 최저가 당락을 좌우해 추천서를 요구하지 않으며 특기자 전형도 일부 대학만이 추천서를 요구한다.

장학금 회수 방안 역시 강제성 측면에서 논란의 여지가 있다. 추후 소송 가능성을 배제하기 어렵다. 실제 한 영재학교에서 의대로 진학한 학생이 장학금 회수 조치에 불복해 소송이 벌어진 전례도 있다. 강제로 장학금·지원금 회수를 할 수 있다 하더라도 받은 장학금 등을 반환하고 의대로 진학하겠다고 나서는 경우 막을 방도가 없다. 결국 과학고·영재학교 의대 진학 문제를 풀기 위해서는 방지 대책을 고교 차원이 아닌 대입 차원으로 더 끌어올려야 한다는 주장이 제기된다. 대학 차원에서 지원 자격에 과학고·영재학교 진학이 불가능하도록 명시하는 방안이다.

전형에 따라서는 교사추천서를 필수 서류로 명시해, 영재학교 차원에서 추천서 작성을 거부하도록 한 방안이 실효를 거둘 수 있게 해야 한다는 주장이다. 고교 차원에서 학칙을 마련하는 방안에 그쳐서는 실질적인 효과를 거두기 힘들다는 것이 교육계의 반응이다.

물론 과학고·영재학교에 다녔다는 이유만으로 의학계열 진학 자체를 막는 것은 과도한 권리침해라는 지적도 있다. 성장 과정에서 진로가 바뀌는 경우도 고려해야 한다는 볼멘 목소리도 나온다. 다만, 의대의 경우 일부 대학(차의과학대학교, 건국대학교)은 여전히 의전원 체제를 유지하고 있는 상태다. 과학고·영재학교 졸업생들이 본래 의도했던 이공계에 진학한 후 추후 의학 계열로 진학할 수 있는 길이 엄연히 존재한다. 게다가 재수나 검정고시 등 다양한 방법이 있는 상황에서 직업 선택의 자유를 거론하는 것은 앞뒤가 맞지 않다는 반응이 지배적이다.

진로 선택의 자유도 중요하지만 이공계 영재 육성이라는 설립 목적을 생각하면 의대 갈 학생들은 아예 과학고 영재학교 진학을 포기하는 인식과 분위기를 만드는 게 더 중요하다. 의대를 염두에 두고 영재학교를 진학하는 학생들이 있다면 이들로 인해 이공계의 꿈을 접은 탈락자들은 기회를 빼앗긴 억울한 상황일 수밖에 없다.

교육계에서는 과학고 영재학교 학생의 진학을 묵인하고 있는 의대가 직접 나서 지원 자격에 제한을 두는 것이 가장 직접적인 해결 방법이라고 입을 모았다. 한 업계 전문가는 기본적으로 수학·과학에 뛰어난 역량을 보이는 과학고·영재학교 학생들은 대학들이 너도나도 유치하고 싶어 하는 자원들이다. 그러다 보니 대학들은 과학고·영재학교 학생들이 입학하기 쉬운 전형 구조를 마련하려는 유혹을 떨쳐내기 어렵다. 실제 일부 대학은 과학고·영재학교 학생들이 얼마나 입학했는지를 두고 한 해 입시의 성과를 따지기도 한다.

가장 확실한 해결책은 대입 전형 차원에서의 방지책 마련이다. 수시 모든 전형에서 과학고·영재학교 학생에게 지원 자격을 부여하지 않는 방법이야 말로 과학고·영재학교의 의대 진학을 막을 수 있는 방법이다. 이공계 최상위 인재들의 유출 방지를 위해서는 교육부와 대교협이 적극 나서야 한다.

[Q] - [교직 면접]

방과 이후 숙제를 금지하는 방과후과제금지법을 시행하려는데 자신은 이에 대해 찬성하는가? 반대하는가?

[A] - [찬성 의견]

방과 이후 숙제 자체를 반대하지는 않는다. 그러나 교사가 일방적으로 내주는 숙제는 필연적으로 아이가 흥미를 느끼지 않고 오히려 부담을 느낄 수밖에 없다. 아이의 숙제가 부모의 숙제로 바뀔 수 있다. 스스로 학습에 대한 계획을 세우고 실천하도록 교수학습 방법과 교육과정을 운영하는 것이 선행되어야 한다.

[A] - [반대 의견]

아이가 집에 오면 게임만 한다. 무엇을 해야 할지를 몰라 가장 쉬운 게임이나 컴퓨터 활동, 유튜브만 본다. 숙제라도 있으면 그거라도 하면서 공부를 하지 않을까 한다. 따라서 방과 후 숙제는 필요하다고 본다.

[Q] - [교직 면접]

입시에서 체험활동과 봉사활동이 중요한 요소로 반영하는 것에 대해 긍정적인 효과와 부정적인 효과를 말하고, 자신의 생각을 말하시오.

[A] - [긍정적인 효과]

체험활동과 봉사활동을 통해 자신의 정체성을 인식하고 적성을 찾을 수도 있으며 그 과정에서 자아효능감이 높아지고 자존감이 향상될 수 있다. 중요한 요소로 반영하지 않으면 입시 위주 학교 시스템에서 하려는 학생은 아무도 없을 것이다. 따라서 계속 중요한 요소로 반영해야 한다고 생각한다.

[A] - [부정적인 효과]

입시를 위해 공부해야 할 교과목도 많고 수행평가를 위해 조사하고 탐구할 것도 많다. 체험활동과 봉사활동을 중요하게 할 시간이 부족하다. 입시 위주의 시스템에서 체험활동과 봉사활동은 또 하나의 부담이고 족쇄일 수 있다. 아이의 학습 시간 확보를 위해 부모가 대신해 주는 경우도 있다. 학생이 스스로 했다고 신뢰할 수 없다.

[Q] - [교직 면접]

학교에서 학생들 핸드폰 수거에 관한 자신은 찬성하는가? 반대하는가?

[A] - [찬성 의견]

생활필수품이 된 휴대전화가 통신 기능 이상으로 타인과 접촉하는 중요한 메신저로써 고립감을 해소하는 수단이다. 교내에서 학교폭력이나 위급한 사안이 발생하면 곧바로 부모에게 연락하고 신고할 수 있다는 점, 사용량·사용 시간만 제한하면 수업에 실질적으로 방해가 되지 않는다.

어떤 중학생은 "한 반에서 보통 80~90%는 스마트폰을 갖고 있는데 SNS나 게임 용도로도 쓰지만 인터넷 강의나 숙제와 관련된 정보 검색 등 학습을 위해 이용하는 학생들도 많다. 교사가 스마트폰을 수거하더라도 고학년 일수록 공기계(통신 개통이 안 된 휴대전화)를 대신 내는 경우도 많아 현실적으로 학칙이 실효성이 없다."고 말하고 있다.

[A] - [반대 의견]

무분별한 휴대전화 사용으로 인한 게임·인터넷 중독과 수업 집중도가 떨어지는 등 주의력 분산이 우려된다. 청소년들이 휴대전화로 수업 중 여러 장면들을 무단 촬영해 온라인에 유포하는 부작용과 스마트폰을 통한 SNS 집단 따돌림 등 사이버폭력의 수단으로 악용될 수 있는 점도 폐해이다. 청소년들의 스마트폰 중독이 사회적으로 우려할 만큼 위험한 수준인데 교내에서마저 자유롭게 쓸 수 있도록 허용한다면 중독이 더 심각해질 것이다. 헌법상 기본권인 통신의 자유만 중시하기보다는 최근 사회적으로 문제가 되고 있는 청소년들의 단톡방에서의 집단 따돌림처럼 피해 학생의 인권도 침해될 수 있는 부작용을 함께 염두에 두어야 한다.

국가인권위의 권고 취지는 바람직하지만 청소년들의 인권에 타격을 줄만한 침해로 볼 수 있는지는 생각해볼 필요가 있다. 휴대전화 사용을 제한하는 건 교사가 수업을 원활하게 진행하기 위한 목적일 텐데 대다수 학생들도 수업 시간 중 휴대전화 사용은 면학 분위기에 좋지 않은 영향을 미친다는 걸 이해하고 있는 만큼 학부모와 학생들의 사전 동의를 구한다면 문제될 게 없다고 본다.

[Q] - [교직 면접]

특목고의 폐지에 대해 자신은 찬성하는가? 반대하는가?

[A] - [찬성 의견]

특성화된 교육 프로그램으로 인재를 양성하겠다는 자사고의 설립 취지는 이미 찾아볼 수 없고 명문대 입시만을 목표로 정교하게 꾸며진 교육과정이나 다름없다는 사실이 이미 명문대 합격자 수 등 여러 통계에서 나타나고 있기에 폐지해야 한다.

자사고, 특목고라는 학교 형태는 자연스럽게 일반고를 자사고, 특목고보다 낮은 학교, 하위 학교로 인식시켰다. 자사고, 특목고가 특정 지역에 있게 되면 주변 일반고 학생들에게 패배감과 열패감을 느끼게 하는 등 심리적으로 안 좋은 영향을 줄 수 있다. 자사고 폐지는 분명히 하되 당장 혼란을 막기 위해선 일몰제(법률 등이 일정 기간이 지나면 자동으로 없어지는 제도)로 실행하여 피해를 경감시키는 것이 바람직하다.

[A] - [반대 의견]

자사고 폐지를 반대하는 입시 위주 교과 편성 등 과거 일부 자사고, 특목고들의 문제점을 전체로 확대해 질 좋은 교육을 위하여 노력한 학교들에게 피해를 주고 있다. 전국 고등학교의 약 2% 수준에 불과한 자사고를 폐지하겠다고 하는 건 교육 다양성을 인정하지 않겠다는 것과 마찬가지이므로 정부는 특목고나 자사고를 없애기보다는 초중고 교육을 강화하여 교육 격차를 줄이는 데에 더욱 노력해야 한다. 명문대를 보내기 위하여 자사고를 보내는 학부모가 많다는 찬성 측에 주장에는 특성화고를 제외하고 우리나라 거의 모든 고등학생이 대학 입시를 생각하고 있다. 자사고는 지정 당시 까다로운 평가 과정을 거쳐 선정되었으며, 학생과 학부모에게 선택받지 못하면 문을 닫아야 하는 곳이므로 교육 만족도를 높이려 획일화된 교육에서 벗어나 치열하게 경쟁력을 키워 다양한 맞춤형 교육을 한 결과가 소위 상위권 대학에 대한 높은 진학률이란 성과로 이어진 것이다. 이를 악으로 규정하는 것은 인정할 수 없다.

[A] - [종합 의견]

위와 같이 학생들의 특성과 개성을 살리기 위하여 특목고, 자사고가 필요한 것은 맞다. 하지만 그로 인하여 일반고 학생들이 열등감을 가지며 명문대 입학에 대하여 특목고, 자사고에 밀리는 것도 사실이다. 정부는 독자적으로 정책을 밀어붙이기보다는 국민들과 소통하고 의견을 조율하면서 이 문제를 풀어 나가야 한다고 본다.

[Q] - [교직 면접]

초등학교 저학년들을 위해 외부 청소용역 업체에 맡기는 것에 대해 찬성하는가? 반대하는가?

[A] - [반대 의견]

교육적인 차원에서 '우리가 사용한 교실은 우리가 청소한다'는 목적 아래 매일 담임교사와 학생들이 직접 교실과 복도를 청소하는 것이 바람직하다고 생각한다. 물론, 초1, 2학년 학생 같은 저학년 학생은 교실 등 넓은 면적을 청소 도구를 활용해 치우기에는 어리고 서툴러 자기 주변 정리 정도에 그치고 있을 수 있다. 결국 교사가 직접 교실과 복도를 청소하거나 학부모가 청소 봉사에 참여하고 있는 실정이긴 하지만 그렇다고 청소를 통한 교육적 효과가 더 크다고 할 수 있다.

[A] - [찬성 의견]

초등학교 저학년 선생님의 청소 부담에 아이를 맡기고 있는 학부모의 마음도 편하지 않다. 하지만 맞벌이 부부가 많은 우리나라 현실상 부모들이 '선뜻' 나서서 청소를 대신하기도 힘들다. 외국의 경우 학교 청소를 교사와 학생, 학부모에게 맡기는 일이 드물다. 영국은 학교마다 청소를 전담하는 직원 2명을 배치하고 학생은 의자를 책상 위에 올리고 내리는 정도다. 미국은 학교와 교실 청소를 용역 업체에 위탁하고 있다. 핀란드도 학교마다 청소 담당 직원이 따로 있다. 교육부가 지원이 없는 현실을 개선하고 용역업체를 통해 청소를 할 필요가 있다.

[A] - [종합 의견]

정책적 의지와 예산 문제만 해결된다면 정부가 교실 청소 용역비 지원을 통해 초1, 2학년 학생과 담임교사의 청소 부담을 없애고, 학부모 봉사를 통한 교실 청소가 사라져 학부모의 부담을 경감하는 노력이 필요하다. 공교육 안에서 한글·수학 교육뿐 아니라 교실 청소 등 교실 환경 개선까지도 책임지겠다는 정부의 의지가 필요할 수 있다.

[Q] - [교직 면접]

대학수학능력시험 폐지에 대해 자신은 찬성하는가? 반대하는가?

[A] - [반대 의견]

수능을 없애게 된다면 지금까지 수능을 통해 대학을 갈 수 있게 만들어 놓은 틀이 전부다 무너지게 된다. 대통령에게 바라는 대입 정책으로 정시가 강화되어야 한다는 의견에 찬성이 69.8%에 달했다. 아직도 이런 생각이 만연한 사회에서 이 틀을 다시 만들려면 오랜 시간이 걸리고 이것을 한번에 바꾸기도 어렵기 때문에 무턱대고 바꾸어야 한다고 주장하는 것은 옳지 못하다. 차라리 수능은 있지만 수시와 같은 다른 전형의 비중을 높이거나 수능 절대평가를 도입하는 것이 더 옳은 방법이라고 생각한다.

수능이 대학교에 가게 되면 받는 교육에 필요한 수학 능력 측정으로 학생들을 선발하는 데 있어서 공정성과 객관성 확보한다고 생각한다. 또한, 고등학교 교육과정에 맞는 출제를 하기 때문에 고등학교 학교교육의 정상화에 기여한다는 장점도 가지고 있다. 예를 들어, 현재 학교 내신에 관해서는 수학 같은 경우 학교 선생님의 재량으로 교육과정에 없는 내용이라도 수업 시간에 언급이 되면 시험에 나오고, 어려운 문제의 경우 문제의 풀이 자체가 매우 복잡해서 아주 깊은 사고력을 요하는 경우가 대다수이나, 수능 수학의 문제 역시 사고력을 요구하지만, 절대로 그 범위를 벗어나지 않고 그 문제의 풀이가 간단하고 모두가 납득할 만한 종류의 것이다. 수능은 개별 교과의 특성을 바탕으로 한 사고력 중심의 평가를 위해서 문제를 출제하는 것이기 때문에 그 개념을 충실하게 익히고 그것을 응용할 줄 안다면, 문제를 푸는 데 큰 지장이 없다.

현재 대한민국은 수시와 정시로 나누어져 있는데 수시는 내신으로 대학을 갈 수 있으나, 수능 최저등급이 존재하여서 수능을 치르게 되고, 정시는 100% 수능으로 대학을 가는 제도이므로 대한민국의 학생이라면 수능을 결국 치를 수밖에 없다. 수능이 존재하지 않는다면, 수시와 같은 경우 학생들이 아무도 공부를 안 해서 내신의 취득이 쉬운 학교는 그 학생의 실제 역량에 비해 좋은 등급을 가질 수밖에 없다. 결국 대학교에서는 원하는 인재를 뽑기 위해서 그 기준의 척도를 정한 것이고, 그게 수능인 것이다. 정시와 같은 경우, 수시에서 아쉽게 원하는 대학교에 진학하지 못한 학생들을 위해 다시 기회를 주는 것이다. 노력한 만큼 나오는 게 수능이니 이 만큼 공정한 게 없을 것이다. 그래서 수능이 폐지되어서는 안 된다고 생각한다.

[A] - [찬성 의견]

다음과 같은 이유로 수능 제도 폐지에 찬성한다.

첫째, 수능은 변별력이 없다고 생각한다. 2008년도부터는 수능이 원점수제에서 등급제로 바뀌었다. 과열 경쟁을 막기 위한 대안이라지만 등급제가 되면 수능의 과열 경쟁만 감소할 뿐 대학에서는 변별력을 높이기 위해 심층 면접이나 논술 등 개별적인 시험을 준비할 수밖에 없다. 심지어 변별력 없는 쉬운 수능은 교육의 본질을 구현하기 위한 것이 아니라 사교육비 때문이기에 교육과 국가의 미래는 암울할 따름인 것이다.

둘째, 수능 제도는 사교육을 부추긴다. 수능은 현재 고등학교의 내신 공부보다 더 깊고 넓은 것을 알아야 풀 수 있다. 고등학생은 교과 내용과 또 다른 수능 공부도 해야 하기 때문에, 학습량이 배로 늘어나 학원에 의존하게 된다. 또한 현재 사교육비 절감을 위해 쉬운 수능을 마련해 변별력이 없어지는 것이 현재의 상황이다. 하지만, 사교육비 절감을 위해 쉬워지는 수능이라면 처음 학생들의 능력을 평가하는 수능의 목적은 사라지고 있기에 수능 시험이 유지될 필요가 없다고 생각한다. 교육부는 학교를 원래의 자리에 위치하도록 수능을 대체할 입시 제도를 강구해 학교가 시대적인 사명을 다하도록 도와야 한다.

마지막으로, 수능시험은 객관식이기에 창의력을 길러주지 못한다. 수능 시험은 결과적으로 자신의 능력을 평가하는 시험이다. 하지만, 객관식이기에 갖는 한계점이 있다. 우선적으로는 진정한 실력이 드러나지 않는다는 점이다. 찍어서 맞는 경우가 대표적인 그 예다. 또한 주관식 문제가 없기에 학생들의 생각을 알기 어렵고, 그에 따라 학생들은 깊게 생각을 하지 않게 되어 창의성을 잃게 될 것이다. 즉, 진정한 공부의 의미가 사라지는 것이다. 따라서 고등학생들이 더 자유롭고 효율적인 학습을 하기 위해서는 수능이 폐지되어야 한다고 생각한다.

[Q] - [교양 개별 면접]

청년 실업 문제가 심각한데 원인과 해결 방안을 말해 보세요.

[A] - 우리나라 청년 실업의 원인과 심각성

우리나라 청년 실업의 원인은 크게 두 가지로 나뉘게 된다. 첫째는 노동 수요와 노동 공급 간의 불일치로 인해 발생하는 문제이다. 통상 관리직의 경우 소수의 고등교육을 받은 청년들이 직무하기 좋은데, 고등 교육자가 너무 많다보니 그에 적합한 일자리의 공급이 부족한 문제가 발생한다. 또한 이공계 기피 현상 때문에 산업 수요가 있음에도 불구하고 노동 공급이 원활하게 되지 못한 모습도 볼 수 있다.

노동시장 분단 문제도 청년들을 취업하기 어렵게 하고 있다. 우리나라에서는 첫 직장이 대기업이냐 중소기업이냐, 또는 정규직이냐 비정규직이냐에 따라 앞으로의 삶이 달라진다고 볼 수 있다. 중소기업에 있더라도 열심히 일하면 대기업으로의 고용 승계까지도 보장되는 독일과는 다르게, 한번 사회적 위치가 결정되면 다른 계층으로 이동하기가 쉽지 않다. 그래서 많은 이들이 대기업에 들어가기 위해 오랫동안 구직 준비를 하는 문제를 보여주고 있다.

청년 노동시장에서 가장 큰 문제점은 실제 실업률 통계보다 미취업자가 많다는 것이다. 우리나라 청년층의 경제활동 참가율은 계속 감소하고 있으며, 마찬가지로 청년층 미취업 인구의 비율 또한 계속해서 증가하고 있다. 미취업 상태에서 구직 활동을 포기하는 이유 중엔 개인적 요인과 노동시장 요인이 있는데, 우리나라에서는 노동시장 요인으로 구직 포기를 하는 청년층이 전체 구직 포기 이유 중 약 60%를 차지한다.

하향 취업 문제도 많은 문제점 중 하나로 지적되고 있다. 하향 취업을 할 경우 해당 취업자는 자신의 능력을 100% 발휘할 수 없기 때문에 사회적으로는 효율적이지 못하게 된다. 그리고 인간 자본 이론에 따르면 교육을 인간 자본에 대한 일종의 투자로 보는데, 청년층이 하향 취업을 한다는 것은 투자만큼의 성과를 거두지 못하는 것이기 때문에 문제가 된다.

[A] - [해결 방안]

첫째, 청년 실업 문제는 단순히 프로그램만을 만들어서 해결할 수 있는 것이 아니라 노동시장 전체의 구조를 변화시켜서 이뤄내야 한다. 덴마크의 유연 안전성(flexible safety) 모델이 대표적이다. 우리나라에서는 현재 고용 유연성만이 강조되고 안전성은 굉장히 부족한 모습인데, 취업자가 해고되더라도 사회안전망과 복지정책으로 보호된다는 확신이 있다면 고용 유연성을 받아들일 수 있을 것이다. 그러기 위해선 노사정 간의 신뢰가 우선적으로 쌓여야 한다. 한쪽만 일방적으로 양보하는 것이 아니라, 서로 양보하고 함께 만들어가는 사회를 만들어야 일자리 순환이 원활하게 이루어져 청년들이 쉽게 일터로 들어올 수 있을 것이다.

둘째, 양질의 일자리를 공급하는 것이 중요하다. 그러기 위해선 노동시장 정책의 목표가 궁극적으로는 장기적이고 안정적인 일자리를 만드는데 초점이 맞춰져야 한다. 특히 우리나라의 경우 대졸자의 비율이 높은 곳이기 때문에 지식기반 산업을 중심으로 양질의 일자리를 공급하는데 신경을 많이 써야 할 것이다. 또한 일자리 쪼개기를 통해 새롭게 만들어진 곳이 대졸자들을 위한 일자리가 아니라면 하향 취업 문제가 더욱 심각해져 노동시장 정책이 효과가 크지 않을 것이다.

마지막으로 청년들이 받을 수 있는 직업훈련의 질이 높아져야 한다. 기업들의 인턴십 제도가 직무를 제대로 소개해줘 청년들이 일자리를 선택하는 데 실질적인 도움을 줘야 하며, 지역사회와의 활발한 연계를 통해 공공 직업훈련이 더욱 다양해져야 한다. 그래야 여러 방향으로 일자리를 창출해낼 수 있고, 그것이 장기적인 고용으로 이어질 수 있기 때문이다.

[A] - [결론]

청년 고용 정책은 단기적인 관점으로 접근해서는 안 된다. 정책이 단기 일자리 창출로만 성과를 나타낼 경우 직업훈련 비용 등으로 인해 사회적 비용이 오히려 증가하게 된다. 그래서 신산업 정책과 함께 청년 고용 정책이 함께 이루어져야 하며, 지금부터라도 향후 노동시장의 수요와 공급이 불일치하는 기간을 최대한 단축하는 방향으로 정책이 운영되길 기대한다.

[Q] - [교양 개별 면접]

혼밥(혼술) 문화의 긍정적인 효과와 부정적인 효과를 각각 말하시오.

[A] - [긍정적인 효과]

① 자신이 좋아하는 음식을 먹을 수 있다. 자신이 좋아하는 음식을 혼자 즐길 수 있다는 것, 혼밥의 첫 번째 장점이다. 다른 사람의 입맛과 기호에 상관없이 자신이 좋아하는 음식을 혼자서 즐길 수 있다는 것, 이게 바로 혼밥의 첫 번째 매력이다. 누구는 삭힌 음식을 선호할 수도 있다. 혼밥은 이런 독특한 음식도 마음껏 즐길 수 있다.

② 음식을 나눠먹지 않아도 된다. 자신이 가장 좋아하는 음식을 내주는 건 그리 달갑지 않을 수 있다. 오랫동안 먹고 싶었던 맛있는 요리를 주문한 뒤, 맛보고 싶어 하는 주변 친구에게 음식 일부를 양보한 적이 누구나 한번쯤은 있었을 것이다. 물론, 누군가와 맛있는 음식을 공유하는 게 좋을 수도 있지만, 자신이 가장 좋아하는 음식을 내주는 건 그리 달갑지 않을 수도 있다.

③ 건강한 식단을 유지할 수 있다. 연구결과에 따르면, 여러 사람이 같이 먹었을 경우 고지방 음식을 포함해 식사량의 44%를 더 먹게 되는 것으로 조사됐다. 계획한 건강한 식단을 지키려고 한다면, 혼자 식사하는 것이 더 유리할 수 있다. 미국심장협회(American Heart Association)에 발표된 연구에 따르면 다이어트 중인 사람들은 다른 사람들과 식사할 때 다이어트 계획에 실패할 확률이 60%에 달한다. 특히 달콤한 디저트를 좋아하는 사람들이 주변에 많이 있다면, 혼밥이 건강에 더 좋을 수 있다.

④ 원하는 속도로 먹을 수 있다. 혼밥을 하면 자신이 선택한 양을 자신이 원하는 속도로 먹을 수 있다. 다른 사람과 식사할 경우 우리는 일반적

으로 일행과 먹는 속도를 맞춘다. 이로 인해 불편했던 경험이 누구나 한번쯤은 있을 것이다. 하지만 혼밥을 하면 다른 사람의 페이스에 구애받지 않고 자신이 원하는 속도로 먹을 수 있다. 다만 저녁에 TV를 보면서 혼밥을 할 계획이라면 주의할 점이 있다. 액션 영화나 예능 프로그램을 보며 식사를 할 경우, 본의 아니게 과식하게 된다는 지적이 있다.

⑤ 여유롭게 맛을 음미할 수 있다. 혼밥을 하면 여유롭게 음식을 즐기며 음식 그대로의 맛을 느낄 수 있다. 식감과 음식의 냄새 등을 느끼며 진정으로 맛을 즐기는 시간을 가질 수 있는 것이다.

⑥ 혼자만의 특별한 외식을 즐길 수 있다. 그리스 산토리니의 아름다운 풍경과 함께 아침식사를 즐기는 한 혼자 외식하는 게 익숙해지려면 시간이 조금 걸릴 수도 있지만, 우울하게 집에서 홀로 먹는 것보다 좋을 수 있다. 혹시 외로워 보이지는 않을지, 다른 사람들의 시선이 부담스러운가? 전혀 의식할 필요가 없다. 전 세계적으로 혼밥을 하는 사람들이 늘고 있기 때문이다. 영국인의 87%는 혼자서 먹는 것도 괜찮다고 응답했다. 국제적인 온라인 식당 예약 서비스를 제공하는 오픈테이블(OpenTable)의 연구에 따르면, 1인 자리를 예약하는 현상은 2년 만에 두 배 이상 증가한 것으로 나타났다.

⑦ 다른 사람의 '쩝쩝' 소리를 듣지 않아도 된다. 혼밥을 하게 되면 다른 사람의 씹고 삼키는 등의 소리를 듣지 않아도 된다. 누군가의 식사 소리에 불쾌했던 적이 있는가. 어떤 사람은 누군가의 식사 소리에 민감하게 반응한다. 하지만 혼밥을 하게 되면 씹고 삼키는 등의 타인의 식사 소리로부터 자유로워진다.

⑧ 언제 어디에서나 자유롭게 먹을 수 있다. 혼밥의 마지막 장점은 언제 어디에서나 먹을 수 있다는 것이다. 새벽에 침대에서 토스트를 먹을 수도 있고, 목욕하며 차를 마실 수도 있다. 이처럼 언제 어디에서나 먹을 수 있다는 것. 이게 바로 혼밥해도 괜찮은 마지막 이유다.

[A] - [부정적인 효과]

혼밥은 두 가지 문제가 있다. 첫째 식품 안전과 영양학적으로 부실 관리 가능성이 높고, 혼밥의 영양학적 문제와 안전성이다. 특히 시중에서 판매되는 혼밥에 나트륨(소금)이 과다하게 함유된 것이 논의의 초점이 되었다. 둘째 소외감 등 개인의 심리적 스트레스를 유발한다. 노령 인구가 급속히 늘어나는 것을 감안하면 혼밥이 심리적으로 미치는 영향은 상상하기 힘들겠다는 생각을 하게 된다.

부실한 음식으로 끼니를 때우며 누구와도 교류하지 않는 혼족 문화가 한국 사회를 장차 어떤 모습으로 바꿔 놓을지 겁이 난다. 가장 큰 것은 건강에 대한 부분들이다. 1인 가구의 경우 직접 해 먹기보다 사먹거나 배달을 해서 먹는 경우가 많다. 이런 음식들이 주 식사가 되게 되면 너무 많은 설탕·소금의 섭취로 건강이 안 좋아질 수 있으며, 부족한 야채·과일로 영양의 불균형이 발생할 확률이 높다.

또 혼자서 먹게 되면 밥을 먹는 시간이 빨라져서 과식을 하거나 밥을 먹은 뒤에도 포만감이 느껴지지 않아 많은 양의 음식을 먹게 되어 비만이 될 확률이 높아지게 된다.

혼술이 좋다고 생각하는 분들이 의외로 많다. 실제로 혼술은 여러 위험을 높이는 음주 습관이다. 주위에 나를 관찰하는 사람이 없기 때문에 나의 잘못된 행동과 음주 습관을 잡아줄 수 없으며, 과음을 하는 것을 막아주는 것이 힘들다. 또 나를 지켜보는 사람이 없는 만큼 술로 인한 문제에 대해서도 심각하게 받아들이지 않게 될 수 있다.

[Q] - [교양 개별 면접]

투표권을 만 19세에서 만 18세로 낮추자는 의견에 대해 자신은 찬성하는가? 반대하는가?

청소년 단체들은 최근 국회가 선거 연령을 만 18세로 하는 법안을 신속 처리 대상 안건으로 지정해야 한다며 선거 연령 하향을 촉구하고 있다.

[A] - [찬성 의견]

① 18세는 인지 능력을 갖추고 있어 소신 있는 정치 판단이 가능하고, 인터넷을 통한 정보 습득으로 청소년들의 정치적 의식도 높아졌기 때문이다.

② 대부분의 국가에서 선거 연령을 18세로 규정하고 있다는 점도 근거로 삼고 있다. OECD 34개 회원국 가운데 32개 국가가 18세부터 투표권을 갖고 있고, 오스트리아는 16세부터 투표권이 주어지고 있다. 또, 18세에는 운전면허 취득이나 혼인이 가능하고, 병역, 납세 등의 의무가 부과되기 때문에 책임과 권한의 형평성을 맞추기 위해서도 18세 선거권 부여가 타당하다.

[A] - [반대 의견]

① 청소년들의 정치적 판단력이 부족하다. 19세 미만 미성년자는 정치적, 신체적 자율성이 부족해 독자적인 판단보다는 보호자나 교사 등에 의존할 가능성이 높다.

② 상당수는 고3으로 대학 입시 공부에 집중해야 할 시기에 학업을 소홀히 할 수 있다. 헌법재판소도 1997년 이후 선거 연령 관련 헌법소원에 대해 모두 6차례에 걸쳐 문제가 없다는 결정을 내렸다.

[A] - [종합 의견]

그동안 청소년의 권리가 보장되지 않았기 때문에 이런 부분에 대해서 관심을 많이 갖지 못했지만 참정권을 낮춰 주면 학생들이 시민으로서 성장하는 데 큰 도움이 될 거라고 생각한다. 정치 교육, 시민사회 교육을 강화시키는 쪽으로 견인해 나가는 게 맞다. 그런 합리적 논의들을 통해서 선거 연령들이 조정됐으면 한다.

[Q] - [교양 개별 면접]

외국인을 귀화시켜 올림픽 국가대표로 뽑는 것에 대해 자신은 찬성하는가? 반대하는가?

[개념과 현황] 선수들의 귀화는 '특별 귀화 제도'에 의거해서 이루어진다. 2010년 5월 4일 공포된 국적법 개정안에 의거해 2011년부터 시행하고 있는 제도이다. 특별 귀화는 외국 국적을 가진 우수 인재들에게 한국 국적을 부여, 국익 신장에 도움이 되도록 하기 위해 만든 제도이다.

특별 귀화는 일반 귀화와 달리 말 그대로 특별하다. 국내 거주 기간, 나이, 생계유지 능력 등 일반 귀화를 위한 요건을 갖출 필요가 없고, 한국 내에서 외국 국적을 행사하지 않는 조건으로 본인의 기존 국적을 포기하지 않아도 된다. 즉 이중 국적을 허용한다. 외국인이 특별 귀화를 통해 한국 국적을 취득하기 위해서는 정부가 지정한 대표 기관에서 자격 검사를 거친 후, 추천을 받아 법무부의 최종 심의를 받아야 한다. 스포츠 선수의 경우 대한체육회의 자격 심사를 거치게 된다. 글로벌 시대에 귀화는 그다지 낯선 일은 아니다. 우리나라도 수많은 외국인들이 귀화를 통해 국적을 얻어 한국에서 살고 있다. 귀화한 외국인을 바라보는 시선도 과거에 비해 자연스러워졌다. 하지만 귀화를 신청하는 스포츠 선수들을 바라보는 시선은 엇갈린다. '선수 특별 귀화'를 놓고 사람들의 의견은 엇갈리고 있다.

[A] - [찬성 의견]

한국 스포츠를 한 단계 발전시킬 수 있고, 얇은 선수층을 가지고 있는 비인기 종목에 큰 도움이 될 수 있을 것이다. 바이애슬론 세계 선수권 대회에서 금메달을 획득한 서안나의 경우는 특별 귀화의 좋은 사례라고 볼 수 있다.

[A] - [반대 의견]

단순히 메달을 위한 귀화 추진은 성적 지상주의에 매몰된 한국 사회를 대표하는 것일 뿐이고, 한국에 대한 기본적인 지식과 애정이 없는 귀화 선수들은 실질적으로 한국 스포츠 발전에 도움을 주지 못한다. 특별 귀화를 추진하던 도중 서류 위조 등이 들통 나 한국 여자 농구계를 발칵 뒤집었던 첼시 리의 사례는 특별 귀화를 무조건 긍정적으로만 바라볼 수는 없게 하는 것 같다.

[Q] - [교양 개별 면접]

소비의 장단점에 대해 말하시오.

[A] - [장점]

"소비한다. 고로 존재한다."

소비하는 행위는 기본적 행위이고 개별적 인간 정체성의 표현이다. 사람이 소비를 해야 기업은 새로운 물건을 만들어 낸다. 경제 순환을 위해 소비는 반드시 필요한 행위이다. 이러한 소비 과정은 시대가 변화하면서 "기호를 흡수하고 기호에 의해 흡수되는 과정"으로 재정의 되고 있다. 각 기호의 차이는 소비를 유발한다. 수많은 커피 중에서 스타벅스 커피를 선택하는 것은 몇 백 원짜리 자판기 커피보다 스타벅스 커피가 고급스럽다는 차이에 의한 행위의 결과다. 스타벅스 커피에 길들여진 사람은 자판기 커피를 찾지 않는다. 기호의 질서를 어지럽히기 때문이다. 그래서 소비의 주체는 개인이 아닌 기호의 질서다.

소비는 "위에서 아래로(상류층에서 하류층으로)" 전파된다. 희소가치가 있어 상류층에서만 향유되는 사물은 점차 일반화되어 대중에게 확산된다. 루이뷔통 가방은 국내에 처음 들어왔을 때 중년의 귀부인이었지만 현재는 사용 연령이 낮아지고 있다. '상류층의 전유물'이라는 기의가 상품이 보편화되면서 변화했기 때문이다. 사물이 보편화된 상황에서 상류층은 희소가치가 높은 다른 사물을 소유하려고 한다.

[A] - [단점]

소비는 존재로서의 인간을 소외시키고 과소비를 유발할 수 있다. 특히, 명품 소비는 더욱 그렇다. 보드리야르는 소비를 '계급적 제도'로 보고 사회적 차이화의 논리를 주장한다. "사람들은 결코 사물 자체를 (그 사용 가치에서 소비하지 않는다) – 이상적인 준거로서 받아들여진 자기 집단에 대한 소속을 나타내기 위해서든, 아니면 보다 높은 지위의 집단을 준거로 삼아 자신의 집단과 구분하기 위해서든 간에 사람들은 자신을 타인을 구별 짓는 기호로서 (가장 넓은 의미에서) 사물을 항상 조작한다."

이 때문에 인간은 소외된다. "당신이 꿈꾸는 육체, 그것은 당신 자신의 몸이다" 광고와 쇼윈도 등은 개인에게 자신의 육체와 사회적 지위를 드러내도록 요구한다. 현대 소비사회에서 개인은 차이를 소비하고 기호를 소유한다. 사람들은 무의식적으로 대중문화를 통해 끊임없이 재정의된 사물의 모습을 학습한다. 현대의 모든 생산물은 재정의된 영역에서 만들어진다. 특히 광고는 소비를 유도하는 가장 주목할 만한 매스미디어다. 최근의 아파트 광고는 화려하고 귀족적인 이미지를 전달한다. 광고는 턱시도와 드레스를 입고 와인을 마시거나 악기를 연주하는 등 현실과는 다소 동떨어진 삶은 사는 사람들의 모습을 비춘다. 소비자로 하여금 그 아파트를 소유하면 특별한 존재가 될 수 있다고 부추기는 셈이다. 보드리야르는 광고의 교활함을 이렇게 설명한다. "도처에서 시장의 논리를 '카고(Cargo)'의 주술(미개인들이 꿈꾸는 완벽하고 기적적인 풍부함)로 대체하는 것이다."

몇 년 전부터 우리나라를 강타한 얼짱, 몸짱 신드롬부터 최근의 S라인 V라인에 이르기까지 소비사회 속 사람은 적극적으로 외모를 가꾼다. 미용, 성형수술, 날씬해지기 위한 식이요법 등은 소비를 촉진한다. 그것이 긍정적인 측면도 있지만 과도한 몰입은 "물신(또는 소비 대상)으로 육체를 취급하는 결과를 낳는다. 소비사회에 이르러 육체는 "향유의 도구"로 "사회적 지위를 표시"하는 기호로 조작되고 있다.

[Q] - [교양 개별 면접]

최근 학연, 지연 등에 의한 동호회 모임이 활성화 되고 있다. 이른바 자발적 결사체라 불리는 데 이런 조직이 활성화 될 경우에 나타날 수 있는 긍정적인 측면과 부정적인 측면을 각각 말하시오.

[A] - [긍정적인 측면]

모임 구성원 간의 네트워크와 파트너십을 강화할 수 있다. 각박한 경쟁 사회에서 마음의 위안을 얻을 수 있고 대화를 통해 정을 나눌 수 있어 심리적 만족감을 높일 수 있다.

[A] - [부정적인 측면]

모임 구성원 간의 친밀감이 다른 것으로 작용한다는 것이 문제이다. 결국 또 다른 패거리 문화를 만들어서 각종 이권, 인사, 정실 등에 악용될 수 있다.

[Q] - [교양 개별 면접]

한라산 국립공원의 입산을 할 때 2만 원이라는 상당한 액수의 입장료를 부과 하는 것에 대한 긍정적인 측면과 부정적인 측면을 각각 말하고 자신의 생각을 말하시오.

[A] - [긍정적인 측면(찬성 의견)]

고액의 입장료 부과는 입장료를 현실화해 관광 수요를 조절하고 세계 자연유산 환경도 보전하는 것이 목적이다. 제주도와 제주도의회 관계자, 도 내외 전문가로 구성된 워킹그룹은 '환경 자산의 가치를 보전해 지속 가능성을 확보하고, 수요 억제를 통해 관광 문화의 품격을 향상하기 위한 조치'라고 설명했다. 제주도 한라산과 성산 일출봉은 2007년 유네스코가 지정한 세계자연유산에 등재되면서, 탐방객이 폭발적으로 증가했다. 중국인 관광객들에겐 필수 코스가 되다시피 했다. 지난해 한라산을 오른 탐방객 수는 125만 5천 명, 성산 일출봉에는 301만 명이 다녀갔다. 탐방객이 몰리다 보니 주차, 화장실, 오수 처리 문제가 불거지고 있다. 워킹그룹은 입장료 인상의 근거로 세계자연유산지구의 평균 입장료를 제시했다. 2011년을 기준으로 세계자연유산지구 40곳의 평균 입장료는 2만 4천 원 정도라고 설명했다. 중국 황산 약 3만 8천 원, 미국 옐로스톤 국립공원 약 3만 3천 원, 미국 그랜드캐니언 국립공원 약 1만 7천 원 등을 사례로 제시하며, 미국이나 중국 등의 세계자연유산을 보더라도 무료로 입장하는 곳이 없다.

[A] - [부정적인 측면(반대 의견)]

1. 제주도가 워킹그룹의 권고에 따라 무조건적인 수용 자세를 보여주고 있다. 그래서 요금 인상률을 수용하기 어렵다.
2. 반대의 또 다른 이유는 입장료를 2만 원으로 인상하려는 한라산에 국비와 도비가 지원되고 있다는 점이다.

한라산은 세계자연유산으로 지정됐지만, 여전히 우리나라 국립공원에 속하기 때문에 다른 국립공원처럼 환경부에서 매년 일정 예산을 지원하고 있다. 올해만 50억 원 가량의 국비가 지원됐고, 여기에 제주도에서 지원하는 도비까지 합치면 한라산에 책정된 예산은 120억 원에 달한다. 내년 예산은 130억 원 가량이다.

국립공원관리공단에 따르면, 지난해를 기준으로 북한산 탐방객 수는 637만 명, 설악산 탐방객 수는 282만 명에 달한다. 두 지역 모두 입장료는 무료이다. 125만 명이 다녀간 한라산이 다른 국립공원에 비해 관광지라는 특수성이 있더라도, 관광객 관리가 어려워 입장료를 올린다는 것은 과도한 주장이다. 일각에서는 탐방 예약제를 도입해 관광객 수를 조절할 수 있다는 방안도 제시하고 있다.

[Q] - [교직 개별 면접]

소규모 학교의 통폐합에 대해 찬성인가? 반대인가?

[A] - [찬성 의견]

정부와 교육부는 교육 재정의 비효율성 등을 이유로 소규모 학교의 통폐합의 정당성을 주장한다.

[A] - [반대 의견]

소규모 학교에 대한 정부와 교육부의 경제적 및 정치적 논리를 반박하면서, 지역공동체의 특성에 부합한 소규모 학교를 활성화해야 한다.

[Q] - [교양 개별 면접]

유기동물을 안락사 시키자는 의견에 대해 자신은 찬성하는가? 반대하는가?

- **출제 의도** : 자기 위안이나 만족을 위해 타인의 삶을 침해하고 생명을 경시하는 풍조에 대한 비판적 시각을 통해 윤리적 주체로서 타인을 배려하고 자기 위안의 도구가 아닌 생명 존중 사상을 함양하고 있는가와 관련하여, 예비 교사로서의 품성과 판단력을 알아보기 위한 문항이다.
- **출제 근거** : 자기 위안에 몰두하는 과정에서 타인의 권익을 침해하는 경우가 있는데, 이와 관련하여 비판적 지성에 바탕을 둔 윤리적 소통을 통해 시민 의식을 추구하는 태도와 가치관을 형성에 관련되어 있다.

- **문항 해설** : 공동체 속에서 연대를 이루지 못하고 살아가는 독거노인의 고독사와 젊은이들의 단독 세대로 인한 사회적 단절 현상 등과 관련하여 문제를 인식하고, 이를 공동체 내의 사회적 연대나 개인의 관계 능력의 성숙을 통한 사회적 삶을 추구하는 등의 바람직한 삶을 설계할 수 있는 개인 윤리의 문제와 관련하여 학생들의 가치관과 판단력을 알아보기 위한 문항으로 출제되었다.

[A] - [찬성 의견]

안락사 시키지 않으면 늘어나는 유기동물을 관리할 수 없다. 해마다 수많은 반려동물이 버려지고 있다. 대부분 동물 보호소로 가지만 입양되지 못하고 죽는 경우가 많다. 하지만 유기동물을 안락사하지 않고 보호소에서 돌보는 것은 불가능하다. 모든 유기동물을 보호할 공간도, 인력도, 사료 값도 부족하다. 유기동물의 수를 조절하기 위해서도 안락사는 필요하다.

[A] - [반대 의견]

죄 없는 유기동물을 안락사 시키면 안 된다. 유기동물이 생기는 가장 큰 원인은 키우던 동물을 버리는 사람들에게 있다. 귀엽다는 이유만으로 쉽게 입양을 결정했다가, 생각보다 키우기 어려우면 버리는 사람들의 행동에 잘못이 있다. 죄 없는 동물을 안락사 시키기보다 반려동물을 키우는 사람들이 동물을 함부로 버리면 강력히 처벌하는 등의 제도가 필요하다.

[Q] - [교직 개별 면접]

교사를 순환 근무하게 하는 교원 순환근무제에 대해 찬성인가? 반대인가?

[개념] 순환근무제

한 공립학교에서 일정한 기간 근무하면 다른 공립학교로 전보시키는 제도이다. 서울은 4년 또는 5년마다 이러한 순환 근무 원칙에 따라 학교를 옮겨야 한다. 교사의 전보 제도에 따르면 원칙적으로 한 학교에서 5년 이상 근무한 교사를 대상으로 다른 학교로 전보하도록 하고 있다. 다만 해당되는 모든 교사를 전보하는 것이 아니라 특별한 경우에는 예외 조항을 두어 전보를 유예시킬 수 있도록 하고 있다.

[A] - [찬성 의견]

순환근무제는 기피하는 지역과 읍면 지역을 위해 필요하다. 또한 예부터 고인 물은 썩는다고 했다. 물길을 터 새로운 물길이 들어올 수 있도록 하기 위해 교사 순환 제도는 반드시 도입해야 한다. 교사들의 순환 근무는 타 지역 교육 환경이나 문화를 체험하고 벤치마킹할 수 있는 기회가 된다. 이는 역으로 순환 근무가 교육 발전에 기여할 수 있는 토대가 된다는 이야기다.

순환근무제는 근대 교육이 시작된 이후 일제강점기에 한 학교에 오래 근무한 교사가 주인의식을 가지고 민족 교육을 하는 것을 방지하기 위하여 도입되었다는 설이 유력하다. 교사를 단지 상부의 지시만을 따르는 하수인으로 부리기 위하여 도입되었다는 것이다. 이러한 관점에서 보면 일제강점기의 낡은 유산이라고 볼 수도 있다. 그러나 광복 이후에도 유지되던 순환근무제가 더욱 강화된 것은 1970년대 산업화 시기를 거치면서부터이다.

도시화 및 산업화에 따라 농촌의 인구가 줄면서 농촌 인구가 감소하고 도시 인구가 증가하면서 농어촌의 학교는 폐교되고 도시에는 신설 학교가 많이 생겨났다. 이 과정에서 교사들이 도시의 학교에 근무하는 것을 선호하는 경향이 더욱 강해졌다. 이를 해소하기 위하여 지방에서는 도시-농어촌 순환근무제가 강화되게 되었고, 8학군 선호가 나타난 서울에서는 8학군과 기타 학군 사이의 순환근무제가 나타나게 되었다. 결국 순환근무제는 도시와 농어촌 벽지, 선호 지역과 비선호 지역의 교사를 교류함으로써 교사의 희망이나 능력에 의한 지역 간의 교육 격차를 줄이는 장치로 쓰이게 되었다. 여기에 국가에 의한 교육의 중앙집권적 통제를 용이하게 하는 제도라는 점에서 오히려 강화되어 시행되고 있다.

순환근무제는 우선 큰 틀에서 교육의 평준화에 일부나마 기여하고 있다. 앞서 얘기한 대로 광역자치단체 안에서는 농어촌 벽지와 도시, 선호 지역과 비선호 지역 사이의 교사 교류를 통하여 우수한 교사가 농어촌 벽지에도 근무할 여건을 만들어주고 있으며, 일부 선호 지역에 교사가 몰리는 현상도 완화시키는 역할도 잘 해내고 있다. 이에 따라 광역자치단체에 속한 지역은 어느 곳이든지 교사의 질과 수준이 고른 편이며 지역 간 교육 불균형을 해소하는 데 큰 역할을 하여 오기도 하였다.

또 학교에 부적응한 교사를 다른 학교로 보내는 임시방편으로의 인사 조치도 수월하게 이루어지므로 교사의 직업 안정성을 담보하는 제도이기도 하다. 역설적으로 이러한 점이 공립학교 교사의 신분 안정에 도움을 주고 있다. 단위학교나 지역 교육청에서 교사를 해고하기가 쉽지 않은 만큼 다른 학교로 전출하는 방법으로 이용되고 있다.

한 지역사회에서 불의로 지탄받는 교사가 있더라도 다른 지역으로 전출하면 되기 때문에 부적격 교사가 교육 현장에서 걸러지지 않게 되는 원인이 되기도 한다. 단위 학교에서 교사 임용이 된다면 이는 어려울 것이다. 다른 학교로 전출이 어려운 사립학교에서 일어나는 여러 가지 인사 잡음, 정규 교사보다 임시 강사를 채용하는 경향이 많은 것도 이와 무관하지 않다. 여러 통계에 의하면 교사들의 인사에 대한 불만은 순환근무제도가 여러 가지 사유로 잘 지켜지지 않을 때 많이 나타난다.

[A] - [반대 의견]

우리나라나 일본을 제외한 대부분의 나라, 특히 교육 자치의 전통이 강한 나라에서는 교사 순환근무제는 존재하지 않는다. 잘 운영되는 교육 자치 때문에 교사의 임면권이 지역사회에 있기 때문이다. 학교 운영위원회나 지역의 교육위원회에 의하여 교사가 임명되므로 다른 지역과의 순환 근무가 애당초 불가능하다. 다른 학교로 가려면 근무하던 학교를 사직하고 해당 학교에 다시 임용하는 절차를 거쳐야 하므로 상당히 번거로운 일이 된다.

순환근무제로 인하여 나타나는 폐단은 생각보다 심각하다. 우선 근무하는 학교에 대한 애정과 관심이 자리 잡기 전에 다른 학교로 옮겨가야 한다는 것이다. 4~5년이라는 시간은 학생이 입학해서 졸업하기까지 3년이 걸리는 것을 감안하면 매우 짧은 시간이다. 교사가 3개 학년 재학 과정을 모두 지켜볼 수 있는 학생들은 겨우 3개 학년도 졸업생들뿐이다. 이 학생들이 졸업 3년 후에 학교를 찾았을 때 자신의 은사들 중 소수만이 그 학교에 재직하고 있을 것이다. 교사의 입장에서는 5년 후에는 다른 학교로 가야 하므로 학교 부근에 집을 사서 안착하기도 어렵다. 불편함을 무릅쓰고 멀리서 출퇴근하는 방법을 택할 수밖에 없다. 이에 따른 교통 비용도 상당한 몫이 된다. 이런 환경에서 공립학교 교사들에게 근무하는 학교에 대한 애정과 책임감을 요구하고 지역사회의 요구에 맞는 교육을 실시하도록 요구하는 것은 어렵게 된다. 설사 애정을 가지고 열심히 근무하더라도 결국은 그 학교를 떠나 다른 학교에 가면 잠시 동안 이방인이 되는 느낌을 지울 수 없게 되며 익숙해지면 다시 떠나는 일이 퇴직 때까지 반복되게 된다.

결국 한 학교에서 평균 1/5 정도의 교사는 매년 다른 학교로 가고 같은 수의 교사가 다른 학교에서 오게 된다. 학교에서는 매 학년도 초에 교사가 맡을 학년과 과목과 학생이 정해지고 이를 대비한 여러 가지 업무가 선행되어야 한다. 그러나 교사의 20% 정도가 이동하기 때문에 새 학기 준비를 모두가 충실하게 하기는 어렵다. 다음 학년도에 맡을 업무나 학년이나 수업 과목이 2월 중순에나 정해지기 때문이다. 그 결과 모든 공립학교에서 3월 초는 매우 분주한 일이 계속 이어진다.

이와는 달리 순환 근무가 없는 사립학교에서는 연말에서 2월에 걸쳐서 이러한 일이 이루어지고 3월에는 계획된 업무가 착착 진행되므로 공립학교와는 달리 체계적으로 일이 진행된다. 그러나 3월 한 달은 공립학교 교사에게는 아주 분주하고 바쁜 달임이 분명하다.

학교를 옮겨 다니면서 업무의 연속성을 기대하기도 어렵다. 같은 업무나 과목을 오래 맡아서 전문성을 키울 기회도 적고 제자들이 학교에 찾아오는 기쁨을 누리기도 어렵다. 학생들이 졸업 후에 학교를 잘 찾지 않는 것도 이런 이유 때문이기도 하다. 여기에 장거리 출퇴근을 하거나 희망하지 않는 학교에 전보된 경우 교사의 경우는 불만족이나 스트레스 등으로 인하여 학생지도에 차질이 나타날 수도 있으며, 교사가 전보되기를 원하는 일부 특정 선호 지역으로 우수한 교사가 편중 지원하는 현상이 나타나 경쟁이 심해지는 현상도 일어난다.

특히 지방에서는 벽지 학교 근무를 승진에 필요한 점수를 채우기 위한 방편으로 삼는 현상이 많이 나타나고 있어 우수한 교사의 벽지 근무의 의미를 상쇄시키고 있기도 하다.

현재 이루어지고 있는 다면평가에 의한 교원 평가도 바른 평가를 기대하기 어렵다. 현재의 평정 점수와 연공에 의한 승진 제도가 얽혀서 교직 사회의 전문성 신장과 구조 개선을 더디게 만드는 원인이기도 하다. 벽지나 도서 지역 근무를 승진 점수를 얻기 위한 도구로 사용하는 현상도 나타난다. '교장 선출 보직제'등이 논의될 수 있는 교원 승진 제도의 보완에서도 현재의 순환근무제는 교사의 장 선출에 대한 정보 습득과 평가를 보장하기 어렵기 때문에 공정한 잣대로 선출하는 것이 불가능하다.

교육적 가치를 우선할 것인가? 행정 편의와 교사의 직업 안정성을 우선할 것인가? 교원 순환근무제도는 일제에 의하여 시작되어 현재까지 점점 강화되어 왔으나 이제는 제도 자체를 근본적으로 다시 평가하여 개선할 필요가 있다고 본다. 교육 기회의 균등한 확대를 통하여 고도 성장기에 모두에게 공정한 교육을 할 수 있다는 명분 아래 실질적으로는 모든 교사에게 다양한 교육 경험 기회를 제공하고 교사의 만족도 향상을 위하여 이 제도가 운용되어 온 것도 사실이다. 이제는 교육의 본질적인 면을 들여다 보고 교사와 학생이 모두 만족할 수 있는 제도를 찾을 때가 되었다. 지역사회 학교의 전통이나 교육력을 꾸준하게 유지하면서도 교사의 만족도나 성취감을 높일 수 있는 제도는 무엇일까?

여러 관점에서 볼 때 교원 순환근무제를 한순간에 없애는 것은 어려울 것이라고 예상된다. 교원 순환근무제는 학생의 보편적인 평등한 교육, 교사의 생활 및 주거 안정과 교육과정에 대한 만족도, 학교 간 교육 여건의 균등화 등의 세 가지 논리가 적용되며 이를 꾸준하게 주장하는 분들도 아주 많다. 그러나 위에서 제시한 교육의 연속성, 학교의 전통수립, 교원 승진 제도의 문제점 등을 종합해 볼 때 반드시 개선되어야 할 제도이기도 하다. 지역자치제도와 교육 자치의 이상을 실현하기 위해서도 강제로 인적 교류를 시행하는 교원 순환근무제는 적합하지 않다. 교육 문제를 지역자치단체에서 일부나마 주관해서 시행하려면 교사에 대한 인사권 역시 필요하며 지역사회와 교육의 연계성을 생각해볼 때도 지역 근무 교사가 반드시 필요하다. 결국 지역의 교육 문제는 그 지역의 교육 자원을 활용하고 부족한 경우에는 다른 지역에서 초빙 해오는 것이 바람직하다고 생각한다. 순환근무제가 유지되더라도 현재의 광역자치단체 단위의 순환 근무보다는 소규모 지역자치단체 안에서의 순환 근무가 되어야하며 지역사회에 적응하고 전문성을 확보하기 위하여 근무 기간도 최소 10년 이상이 보장되어야 한다고 생각한다.

여기에 교사가 원하거나 교육기관의 요청이 있으면 그 이상도 계속 근무할 수 있도록 제도 개선을 할 필요가 있다. 다만 이런 방향으로 제도가 바뀌었을 때 나타날 문제점을 예상해 보면 교사의 지역적 선호도에 따라 지역적 교사 자원의 불균형이 심해질 우려가 있지만, 임용 과정이나 급여 등에서 비선호 지역 근무 교사에게 어느 정도의 인센티브를 주느냐에 따라 해소될 수 있을 것이다. 실제로 외국의 사례에서 보면 보수, 근무 조건 등이 지역이나 학교에 따라 다르다는 것을 확인할 수 있다.

교원 순환근무제는 일종의 계륵과 같은 존재이다. 없애자니 그 부작용이 두렵고 그대로 유지하자니 학교 현장에서 교사의 책임감이나 교육의 연속성을 무디게 한다. 그러나 일본이나 우리나라 정도만이 이런 제도를 운영하는 것에서 볼 수 있듯이 그다지 바람직한 제도는 아니다. 결국 순환근무 지역의 크기를 줄이고 근무 기간을 늘이면서 점차적으로 폐지하는 방향으로 개선하는 것이 바람직하다고 생각한다.

[Q] - [교양 개별 면접]

인공지능이 노동력에 미치는 영향에 대해 말해 보세요.

[A]

　인공지능이 우리나라 일자리에 미칠 영향을 분석해 본 결과 우리나라 일자리의 43%가 자동화될 가능성이 높은 고위험군으로 나타났다. 특히 3대 고위험 직업과 산업에 인공지능에 의한 자동화로 대체 가능성이 높은 취업자가 60% 이상 몰려 있는 것으로 나타났다. 전통적으로 자동화의 영향이 컸던 제조업, 블루칼라 근로자뿐만 아니라 화이트칼라 근로자나 지역 상권의 서비스업 일자리도 인공지능에 의한 자동화에 크게 노출되어 있다.

　인공지능의 확산이 점점 더 가시화되고 있는 상황에서 개인은 인공지능을 업무에 보완적으로 활용할 수 있는 직업 능력을 개발해 나갈 필요가 있다. 인공지능의 발전에도 불구하고 여전히 남아 있을 인간 고유의 능력은 향후에는 더욱 귀한 자원이 될 것이다. 프레이&오스본의 연구에서 병목 업무로 상정한 창의력, 대인관계 역량 등이 대표적인 예이다. 이러한 고유의 능력에 인공지능을 활용할 수 있는 능력이 결합한다면 인공지능 시대에도 여전히 각광받는 직업을 유지할 수 있을 것이다.

　인공지능 기반의 업무 자동화를 효과적으로 활용할 수 있는 인력 구성과 배치가 필요하다. 정부는 고용 환경의 급격한 변화를 감안하여 노동시장의 유연안정성(flexibility) 제고에 나서야 한다. 산업의 변화에 대응하여 다양한 고용 형태와 탄력적인 인력 운용이 가능한 유연한 노동시장을 마련함과 동시에 취약 계층의 일자리 충격을 흡수할 수 있도록 재교육, 전직 지원, 고용보험 등 사회안전망도 강화해 나가야 한다. 나아가 기본 소득, 로봇세(자동화세) 등 기술 혁신에 대응하여 새롭게 대두되고 있는 정책 담론에 대한 선제적 검토와 정책 실험을 통해서 일자리 상실에 대한 불확실성을 완화시켜 나가야하며, 지식 수명주기의 단축에 대응할 수 있는 평생 학습 체제도 강화해 나가야 할 것이다.

[Q] - [교양 개별 면접]

최저시급을 만원까지 인상하는 것에 대해 노동자나 사용자의 입장을 말해보시오.

[A] - [노동자의 입장]

정부가 재정을 투입해 가계소득을 늘려서 내수를 진작하고, 결과적으로 소득분배와 성장으로 이어가는 소득 주도 성장의 첫 출발이다. 전 세계의 연구를 모아 봐도 압도적으로 많은 논문이 (최저임금 인상이) 고용에 별 영향을 미치지 않는다는 결론을 내렸다. 실제로 우리나라에서는 2002년과 2006년에 최저임금이 이번과 비슷하게 16.8%, 13.1% 올랐는데 그 다음 몇 해 동안 아무 일도 벌어지지 않았다. 최저임금이 모든 경제 문제를 해결할 수 있는 '만병통치약'은 아니지만 내수 증가로 이어져 생산과 투자를 촉발할 수 있는 첫 단계라고 할 수 있다. 최저시급이 노동시장에 끼치는 효과는 학문적으로 확정되지 않은 데다, 최저시급을 올리면 고용이 줄어든다는 게 경제학의 이론이지만 현실은 이론처럼 깔끔하게 최저시급을 올린다고 고용이 줄어드는 것으로 나오지 않는다. 또한 높은 임금이 구조개혁을 촉진하고, 생산성 향상을 강제하는 효과가 있다. 최저임금을 못 주는 기업과 자영업자 등이 문을 닫으면 해당 자본이 공중 분해되는 것이 아니라 최저임금 이상을 줄 수 있는 자본으로 흡수된다며 이 경우 경제 전반의 생산성이 향상되고 구조적 고도화가 강제될 수 있다.

[A] - [사용자의 입장]

최저임금의 상승은 결국 생산성 하락을 가져온다. 최저임금 인상으로 인해 국내 제조업 공장은 국외로 이전할 수밖에 없다. 실제로 많은 국내 공장이 인건비가 상대적으로 저렴한 중국, 베트남 같은 동아시아, 동남아시아로 이전했다.

[Q] - [교양 개별 면접]

청년 빈곤 문제의 해결 방안 2가지를 말하시오.

[A]

① 공공 부문 일자리 창출에 더해 청년고용의무제 비율 상향을 검토할 필요가 있다.
② 청년 구직 촉진 수당, 추가 고용 장려금, 청년 내일 채움 공제 등 직접 지원으로 방향을 전환하는 것을 검토할 필요도 있다.
③ 국가건강검진 대상에서 제외되었던 청년층을 신규 건강검진제도 도입을 검토하는 것도 한 방안이다.
④ 대학생과 만 24세 이하 청년에 대해서는 소득 인정액 산정 시 근로소득 공제율을 높이는 방안도 있다.
⑤ 향후 5년간 공급될 65만 호의 공공임대주택 가운데 청년 공급 비중을 높이는 것도 한 방안이다.

⑧ 진주교대

[Q] - [개별 면접]

학교 현장에서 학생의 스마트 기기 활용에 대한 규제 측면과 활성화 측면 중 한 가지를 선택하고 관련 근거를 논리적으로 설명하세요.

[A] - [활성화 의견]

스마트폰이나 기기가 부작용이 없다고 생각하진 않는다. 그럼에도 막을 수 없는 상황이라면 차라리 제대로 활용하는 방법을 알려줘야 한다. 스마트 기기가 무조건 좋다는 건 아니지만 단순히 그 자체가 아이들에게 해가 된다는 건 변명에 불과하다. 전 40분 수업에서 스마트 기기를 10분 이상 사용을 하지 않는다. 아이들을 그냥 내버려두면 게임이나 이상한 사이트에 빠질 수 있지만 교사가 전략적으로 과제를 제시해 준 다음 할 것만 하고 끝내면 된다. 스마트 기기 이용 제한 시간을 두고 교사가 적극적으로 참여하면 학생들이 정보를 가공해 자기만의 생각을 넣어 새로운 결과물을 내는 데 충분히 도움이 된다.

교육부와 한국직업능력개발원에서도 개인 맞춤형 진로 설계 지원을 위한 '진로와 직업' 스마트북을 개발했다. 초·중·일반고·특성화고용 4종으로 돼 있으며 일반 피시는 물론 스마트폰과 태블릿 피시에서 모두 활용할 수 있다. 교사와 학생 간 일대일 진로 상담, 진로 활동 포트폴리오 만들기, 발달 단계에 따른 진로 교육 정보 등을 제공한다. '커리어넷 검사' 앱을 이용하면 진로적성검사, 직업흥미검사 등도 직접 해 볼 수 있다. 이밖에 학교 급식 정보는 물론 시간표나 숙제 알림 등의 서비스를 제공하는 '급식톡'이나 날짜별, 목표별 공부량을 자동으로 정리해 주고 공부할 때 모든 알람을 차단해 주는 '스터디 헬퍼' 앱 등 학습이나 진로, 학교 생활에 관련된 앱들도 많다.

스마트 기기를 활용한 교수학습 활동이 학습자의 학업 성취와 학습 태도 신장에 긍정적인 효과를 보여주는 연구들이 상당수 존재한다.

[Q] - [개별 면접]

우리나라 교육 환경에서 공동체 역량 함양을 위한 제도적 실천 방안을 제시해 보세요.

[A]

교수학습 방법의 개선이 요구된다. 교사 중심의 일방적인 주입식, 강의식 수업 방법을 벗어나 학생 참여 중심의 배움의 공동체, 하브루타 수업, 액션러닝, 프로젝트 수업, 문제 기반 수업 등을 통해 지속적으로 학생의 공동체 역량 함양을 도모해야 한다.

[Q] - [개별 면접]

교육 당국의 노력에도 불구하고 학습부진아가 개진되지 못하는 근본적인 원인이 무엇이라고 생각하는지 말해 보시오.

[A]

형식적으로 진행되는 학습 부진 정책이 문제로 보인다. 교육부 기초학습 지원 프로그램인 '두드림 학교'도 '책임교사'를 두고 비슷한 지원을 하고 있다. 하지만 이들 전담 교사의 전문성과 업무 여건이 확보되지 않아 제대로 이뤄지는지 의문이다.

전문성 있는 교사의 진단이 전제되지 않은 채 보조 교사만 늘려서는 학습 부진 학생을 제대로 지원하기 어렵다. 가장 효과가 큰 것은 담임교사가 그 학생을 개별 지도하는 것이다. 그런데 현실적으로는 그렇게 하지 못하고 있다. 이 부분에 대한 구체적이고 심층적, 정책적 고민을 통해 담임교사가 그 학생을 지도할 수 있도록 하는 것이 더 중요하다고 본다.

[Q] - [개별 면접]

공동체 역량을 통해 집단지성을 구현하려면 어떤 사회 문화적 조건이 요구되는지 자신의 생각을 말해 보세요.

[A]

상대방의 발언을 수용하는 관용, 관대함, 기다림이 필요하다. 특히, 결론을 빨리 내려는 조급함을 버리고 진득하게 기다릴 수 있는 관대함이 무엇보다도 중요하다고 생각한다.

[Q] - [제시문 제시 집단 면접]

다음의 제시문과 관련하여 답하시오. [2019]

1. 그동안 학교에서는 '학생다움'을 강조하면서 다양한 영역에서 규정을 제정하여 엄격하게 생활지도를 해왔다. 4개의 지방 자치 단체(경기도, 광주광역시, 서울특별시, 전라북도)는 이를 헌법이 정한 기본권에 위배된다고 반박하였고, 학생의 기본권을 보장한다는 취지로 '학생인권조례'(학생 인권이 학교 교육과정에서 보장되고 실현될 수 있도록 교육청에서 제정한 조례)를 제정하였다. 그러나 학생인권조례의 제정에 대한 찬성과 반대의 주장이 첨예하게 대립되고 있다.

2. 헌법, 교육기본법, 초중등교육법, 초중등교육법 시행령, 아동의 권리에 관한 협약(유네스코) 등의 기본 정신은 학생의 인권을 보장해야 한다는 것이다. 학생인권조례의 제정은 학생의 학습권을 보장하기 위한 것이며, 교사의 수업과 지도, 자율적인 학교 운영은 학생의 학습권을 보장하는 범위 내에서 이루어져야 하는 것이기 때문에, 학생인권조례의 제정은 교육의 본질적인 가치를 지켜내는 것이다. 학생인권조례의 제정이 학생 간 인권 침해로 이어질 수 있으며, 교사의 교수권을 침해할 수 있을 가능성은 학생인권에 대한 오해와 인권 주장 방식에 연유하는데, 이는 학생인권조례 자체의 문제라기보다는 학생 인권에 대한 올바른 이해가 필요함을 보여주는 것이다.

3. 자신만을 위한 권리, 다른 학생의 권리를 침해하는 자기주장과 행동, 교사의 정당한 지도마저 거부하여 교사의 교수권과 여타 학생의 학습권을 무너뜨리는 행위가 인권의 이름으로 용인되어서는 안 된다. 책임이 수반되지 않는 권리 주장은 방종을 넘어 우리 사회의 질서를 무너뜨리고 다른 이의 권리를 침해하기 때문이다. 가르치고 배우는 교육의 장소인 학교의 특성을 무시한 채, 학사운영 및 기본적인 생활지도 영역마저 인권침해로 규정함에 따라 교육 활동을 위축시키고, 교육 구성원 간의 갈등과 반목 및 혼란만 가중시킬 우려가 크다.

4. 초·중등교육법 시행령(2018년 10월 2일 개정) 제9조 ⑦항에는 학교장은 '두발·복장 등 용모, 교육 목적상 필요한 소지품 검사, 휴대전화 등 전자기기의 사용' 등을 학교 규칙에 기재하도록 하였다. 이 중 소지품 검사는 불가피한경우 최소한으로 제한하여 실시할 수 있고 휴대전화 등 전자기기 사용은 학교 규칙으로 사용을 규제할 수 있다고 4개 지자체 교육청 모두 명시하고 있다.

[1] 제시문 2와 3의 내용을 바탕으로 학생인권조례 제정에 대한 자신의 입장을 밝히고 그 이유를 제시하시오.

[A] - [반대 의견]

"학생인권조례? 좋은 말로 포장된 교육 포기 조례"

종교계가 경남교육청이 추진하는 학생인권조례를 반대하는 성명을 발표했다. 이유로 꼽은 것은 '교사는 성관계 경험이 있는 학생에 대하여 편견을 가져서는 아니 된다.' '학교는 학생의 성인권 교육을 정기적으로 실시해야 한다.'는 경남학생인권조례 제17조를 지적하고 있다.

이 말은 교사가 동성 혹은 이성 간 성관계를 가진 초·중·고등학생을 발견했을 때 편견을 가져서는 안 된다는 말이며, 학생의 성관계를 정상적인 성인권으로 존중하고 정기적으로 가르쳐야 한다는 뜻이라는 것이다.

학교에서 성관계에 대한 편견을 금지시키고 성인권 교육까지 진행되면 어떤 일이 벌어질까? 동성·이성 간 성관계가 자연스러운 문화처럼 정착된다는 것으로 인식한다. 교사가 "초·중·고등학생이 성관계를 가져선 안 된다"고 훈육했다간 편향된 시각을 가진 인물로 낙인찍히게 될 것임을 경고하고 있다.

'설마 하겠지만 기존 학생인권조례에서 '성적 지향'이라는 네 글자가 학교 현장을 어떻게 바꿔놨는지 확인해 본다면 '설마'가 얼마든지 '현실'이 될 수 있음을 알 수 있다는 것이다. 학생인권조례에 포함된 성적 지향이 동성 간 성행위를 즐기는 학생을 '보호'하고 교과서를 뜯어고치며 동성애 문화를 학교에 확산시키는 '촉진제' 역할을 했던 것이라고 지적한다.

같은 이유에서 조례에 명시된 성적 지향, 성관계 경험과 성인권 교육도 학생들의 동성 및 이성 간 성관계를 보호하고 촉진할 가능성이 매우 크다는 것이다. 그런데도 경남교육청은 성적 지향은 물론 학생들의 성관계까지 성인권으로 보호하겠다고 팔을 걷어붙였다고 비난한다.

5년 만에 경남교육현장에 등장한 이 조례는 기존 조례보다 더욱 강력한 독소 조항이 들어 있다는 것이다. 전국교직원노동조합 출신인 박종훈 경남교육감은 조례에 학칙 제정 및 개정권까지 집어넣었다는 것이다.

법원은 "현행 학생인권조례는 법적으로 권고일 뿐 강제력이 없다"는 입장을 갖고 있다. 참고사항일 뿐 지시기능이 없다는 뜻이다. 그러나 학교 분위기 상 교육청에서 공문이 내려오면 반드시 지켜야하는 법처럼 인식하고 따른다.

그동안 학생인권조례는 학생 의무는 없고 권리만 부각시켜 교사의 교권을 침해한다는 비판이 끊임없이 제기돼 왔다. 헌법 법률과 중복되고 예산만 낭비한다는 비판도 있었다. 서울에선 심지어 '차별적 언사, 혐오적 표현 등을 통해 다른 사람의 인권을 침해해선 안 된다'는 조항이 신설되면서 '학내 차별금지법'으로 둔갑하는 현상마저 나타나고 있다.

이런 문제점을 지닌 경남 학생인권조례가 경남도의회를 통과한다면 어떤 일이 발생할 것인지 반문하고 있다. 또 조례 제정 움직임이 전국적으로 확산될 것을 우려했다. 기존에 통과된 4개 조례도 업그레이드 될 가능성이 높다고 본다는 것이다.

그렇게 되면 교사가 수업 시간에 우리의 아이들을 앉혀놓고 기독교 신앙에 위배되는 동성애나 청소년 성관계에 대해 "정상이니 비판하지 말라"고 가르치지 않겠느냐는 것이다. 성관계를 한 학생이 "편견을 갖지 말라"고 훈수 두는 시대가 올지도 모른다. 이런 배경에서 경남교계가 앞장서 학생인권조례를 반대하는 것이라고 이 성명은 밝히고 있다.

우리 학생들에게 필요한 것은 사랑과 관심이며 꿈과 소망이다. 학생들에게 진정한 행복이 무엇인지를 알 수 있게 어른들이 바르게 가르치고 지도하는 것이 인권조례보다 더 중요하다.

[A] - [찬성 의견]

1. 학생인권조례, 시대적 과제다!

경남교육청이 추진한 학생인권조례는 차별 금지 조항에 성별과 성 정체성, 성적 지향 등을 이유로 차별할 수 없다는 내용을 담았다. 이에 보수 성향 단체들이 "성 윤리를 무너뜨린다"는 취지로 조례 제정에 반대하고 있다고 주장한다. 이에 대해 전교조 경남지부 등은 "조례가 동성애를 조장한다는 이유로 반대하는데, 조례안 어디에도 동성애란 말은 없다. 성 정체성이나 성적 지향을 이유로 차별하지 말라는 것은 성소수자의 권리를 보장하는 것일 뿐이다"고 반박했다.

2. 학생인권조례 학내 구성원 모두를 위한 것!

경남 지역 교육단체들은 이 조례는 학생만을 위한 것이 아니라 교내 모든 구성원의 인권을 보장하는 것"이라며 조례 제정을 촉구했다. 이들 단체는 학생인권조례가 불합리한 교칙을 바꾸는 계기가 되고, 이로써 학생과 교사 모두 인권을 누리게 될 것이라고 했다.

예를 들면 아침 등교 시간 교사는 빨간색 등 특정 신발 색깔을 통제하고 있다. 학생은 헌법에 보장된 권리를 누릴 수 없고, 교사는 통제를 위해 내몰리니 양쪽 모두 "부담스러운 것"이라며 "학교에서 이런 비교육적인 것이 사라져야 한다"고 말했다. 또 인권 교육은 기본적으로 자신뿐만 아니라 상대방의 인권도 존중하라고 한다. 학생 인권을 보장하는 것은 모든 교직원의 인권도 보장하는 것이다. 학생 인권 보장을 반대하는 것은 대한민국 헌법과 유엔 아동의 권리에 관한 협약을 부정하는 것이라고 할 수 있다.

[2] 제시문 4에서 두발은 자유, 복장은 학교 규칙으로 제한한다는 취지의 학생 인권조례의 내용에 대한 자신의 견해를 말하시오.

[A] - [찬성 의견]

1. 법적으로 미성년자를 구체적으로 구별한 것은 그 나름의 이유가 있다.

대한민국의 헌법에는 성인과 미성년인을 명백히 구분하고 있다. 이러한 구분 취지에는 여러 가지 이유와 근거가 존재하겠지만, 아직 청소년에게는 성인만큼의 절제력을 기대하기 어렵고 확실한 자아 확립이 이루어지지 않았다는 것 또한 하나의 이유가 될 수 있다. 따라서 미성년인은 규제적 측면으로 그들을 보호해 주어야 할 의무가 성인인 교사 및 학부모에게 있는 셈이다. 이들을 올바른 방향성으로 성장할 수 있게 돕기 위해서는 최소한의 규제는 반드시 필요하다.

2. 2, 3차적으로 재생산되는 청소년 문제를 예방할 수 있다.

학생의 두발을 규제하는 것에는 명확한 목적이 따른다. 최소한의 규제를 통해 민감한 시기의 청소년 간 위화감도 줄이고, 청소년의 생활 반경을 어느 정도 보장하겠다는 취지와도 연관 되어 있다. 민감한 시기의 청소년의 비행을 막는 1차적인 방법이 되기도 한다.

[A] - [반대 의견]

1. 중고생 두발 규제는 지나친 구시대적 발상에 불과하다.

대한민국은 명백히 헌법에서 개인의 자유권을 명시하고 있다. 개인의 자유권이 제한되는 것은 그 자유로부터 타인의 자유가 침해당할 경우로 한정되어 있으며. 학생들이 두발을 자유로이 기르는 것은 누구의 자유도 훼손하지 않는다. 오히려, 개인의 인권을 구시대적 발상으로 침해하는 것은 학생들의 자존성을 훼손하여 능동적인 주체가 아닌, 수동적인 객체로 전락시키는 결과를 야기할 뿐이다.

2. 자유에 대한 억압이 학생들에게 건강한 방향성을 제시해 주는 것은 아니다.

학생의 학업성취도는 실제로 두발과 어떠한 연관성도 존재하지 않는다. 학생들에게 더 건강한 미래를 선물해 주기 위해 그들의 두발을 강제화한다는 것은 논리적으로 전혀 성립되지 않는 허무맹랑한 규제에 불과하다. 오히려 학생들에게 부분적 자유를 허용할 때, 그들은 그 자유를 알맞게 활용하면서 보다 건강한 예비 사회인으로 성장해 나가는 방법을 스스로 천천히 터득할 수 있을 것이다.

[Q] - [제시문 제시 집단 면접]

다음의 제시문과 관련하여 주어지는 질문에 답하시오.

1. 최근 들어서 언론을 통해서 드러나는 저출산으로 인한 학령인구 절벽은 매우 심각한 수준이다. 유치원, 초 · 중 · 고교, 대학교 연령에 해당하는 학령인구는 1995년 1,172만 명이었던 수준에서 2015년 875만 명으로, 지난 20년 동안 300만 여명이 감소한 것으로 나타나고 있다. 특히 초등학교 학령인구 감소가 가장 심각한데 2010년 328만여 명이던 초등학교 학령인구는 2017년엔 267만 명으로 줄었다. 대학 역시 고교 졸업자가 점점 줄어들면서 2018년에는 고교 졸업자 수가 대입 정원을 밑도는 역전 상황이 벌어졌다(교육부, 2017, 교육통계서비스). 전체 인구구조에 있어서 절벽이 있다는 사실은 전통적 의미에서 학교교육의 수요자가 급격히 줄어들 것이라는 예측의 근거가 되는 동시에 학교 정책과 교육과정 등의 개편과 변화가 요구된다.

2. 교육부는 2015년 말 '적정 규모 학교 육성과 분교장 개편 권고 기준'을 마

련했다. 쉽게 말해 소규모 학교 통폐합 정책이다. 권고 기준에 해당하는 학교 범위는 매우 넓다. 60명 이하 면지역 초등학교, 120명 이하 읍 지역 초등학교(중등은 180명), 240명 이하 도시지역 초등학교(중등은 300명)가 해당한다. 이 기준에 따르면 통폐합 대상 학교는 전국 2747개 초·중·고교에 달한다. 전국 학교 1만1809개 초·중·고교의 23.3%에 해당하는 수치로, 5곳 중 한 곳이 문을 닫는 셈이다.(경향신문, 2016. 02. 10.)

3. 정부와 교육부는 교육 재정의 비효율성과 올바른 교육과정 운영에 따른 교육적 효과 등을 이유로 소규모 학교 통폐합의 정당성을 주장한다. 소규모 학교 통폐합 후 적정 규모 학교로 육성하여 정상적인 교육과정 운영을 통한 학습 의욕의 고취는 물론 또래 관계에서 오는 사회적 기술 함양 등의 교육적 효과가 배가된 사례가 있다.

4. 일부 시민단체는 소규모 학교에 대한 정부와 교육부의 정치·경제적 논리를 반박하면서, 지역 공동체의 구심점과 특성화된 교육에 부합한 소규모 학교를 활성화해야 한다고 주장한다. 농촌의 작은 초등학교가 자율적으로 통합을 이룬 후 조용하고 적막했던 시골이 왁자지껄한 아이들의 웃음소리가 넘쳐나는 활기찬 학교로 거듭난 곳도 있다.

[1] 학령기 인구 감소가 미래 한국 사회에 미칠 영향에 대해 말하시오.

[A]

1. 저출산 시대 교육의 초점은 평생교육

저출산 시대에 우리 사회가 걱정하는 것은 생산 가능 인구 감소이다. 생산 가능 인구는 2016년 3,763만 명을 정점으로 감소하기 시작하여 베이비 붐 세대가 고령인구로 빠져나가는 2020년대부터는 연평균 34만 명씩 감소하고, 2030년대에는 연평균 44만 명씩 감소한다.

고령 인구는 2015년 654만 명에서 2025년에 1,000만 명을 넘고, 2065년에는 1,827만 명까지 증가할 전망이다. 그리되면 생산 가능 인구 1백 명당 부양할 인구는 2015년 36.2명(노인 17.5명)에서 2065년 108.7명(노인 88.6명)까지 증가할 전망이다.

고령 인구 급증과 생산 가능 인구 급감 통계는 평균 수명이 급속히 증가하고 있음에도 불구하고 생산 가능 인구와 고령 인구의 전환점을 과거 기준인 65세로 잡고 있는 한계를 보인다. 평균 수명이 80세를 넘고 있는 시점에서는 65세가 넘어도 생산 활동이 가능하다.

베이비 붐 세대가 산업 현장을 떠나고 인구 절벽 세대가 산업 현장에 들어서는 시점부터 우리나라도 일본처럼 젊은 인구 부족 현상이 심각하게 될 것이다.

이때에는 65세를 넘더라도 신체적·정신적으로 생산 활동이 가능하고, 본인이 원하며, 산업체가 필요로 하는 역량을 갖추고 있으면 얼마든지 생산 활동을 할 수 있을 것이다. 그리고 피부양 인구 급감으로 인해 실제로도 생산 활동을 할 수밖에 없을 것이다.

이러한 저출산 시대에 교육이 해야 할 역할은 고령 인구가 지속적인 자기 관리를 통해 생존 독립성과 생산성 및 생산 의욕을 최대한 오랫동안 유지하도록 돕는 것이다(박남기, 2015.08.21.). 즉, 저출산 시대 교육의 초점은 학교교육과 더불어 평생교육에 맞추어져야 한다. 저출산으로 인해 야기되는 고령 인구 부양비를 줄이는 가장 효과적인 방법이 평생교육 체제를 통해 근로 의욕을 지속하도록 하고, 새로운 직업에 필요한 역량을 갖추도록 지원하는 것이다.

2. 저출산 시대, 학교 교육 문제 거꾸로 보기

학령인구(6~21세)는 2015년 892만 명에서 2025년 708만 명으로 향후 10년간 184만 명이 감소할 전망이다. 교육계가 주로 걱정하는 것은 학생 인구 감소에 따른 교육산업 종사자와 기관의 고충이다.

그런데 이 문제를 교육의 질 관점에서 보면 오히려 희망적일 수 있다. 지금까지는 학생 숫자가 많고 국가의 지원은 적어서 일제식 교육을 할 수밖에 없었다. 하지만 향후 학생 숫자가 크게 줄기 때문에 제4차 산업혁명기에 필요한 개인 맞춤형의 질 높은 교육을 제공하는 것이 쉬워질 것이다.

그리하면 교육을 통해 모든 아이에게 기계가 할 수 없는 일을 담당할 역량을 길러주는 것이 현실적으로 가능해질 것이다. 인구 절벽으로 인해 우리 사회에도 일본과 같은 고급 인력 부족 사태가 곧 몰아닥칠 것을 대비하기 위해서라도 개인 맞춤형 교육은 필수적이다.

저출산 시대 교육은 사회 구성원으로 살아가는 데 필요한 역량 그리고 더욱 근원적으로는 개인의 잠재력을 최대한 계발하고, 새로운 사회에 생존·적응하며, 나아가 행복한 삶을 영위할 수 있는 역량을 길러주는 역할을 해야 한다. 고독한 개인들을 공동체의 일원으로 성장시키고, 100세 시대에 대비할 수 있도록 경제 교육만이 아니라 건강 교육에도 초점을 맞추어야 한다.

학교는 이러한 미래 사회의 변화를 예측하여 학생들에게 필요한 역량을 길러줄 수 있도록 적극적으로 교육과정, 교수법, 생활지도를 포함한 학급 경영 방법, 진로지도 등 교육의 모습을 바꾸어가야 할 것이다. 이와 함께 그러한 역량을 기르는 데 적합한 교육 내용과 방법, 학교 체제, 교원 역량, 교육 정책 등도 모두 중요 관심사가 될 것이다. 이를 위한 교사 양성 체제와 프로그램에 대한 투자와 개혁은 모든 개혁의 출발점이 될 것이다.

아직도 우리는 고등학교 교육비를 개인이 부담하고, 국가가 대학교육을 감당하기 어려워 80% 이상의 학생들이 사립대학에 재학하도록 하고 있다. 학생 수가 크게 줄면 국가가 고등교육비까지 부담할 수 있을 것이다.

국가는 학생 수가 줄었으니 교육비 예산을 줄여도 될 것이라는 소극적인 자세가 아니라 교육계가 변화에 적응하며 미래에 적합한 교육 시스템을 만들어갈 수 있도록 힘을 보태는 적극적인 노력을 기울여야 할 것이다.

저출산 시대가 가져올 그림자를 예측하여 이를 옅게 하는 데 필요한 사회 시스템을 제시하고 필요한 역량을 길러주는 것, 아름다운 미래 사회에 대한 비전을 만들고 공유하는 것, 그러한 비전에 적합한 역량을 갖춘 사회 구성원이 되도록 학생들을 교육하는 것이 학교와 교육이 해야 할 역할이다.

[2] 제시문 3과 4 중 하나의 관점을 선택하여 농어촌 소규모 학교 통폐합 교육 정책에 관한 자신의 입장을 밝히고 그에 따른 근거를 제시하시오.

[A] - [찬성 의견]

소규모 학교 통폐합을 지속적으로 추진하는 근본적인 이유는 교육과 정 운영 정상화를 위해서이다. 작은 규모 학교는 복식 수업과 상치 교사 (전공이 아닌 과목을 가르치는 교사)가 증가해 정상적인 교육과정 운영 이 힘들다. 이로 인해 적절한 규모 또래집단을 통한 사회성·협동의식 형성과 방과후학교 정상 운영에도 어려움이 있다.

[A] - [반대 의견]

'학생 수'라는 한 가지 기준으로 학교 통폐합 대상을 결정하면서 교육 정상화를 운운하는 것은 어불성설이다. 소규모 학교는 교육 활동에 다양 성을 추구하고 새로운 교육 패러다임을 만들어 갈 수 있는 중요한 교육 의 장으로서 의미가 더욱 크다. 무엇보다 원도심과 농어촌 지역 작은 학 교는 그 지역 공동체 중심이며 지역 전체 자산 가치를 유지·증진하는 중요한 시설이기에 교육부 판단만으로 학교 통폐합을 추진하는 것은 문 제가 있다.

[Q] - [제시문 제시 집단 면접]

다음의 제시문과 관련하여 주어지는 질문에 답하시오.

1. OECD 학업성취도 평가(PISA)에서 상위권을 기록하고 있는 한국과 핀란드의 차이가 밝혀졌다. 공교육 중심의 핀란드는 흥미를 유발하고 자신을 평가하면서 학생들이 스스로 성장하게 도왔다. 국어 수업에서는 학생들에게 '자신의 의견 주장하기'를 주제로 수업을 펼쳤다. 학생들은 책을 읽고 자신의 의견을 말했고, 다른 학생들은 이를 경청하고 찬성과 반대로 나뉘었다. 음악 수업을 받는 4학년 학생들은 태블릿 PC를 이용했다. 대중가요 리믹스라는 주제를 받은 학생들은 어플리케이션을 이용해 음악적 요소인 리듬과 코드를 스스로 만져보며 주어진 매뉴얼 안에서 서로 다른 리믹스를 만들었다. 한 핀란드인은 "우리는 성적으로 비교하는 것이 없으며, 이는 절대평가를 행하기에 가능하다."고 말했다. PISA에서 상위권에 해당하는 한국과 핀란드. 하지만 핀란드는 일주일 평균 사교육 시간이 단 6분에 불과해 3.6시간에 이르는 한국과는 비교된다. 주입식 교육이 아닌 스스로 발전하면서 성장하는 핀란드의 교육법이 우리에게 안긴 충격은 신선했다.(헤럴드POP, 2017. 05. 26)

2. 핀란드 교육의 성공은 핀란드의 역사적, 문화적 경로에 의존한다. 핀란드는 교육의 '표준화'를 거부하고, 개별 학생의 요구와 흥미에 기초한 교수법을 채택하고 있다. 교육과정을 중앙에서 일방적으로 부과하는 것이 아니라 개별학교와 교사에게 높은 자율성을 부여하고 그에 대응하는 책무성을 요구한다. 또 핀란드 교육은 모든 학생들에게 차별 없는 학습과 복지를 제공한다. 이는 교육을 만인평등을 위한 공공 서비스로 간주하는 사회적 합의, 높은 조세 부담률에 대한 국민들의 동의에서 가능한 것이다. 또 읽기 교육을 강조하는 핀란드의 교육 정책은 공공 도서관활성화와 같은 문화적 배경과도 관련된다. 핀란드 학생들은 44%가 공공도서관에서 한 달에 적어도 1회 이상 책을 빌리는 것으로 조사되었는데 이는OECD 평균 26%보다 현저히 높은 수치이다.(권충훈 외, 핀란드 교육의 성공 요인 분석과 논의)

3. 오바마 미국 대통령은 한국의 교육 정책을 '좋은 사례'로 들면서 교육의 중요성을 자연스럽게 부각시켰다. 오바마는 "우리 아이들이 한국이나 중국 아

이들과 비교해서 뒤지지 않도록 하는 방안을 찾는 게 중요하다."고 말했다. 오바마 대통령은 "한국과 중국은 1등이 되기 위해 노력하는데, 미국도 1등을 위해 뛰어야 한다."고 주장했다. 오바마 대통령은 평소 한국 학교의 수업 일수가 길고 교육 경쟁력이 높다고 찬사를 해왔다. 한국의 교육이 세계적으로 유래 없는 경제 성장의 원동력임을 오바마는 인정한 셈이다. (조선일보, 2010. 09. 30.)

[1] 핀란드 교육을 참고하여 우리나라 교육의 장점과 문제점에 대해 말해 보시오.

[A] - [장점]

우리나라 교육은 대규모 중급 보통 인력 양성이 가능하다는 것이 장점이다. 이는 창의적이지 않은 단순 노동, 일반사무직, 제조업에 적합한 인재 양성에 유리하다는 것을 의미한다.

한편, 높은 교육열이 우리나라 교육의 장점으로 거론된다. 흔히 한국 경제가 고도성장을 이룰 수 있었던 원동력 가운데 하나는 한국의 높은 교육열이라고 한다. 한국의 현대 교육은 세계에서 가장 높은 대학진학률로 입증되고 있으며, 오바마 미국 전 대통령이 우수 모델로 자주 언급할 정도로 학업성취도에서 최상위권을 나타내고 있다. 이와 같은 한국의 교육열은 현대 한국에서만 나타나는 현상은 아니며, 역사적으로도 한국인이 교육에 상당한 가치를 부여해온 민족이라는 것은 이미 잘 알려져 있는 사실이다. 이는 예로부터 '입신양명(立身揚名)주의'와 '문벌주의' 및 '가족주의'와 같은 전통적 교육문화가 한국 사회를 지배해왔다는 점과 밀접한 관련이 있다.

[A] - [문제점]

우리나라 교육의 문제점은 여러 가지가 있지만 ① 객관식 평가를 위한 주입식 교육 중심이라는 것이다. 또한 ② 개별 학생 역량의 성장에는 큰 관심을 보이지 않고 모두 시간만 보내면 졸업장을 주는 형식주의가 강하다는 것이다. 고등교육 측면에서 보면, 한국은 과거 대학의 무리한 설립 인가를 내려주었고, 이로 인해 ③ 학업 기관이라 볼 수 없는 질 낮은 대학이 여러 생겨났다. 이런 대학은 주로 서울에서 멀리 떨어진 지방에 소재하며, 이런 학교에 입학하는 학생 대부분은 고등학교 때의 학업성취도가 매우 저조하다. 그래도 4년이란 시간이 흐르면 대부분 학사 학위와 졸업장을 받는다. 이게 무슨 의미가 있는지는 다른 문제다.

④ 입신양명만을 위한 교육 기능이 여전히 강조되고 있다. 표준화되고 객관화된 지식 전달 능력을 중시하는 산업사회의 교육은, 급격한 도시화에 따른 과밀 학교의 출현이라는 물리적 환경과 맞물려 주입식 교육에 의한 획일적인 사고방식을 형성시켜 나갔다. 그 과정에서 사람들의 머릿속에는 교육을 통해 달성할 수 있는 행복한 삶은, 좋은 직장에 들어가서 돈을 많이 버는 것이라는 공식으로 자리 잡게 되었다. 일제 식민통치와 한국전쟁은 그러한 공식이 공고해지는 시대적 배경으로 작용했다. 기득권층이 몰락한 신생 대한민국에서 교육은 사회 계층 이동과 신분 상승의 가장 확실한 수단이 되었기에 한국인의 자녀에 대한 교육열은 그만큼 더 강했다.

이처럼 교육과 신분상승이 결부된 공식은 한국 사회의 전통적인 '입신출세'와 결합되어 학생들을 과도한 입시 경쟁의 소용돌이 속으로 몰아넣었다. 사교육은 이러한 입시 경쟁을 더욱 증폭시키고 있어 한국 교육이 안고 있는 가장 큰 문제점의 하나로 지적된다.

[2] 우리나라 교육의 문제점을 개선하기 위해 어떤 사회적 노력이 요구되는지 말해 보시오.

[A]

새로운 시대에 맞는 교육 패러다임으로 변화해야 한다. 이를 위해 형식주의를 지양하고 실질주의로 패러다임 전환이 필요하다. 6년 또는 3

년, 12년의 시간을 보냈다고 학력을 인정하는 졸업장은 시대착오적이다. 실제로 그것을 할 수 있는 역량이 있는지를 제대로 평가해서 졸업장을 주어야 한다. 사회적으로도 평가지표나 근거가 경제적 효율성이 아니라 정말 효과가 있는지를 파악하는 효과성으로 변화되어야 한다.

한국 학교는 지식을 재생산할 것이 아니라 학생들이 아는 것을 끄집어 내어 새로운 상황에 적용하고 학문의 경계를 넘나들며 생각하는 능력을 길러줘야 한다.

산업사회를 거쳐 지식·정보사회를 살고 있는 우리는 4차 산업혁명을 맞이하고 있다. 앞으로는 유연하고 창의적인 사고력, 서로 다른 지식을 융합할 수 있는 능력을 중시하는 사회로 변화해야 한다. 이러한 변화에 부응하여 한국 교육계는 기존의 패러다임을 변화시키기 위해 노력해야 한다. 과도한 교육열과 입시 위주의 경쟁을 완화하기 위해 평가 방법을 기존의 상대평가에서 성취 위주로 전환하거나, 학생들이 주도적으로 자신의 미래를 설계할 수 있도록 진로 체험 프로그램을 대폭 확대하는 정책을 추진하는 등 다양한 방향을 모색해야 한다.

[Q] - [제시문 제시 집단 면접]

초등학생들의 학업 스트레스를 줄이고 학교생활 만족도를 높이기 위해 담임 교사인 자신이 특색 있게 실천할 수 있는 학급 경영 방법 두 가지를 제시하고 그 이유를 말해 보시오.

1. 최근 영국 아동 단체 '어린이사회'가 발표한 '2015 행복한 성장기보고서'를 보면 한국에서 불행한 어린이 비율이 9.8%에 달해 15개국 가운데 불명예 1위를 차지한 것으로 나타나기도 했다. 또 한국보건사회연구원에 따르면 2013년 기준 한국 청소년의 학업 스트레스지수는 50.5%로, 유엔아동기금(UNICEF)이 조사한 30개국 가운데 가장 높았다. 특히 한국 청소년의 학업 스트레스 지수는 전체 평균 33.3%보다 17.2%가 높은 수치다. 가장 낮은 네덜란드(16.8%)의 3배나 된다.

2. 반면 한국 청소년의 학교생활 만족도는 18.5% 전체 평균인 26.7%에 한참 못 미쳤다. 한국보다 낮은 국가는 체코(17.3%), 핀란드(15.3%), 이탈리아(14.8%), 에스토니아(9.2%)뿐이었다. 높은 학업 스트레스와 낮은 학교생활 만족도 등으로 한국 청소년의 삶 자체에 대한 만족도는 60.3%에 그쳤다. 조사 대상국 30개국 가운데 27개국이 80%를 넘었고, 80%에 미치지 못한 루마니아(76.6%), 폴란드(79.7%)도 한국과 큰 차이를 보였다.

[A]

첫째, 학업 스트레스는 가르치는 방식과 철학에 따라 다르게 생각할 수 있다. 학업 스트레스는 감소시켜야 하지만 반드시 알고 넘어가야 하는 핵심 내용을 정확히 알아야 하기 때문에 학급 경영 중에서 학생 서로가 알고 있는 지식을 나누며 서로 성장하는 교실을 만들고 싶다. 각자 알고 있는 지식을 나누는 과정에서 설명을 할 테고 설명하는 과정에서 본인의 성장이 더 커질 것이며 이를 통해 상대방 친구도 더 잘 이해하게 될 것이기 때문이다. 이를 통해 배려, 소통, 존중 등을 체득할 수 있다.

둘째, 스스로 좋고 나쁘고 가치 판단을 할 수 있는 능력을 키우고 이를 통해 학습도 스스로 결정하고 계획을 세우고 이를 통해 스스로 평가하는 역량을 성장시키는 방향으로 학급을 경영하고자 한다. 학습 내용이나 주제 중 스스로 흥미가 있는 주제를 선정하고 이를 학습한다면 누가 시켜서 억지로 하는 것보다 더 잘할 것이기 때문이다. 이를 통해 상급 학교 진학, 평생학습으로 가는 기초를 다질 수 있다. 이를 통해 자기 주도력, 자존감, 메타인지를 체득할 수 있다.

[Q] - [제시문 제시 집단 면접]

다음의 제시문과 관련하여 주어지는 질문에 답하시오.

1. 대입 제도 개편 공론화 위원회(이하 공론화위)는 지난 3일 대입 제도 개편

공론화 결과를 발표했다. 공론화 과정은 '공론화 의제 선정(4가지) → 미래 세대 토론회·국민 대토론회·TV 토론회 → 시민 참여단 숙의' 순으로 진행됐다. 공론화위는 숙의 과정에서 시민 참여단을 대상으로 4가지 공론화 의제에 대해 총 3차에 걸쳐 설문조사를 실시해, 이를 바탕으로 공론화 결과를 도출했다. 공론화위에 따르면 4가지 공론화 의제 가운데 의제 1이 1위를, 의제 2가 2위를 차지했다. 의제 1은 대입에서 정시 수능위주전형으로 45% 이상의 인원을 선발하는 것이 골자이며, 의제 2는 학생부위주전형·수능위주전형 비율을 대학이 자율적으로 결정하는 것이다. 그러나 공론화위는 의제 1과 의제 2가 "통계적으로 유의미한 차이가 없었다."며 수능위주전형의 확대를 공론화 결과로 제시했다. 하지만 이에 대해 "오랜 시간과 막대한 예산을 들여 내린 결론치고는 초라하다."며 "정부는 모든 결정을 교사와 교육단체, 학부모들 간 갈등에 맡겨 놓고, 아무 것도 달라지지 않은 결론에 이르게 됐다."는 지적이 제기됐다. (에듀프레스, 2018. 08. 04.)

2. "중간고사는 시험 대신 리포트로 해 주세요.", "시험을 봐야 공부를 더 하게 되잖아? 리포트는 누가 대신해 줄 수도 있고…", "다수결로 해 주세요!!" 대학 강의실에서 가끔 벌어지는 장면이다. 그런데 이를 다수결로 정할 수 있는 것일까? 다수의 뜻에 따른다면 시험 부담 때문에 리포트로 정해질 가능성이 크다. 교수는 1명이고, 학생은 수십 명이므로 다수결로 하면 당연히 결정권은 학생들에게 넘어간다. 국가의 최종 책임은 국민에게 있으니 국민이 결정할 수도 있겠지만, 전문적이거나 복잡한 것은 국민이 직접 결정하기 어렵다. 그래서 전문가가 필요한 것이다. 전문가가 결정하여 추진하되, 국민에게 책임지는 것이 민주주의다. 모든 것을 국민에게 맡기는 것은 올바른 소수 의견을 배척하는 중우 정치(衆愚政治)로 빠져버린다. 이미 2천 년 전 플라톤이 경고하였다. 다수 의견이 늘 정당한 것이 아니라는 것을 역사는 말해준다. (경기신문, 2018. 08. 20.)

3. 민주주의를 지지하는 사람이라면 숙의민주주의의 이념을 거부하기 힘들다. 숙의민주주의의 핵심은 정책 결정에 일반 시민을 참여시킴으로써 정당성을 더 높일 수 있다는 것이다. 그리고 다수의 지혜를 더함으로써 더 나은 정책을 내릴 수 있다는 것이다. 더 나아가 민주주의 문화의 강화라는 궁극적인

목표도 중요하다. 공론화 과정에 참여했던 사람들은 '교육 무관심자'에서 적극적인 주체자로 거듭났다. 공론화 과정에 참여한 개개인으로 보자면 이보다 더 성공적인 '직접 민주주의'의 성과는 없다. (존 개스틸 외, 시민의 이야기에 답이 있다)

[1] 학생부 위주 전형 확대론과 수능 위주 전형 확대론 중에서 어느 것을 지지하는지, 자신의 입장과 그 이유를 말해 보시오.

[A] - [학생부 위주 전형 확대론 찬성 의견]

4차 산업혁명 시대에서 창의성, 문제 발견력, 문제 해결력, 융합력을 위해서는 주입식 교육이 아닌 꺼내는 교육이 필요하다. 꺼내는 교육을 위해서는 스스로 관심 분야와 교과에서 몰입하고 탐구하고 분석하는 역량을 키워야 한다. 자기주도 학습력과 메타인지력을 키워야 한다. 이를 위해서 현재 가장 현실적인 대입 전형이 학생부 위주 전형이라고 생각한다. 왜냐하면 학생부 위주 전형은 진로 탐색을 통해 본인의 진로를 결정하고 이에 맞게 교과 공부와 교과 연계 활동, 비교과 활동을 몰입하고 비교적 균형 있게 하는 것이며 이러한 학습 내용과 활동 내용을 주요하게 평가하여 선발하기 때문이다.

또한 각 대학의 입학 전형별 종단 연구를 보면 학생부 위주 전형으로 입학한 학생이 수능으로 들어온 학생보다 진로 탐색과 진로 활동에 더 적극적이며 리더십도 높으며, 학업성취도 향상도가 진전되며, 학교에 대한 애교심과 충성심도 더 높다고 보고되고 있다.

반면에 수능은 문제은행식으로 되어 있고 EBS 연계로 인해 문제 패턴을 암기하는 형태로 진행되며 객관식이기 때문에 창의적이고 폭 깊은 사고력을 키우기 어렵다. 객관식 문제 풀이를 위해 보기 중에 답이 아닌 것을 지우고 헷갈리는 2개의 보기 중에 운으로 찍는 훈련만 한다면 그게 정말 인재를 평가할 수 있는 전형 방법인지 절박하게 생각해 봐야 한다.

본인의 생각과 논점을 논리적으로 말하고 글로 쓰지 못하는 학생이 고등 교육기관이며 진리 탐구 기관인 대학에 가서 무슨 학문적 기여를 할 수 있단 말인가. 4년 동안 시간낭비만 하고 고급 실업자만 양산될 뿐이다.

[2] 교육 정책을 시민 참여형 공론화를 통해 결정하는 것에 대해 자신의 생각을 말해 보시오.

[A] - [찬성 의견]

중요한 교육 정책을 결정함에 있어 시민 참여형 공론화를 통해 결정하는 것에 찬성한다.

지금까지 우리나라 교육 정책은 탑-다운 방식으로 진행되었다. 청와대나 교육부에서 결정된 것이 지방 시도교육청을 통해 일선 학교로 전달되어 시행되었다. 이런 방식은 필히 반발을 불러일으킨다. 정책 당사자의 수요에 대해 조사하고 분석하는 과정이 없었으며 실제 그들에 대해 염두에 두고 있지 않은 정책이 늘 양산되어 왔다. 우선 정책을 실시하고 나중에 근거, 논리, 철학을 억지로 꿰맞추는 방식으로 진행되어 정권 내 기간 동안은 정책이 잘 되는 것처럼 보일지 모르지만 그 정권이 끝나면 대부분 실패한 정책으로 인지되어 폐기되어 온 것이 사실이다.

이번 대입 정책에 대한 공론화는 그런 의미에서 한 단계 진일보한 정책 수렴 과정이라고 할 수 있다. 다만, 몇 가지 아쉬운 점이 보인다. 우선 숙의 기간이 너무 짧았다. 숙의를 위해선 충분히 토론하고 토론 후 각자 정리하는 시간이 필요한데 토론회만 많이 진행하고 각자 정리하고 생각을 다듬을 시간이 상대적으로 부족했다. 둘째, 숙의할 의제가 너무 많았다. 숙의가 일반화된 유럽에서는 숙의를 할 주제가 1가지이다. 그래야 숙의를 깊숙이 할 수 있게 된다. 그런데 대입 정책과 전형을 위한 이번 주제는 그 안에 세부적으로 많은 의제가 있어 겉으로 보기에는 한 가지처럼 보이나 여러 가지가 별건으로 엉성하게 묶여 있다. 이로 인해 결정에 대한 파급력이 상대적으로 약했고 논리적 근거도 미약할 수밖에 없는 한계에 직면했다.

[Q] - [제시문 제시 집단 면접]

다음의 제시문을 읽고 초등학생들이 미래 희망 직업으로 유튜버를 선호하는 이유를 말하고, 교사가 학생들을 올바른 유튜버로 성장시키기 위하여 해야 하는 노력이 무엇인지 제시해 보시오.

교육부와 한국직업능력개발원이 발표한 '2018년 초·중등 진로 교육 현황 조사' 결과에 따르면 지난해 대비 새로운 직업이 다수 등장하고 학생들의 희망직업이 구체화된 것으로 집계되었다. 초등학생 희망 직업 1위는 9.8%로 운동선수가 꼽혔다. 오랫동안 1위를 차지했던 교사는 8.7%를 기록해 2위로 밀려났다. 이번 조사에서는 초등학생의 경우, 유튜버(Youtuber)가 희망 직업 5위 (4.5%)에 처음으로 올랐다. 그런데 초등학생들 사이에서 유튜버가 장래 희망이 될 정도로 높은 인기를 자랑하지만, 초등학생들을 위한 안전장치가 미흡한 것으로 지적되고 있다. 실제로 초등학생을 포함한 청소년들은 폭력적이고 선정적인 영상에 그대로 노출되고 있는 것으로 나타났다. 방송통신위원회가 조사한 2017년 사이버 폭력 실태 조사 결과를 보면 초·중·고 조사 대상 학생 4,500명 가운데 26.3%가 유튜브(YouTube)를 통해 유해 영상물을 시청한 경험이 있는 것으로 조사되었다. 시청 유해 영상물 종류로는 폭력적이고 잔인한 영상이 20.5%로 가장 많았다. 이어 선정적 내용의 영상이 12.2%, 유명인 비방 내용이 10.6%, 청소년 불법 행동 내용이 5.7%, 거짓 광고 및 돈거래 영상이 4.2%였다.

[A]

교사가 학생들을 올바른 유튜버로 성장시키기 위해서는 올바른 윤리의식, 자기 조절 역량, 창의 융합 역량이 필요할 것으로 보인다. 먼저 올바른 윤리의식은 콘텐츠 주제를 선정하는 과정에서 필요한 일이다. 대개 유튜브에서는 폭력적이고 선정적인 자극적 영상이 조회 수가 높다. 이러한 것을 알게 되면 자극적 영상을 제작하고 싶은 유혹에 직면한다. 그럴 때 올바른 윤리의식이 그 기준을 잡아주게 될 것이다.

둘째, 자기 조절 역량이 필요하다. 학생은 공부와 학습이 주된 일이라고 할 수 있다. 물론, 유튜브를 통해 학습력을 더 성장시킬 수도 있을 것이다. 그러나 일반적으로 유튜브가 개인 취미 활동이나 관심사를 확장시킨 활동일 가능성이 크기 때문에 여기에 몰입하다 보면 시간 조절에 실패할 확률이 높다. 적절하게 유튜브 활동과 공부를 균형 있게 할 필요가 있다. 심하면 건강을 해칠 염려도 있다.

마지막으로 창의 융합 역량이 필요하다. 주로 이 역량은 콘텐츠를 생산할 때 필요한 역량이다. 창작의 고통을 참아가면서 새로운 콘텐츠를 생산했을 때의 기쁨으로 그 어려움을 상쇄시키기 바란다.

[Q] - [제시문 제시 집단 면접]

다음의 제시문과 관련해 주어지는 물음에 답하시오.

1. 집단지성은 다수의 학습자들이 서로 협력하거나 경쟁하는 과정을 통해서 얻게 되는 집단적 지적 능력으로서, 공동의 학습 목표를 달성하기 위하여 협력, 상화의존, 토론 등의 활동을 수행하는 협력 학습의 과정에 구현될 수 있다. 창의성이 한 개인의 정신적 작용을 통해 발생하는 것이 아니라 집단의 끊임없는 상호작용 과정을 통해서 나오는 결과물로서 집단 또는 사회적 과정이 창의성 습득에 중요한 요소라는 관점에서 볼 때, 협력학습 환경에서 개인학습자와 집단 간의 상호작용을 촉진시키는 집단지성의 활용은 교수-학습측면에서 많은 의미를 지니고 있다.

2. 일반적으로 사람들은 협력의 이점을 경쟁에 대해서 만큼 자연스럽게 이해하지는 않는다. …(중략)… 기본적으로 자신의 발전과 비교 우위의 확인을 통해 만족을 느끼는 경쟁력 문화 속에서 협력을 전제로 한 집단지성이 과연 얼마나 가능할 지를 회의적으로 바라보는 시각도 많을 것이다.

3. 겨울방학 동안 인접 교과 교사들의 자문을 받아, 교과와 관련지어 찬반이 명확히 갈리는 쟁점 주제를 선정했다. 한편, 개강 전에 학급별 지난해 개인별 성적을 감안하여 지그재그 식으로 4인 1조로 모둠을 편성했다. 수업 1주일

전, 지정된 주제를 공지하고 대결할 모둠과 찬반을 추첨을 통해 정하도록 했다. 적어도 인문계 고등학교 재학생 수준이라면 큰 어려움 없이 운영의 묘를 살려 진행 할 수 있으리라 믿었다. …(중략)… 그러나 그것은 16년 차 교사라는 경력이 무색하게도 '순진한' 바람일 뿐이었다. 우선, 학급마다 예외 없이 모둠별 토론이 아닌, '일대일' 토론이 되고 말았다. 준비 단계에서부터 수업 시간 토론이 진행될 때까지 모둠별 협동은 생각한 만큼 잘 이뤄지지 않았다. 모둠 안에서 아예 토론에 관심조차 없다는 듯 자기 순서가 와도 연신 고개만 숙이고 있는 아이들이 많아 흐름이 끊어지기 일쑤였다.

4. 교사가 아무리 완벽하게 수업 준비를 해와도 아이들이 100% 참여하는 수업을 하기는 어렵다. 내 경험상 아이들이 단 한 명도 빠지지 않고 모두 공부에 참여하는 수업은 학습지를 풀든, 모둠이 모여 책을 만들든 협동 학습을 할 때였다. 그 이유가 무얼까 생각해 보니 원인은 '친구'인 듯하다. 이제 아이들은 솔직히 선생님을 무서워하지 않는다. 오히려 교사에게 찍히는 것보다 친구들에게 찍히는 게 더 두렵다. 물론 좋아하는 친구들과 서로 토닥여 주고 함께 공부하는 것을 재미있다고 생각하기도 한다. 어르고 달래고 윽박지르고 협박해도 꿈쩍도 않던 아이들을 일으켜 세우는 것은 옆자리의 좋은 친구였던 것이다.

[1] 공동체 역량을 통해 집단지성을 구현하려면 어떤 사회 문화적 조건이 요구되는지 자신의 생각을 말해 보시오.

1. 집단지성의 개념

집단지성(集團知性, collective intelligence)이란 다수의 개체들이 서로 협력 혹은 경쟁을 통하여 얻게 되는 결과이다. 쉽게 말해서 집단적 능력을 말한다. 소수의 우수한 개체나 전문가의 능력보다 다양성과 독립성을 가진 집단의 통합된 지성이 올바른 결론에 가깝다. 월드와이드웹(www)의 발전 방향인 웹 2.0의 핵심 키워드이다. 중지(衆智, 대중의 지혜), 집단지능, 협업지성, 공생적 지능이라고도 한다.

집단지성이 수사적 표현이 된 이유는 바로 지성이란 단어 때문이다.

'지성인'이란 단어에서 볼 수 있듯이 지성은 앎을 바탕으로 새로운 인식에 도달할 수 있는 능력을 가리키는 매우 긍정적인 의미의 단어이다.

하지만 집단지성(collective intelligence)에서 intelligence는 지능이란 의미이다. 개인들이 가진 지능들과는 구별되는, 독립된 개체로서의 집단이 가진 지능이 집단지성이다. 개미 사회를 예로 든다면, 개미들 하나하나의 지능은 낮은 수준이지만 집단으로서의 개미 사회는 높은 지능을 갖춘 개체처럼 효율적으로 작동한다. 실제로 집단지성이란 개념이 처음 거론된 것은 개미와 같이 집단생활을 하는 곤충들을 연구하면서이다. 20세기 초 곤충학자들은 집단생활을 하는 곤충들의 사회가 개별 인자의 능력을 훨씬 뛰어넘는 정교하고 효율적인 체계를 유지하는 것을 설명하기 위해 집단을 지능을 가진 거대한 유기체로 보기 시작했다.

이런 시각은 뒤르켕(Durkheim)과 같은 초기 사회학자들에 의해 인간 사회를 이해하는데도 적용됐다. 즉, 개인이 현실에서 만들어내는 순수하게 개인적 지식과 다양한 사회적 제도와 기구들을 통해 드러나는 집단적 지식을 구분하고, 사회를 개인들의 단순한 합이 아니라 그 자체로 독자적인 현실이라고 이해한 것이다. 따라서 곤충학자들과 초기 사회학자들은 집단지성을 사회의 필수적인 기본 요소로 봤다.

이와 달리 최근에 집단지성을 이야기하는 사람들은 집단지성을 좀 더 특수하고 도구적인 것으로 파악한다. 이들은 집단지성을 사회가 더 나은 결과를 얻기 위해 사용해야 하는 수단으로 이해한다. 이들은 집단지성을 가능하게 하는 것처럼 보이는 인터넷 디지털미디어의 등장에 열광하면서 집단지성을 더 효율적인 결과를 얻기 위한 도구로서 이해하기 시작한 것이다.

2. 디지털미디어와 집단지성

1994년 프랑스 철학자 레비(Levy)는 집단지성 개념을 인터넷과 연결해 제시했다. 그는 모든 사람들의 가치 있는 지식들이 상호 인정을 바탕으로 인터넷미디어를 통해 연결돼 집단의 목표 달성을 위해 동원되는 것이 집단지성이라고 본다. 서로위키(Surowieki)는 장기적이고 지속적인 관점에서 본다면 일반인들이 집단으로 내린 판단이 전문가 개인의 판단보다 더 낫다고 주장하면서 문제해결 수단으로서 집단지성을 높이 평가한다. 문제해결 수단인 집단지성은 디지털미디어를 만나 본격적으로 활용될 수 있는 것으로 인식된다.

리드비터(Leadbeater)는 집단지성을 "웹이 창조한 집단적 사고방식과 집단적 놀이방식, 집단적 작업방식, 집단적 혁신방식"이라고 정의하면서 디지털미디어가 집단지성을 가능하게 한다고 명시한다. 그리고 웹을 최대한으로 이용해 집단지성을 구현하는 것은 세상을 지금보다 더 나은 사회로 만든다고 믿는다. 탭스코트와 윌리엄스(Tapscott &Williams)는 인터넷 소셜 네트워킹이 사람들 사이의 '대규모 협업(mass collaboration)'을 가능하게 함으로써 비즈니스 전 영역에 걸쳐 위키노믹스(wikinomics)라고 불리는 새로운 문제해결 시스템을 만들어낸다고 판단한다.

이처럼 디지털미디어와 사람들의 자율적 참여라는 특정한 조건을 충족시켜야만 집단지성이 등장하는 것으로 이해되기 때문에 집단지성은 초기 사회학자들이 생각했듯이 사회의 필수적인 요소가 아닌 것이 된다. 이제 집단지성은 디지털미디어를 이용해 구현되는 것으로 더 나은 사회를 건설하는 도구로 이해된다.

3. 집단지성과 권력

문제는 집단지성이 디지털미디어를 통해 자동으로 얻어지는 것이 아닐 뿐만 아니라 집단지성이 어떤 문제를 해결하기 위한 도구가 아니라는 점에 있다. 우선 디지털미디어는 정치적, 사회적 요인에 종속돼 있다.

정부는 방송통신위원회의 심의와 같은 모니터링 활동을 통해 일상적 수준에서, 또는 '미네르바' 사건과 같이 구속, 재판 등을 통해 강제적 수준에서 인터넷 활동을 억압하고 위축시킬 수 있으며 국정원 댓글 사건처럼 아예 조작을 할 수도 있다.

게다가 사람들은 디지털미디어를 문제해결 수단으로 이용하기보다는 오락이나 인간관계 유지 수단으로 활용하는 것을 더 좋아한다. 디지털미디어가 이성적인 방식보다는 감성적인 방식으로 더 많이 이용된다는 뜻이다. 따라서 디지털미디어를 통한 상호작용은 아무리 개방적이고 능동적인 참여를 바탕으로 하더라도 결국 정치적, 사회적으로 왜곡될 수밖에 없다.

더 중요한 것은 집단지성이 도구가 아니라 결과라는 것이다. 집단지성을 도구로 보면 그것이 얼마나 효율적인가에 관심을 가질 수밖에 없다. 효율성의 관점에서 전문가와 대중을 나누고 전문가 지성이 더 뛰어난가, 대중지성이 더 뛰어난가란 식의 논의를 할 수밖에 없다. 하지만 집단지성 자체가 개인들을 모두 동등한 참여자로 간주할 때 도출되는 개념이기 때문에 집단지성 안에서 전문가와 일반인을 나누고 전문가 지성과 대중지성을 구분하는 것은 집단지성을 잘못 이해한 것이다.

집단지성은 전문가 지성도 아니고 대중지성도 아니다. 집단지성의 형성 과정에서는 전문가와 대중을 구분할 수 없다. 집단지성이 발현되려면 모든 참가자의 의견이 동등하게 고려돼야 한다. 전문가의 권위가 드러날 경우, 정보의 자유롭고 동등한 교환 자체가 불가능해지기 때문이다.

전문가와 대중을 구분한다는 것 자체가 참가자들 사이에 권력이 불평등하게 분할됐다는 것을 의미한다. 권력의 불평등한 분할은 집단지성의 발현을 불가능하게 만든다. 만약 전문가와 일반인이 구분되고 그에 따라 각각의 참가자들에게 다른 권력이 부여되고 행사된다면 그것은 그들이 사회의 동등한 구성원이 아니라는 의미이다. 결국 권력이 많은 사람들이 정보교환을 주도하고 지배할 수밖에 없게 된다.

인터넷과 같은 디지털미디어의 이용 자체가 정치적, 사회적으로 왜곡될 수밖에 없는 상황에서, 권력의 불평등한 분할이 강제된 상황에서 집단지성은 발현되지 않는다.

집단지성을 이용해 더 좋은 결과를 얻겠다는 생각 자체가 이미 특정 권력을 가진 사람들의 편향된 목적을 반영하는 것이기 때문에 집단지성이 도구로 간주되는 한, 구조적으로 집단지성은 발현될 수 없다. 집단지성의 구현물이라는 찬사를 받는 '위키피디아'도 편집 방침 때문에 사실은 기존 지식의 영혼 없는 요약에 불과한 실정이다.

집단지성은 어떤 목적을 달성하기 위해 만들어지고 활용돼야 하는 도구가 아니다. 집단지성은 사회 구성원들이 동등한 지적 능력을 가진 존재로 인정되고 각자의 의견이 동등한 힘을 가진 것으로 수용될 때 비로소 발현되는 결과이다. 그것은 더 나은 사회를 만들기 위한 수단이 아니라 더 나은 사회가 되면 우리가 접하게 될 결과라고 할 수 있다.

위계에 따른 지배와 착취가 존재하는 사회에서 집단지성을 사회 발전을 위해 필요한 수단으로만 여긴다는 것은 우리가 단지 도구적 합리성에 지배당한 채 생존을 강요당하고 있을 뿐이라는 것을 의미한다. 디지털미디어와 집단지성 덕분에 자유롭고 열린 민주 사회가 되는 게 아니다. 모두가 자신의 목소리를 자유롭고 평등하게 낼 수 있는 사회가 됐을 때 집단지성이 꽃피는 것이다.

4. 집단지성을 발휘하기 위한 조건
- 다양성 : 다양한(성별, 나이, 직업, 취미, 가치관 등)사람들이 모여야 한다.
- 독립성 : 타인에게 휩쓸리지 말아야 한다. (다른 사람의 의견에만 동조하지 않는, 자신만의 생각을 가지고 있어야 한다.)
- 분산화 : 문제를 해결하는 방식이 한 곳에 집중되어서는 안 된다.
- 통합 : 분산된 지식이나 경험이 공유될 수 있는 시스템이 있어야 한다.

[2] 우리나라 교육 환경에서 공동체 역량 함양을 위한 제도적 실천 방안을 제시해 보시오.

[A]

공동체 구성원과의 협력적 의사소통을 통해 문제를 해결해 보는 경험을 확보하기 위해 교실 수업에서도 실제적 과제를 제공해 관계 역량을 함양할 수 있는 학습 환경을 조성하는 일도 중요하다.

의사소통 역량과 공동체 역량 신장을 위한 수업과 평가에 대한 연구 결과에 따르면 지식, 기능, 태도의 통합적 운영과 투입을 요구하는 구체적이고도 복합적인 과제를 통한 수업과 평가가 학생들의 역량 함양에 적합한 것으로 나타났다. 관계 역량 역시 수업과 평가 과정에서는 개인과 개인, 개인과 공동체 간 의사소통과 협업이 필요한 상황을 적재적소에 배치하거나 수업과 평가 내용이 여러 교과와 연관성을 지니도록 학교 교육과정과 연결 지음으로써 맥락성을 확충하는 일이 중요하다. 학급 내 의사결정 사안이나 지역사회의 문제를 해결하기 위해 관련 당사자가 누구인지 알아보고 효과적으로 의사소통해 보는 과정은 자신을 둘러싼 관계들을 경험하고 성찰하는 기회를 제공함으로써 관계 역량 증진에 도움을 줄 수 있다.

학교교육 내에서의 정교한 설계를 통해 관계 역량 증진을 위한 수업과 평가를 진행하는 것은 결국 학생들이 학교 밖의 삶에서도 타자 및 사회와 유연한 관계를 맺으며 자신이 키운 역량을 활용하게 하기 위함이다.

[Q] - [제시문 제시 집단 면접]

TV 오디션 프로그램에 대한 상반된 의견이 많습니다. 이 프로그램들이 학생들의 자기 주도적 학습력 개선에 미치는 긍정적 역할과 부정적 역할을 각각 한 가지 이상 제시하고 그 이유를 설명하시오.

1. TV 오디션 프로그램이 인기가 많다. 그 이유는 시청자들이 더 이상 무기력하게 바보상자를 바라보지 않아도 되기 때문이다. 자신이 계속 듣고 싶은 노래, 계속 보고 싶은 사람을 결정할 수 있는 까닭에 즐거운 것이다. 그깟 TV 출연자를 결정하는 버튼 누르기도 그렇게 즐거운데, 내 삶을 내가 결정하는 일은 얼마나 설레고 흥분되는 일인가? 앞의 실험 결과를 보더라도 시키는 일만 하면 개도 미친다는 사실을 이미 알고 있다. 이제라도 뭐든 스스로 결정하며 살자는 거다!

2. '학부모가 자녀를 잘 가르쳐야 노후가 행복할 수 있다.' 이번 강의의 핵심으로 중요한 것은 학생 자신이 '공부는 학생의 몫'이라는 것을 깨닫는 것이다.

어린 아이도 태어나 몇 개월 지나면 뒤집기를 한다. 이때 아이는 아주 힘들어 한다. 뒤집기에 이르기까지 수많은 실패를 하였을 것이다. 그러나 언젠가는 성공을 한다. 이때까지 엄마는 기다릴 줄 알아야 하고, 해야 할 일은 그 상황을 묵묵히 지켜보면서 격려하는 길 밖에 없다. 이처럼 우리는 인생 과정에서 이 아이처럼 수많은 뒤집기 과정이 있다. 이러한 과제들을 수행하는 과정 속에서 아이는 스스로 성취감을 맛보게 되는 것이다.

3. 순수 창작 가요제가 브라운관에서 사라져가고 있다. 최근 방송한 대학가요 제가 시청률 1%를 넘기지 못했다는 보도가 현실을 입증한다. 언제부터인가 우리는 김연우의 신곡보다는 그가 기존 명곡을 어떻게 다시 부르는지를 듣 길 원한다.

4. 요즘 학교에서 아이들을 보면 아무런 의욕도 없이 관심도 보이지 않으며 그저 책상에 앉아 있는 아이들이 가끔 눈에 띈다. 상당수의 아이들이 엄마 가 그려놓은 그림을 따라 살면서 남다른 꿈은 생각하는 것이 쉽지가 않다. 이들은 아무것도 자기 스스로 하고자 하는 것이 거의 없다. 이 같은 무기력 한 아이들을 자극하기가 쉽지 않다. 이들은 오랜 시간 동안 남의 눈치를 보 면서 산 시간이 많다. 그래서 모든 것이 시켜서 하는 일로만 느껴진다.

[A] - [찬성 의견]

1. 공개 오디션 프로그램에 찬성하는 사람들이 꼽는 최대 장점은 공정한 경쟁이다.

누구든 제한 없이 참가할 수 있고 열린 공간에서 공개경쟁을 통해 실력으로 승부를 내는 방식을 높이 평가하는 것이다. 소위 '빽' 없는 사람이 성장할 수 있는 기회가 된다.

기존 연예계가 진정한 실력보다는 외모 위주로 스타를 발굴하고 개인적인 친분이나 연이 없으면 출세하기 어려웠던 반면 오디션 프로그램은, 예를 들어 노래만 잘하면 가수로 성공할 수 있는 길을 보장한다는 지적이다.

실제 가수를 뽑는 공개 오디션 프로그램에서 최종 우승자로 결정된 사람들의 면면을 보면 외모가 출중하지는 않지만 제대로 된 가창력을 갖춘 젊은이들이어서 이런 지적을 뒷받침한다.

　가창력 있는 가수들 위주로 출연하는 '나는 가수다' 역시 댄스와 외모 위주의 아이돌 음악에 질린 사람들에게 모처럼 실력 있는 가수들의 수준 높은 음악을 접할 수 있게 해 주고 있다는 점에서 높은 평가를 받고 있다.

2. 조작이 없는 리얼리티 부분에 높은 점수를 주는 사람도 많다.

　방송 프로그램은 드라마나 쇼 등 상당수가 픽션과 설정을 전제로 하는 경우가 많은 반면 오디션 프로그램은 있는 그대로를 보여주기 때문에 시청자들이 공감할 수 있고 따라서 시청률도 높아질 수밖에 없다는 것이다.

　오디션 프로그램은 쇼와 함께 교양을 전달할 수 있다는 일종의 새로운 문화 영역으로 이것이야 말로 공영방송이 적극 해야 할 프로그램이 아닐까라고 생각한다.

[A] - [반대 의견]

1. 오디션 프로그램이 오히려 예술의 다양성을 해친다.

　소위 높은 점수가 나오는 노래나 연기 등이 알게 모르게 정형화돼 다른 시도를 사실상 어렵게 만든다는 얘기다.

　실제 '나는 가수다'를 예로 들면 음악에는 여러 가지 장르가 있는데 이 프로그램의 경우 일단 폭발적인 성량으로 우렁차게 노래를 불러야만 청중평가단으로부터 어필할 수 있어 결과적으로 높은 점수를 받기 위해 다양한 음악적 시도가 제한받고 있다는 것이다.

획일적으로 유사 프로그램이 들불처럼 번져나가면서 다양한 프로그램을 접할 시청자의 권리를 침해한다는 목소리도 없지 않다.

2. 프로그램의 내용에 대한 비판

　일부 프로그램의 경우 고의적으로 시청률을 올리기 위해 프로그램 제작자와 출연진 간에 사전에 짜고 에피소드를 만들어내는 경우가 없지 않다. 또, 유명 연예인의 친인척이나 친구들이 종종 지원자로 등장하는 데 과연 이들이 자발적으로 참여한 것인지, 혹시 프로그램의 인기를 위해 의도적으로 제작진이 투입한 것은 아닌지 의혹이 제기되는 경우도 적지 않다.

만약에 고의적으로 투입시켰다면 이는 리얼리티 프로그램의 본질에 벗어난 것으로 지나친 시청률 경쟁의 폐단이 오디션 프로그램에서도 발생하고 있다는 비난에서 자유롭기 어렵다.

지나치게 상업적이라는 이유로 반대하기도 한다. 오디션 프로그램에 출연하면 그때부터 CF가 들어오고 콘서트가 매진되고 하다 보니 대중성이 떨어지는 연예인들이 인지도를 높여 돈벌이를 위한 수단으로 서바이벌 프로그램에 등장하는 경향도 없지 않다.

❾ 청주교대

[Q] - [개별 면접]

> 교직 2018년부터 초등학교 3학년부터 한자 병기가 실시된다. 이의 긍정적인 효과와 부정적인 효과가 무엇이라고 생각하는지 자신의 견해를 말해 보시오.

[A] - [긍정적인 효과(찬성 의견)]

한자 병기는 학문과 언어 소통 위한 최소한의 조치!

전국한자교육추진총연합회는 "우리말 어휘의 70% 이상이 한자어로 돼 있고 한자 어휘의 90% 이상이 두 가지 이상의 동음이의어로 돼 있어 한글 한자를 함께 쓰면 높고 깊은 지식을 갖출 수 있다"고 주장한다. 한자를 알고 한글을 쓰면 철자법을 정확히 표기할 수 있고 한자는 도덕성이 함양돼 있는 뜻글자여서 인성 교육에도 도움이 된다. 연합회는 아이들의 학습 부담 증가에 대한 우려에 대해서는 "한자는 영어나 일어와 다른 우리말의 일부로 우리말을 제대로 배우기 위한 부담을 느끼는 것은 당연하다"고 밝혔다.

교총은 "초등학교 한자 병기는 별도의 과목이 신설되는 것이 아니기 때문에 학습 부담이 늘지 않고 국어 사회 등 단어 뜻을 정확히 알 수 있어 학습 효과 향상이 기대된다"며 찬성한다는 의견을 밝혔다. 한글 전용 정책이 추진된 이후 한자어에 대한 이해 부족으로 전문적인 문장이나 대화는 물론 일상적인 언어와 문자 소통에서 일부 제한을 받고 있는 상황을 고려한다면 한자 병기는 학문이나 언어소통을 위한 최소한의 조치라는 것이다. 교총의 김동석 대변인은 "우리나라 말의 뜻도 모르면서 쓰는 것이 대단히 많기 때문에 학습 부담이 없는 선에서는 분명히 필요하다고 생각한다"고 말했다.

초당대 김창진 교수는 한자 병기 방침이 부족한 조치이고 최소한의 조치라며 국어기본법에 따라서 하는 것이라며 그 필요성을 강조했다. 그는 세종대왕은 '한자어는 한자로, 토박이말은 훈민정음으로 적는다'는 국한자 혼용의 원칙을 세웠다며 비정상의 정상화 차원에서도 한글 병기가 필요하다고 주장했다.

[A] - [부정적인 효과(반대 의견)]

학습 스트레스는 과중해지고 사교육비 부담은 는다!

전국시도교육감협의회는 임시 총회에서 정부의 이 같은 방침에 반대하며 한자 병기 방침을 철회하라고 정부에 건의키로 했다. 협의회는 "한문 교과가 없는 초등학교의 경우 교과서 한자 병기로 인해 한자교육 학습 부담 과중, 사교육비 증가 등 공교육 불신 우려가 초래된다"고 반대 이유를 밝혔다.

이건범 한글문화연대 대표는 교과서에 한자가 병기되면 사람들은 그게 마치 좋은 것이나 당연한 것처럼 생각할 수 있지만 교사 대상 설문조사에서 66%가 반대했고, 91%는 한자 사교육 증대를 우려하고 있는 것으로 나타났다며 반대한다는 입장을 보였다. 지금도 3, 4학년이면 학습량이 갑자기 많아진다고 아우성인데 한자를 병기하게 되면 국어뿐 아니라 모든 과목에서 상당 시간을 한자 가르치는 데 써야 할 것이다.

이창덕 경인교대 교수는 "모국어 발달을 저해할 뿐 아니라 한자 암기가 우선시되면서 다른 과목 교육까지 파행으로 이끌 위험이 있는 정책을 국민적 합의 없이 추진해서는 안 된다"고 말했다.

김영환 한글철학연구소장은 "한자 병용은 곧바로 한자 혼용으로 이어진다. 이는 알파벳으로서 한글의 우수성을 사실상 빈말로 만들고 한글을 일본의 가나처럼 음절 글자로 쓰자는 주장이 된다." "한글 전용 교육은 교육이 사회 전체의 긍정적인 변화를 이끌어 낸 모범적인 경우다. 40년 넘게 공들여 쌓아온 탑을 애써 허물어 버리자는 게 초등 한자 병용 교과서"라며 한글 전용을 적극 지지했다.

[A] - [나의 견해]

한자는 우리 언어와 문화의 매우 큰 부분!

인터넷에 올린 수많은 글을 보면 아주 기본적인 한글맞춤법도 틀리게 적는 경우를 자주 접할 수 있다. 이런 실수의 대부분은 한자말인 우리말에서 나타나는데 50대 이상 장년층에서는 거의 나타나지 않는 실수다. 그 차이는 바로 한자 교육 여부에 달렸다. 학창 시절 기본적인 한자 교육을 받은 세대들은 한글 발음이 유사하더라도 전혀 다른 한자로 쓰인 두 가지 말 사이에 모음을 혼동할 일이 없다. 하지만 한자를 배우지 않은 세대는 한글 발음이 유사하면, 예를 들어 '연애'와 '연예'를 구분하지 못하고 혼용하는 일이 적지 않다.

한자는 비록 중국에서 유래한 글자이지만 우리말의 상당 부분이 그 뿌리를 두고 있는 글자다. 아무리 부인하려 해도 우리의 말 자체가 한자와 연결돼 있는데 이를 완전히 외면한다는 것은 어리석다. 교육 부담 증가로 반대하는 목소리가 있는 모양이지만 무엇이든 배우는 것은 힘들다. 그렇지만 문명을 이루고 이를 다른 세대에 전하기 위해 모든 이들은 배워야 한다. 그래서 학교가 있는 것이다.

힘들다는 이유로 배움을 포기하라는 것은 말이 안 된다. 한자는 우리 문화요, 언어의 매우 커다란 부분을 차지한다. 그리고 중국어 배우기 열풍이 불면서도 한자 교육은 외면하는 것도 앞뒤가 맞지 않는다. 한자 교육은 중국어나 일본어에 대한 이해를 높이는 데도 매우 도움이 된다. 학습 범위 대한 논란은 몰라도 병용 자체를 반대하는 데는 찬성하기 힘들다.

[Q] - [개별 면접]

지난 10년간 패륜 범죄가 6,000건 이상 발생하였다고 한다. 이런 범죄에 대한 원인이 무엇이라고 생각하며, 해결 방안이 있다면 이야기해 보시오.

[A]

　이런 살인사건을 일으키게 된 근본 원인은 어릴 때의 부모의 잘못된 가정교육으로 인한 성격 형성에서부터 출발한다는 것을 알아야 한다. 즉, 부모의 자녀교육이 얼마나 중요하며 그것이 자녀의 앞길을 행복과 불행으로 좌우한다는 사실임을 깨우쳐주고 있다.

　예로부터 자식은 귀여울수록 엄하게 키우라는 말이 있다. 우리 속담에도 '세 살 버릇 여든까지 간다.'는 말이 있듯이 어릴 때 부모의 양육 태도는 자녀의 지적, 정서적, 성격적, 사회적 발달 전반에 영향을 미치며 성인이 되어서도 인격이나 행동에 그대로 남게 된다는 사실이다. 따라서 부모의 자녀교육이 강화되어야 하며 학교에서도 인성 교육의 실제적 프로그램을 운영할 필요가 있다. 학부모와 학교가 연계하여 하는 인성 교육 프로그램 개발도 필요할 것으로 보인다.

[Q] - [개별 면접]

　인류 역사는 시간의 흐름에 따라 계속 발전하기보다는 오히려 퇴보하고 있다는 견해가 있다. 주장에 대해 찬성과 반대의 근거나 사례를 제시하고, 자신의 생각을 말해 보시오

[A] - [반대 의견]

　오늘날 보편타당하고 가장 발전된 정치 체제로 받아들여지는 민주주의는 현대의 창조물이 아니다. 그 형식이 다소 다르긴 했지만 그리스 아테네와 로마에도 공화정이 시행되었다. 비록 플라톤이 민주주의 이후에는 강력한 독재가 이어진다고 폭언을 서슴지 않았지만 말이다. 근현대사에 가장 큰 족적을 남긴 사회주의 역시 마르크스와 엥겔스의 창조물이 아니다. 사회주의는 중국은 물론 중앙아메리카 잉카 제국 등에서 끊임없이 시도되어온 사회적 실험 중 하나이다. 비록 자주 좌절되었지만 시간이 지나 부의 집중이 한계를 넘어서면 언제 어디서든 다시 고개를 드는 것이 사회주의다.

종교, 통치, 전쟁 등은 특히 이러한 부의 집중과 재분배와 관련이 깊다고 「역사의 교훈」은 말한다. 인류의 역사에서 부의 집중과 재분배는 이 책의 표현을 빌리자면 역사의 들숨과 날숨이다. 그것은 언제 어느 때를 불문하고 끝없이 반복되는 현상이다. 다만 그 집중과 재분배가 어떤 방식으로 이루어지느냐에 따라 그 문명의 도덕, 종교, 통치, 전쟁 등의 양상이 달라진다.

수렵·채집 시대에는 강한 육체를 가진 자에게 부가 집중되고 거친 자연으로부터 스스로를 보호하고 먹이를 구할 수 있는 폭력이 곧 도덕이 된다. 그러나 농경사회에는 토지를 더 많이 소유하는 자들에게 부가 집중되고, 더 광범위한 문명이 형성되며 통치 역시 부가 집중된 계급에서 대를 물러 이어지게 된다. 왕족과 귀족은 그렇게 출현하고, 이들은 종교와 손을 잡기도 하고 때로는 반목하기도 하며 통치를 이어간다. 그러다 점차 부의 집중이 토지가 아니라 금융과 기술로 옮겨지면서 신흥 자본가들이 자유로운 경제 활동으로 부를 축적하는데 왕족과 귀족이 방해가 되자 기존의 관계를 전복시킨다. 이것이 프랑스에서는 혁명으로 이어졌지만 영국에서는 100여년에 걸쳐 비교적 자연스럽게 이행되었다.

[A] - [나의 견해]

이렇게 보면 언뜻 역사는 진보가 아니라 큰 호흡으로 반복되는 듯 보인다. 그리고 이 반복은 결국 부의 재분배에 실패했기 때문이다. 결국 인류의 수천 년에 달하는 역사는 반복되는 실패의 역사인 셈이다. 그럼에도 이 반복 속에서도 문명은 아주 점진적이나마 발전하고 있다고 말한다. 문명별로 평균적인 삶의 질은 분명 과거에 비해 나아지고 있기 때문이다.

[Q] - [개별 면접]

빅데이터 분석은 일정한 형식을 가진 데이터뿐만 아니라 포털이나 다양한 소셜 미디어에서 생산되는 일정한 틀이 없는 데이터까지도 포함한 복합적인 데이터로부터 의미를 분석하는 기술이다. 정치, 사회, 경제, 문화, 과학, 기술

등 여러 분야에서 활용되는 빅데이터 분석의 예를 제시하고, 그 장점과 단점을 말해 보시오.

[개념] 빅데이터

단지 양이 거대한 데이터만을 의미하는 것이 아니라, 형식이 다양하고 순환 속도가 빨라 분석이 어려운 데이터를 통칭한다. 이는 복잡하지만 막대한 잠재 가치를 지닌 원석이라 할 수 있다. 빅데이터 분석을 통해 산업 부문, 특히 제조업에서 개발·조립 비용의 50%, 운전 자본의 7% 절감을 기대할 수 있고, 공공 부문으로는 미국 헬스케어 분야에서 연간 3000억 달러, 유럽에서 연간 2,500억 유로의 가치가 창출될 것으로 기대한다. 이러한 빅데이터의 가치에 주목하여 미국에서는 지난해에만 빅데이터 관련 벤처기업에 대한 투자가 36억 달러(3조 7800억 원)에 달했고, 빅데이터 선도 기업인 구글, 애플, 페이스북 등은 빅데이터 분석 업체를 인수했다.

[A] - [장점과 활용]

'빅데이터'의 전략적 사용은 다음과 같이 크게 네 가지 분야로 나누어 볼 수 있다.

첫째, 과거 데이터로부터 규칙성을 분석하여 미래의 수요 및 리스크를 추정하는 것이다. 패션기업 '자라(ZARA)'는 전 세계 환경 정보, 품목별 특징과 전시 위치, 판매 실적 등을 실시간 집계하여 매장·품목별 적정 재고를 산출하고 이를 주문 가이드에 이용한다. 미국 'T-mobile'은 빅데이터를 이용하여 리스크를 경감시킨 사례이다. 다른 통신사로 옮긴 고객이 사전에 보였던 특유 이용 패턴을 발견하고 이를 실시간으로 포착하는 시스템을 구축, 고객 이탈을 사전에 감지 및 대처했다. 그 결과 이탈 고객의 수는 시스템 구축 전의 절반으로 낮아지는 성과를 이뤘다.

둘째, 고객의 무의식적 니즈에 대한 발견이다. 소비자의 일상이 담긴 정보에서 경쟁사 혹은 고객 스스로 인지하지 못한 새로운 패턴의 니즈를 발견할 수 있다. 미국 '하라스 호텔(Harah's Hotel)'은 매년 3,000만 명에 달하는 고객의 행동 패턴을 분석하여 카지노 주 고객층이 관광객이 아닌 평범한 지역 주민임을 알아냈고, 가족 오락 공간으로 맞춤형 마케팅을 통해 업계 1위를 달성했다.

셋째, 빅데이터를 통해 고도의 맞춤형 서비스를 제공할 수 있다. 빅데이터를 활용한다면 인구 통계학적 분류 외에 맥락 기반의 분류가 가능해져 개별 상황에 적합한 서비스를 제공할 수 있다. 미국의 소셜네트워크 서비스사인 '태그드 닷컴(Tagged.com)'은 사용자 1억 명의 데이터로 고객의 친구 및 대화 상대까지 파악하여 실시간 개인 맞춤형 데이팅 서비스를 제공하고 있다. 앞서 언급한 아마존의 도서 추천 시스템도 빅데이터를 이용한 맞춤형 서비스의 대표적인 예이다.

마지막으로 빅데이터의 활용 전략은 비용 절감이다. 기술 투자비의 상당 부분을 빅데이터 관련 연구에 투입하고 있는 미국 운송업체 'UPS'는 적절한 부품 교체로 차량 고장을 최소화하며 배송 지연을 줄이고 연간 수백만 달러의 차량 유지비를 절감시켰다. 또한, 반도체 기업 '마이크론'은 장비에 유입되는 제품의 순서를 조합해 최적화된 공정 일정을 세워 생산 시간의 10%를 단축, 약 수백억 대의 비용 절감을 달성할 수 있었다.

선진국의 글로벌 기업들이 일찍이 빅데이터의 중요성에 눈을 뜬 반면, 빅데이터를 경영에 활용하는 우리나라 기업은 10개 미만이다. 아직 빅데이터에 대한 인식이 부족하여 정보를 체계적으로 축적하지 못했고, 단지 의사결정 합리화를 위해 일회적으로 데이터를 소모하는 경우가 많아 빅데이터 관리와 분석에 필요한 지식 기반이 취약한 실정이다. 따라서 우리나라의 빅데이터 활용을 위한 과제는 기업들이 이러한 빅데이터의 가치를 인식하고 분석 인력과 기술에 대한 적극적인 투자를 함과 동시에 정부 또한 공공 빅데이터 공급과 활용을 위한 인프라를 마련하는 것이다.

[A] - [분석 사례]

영국과 미국은 정부가 포털사이트를 만들어 빅데이터를 공급하고 활용을 장려하고 있는데, 이를 통해 기업들은 새로운 사업 기회를 창출하고 있다. 미국 기후보험업체 '클라이밋 코퍼레이션'은 정부가 개발한 공공 기후 데이터를 통해 이상 기후 발생 시 해당 농가에 보험금을 지급하는 기후보험을 판매한다. 맥킨지는 이러한 공공 부문 빅데이터의 잠재 효과 1,500~3,000억 유로로 추정하고 있다.

[A] - [단점]

잘 쓰면 약, 못쓰면 독이 되는 빅데이터의 양면성

빅데이터가 장밋빛 미래만을 제시하지는 않는다. 가장 큰 문제점은 개인정보 침해다. 얼마 전 금융회사의 고객 정보가 대규모로 유출되어 사회적인 문제가 되었다. 빅데이터는 대량의 개인정보가 수집 및 관리되므로 사업자의 고의 또는 과실에 의해 개인정보가 침해 혹은 누설될 수 있다. 방송통신위원회의 '빅데이터 개인정보 보호 가이드라인'이 있지만 이 또한 현행 개인정보보호법에 위배될 수 있고, 인권 침해 가능성이 있다며 시민단체들은 우려를 표하고 있다.

빅데이터를 산업 발전에 유익하게 사용하려면 개인정보 침해에 대한 강화된 대책이 필수적이다. 이를 위해서는 정보 보안 기술 자체의 개발도 중요하지만, 특히 체계적인 정보 보안 전략의 수립이 필요하다. 지금까지는 개인정보 유출 사고가 발생하면 타부서 혹은 외부 협력기관에 책임을 전가하며 미봉책으로 대처하는 경우가 많았다. 이제 그러한 안일한 태도에서 벗어나 사전에 철저한 보안 전략을 수립하고, 책임 소재를 명확히 해야 한다.

현명한 '빅데이터'와 사생활을 침해하는 '빅브라더'는 동전의 양면이다. 빅데이터의 성공적인 활용은 개인정보 침해에 대한 대책이 얼마나 잘 수립되어 있는가에 달려있다고 해도 과언이 아니다. 빅데이터는 지난 다보스 포럼에서 2012년의 가장 중요한 기술 중 하나로 지목되었고, 현 정부의 창조 경제를 달성하기 위한 핵심 사업이기도 하다. 따라서 앞으로 산업계는 다가오는 빅데이터 시대를 맞이하여 새로운 사업기회를 포착함과 동시에 정보 보안 리스크에 대한 대책 마련에도 힘써야 할 것이다.

[Q] - [개별 면접]

'정부 발표에 따르면 우리나라의 인구 10만 명 당 자살률은 25.6명으로 OECD 국가 중 1위라고 한다. 우리나라에서 이처럼 자살률이 높은 이유를 설명하고, 자살률 감소를 위한 대책을 말해 보시오.

[A] - [자살률이 높은 이유]

신자유주의로 인한 무한 경쟁 사회, 입시 중심의 학교교육, 부의 양극화 심화, 늘어나는 비정규직, 미흡한 사회 안전망, 각박한 도시 사회의 일반화, 1인 가구의 증가, 무너지는 공동체 사회, 오프라인 만남보다는 온라인 만남의 선호도 증가로 인한 소외의 증대가 그러할 수 있다.

[A] - [자살률 감소 대책]

상담의 일반화와 보편화를 위한 국가와 지자체의 재정, 행정적 지원 및 시스템 구축이 필요하다. 학교교육에서의 학생에 대한 정기 상담의 의무화 제도도 필요할 것을 보인다.

[Q] - [개별 면접]

교사는 거짓이 아닌 진실을 가르쳐야 한다는 주장이 있다. 만약 산타클로스가 실제로 있는지를 묻는 아이와 UFO가 존재하는지를 묻는 아이가 있을 경우, 교사가 각기 어떻게 답변하는 것이 좋을지 이유를 들어 설명하시오.

[A]

물리적이고 정신적인 심각한 해를 끼치지 않는다면 어느 정도 선의의 거짓말을 필요하다고 생각한다. 산타클로스가 실제로 있는 지 여부를 떠나 크리스마스는 가족 간의 즐거운 이벤트일 수도 있고 상상력의 나래를 펼치게 할 수 있는 기회이기도 하다. UFO 존재에서는 확실한 증거가 없기 때문에 교사로서 증거를 들어 답변하기는 쉽지 않다. 언론이나 유투

브 등을 통해 간접적인 사례를 들어줄 수는 있지만 확정적이라고 말하기는 어렵다. 이 정도에서 설명하면 될 것 같다.

[Q] - [개별 면접]

학교폭력대책자치위원회(학폭위) 제도의 시행 이후 학교폭력 피해 학생 수는 감소하였지만 학폭위 심의 건수는 계속 증가하고 있다고 한다. 이러한 현상에서 드러나는 학폭위 제도의 한계와 이에 대한 보완책을 말해 보시오.

[A] - [한계]

학교폭력대책자치위원회는 학부모가 요청하면 일단 개최해야 하는 등 여러 문제점을 안고 있어 규정을 개선해야 할 필요성이 제기되고 있다. 자치위원의 다수가 전문성이 떨어지고, 객관적 심의가 어려운 상황도 많으며, 엄벌 위주의 기조에 재심 청구도 급증하는 한계를 보이고 있다.

사소한 사건에도 학생부 기재를 탓하는 점도 문제로 지적되고 있다. '징계 → 불복 → 재심 → 행정소송'으로 연결되고, 사실 관계를 밝히자는 악순환이 거듭되는 모습마저 보인다.

[A] - [보완책]

우선 관계 회복에 중심을 두어야 할 필요가 있다. 학교폭력 문제를 주관하는 곳은 학교에서 지역 교육지원청으로 이관되어야 한다. 학폭을 학교가 주관하게 되면 학교는 만신창이가 되기 쉽고, 이렇게 되면 학교의 목적인 교육이 제대로 이뤄지기 어렵다.

학교폭력에 의한 학폭위 개최는 학교의 행정 요소가 많아지게 되는 것이므로 교육지원청에서 전담 조직을 조직하여 이를 통해 해결하는 것이 최선이라고 생각한다.

❿ 춘천교대

토론을 잘하는 학생만 항상 토론 수업에 참여한다면, 다른 소수의 학생들을 어떻게 지도할 것인가?

[A]

토론 수업 방식을 다양하게 할 필요가 있다. 거꾸로 수업 즉 플립 러닝을 방법을 통해 미리 사전에 토론할 내용에 대해 공부를 시키는 방법이 있다.

발언 의무제를 통해 누구나 토론에 참여토록 한다. 토론을 못하는 학생도 자꾸 참여하게 되고 자기의 의견과 생각을 말하다 보면 토론을 잘할 가능성이 높아진다.

[Q] - [교직 개별 면접]

교사의 능력을 검증하는 데 유효 기간을 두는 것에 대해 어떻게 생각하는지 말해 보시오.

[A]

늘 교사 능력을 검증만 하려고 한다. 교사 능력을 키우고 성장시키는 데 기다림도 필요하고 도움도 필요하다. 교사 능력을 발전시키기 위해 '멘토 - 멘티'를 의무적으로 맺어주고 능력이 성장될 때까지 단체가 기다려주고 도와줄 필요가 있다.

[Q] - [교직 개별 면접]

촌지를 받으면 바로 쫓겨나는 원 스트라이크 아웃제에 대해 어떻게 생각하는지 말해 보시오.

[A]

교육계에 관행처럼 남아 있는 촌지 수수를 뿌리 뽑고 경각심을 높이기 위해 이 제도를 적극 시행해 나가는 것이 필요할 것으로 보인다. 이를 통해 국민들의 교육에 대한 신뢰도를 높일 수 있다.

[Q] - [교양 개별 면접]

'베블런 효과'의 원인과 문제점을 말해 보시오.

[개념] 베블런 효과

베블런 효과란 쉽게 말하면 비쌀수록 잘 팔리는 현상이다. 일반적으로 제품의 가격이 오르면 수요가 줄기 마련이다. 그럼에도 가격이 올라도 수요에 변화가 없는 경우 역시 있다. 가격이 오르는데도 일부 부유층의 과시욕이나 허영심 때문에 수요가 줄지 않는 이를 베블런 효과라고 한다.

이 용어는 미국의 사회학자 소스타인 베블런이 1899년 출간한 〈유한계급론〉에서 "상층 계급의 두드러진 소비는 사회적 지위를 과시하기 위해 지각없이 이루어진다"라고 말한 데에서 유래했다. 베블런 이 책에서 물질만능주의를 비판하며 상류층의 각성을 촉구했다. 베블런 효과의 대표적인 사례로는 최고급 수입차, 명품 가방, 최고급 가전제품, 고가의 귀금속류 등이 불티나게 팔리는 현상이다.

[A] - [원인과 문제점]

이 중에는 제품이 꼭 필요해서 사는 경우도 있으나, 자신의 부를 남에게 과시하거나 허영심을 채우기 위해 구매하는 경우가 더 많다. 그러다 보니 고가 명품은 값이 오를수록 수요가 더 늘고, 값이 떨어지면 오히려 구매를 기피하는 현상이 나타난다. 물론 자본주의 사회에서 타인의 소비 성향을 집단적으로 비난할 수 는 없다. 소비 행태는 개인에게 국한된 것이기 때문이다. 그러나 사치성 소비가 많아지는 것이 문제가 되는 이유는, 이러한 소비 행태가 급기야는 가짜 명품인 짝퉁(모조품)의 대량 생산을 부추기고, 자신의 경제 규모에 걸맞지 않은 과소비를 조장할 수 있기 때문이다.

최근에는 가격이 저렴하면서 양이 많은 제품을 찾는 이른바 반 베블런족도 등장하고 있다. 소위 말하는 가성비가 좋은 제품을 소비하는 현상이다. 유통업체 이마트는 이러한 소비족을 타깃으로 하는 자체 브랜드인 '노브랜드'를 선보여, 1년 만에 상품을 360가지로 늘리며 월 매출 90억 원이라는 성과를 거뒀다.

[Q] - [교양 개별 면접]

열정페이 문제에 대해 본인의 생각을 말해 보시오.

[개념] 열정페이

열정(熱情)과 페이(pay)가 결합한 이 신조어는 열정에 대한 정당한 보답이라는 의미가 아니라 그 정반대 즉, 청년의 궁박한 처지를 빌미삼은 '착취'를 상징하는 표현이다. "열정 삥뜯기"이다. 고용주에게 정당한 임금을 받는 대신 자신의 열정만을 착취당한다는 의미로 널리 쓰인다. 특히 교육과 노동이 혼재된 과도기 노동(인턴, 수습, 실습)에서 생겨나는 청년층의 저임금 노동 착취를 상징적으로 일컫는 표현이다. 2010년대 이후 심각한 사회문제로 대두했다.

만 15~29세의 청년 82만 9,000명 중 21.2%(5명 중 1명꼴)가 1년 이하 계약직으로 직장생활 시작한다(2014년 1월 통계청). 이는 2008년(11.2%) 대비 약 두 배에 이르는 수치다. 인턴·수습 등의 명목으로 불안정한 형태로 채용한 뒤, 상시적 업무를 수행하도록 하면서 정식 채용(정규직 전환)을 빌미로 계속된 선별과 재선별의 과정('취업 이후의 취업활동')을 강제하는 양상이다.

[A] - [원인 - 고용 없는 성장]

고용 감소와 비정규직 확대에 따른 일자리의 질적 저하가 주된 원인이다. 1990년 전 산업 평균 10억 원당 72.2명이던 우리 경제의 취업유발계

수는 2012년 13.2명으로 급감했다(약 20년 만에 1/6 수준으로 감소). 더불어 기업은 노동 유연성과 비용 절감을 위해 저임금, 중노동의 비정규직을 꾸준히 확대해왔다.

[A] - [열정페이의 유형]

① **스펙 노동** : 이력서에 '한 줄' 경력을 넣기 위한 (무급·저임금) 인턴 노동(예 희망제작소 무급 인턴 논란)을 말한다. 직업 체험형 인턴십의 경우 명확한 제도적 규정이 없기 때문에 전체 규모를 파악하기가 어렵다. 다만 2012년 고용정보원이 전문대졸 이상 18,299명을 대상으로 진행한 [대졸자 직업 이동 경로 조사]에 따르면 전체 응답자의 13.8%(2,526명)가 졸업을 전후하여 민간기업·공공기관 등에서의 인턴 경험이 있다고 답했다.

② **수습생, 교육생 노동** : 정규직을 미끼로 한 수습생 혹은 교육생 형태의 정규직과 다를 바 없는 노동(예 위메프 고용 갑질 사건, (주)이상봉 열정페이 논란)을 말한다. "근로계약 체결 후 일정 기간을 두어 근로 관계 계속 여부를 최종 결정하는 제도를 의미하는 '시용(試用)'과 유사하지만, 특별한 결격 사유가 없는 한 근로 관계의 지속이 담보되는 시용 제도에 비해, 과도기 노동 영역에서 드러나는 '필터링'의 양상은 훨씬 더 광범위하다"(청년유니온, '2015 청년 과도기 노동 당사자 증언 대회' 중에서). 수습생이나 교육생 형태를 띤 과도기 노동은 영화, 예술, 디자인, 미용 분야 등 이른바 '도제식 교육'의 관행이 남아 있는 분야에서 특히 집중적으로 나타난다.

③ **현장 실습** : 학생의 직업 역량 향상을 위한다는 '교육' 목적으로 고등학교와 대학교의 정규 교육과정의 필수로 포함된 현장에서의 업무 체험을 의미한다. 교육의 일환으로 현장에서 노동한다는 점에서 과도기 노동의 전형적인 양상이라 할 수 있다. 그 명칭은 현장 실습 외에도 산학협력, 직업 체험, 산학 실습 등으로 다양하지만, 정규 교육과정의 일부이며 학점 취득, 졸업 자격을 갖추기 위해 필수적으로 갖추어

야 하는 것이 특징이다. '교육기관―학생―사업장' 사이의 3자 양상을 취하는 것이 일반적이다. 이 점에서 '인턴(수습)―사업장' 2자 간 계약의 과도기 노동 유형과는 다르고, 어느 정도 법적, 제도적 근거도 마련되어 있다는 점도 여타의 과도기 노동과도 구별된다. (예 광주 기아차 실습생 뇌출혈 사건)

[A] - [해결 방안]

사회 · 정책적 해결방안의 기본적 구상을 제안해 본다.

첫째, 주된 목적이 교육 · 실습인 청년과도기노동의 정의를 명확하게 해야 한다. 고용노동부의 기준 수립이 필요하다. 이에 따라 규정된 정의에 맞게 교육 · 실습이 운영되도록 선도하거나, 정의 규정에 맞지 않는 노동 착취 형태를 걸러 낼 수 있다. 일례로 미국 노동부는 '무급 인턴'과 관련해 연방대법원 판례로부터 6가지 기준을 추출해 규정했다. 기준의 주요 내용은 '① 교육일 것, ② 정규직 노동의 대체가 아닐 것, ③ 사용자가 이윤을 얻는 노동이 아닐 것' 등 세 가지다. 한국에서 문제가 되는 청년과도기노동은 '① 교육이 아니거나 교육조차 불필요한 단순 노무 제공, ② 정규직 노동의 대체적 성격, ③ 상시 · 일상 노동이기 때문에 사용자가 인건비 절감 효과 또는 직접적 이윤 향유'를 목적으로 한다. 미국 판례 기준과 정확히 반대된다.

둘째, 산학협력 · 현장 실습의 경우 허용 업종과 불가 업종을 정하고 정부 인가를 얻도록 제도를 개선해야 한다. 교육 목적으로 시행되는 청년 과도기 노동이 실제로는 교육이 필요 없는 단순 노무 제공에 불과한 경우가 많으므로, 산학협력 · 현장 실습을 진행할 수 있는 업종을 제한하고 정부(노동부 · 교육부 장관) 인가를 요건으로 두면 위법한 노동 착취를 원천 차단하는 효과를 기대할 수 있다.

셋째, 산업체에 대한 정기 감사제도 및 실습 일지 제출을 의무화해야 한다. 감사 내용은 앞에서 설명한 정의 규정에 부합하는지 여부, 허용과 금지 업종에 해당 여부, 정부 인가 기준의 부합 여부, 기타 교육 일정과 교재, 산업안전, 관리자의 성폭력 예방 교육 이행 여부 등으로 구체화할 수 있다. 감사 결과 기준에 미달하면 과태료 혹은 인가 취소 등의 제재를 하는 것도 필요하겠다.

넷째, 근로자성에 대한 전국적 특별 근로감독을 실시해야 한다. 노동부의 전국 규모 특별 근로감독을 더 이상 미뤄서는 안 된다. 물리적 한계에 따라 업종을 우선 일부 지정하더라도 미용, 제과 · 제빵, 조리, 대학 산학협력 현장 등 특히 문제가 드러나 있는 업종에 대해서는 선제적으로 근로감독을 해야 한다.

현재 열정페이에 대한 노동부 · 교육부의 가이드라인이 전혀 없는 상황이다. 노동부는 근로감독관이 절대적으로 부족해 당사자 신고나 고발 없이는 먼저 나서기가 여의치 않다는 입장이다. 하지만 당사자들은 사회경제적 약자인 탓에 신고 · 고발을 하기 어렵다. 문제를 사전에 차단하고 예방하는 제도적 필터링이 반드시 필요하다. 본문에서 제시한 몇 가지 안을 포함하여 열정페이 문제에 대한 활발한 사회적 논의가 이뤄져야 하는 이유다.

[Q] - [교양 개별 면접]

드론의 활용에 대한 장점과 단점이 있다면 무엇이라고 생각하는지 말해 보시오.

[개념] 드론

역사는 짧지만 굉장히 빠르게 진화되고 있는 드론은 현재 인간에게 하여금 호불호가 분명해지는 기기이다. 원래 군사용으로 많이 활용되었다가 일반인에게까지 널리 알려지게 되었고, 돈만 있으면 누구나 쉽게 구입해서 조종할 수 있으며, 기기에 카메라를 설치하여 촬영도 할 수 있게 되었다.

[A] - [장점]

긍정적으로 생각하는 이유는 편리성과 즐거움에 있다. 어디선가 드론에 카메라를 부착해서 타인을 도촬하는 잘못된 행위를 벌이고 있는 사람들도 있을 수 있다. 그러나 드론을 이용한 다양한 서비스가 우리에게 크고 작은 도움이 되고 있다. 예를 들자면, 몸이 불편한 사람에게 손발이 될 수도 있고 각종 물건을 인터넷이나 전화로 주문해서 쉽고 빠르게 배송받을 수도 있다. 이 밖에도 놀이와 다양한 편리성을 제공하고 받을 수 있다고 생각한다.

[A] - [단점]

편리하고 자신의 재미를 위해서 나쁜 범죄로 활용하면 안 된다. 남의 사생활을 도촬하는 행위는 법적으로 금지되어 있다. 사생활 침해가 가장 크게 걱정하여 드론을 달갑지 않게 생각하는 사람들이 많다. 하지만 냉정하게 말하자면, 뭐든 새로운 것에는 논란이 되기 마련이고 그것을 차차 보안하고 개선해서 더 좋고 편리하게 개발될 수 있다고 생각한다.

[Q] - [교직 개별 면접]

다음의 두 가지 관점을 비교 분석하시오.

1. 교육은 물 뿌리고 쓸며 응대하고 대답하며 나아가고 물러서는 예절과 어버이를 사랑하고 어른을 공경하고 스승을 받들고 벗을 사귀는 규범을 가르치는 것이다. 이러한 근본을 어릴 적부터 배우고 익혀야 자신을 닦고 가정을 정돈하고 나라를 다스리고 천하를 화평하게 할 수 있다.
2. 교육은 물 뿌리고 쓸며 응대하고 대답하는 것이 예절에 맞도록 하고, 집에서 효도하고 밖에서 어른을 공경하도록 하여, 행동이 조금도 예의에 어긋나지 않도록 하는 것이다. 그러나 이것은 말단이다. 근본이 없으면 무슨 가치가 있겠는가? 자신을 닦고 나라를 다스리는 도리를 가르쳐야 한다.

[1] 1과 2에서 말하는 '근본'을 비교해 설명하시오.

[A]

[2] 1과 2의 관점에서 볼 때, 각각 어떤 교육을 실시할 수 있을지 구체적인 예
    를 들어 말하시오.

[A]

[Q] - [교양 개별 면접]

다음 내용과 두 교사의 견해를 읽고 물음에 답하도록 하시오.

4차 산업혁명에 대한 설명

김 교사 : 사회가 급변하므로 학교교육 또한 미래 사회에 불필요한 내용은 과
         감하게 버리고 앞으로의 시대에 유용하게 활용할 수 있는 내용으로
         대폭 바꿔야 한다.
박 교사 : 급변하는 사회에 따라 수시로 교육 내용을 바꾸는 것은 불가능하므
         로, 시대를 초월하여 인류가 지켜야 할 핵심적인 내용을 중심으로
         학교교육의 내용을 재구성해야 한다.

[1] 김 교사와 박 교사가 제시할 수 있는 교육 내용을 각각 근거를 들어 말하시오.

[A]

[2] 두 교사의 견해 중에서 자신이 지지하는 것을 선택하여 그 이유를 구체적으로 말하시오.

[A] -지지 의견 선택 및 그 이유

⓫ 한국교원대

[Q] - [교직 개별 면접]

다음의 두 견해를 보고 벌점제 문제를 어떻게 해결할 것인지에 대해 자신의 생각을 이유를 들어 말하시오. (단, 본인과 입장이 다른 사람들을 설득해야 하는 상황을 전제한다.)

1. 체벌이 금지된 상황에서 학생을 지도하기 위해서 벌점제를 유지해야 한다.
2. 벌점제는 비교육적이므로 폐지해야 한다.

[A] - [찬성 의견]

나락으로 떨어진 교권 지킬 최후의 보루!

경제 문제를 해결하는 데 형평성만을 강조할 경우에는 사람들의 근로 의욕이 저하될 수 있다. 현재 화두가 되고 있는 '상벌점 제도 폐지' 문제 또한 이에 빗댈 수 있을 것이다.

학생의 인권이 중요하고 보장돼야 함은 당연하다. 하지만 상벌점 제도 폐지는 학생의 성실함과 선의를 평가할 수 있는 요소가 사라지는 것이기 때문에 학생이 열심히 학교생활을 하려는 의욕은 떨어질 수밖에 없다. 학생인권조례로 인해 체벌이 전면 금지되어 상벌점 제도는 학생을 평가할 수 있는 최소한의 잣대가 됐다. 더불어 교권이 추락하고 있는 현재 상황에서 상벌점 제도가 폐지된다면 더 심각한 교권 침해 문제가 초래될 수 있다. 교권 추락은 곧 교육의 붕괴를 뜻한다. 즉 학교가 제대로 운영되기 위해서는 상벌점 제도가 유지돼야 한다. 상벌점 제도는 말 그대로 학생들이 좋은 행동을 하면 상점을, 잘못된 행동을 하면 벌점을 부여한다. 오로지 벌점만 주는 제도가 아니라는 점을 강조하고 싶다.

[A] - [찬성 의견]

폐지 대신 효과적 운용 방안 찾아야!

상벌점 제도란 봉사활동과 같은 바람직한 활동을 한 학생에게는 상점을, 학교 규칙에 어긋나는 행동을 한 학생에게는 벌점을 주는 것이다. 그러나 학생들의 인권을 존중해 주고 학생이 중심이 되는 교육을 명분으로 상벌점 제도의 폐지가 추진되고 있다.

하지만 상벌점 제도의 폐지가 얼마나 학생들의 인권을 존중해줄 수 있을까? 오히려 실제로 상벌점 제도가 폐지된다면 학교 내 체벌이 늘어나지 않을까 우려된다. 체벌로 인해서 학생들에게 인권침해 현상이 더 많이 발생하지 않을까 우려하지 않을 수 없다. 그리고 상벌점 제도가 폐지된다면 교실의 수업 분위기 조성에 장애요소가 많이 나타날 것으로 생각되고 교사들의 경우 학생 지도에 어려움을 겪게 될 것으로 보인다.

따라서 이제 자리를 잡아가고 있는 상벌점 제도의 폐지보다는 이 제도에 대한 적용과 효과적으로 운용할 수 있도록 교사들이나 학생들의 마인드가 바뀌어야 한다고 생각한다. 우선 벌점을 학생들에게 무분별하게 주는 것이 아니라 정당하고 합당한 이유를 갖고 줘야 하고, '벌점'을 부여할 수 있는 교사의 권한을 악용해서는 안 될 것이다.

[A] - [찬성 의견]

인센티브 제공은 교육 효과 높이는 촉매!

경기도 교육청은 인권 친화적 생활교육의 추진을 위해 상벌점 제도의 폐지를 주장하지만 인권 친화적 생활교육을 실현하는 가장 적합한 방법이 상벌점 제도다. 학생이 잘못된 행동을 했을 경우 그 학생은 벌점을 받는다. 이때 받은 벌점은 한순간에 없어지지 않고, 기록에 남게 된다. 자신의 잘못된 행동에 대한 기록이 없어지지 않고 남음으로써 학생들에게 자신의 행동에 대한 책임감을 심어 주게 된다.

또한 벌점을 받은 학생은 합계 누적점수가 커지지 않도록 상점으로 상쇄시키기 위해 선행을 하게 되는데, 이는 학생의 자발적인 선행을 유도하는 것은 아니지만 좋은 행동이 몸에 배고, 습관이 될 수 있도록 유도하는 효과적인 인센티브를 제공하는 것이다. 설령 벌점 누적점수가 높아진다고 해도, 해당 학생들은 체벌 대신 상담 및 정신교육을 받고, 이것이 생활기록부에 기재되지 않기에 상벌점 제도는 학생을 바르게 선도할 수 있는 효과적이면서도 인권 친화적 교육 방안이라고 볼 수 있다.

[A] - [반대 의견]

교사마다 판단기준 달라 객관성 없어!

상벌점제는 2010년 3월 교내에서 학생에 대한 체벌을 근절하면서 학생들 학습 및 생활지도를 위해 만들어진 제도다. 잘못된 행동을 한 학생들에게 체벌을 하는 대신 벌점이나 봉사활동을 통해 자기 성찰을 하는 시간을 갖게 하고 올바른 행동을 한 학생에게는 상점과 상장 등을 통해 좋은 행동을 유발시키는 취지로 만들어졌다.

하지만 요즘 상벌점제는 이러한 취지를 벗어나고 있다. 벌점을 받은 학생들은 반성은커녕 선생님들에게 대들고 있고, 마땅히 해야 할 행동임에도 불구하고 상점을 달라고 선생님들께 요구하기도 한다.

가장 큰 문제점은 객관적인 기준이 없다는 것이다. 벌점의 기준은 무례함이나 불건전함 등 여러 가지로 나뉘는데 이를 결정하는 주체는 선생님이다. 선생님마다 판단 기준이 다르기 때문에 선생님들은 자신들이 좋아하는 학생들에게는 조금 더 너그러워질 수 있고, 그날의 기분에 따라 그러한 기준은 달라질 것이다. 이는 공평함이라는 면에서 잘못된 것이다. 이렇듯 학생들에게 혼란을 가중시키는 상벌점제 대신 모든 학생들에게 공평하게 적용될 수 있고 객관적인 지표가 될 수 있는 새로운 제도가 필요하다고 생각한다.

[A] - [반대 의견]

감시와 처벌 대신 자율과 책임 가르쳐야!

미셸 푸코의 저서 「감시와 처벌」을 독해하며 우리는 상벌점제의 폭력성을 발견할 수 있다. 상벌점제가 위험한 까닭은 그것이 규율을 학생에게 강제적으로 내면화시키기 때문이다. 학교가 교육기관이라는 사실을 인정한다면 학생들을 점수에 따라 낙인찍는 시스템을 옹호할 수 없을 것이다. 그럼에도 상벌점제 폐지를 반대하는 측에서는 실효성을 언급하며 상벌점제 폐지에 반대한다. 체벌이 부재한 상황에서 상벌점제까지 폐지하면 학생들을 규율할 방안이 사라진다는 것이다. 그러나 우리는 상벌점제 실효성을 반문해볼 수 있다. 상벌점제가 규제하려는 학생은 학교 분위기를 심하게 망쳐놓는 소수 학생들이다. 그런 학생들을 상벌점제만으로 규제할 수 있겠는가? 소수 학생들을 지금까지의 방법으로 선도할 수 없다면 필요한 것은 혁신적인 대안이다. 경기도교육청에서 발표한 것처럼 학생들에게 스스로 규율을 정하고 그것을 집행할 기회를 줘야 한다. 이렇게 강제적으로 내면화된 순응성에서 탈피해 스스로가 입법 주체가 돼야 한다. 혁신은 우려를 동반한다. 학생을 점수에 의해 평가하지 않고 객관적이고 공정한 기준에 의거하여 선도하는 교육적 분위기를 꿈꾼다.

[A] - [반대 의견]

선행 강제해 학생 간 상점 경쟁만 부추겨!

경기도교육청의 상벌제 폐지에 대한 반대 여론 또한 상당하다. 상벌점제 폐지 결정이 교육계 여론도 수렴하지 않은 급진적인 추진이라는 점, 무엇보다 체벌이 원칙적으로 금지된 현시점에서 상벌점제가 학생 지도를 위한 마지막 수단이라는 점이다. 하지만 상벌점제는 원칙적 측면뿐만 아니라 현실적으로도 폐지해야 할 문제점들을 가지고 있다. 가장 문제되는 것은 학생들의 인성 평가를 점수화한 점이다.

인성 교육을 위해 도입한 취지와는 달리 정량적인 기준만으로 애매하게 학생들에게 점수를 부여하고 협박하니 아이들에게 도덕적인 효과를 기대하기 힘든 실정이기 때문이다.

두 번째로 상점 내용이 봉사활동이나 인위적 선행을 강제하는 등 비교육적인 내용이 들어갈 수 있다는 점이다. 상점을 받기 위한 학생들의 눈치싸움이 일반계·실업계 고등학교에서는 심심찮게 벌어지기 때문이다. 문제 있는 제도를 덮어놓고 곪아 터지기를 기다리기보다는 빨리 폐지하고 개선된 대안을 내놓는 것이 교육적으로 옳다.

[Q] - [교직 개별 면접]

다음 제시문은 교사의 권위가 심각한 위기 상황을 맞고 있음을 지적하고 있다. 이러한 진단에 대해 동의한다면 교권 추락의 근본적 원인은 무엇이라고 생각하는가? 교사가 되었을 때 이러한 교권의 추락 상황을 어떻게 대처해 나갈 것인가? 혹은 교권의 추락이라는 진단에 동의하지 않는다면 그렇게 생각하는 근거는 무엇인가?

(전략) ··· 학교 현장에서 벌어지는 교권 침해 사례는 해마다 늘고 있습니다. 교육부에 신고 된 교권 침해 사례는 지난 2009년 1,500건 정도였지만 4년 만에 8천 건에 육박했습니다. 이렇게 교육현장에서 과거에는 상상할 수 없던 일들이 반복되면서 정상적인 수업이 불가능한 상황에 이르기도 합니다. 이른바 교실 붕괴입니다. ··· (중략) ··· 직업적 안정성과 사회적 평판만 놓고 보면 교사는 선호도가 높은 직업입니다. 실제로 국제 학업성취도 평가에 참가한 주요21개국을 대상으로 '교사 위상'을 조사한 결과를 보면 한국은 4위를 차지했습니다. 하지만 같은 조사에서조차 전체의 11% 만이 '학생들이 교사를 존경한다.'고 답했습니다. 조사 대상국 가운데 최하위였습니다. ··· (하략) (뉴스 녹취록 일부)

• **출제 의도** : 교권이 추락했고 교실은 붕괴했다는 언론의 진단은 언제부터 인지 한국 공교육의 현 주소를 적나라하게 보여주는 말이 되어 버렸고 대중 또한 이러한 진단에 수긍하고 현실로 받아들이고 있는 듯하다. 그러나 교직 과 공교육에 대한 이러한 진단은 객관적 분석에 기초해 있기보다는 정서적 판단에 주로 기대어 있는 듯하다. 이는 공교육의 위기와 교권의 추락이라는 상황에 대해 소란스러운 탄식이 계속 들려올 뿐 이에 대한 근본적이고 적극 적인 해결 방안이 제시되지 못하고 있기 때문이다. 장차 교단에 서서 교육계 를 이끌어 나갈 다음 세대의 교사들에게 교직에 대한 근본적이고 냉철한 판 단은 매우 중요해 보이며 이는 그들의 교직에 대한 적성을 판단하는데 주요 한 기준이 될 수 있을 것으로 보인다.

• **평가 주안점** : 대다수의 지원자들의 경우 교권의 위기와 교실의 붕괴라는 현상에 대해 동의와 공감을 표할 것으로 예상된다. 그렇다면 이러한 문제에 도 불구하고 교직이라는 직업을 미래에 택하고자 하는 이유는 무엇인지를 진지하게 듣고 그 진정성을 평가해 볼 필요가 있다. 또한 교권의 위기 원인 (혹은 교권이 위기 상황이 아니라면 그 낙관론)에 대한 객관적인(혹은 개인 적인 경험에 기초한 주관적인) 설명이 얼마나 설득력이 있는지, 얼마나 통찰 력과 분석력을 갖추고 있는지 유의하면서 평가한다.

[A]

[Q] - [교직 개별 면접]

다음 제시문을 읽고 물음에 답하시오.

한국 학생들의 삶의 만족도와 행복지수

국제학업성취도평가(PISA)의 결과에 따르면 우리나라는 OECD 회원국 중 최상위권 학업 성취 수준을 보이는 반면 삶의 만족도는 최하위권이다. 국내 연구 단체들이 매해 조사한 결과에 따르면 우리나라 학생들의 '주관적 행복지수'는 OECD 회원국 중 매번 최하위권에 머무른다.

[1] 우리나라 학생들의 삶의 만족도와 행복지수가 낮은 이유가 무엇인지 말하시오.

• **출제 의도** : 인간에게 있어서 인생의 궁극적인 목표는 행복이다. 그러나 요즘 우리나라 학생들이 행복하지 못하다는 우려의 목소리가 점차 높아지고 있다. 위의 지문과 같이 전체적으로 다른 나라에 비해 학업 성취 수준은 높으나 행복하지 않다고 느끼는 학생들이 많은 이유에 대해 고민해 볼 필요가 있다. 이에 대해 '학교가 변화해야 한다.', '정책이 변해야 한다.'라고 지적하는 데 그치지 않고, 근본적으로는 학생들이 행복감을 느끼면서 교육을 받을 수 있도록 해야 할 것이다. 이에 예비 교사로서 지문의 문제에 대해 어떤 시각을 가지고 있는지를 확인하고, 교직 적·인성을 갖추고 있는지를 파악하는 데 평가의 목적이 있다.

• **평가 주안점** : 면접 대상 학생의 입장에서 현재 우리나라 학생들의 행복감이 낮게 나타나는 이유를 적절하게 설명하는지와 본인의 생각을 논리적이며 설득력 있게 제시하는지를 평가한다.

[A]

여러 이유가 있다. 구체적으로 보면 몇 가지를 들어보면 다음과 같다.

입시 위주의 공부, 공급자 중심의 암기식, 주입식 교수학습 방법, 객관식 상대평가 위주로 인한 경쟁 심화, 학교-학원 삶으로 인한 피로도 증가, 스스로 결정하고 글을 쓰고 말을 하는 여유와 기회 부족 등

[2] 자신이 담임교사라면, 학생들의 삶의 만족도와 행복 증진을 위해서 어떤 노력을 할 수 있을까?

• **평가 주안점** : 향후 담임교사가 되었을 때 학생들의 행복감 증진을 위해 자신이 할 수 있는 일을 구체적으로 설명하는지를 평가한다.

[A]

강의식 교수학습 방법 대신 토론식, 토의식 수업으로 변화(하부르타 수업, 배움의 공동체, 프로젝트 수업, 플립 러닝, 액션러닝 등 학생 참여 중심 수업으로 확대)가 필요하다. 또한 수업 시간에 본인 생각을 말로 할 수 있도록 하는 기회를 자주 부여하는 것이 필요하다. 더불어 서술형 평가 비중을 높여 학생 각자의 생각을 기술하게 하는 것도 필요하다.

[Q] - [교직 개별 면접]

다음 질문에 답하시오.

• **출제 의도** : 최근 우리 사회에서 회자되는 '금수저 흙수저'는 본인의 노력과 관계없이 출생 배경에 따라 삶의 질이 결정된다는 점을 자조적(自嘲的)으로 표현한 것이다. 과거 우리 사회는 다양한 방식으로 계층 이동이 가능했지만 현재 우리 사회는 개인의 노력에 의한 계층 이동이 매우 어려워졌다는 인식이 늘고 있다. 특히 부의 재분배와 관련한 사회의 역할이 약화되고 사회 계층 이동이 고정되면서 양극화가 점점 심화되어 이러한 현상이 사회적 갈등의 요인으로 주목받고 있는 실정이다. 이런 상황에서 교육이 사회 계층의

고착화 문제를 극복할 수 있는 가장 중요한 요소인 동시에 국가 발전의 동력임을 이해하는 것은 미래 교사에게 매우 중요하다. 따라서 '금수저 흙수저' 현상으로 인하여 발생할 수 있는 교육적 문제에 대해 어떤 시각을 갖고 있는지를 확인하고, 이러한 문제의 해결에 있어서 교사의 역할에 대하여 올바르게 인식하고 있는지를 파악하는 데 평가의 목적이 있다.

[1] '금수저 흙수저' 현상으로 인하여 발생할 수 있는 교육적 문제를 제시하고 그렇게 생각한 이유를 설명하시오.

• **평가 주안점** : '금수저 흙수저' 현상으로 인하여 발생할 수 있는 교육적 문제를 다양하게 제시하고 그렇게 생각한 이유를 적절하고 타당하게 설명하는지를 평가한다.

[A]

한때 우리나라에서 수저계급론이 유행했다. 이는 개인의 노력보다는 부모로부터 물려받은 부에 따라 인간의 계급이 나뉜다는 자조적인 표현이다. 영어 표현인 '은수저를 물고 태어나다.(born with a silver spoon in one's mouth)'에서 유래한 것이며, 유럽 귀족층에서 은식기를 사용하고, 태어나자마자 유모가 젖을 은수저로 먹이던 풍습에서 유래한 말이다. 수저의 계급은 금수저와 흙수저로 나뉘는데, 금수저는 금수저를 물고 태어났다는 것으로 좋은 가정환경과 조건을 가지고 태어난 사람을 의미한다. 반대로 흙수저란 부모의 능력이나 형편이 넉넉지 못해 경제적 도움을 전혀 받지 못하는 사람을 뜻한다. 확장된 개념으로 금수저와 흙수저 사이에 은수저, 동수저를 추가하기도 한다.
- 교육적 격차, 교육적 불평등 심화가 우려된다.
- 학력 격차의 대물림이 심화될 것으로 예상된다.

[2] 우리 사회에 '금수저 흙수저' 현상이 고착화됐다고 믿고 있는 학생에게 교사로서 할 수 있는 일은 무엇인지 설명하시오.

- **평가 주안점** : 우리 사회에 '금수저 흙수저' 현상이 고착화되었다고 믿고 있는 학생에게 교사가 실천할 수 있는 일을 구체적으로 설명하는지를 평가한다.

[A]

그래도 교육은 계층의 사다리를 올라 갈 수 있는 유일한 통로이다. 그러니 포기하지 말고 공부를 해야 한다.

[Q] - [교직 개별 면접]

다음의 제시문을 읽고 주어지는 질문에 답하시오.

권투 경기에서는 체급에서 큰 차이가 나는 선수끼리 대결을 하는 경우가 없다. 그렇지만 농구에서는 선수들의 키에 관계없이 경기를 진행한다. 사실 권투 선수의 체급과 농구 선수의 키는 해당 경기력에 대단히 큰 영향을 미친다고 볼 수 있다. 체중이 많이 나가는 선수의 펀치가 갖는 파괴력은 체중이 적은 선수의 것과는 당연히 큰 차이가 있을 수밖에 없고, 높은 곳에 매달린 링에 공을 넣는 경기에서 키의 중요성은 당연히 대단한 것이다. 그런데 어떤 경기에서는 이런 변수를 중시하고 또 어떤 경기에서는 그 차이에 의미를 두지 않는다. 이런 문제를 우리 사회에서 사회적 약자와 관련하여 생각해 보자. 사회적 약자를 배려하기 위한 대학 입학 전형을 더욱 확대해야 한다는 주장이 있다고 하자. 물론 현재 이러한 입학 전형이 전혀 없는 것은 아니지만 사회적 양극화가 심해지고, 사회적 배경과 학생들의 학업성취도 간의 상관성이 높아지고 있는 현실에서 현재보다 적극적으로 사회적 평등을 실현하기 위해 이러한 제도가 필요하다고 주장하는 사람이 있다. 이러한 주장에 대해 자신의 생각을 정리하여 발표해 보자.

- **출제 의도** : 이 문항은 사회적 배려 대상자에게 대학 입학의 기회를 더 넓게 보장해 주어야 하는지에 대한 것이다. 대학이라는 존재가 우리 사회에서 갖는 의미를 고려할 때 공정한 경쟁과 진정한 기회 균등이라는 관점에서 이러한 문제를 고려해 볼 수 있다. 또한 사회적 배경의 문제가 우리 교육에 어떤 영향을 주고 있다고 인식하는지, 만약 영향이 있다면 그에 대한 대책이 무엇인지에 대해 지원자의 생각을 확인해 볼 수 있을 것이다. 특히 입시의 문제는 지원자와 직접적으로 이해관계가 맞닿아 있는 것이어서 자신의 입장에서 이 문제를 바라보고 답변을 할 수 있을 것이다.

[1] 해당 주장에 대한 자신의 입장을 명확하게 결정하고 그렇게 결정한 합리적인 이유나 근거에 대해 설명해 보자.

- **평가 주안점** : 지원자가 어떤 의견을 제시하는가 자체는 평가의 중요 내용이 아니다. 그 의견을 뒷받침하는 충분한 근거가 제시되고, 그 근거가 논리적이고 합리적인가 하는 것을 확인하여 평가하는 것이 이 문항의 평가 주안점이다.

[A]

[2] 자신의 주장과 상반된 견해를 가진 대상을 설득하기 위해 자신의 주장을 어떻게 드러낼지 고려하여 설명해 보자.

- **평가 주안점** : 자신과 반대되는 의견에 대한 근거를 충분히 인식하면서 그러한 반론보다 자신의 견해가 더 가치 있고 의미 있는 것임을 드러내는 방식으로 설명하고 있는지에 유의하여 평가한다. 특히 지원자가 1번과 2번의 차이를 명확하게 인식하지 못한다면 면접관이 지원자의 의견에 반론을 제기하면서 지원자로 하여금 설득을 해 보도록 유도할 수도 있다.

[A]

[Q] - [교직 개별 면접]

다음의 제시문을 읽고 주어지는 질문에 답하시오.

교육부와 한국직업능력개발원이 초 · 중 · 고 학생, 학부모, 교사 등 5만 1494명을 대상으로 '2017년 초 · 중등 진로교육 현황 조사'를 실시한 결과, 학생들의 희망 직업 1위는 초 · 중 · 고를 막론하고 2007년부터 11년째 줄곧 교사가 차지했다(2017년 OOO신문).한편, 같은 기간 동안 현직 유 · 초 · 중등 교사를 대상으로 한 교원 인식 설문 조사에서 교직에 관하여 '불만족스럽다'라고 응답한 교사의 비율은 두 배로 증가하였다. 또한 2015년 경제협력개발기구(OECD) 회원국의 교사 인식비교에서 '교사가 된 것을 후회한다'라고 응답한 비율은 34개 회원국 중 한국이 가장 높은 것으로 나타났다.

- **출제 의도** : 교직 만족도에 영향을 주는 중요한 요인으로 교육 환경, 경제 등 사회적 여건과 각 교사의 직업관 및 교직 적성 등을 들 수 있다. 희망 직업 선호도에서 교사는 가장 높은 선호도를 보이는 반면 현직 교사들의 인식은 큰 차이를 보인다. 교직 만족도가 낮아지는 이유를 급여나 노동 강도와 같은 환경적 요인에서만 찾을 수는 없다. 그 예로, OECD 회원국 중 우리나라 교사의 급여 복지는 매우 높은 수준이며, 근로의 강도는 다른 직업군에 비하여 결코 높다고 할 수 없다. 개별 교사의 직업적 만족도는 교실에서의 교수 활동과 생활지도 활동에 많은 영향을 미칠 수 있을 뿐 아니라 직업을 통한 개인의 행복, 가치 실현에도 영향을 준다. 교직 만족도를 높이기 위해 사회가 개선해야할 부분이 있는 한편, 교사 자신들이 노력할 부분도 분명 있다. 교직을 희망하는 학생들은 교육에 관한 사명감, 올바른 직업관이 자신의 직업적 만족과 교육 역량의 향상을 위해 중요함을 인식하고 이를 갖추기 위해 노력하는 것이 필요하다.

[1] 우리의 교육 상황을 고려할 때 교사의 만족도가 낮아지는 이유는 무엇이라 생각하는지 설명해 보자.

- **평가 주안점** : 교직 만족도 저하의 원인을 오직 사회적 여건에서만 찾는 것은 합리적 결론이라 할 수 없다. 사회적 여건으로부터 비롯된 문제점과 직업인으로서 개인의 역량 부족으로 인해 발생한 문제점을 함께 지적하는 것이 올바른 자세일 것이다.

[A]

  첫째, '교권 하락'때문이다. 예전에는 '군사부(君師父)일체'라고 해서 교사를 '스승'으로 대우했으나 시대의 변화로 인해 학생인권은 상대적으로 강조되고 있으나 교권은 과거보다 많이 하락한 것이 사실이다. 교사를 직업인으로 대우하는 현상이 늘어났다.
  둘째, '업무의 가중으로 인한 소진'이 증가되기 때문이다. 각 시도의 교육감은 교원업무를 경감하고 행정업무를 정상화하여 아이들 곁으로 교사를 돌려보내겠다고 한다. 하지만 현실은 다르다. 여전히 공문은 줄어들지 않고 게시공문이나 이메일 형태로 지시하거나 하는 형태가 실행되고 있다. 일부 교육청은 '수요일 공문없는 날'을 진행하는 데, 이것도 전형적인 탁상행정이다. 수요일에 보낼 공문을 목요일에 보내지는 일이 많아 목요일은 '공문 폭탄을 받는 날'인 경우로 인식하는 곳도 있다.

셋째, 보육의 업무가 학교로 전가되어 업무가 증가되는 것도 한 요인이다. 요즘 초등학교는 교육기관이 아니라 탁아기관이라는 비아냥마저 들린다. 학교에서 초등학교 저학년의 돌봄 업무, 방과 후 업무까지 해야 하기 때문이다. 어떻게 보면 보건복지부 업무영역일 수 있으므로 지자체가 해야하는 업무라고 생각할 수 있지만 대부분 학교에서 수행하고 있다. 이러한 보육업무나 방과 후 업무 수행으로 교사의 만족도가 하락하고 있다.

넷째, 학폭 업무 때문이다. 학폭 업무는 대부분 학교의 인성부장이 하고 있다. 그런데 학폭이 터지면 학교는 매뉴얼에 따라 많은 행정적 절차를 진행해야 한다. 이 과정에서 교사 간, 학생 간, 학부모 간 갈등이 증폭된다. 법적 전문가도 아닌 교사가 학폭법에 의해 행정처리를 하는 것이 맞는 지에 대한 의구심도 든다. 다행히 규정이 개정되어 2020년부터는 학폭업무를 교육지원청이 가져간다고 한다. 그렇지만 교육지원청이 가져간다고 해서 일선학교의 학폭업무가 가시적으로 줄어들지는 여전히 지켜봐야 할 것 같다.

[2] 교직 만족도를 높이기 위해 교사들이 극복하고 노력해야 할 것이 있다면 무엇인지 제시하고 그것을 실현하기 위한 구체적 방안은 무엇인지 예비교사로서 자신의 생각을 설명해 보자.

• **평가 주안점** : [1]번 문항에 기초하여 교사의 입장에서 스스로 교직 만족도를 높이기 위해 유의할 것에 대해 지원자가 명확하게 설명하는 지를 평가한다. 또한, 교직의 만족도를 높일 수 있는 구체적인 방법을 제시할 수 있는지를 중심으로 평가한다.

[Q] - [교직 개별 면접]

다음의 제시문을 읽고 주어지는 질문에 답하시오.

김 교사는 1년 전까지만 해도 존경받는 교사였지만 지금은 평생 헌신했던 교단을 떠날 것인지의 여부를 심각하게 고민하고 있다. 김 교사의 인생을 송두리째 바꾼 사건은 자신이 담임을 맡은 반 학생들 간의 사소한 다툼에서 시작됐다. 학생들의 다툼은 학부모 사이의 감정싸움으로 번졌고, 한 학부모의 요청으로 학교폭력대책위원회까지 열렸다. 그런데 이를 두고 상대방 학부모가 모든 문제의 책임은 김 교사에게 있다며 '교육청에 민원을 넣겠다, 끝까지 가겠다, 언론사에 알리겠다.' 등의 협박과 공격을 지속적으로 가하기 시작하였다. 학부모는 밤낮없이 협박 문자를 보냈고, 집까지 찾아와 사과를 요구하기도 했다. 극도의 스트레스를 받은 김 교사는 병원 신세까지 져야 했고 견디다 못한 교사는 학교장에게 도움을 요청하였다. 그러나 교장은 자신도 주변 명문 학교의 교장으로 가야 한다는 이유를 들어 문제가 커지지 않게 하려고 오히려 김 교사에게 "선생님이 사과하세요, 선생님이 사건을 최소화할 수 있도록 노력해 보세요" 등의 요구를 하였다. (2017. ○. ○○. ○○방송 자료 내용 중 발췌)

- **출제 의도** : 최근 들어, 교사들이 교직 생활을 하면서 겪는 심한 스트레스와 소진으로 인해 고통을 호소하는 사례가 점차 증가하고 있다. 그러나 이러한 교육 활동 침해 사례에 대하여 정확하게 이해하고 대처하지 못할 경우교사들은 심한 스트레스를 겪게 되며, 이러한 상황이 지속될 경우 교사는 소진되어 교육 역량이 저하되고, 종국에는 학 생의 성취도 하락이라는 심각한 결과를 초래한다. 이의 심각성을 파악하고 당국에서도 「교원의 지위 향상 및 교육 활동 보호를 위한 특별법」(2016년 8월 4일 시행)을 제정하여 교원의 교육 활동 보호를 명문화하였다. 이 에 대해 예비 교사들이 어떠한 생각을 가지고 있으며, 이 현상을 어떻게 바라보고 있는지, 그리고 스스로 어떠한 능력을 길러야 하는지를 확인해 보고자 한다.

[1] 김 교사가 겪고 있는 핵심적인 문제는 무엇이며, 이러한 문제가 발생하게 된 주요 원인이 무엇이라고 보는지 설명하시오.

- **평가 주안점** : 교육 활동 침해 사안이 교사 자신은 물론 학생에게 미치는 영향이 지대함을 이해하고, 그 원인에 대하여 교사자신, 학생, 학부모, 교장, 제도 등의 차원에서 다각도로 분석할 수 있는지에 대해 평가한다.

[A] - 핵심 문제와 주요 원인(워크시트)

[2] 이 상황에서 본인이 '김 교사'라면 어떻게 대처할 것이며 그 이유는 무엇인지 설명하시오.

- **평가 주안점** : 예비 교사의 입장에서 교육 활동 침해를 예방하고 대처하는 방법과 관련하여, 논리적이며 합리적으로 자신의 생각을 제시하는지를 평가한다.

[A] - 김 교사로서의 대처 및 이유(워크시트)

[Q] - [개별 면접]

다음의 제시문을 읽고 주어지는 질문에 답하시오.

이세돌 9단과 알파고(AlphaGo)의 대결 이후 바둑계에는 엄청난 충격이 주어졌다. 바둑의 역사가 인간 이세돌 시대 이전과 인공 지능 알파고의 딥러닝(deep learning : 컴퓨터가 여러 데이터를 이용해 마치 사람처럼 스스로 학습할 수 있게 하기 위해 인공 신경망을 기반으로 한 기계 학습 기술) 시대 이후로 구분되어야한다는 말이 나올 정도이다. 이세돌과 알파고의 대국 이후, 기후 변화 예측, 질병 진단 및 건강 관리, 무인자율 주행차, 스마트폰 개인 비서 등과 관련된 산업 분야에도 인공 지능 알고리즘을 적용하려는 계획을 가지고 있기 때문에 이러한 변화가 사회 전반에 엄청난 영향을 줄 것으로 예측이 된다. 그런데 이러한 기술의 발전이 한편으로는 수많은 직업 분야를 사라지게 만들수도 있다. 심지어 전문 분야인 의사, 판사, 교사도 인공 지능에게 일자리를 빼앗길 날이 멀지 않았다는 우려가 각계각층에서 나오고 있다. (○○교육의 내용중에서)

• **출제 의도** : 이세돌-알파고 대국 이후 인공 지능에 대한 관심이 높아지고 있으며, 인공 지능의 발전이 일자리와 직업 세계에 어떠한 영향을 미칠 것인가에 대한 국민들의 관심이 높아졌다. 이러한 인공 지능의 발전은 교육계 전반에도 많은 영향을 줄 것으로 예측이 된다. 교사의 역할이나 지위, 교육 목

표, 교육 내용, 교육 방법 등에 영향을 줄 것이다. 이에 대해 예비 교사들이 어떠한 생각을 가지고 있으며, 이 현상을 어떻게 바라보고 있는지, 그리고 스스로 어떠한 능력을 길러야 하는지를 확인해 보고자 한다.

- **평가 주안점** : 인공 지능의 발전과 같은 미래 사회의 변화가 교육에 미치는 영향과 관련하여, 예비 교사의 입장에서 논리적이며 설득력 있게 자신의 생각을 제시하는지 평가한다.

[1] 인공 지능이 교육 분야에 적용될 때, 교사의 입장에서 가장 큰 영향을 받을 것으로 생각이 되는 것과 그 이유를 제시해 보시오.

[A]

[2] 인공 지능의 시대에 학생들을 교육하기 위해 교사가 어떤 능력을 갖춰야 하는지 설명해 보시오.

[A]

[Q] - [개별 면접]

다음의 내용을 읽고 현실의 사회적 이슈에 관한 논쟁과 행동에 대해 학교에서 교육하는 것이 바람직한지 자신의 입장을 분명히 밝히고, 그렇게 생각한 이유를 설명하시오. 특히 본인의 입장과 반대되는 사람의 의견을 고려하여 설명하시오.

최근 우리 사회에서는 다양한 가치관이 혼재되면서 사회적 욕구와 가치가 충돌하고 있다. 예를 들어 종교적·양심적 병역 거부, 동성혼(同姓婚) 허용 문제, 경제 성장 우선주의와 복지 강화 주의의 대립 등 우리 사회는 다양한 쟁점에 대해 계속 논쟁 중이다. 그런데 이러한 사회적 이슈를 교육 내용으로 수용하거나 이에 대한 학생들의 참여를 허용하는 문제에 대해서 우리 교육은 일부 제한적인 모습을 보이고 있다. 학생들이 이러한 사회적 이슈와 관련한 논쟁이나 행동에 직접 참여하도록 하는 것이 교육적으로 적절한 것일까? 일반적으로 개인적 차원의 문제와 달리 사회적 이슈에 대한 의견 제시나 행동은 그에 따른 책임이 문제가 되기도 하는데, 이와 관련하여 학생들이 어떠한 책임을 져야 하는지가 분명하지 않은 것도 사실이다.

• **출제 의도** : 교육의 대상이 되는 사람들은 일반적으로 미성숙이라는 특징을 갖는다. 미성숙하기 때문에 교육이 필요한 것이다. 이러한 미성숙한 존재에 대한 교육에서 현실적 문제를 다룬다는 것을 위험하다고 보는 시각과 현실적 문제를 다루는 것이 사회를 살아갈 학생들에게 가장 효율적이고 훌륭한 교육이라고 생각하는 시각이 존재한다. 이와 관련하여 교육이 제공해야 하는 경험의 본질과 그 가치에 대해 예비 교사들이 어떠한 관점을 가지고 있는지를 파악해 보고자 한다.

• **평가 주안점** :

1. 자신의 입장과 관련하여 중도를 선택하지 않고 분명하게 답변할 수 있도록 지원 학생들을 유도하고, 어떤 입장을 선택했는가보다는 선택한 입장을 뒷

받침하는 분명한 근거를 합리적으로 제시할 수 있는가에 중점을 두어 평가한다.

2. 특히 자신의 입장에 반대하는 사람들에 대해서도 수용적인 태도를 보이고, 합리성과 논리성을 기반으로 설득하는지, 명확한 관련 근거를 제시하는지에 대해 확인할 필요가 있다. 특히 합리성과 논리성 위에 적절한 감성적 접근도 시도하는지 확인하여 평가한다.

[A]

[Q] - [교직 개별 면접]

다음에서 논의된 벌점제 문제를 어떻게 해결할 것인지에 대해서 자신의 생각을 밝히고, 그렇게 생각한 이유를 설명하시오. 단, 본인과 입장이 다른 사람들을 설득해야 하는 상황을 전제로 하여 자신이 주장하는 바를 설명하시오.

최근 ○○○ 교육청에서 교사의 벌점제를 금지하면서 이 문제가 사회적으로 관심을 받게 되었다. 일선 교사들 중에서 상당수는 체벌 등이 금지된 상황에서 문제를 일으키는 일부 학생들을 지도하기 위해서는 벌점제를 금지하는 것은 올바른 해법이 아니라고 주장하고 있다. 이러한 통제 수단이 없는 상황에서 현실적으로 학생들을 지도하는 것이 매우 어렵다는 것이다. 반면에 교육계 일부에서는 벌점제 자체에 비교육적 요소가 포함되어 있음으로 교육 현장에서 벌점제 시행 금지는 당연한 것이라고 주장하기도 한다. 학생에게 잘못을 지적하는 것은 교사의 역할이지만 이러한 벌점제는 학생 지도의 목적을 달성하기보다는 점수에 종속된 학생만을 길러낼 뿐이라는 것이다. 또한 이러한 현장과 밀접한 교육 정책을 교육청에서 일방적으로 금지하는 결정을 내리는 것 자체가 문제라는 시각도 존재한다.

- **출제 의도** : 교육과 관련해서는 다양한 입장을 가진 시각이 존재하고 그 각각의 의견 중에는 정오로만 판단되지 않는 것들도 상당히 많다. 특히 최근에 벌점제 문제가 이슈가 된 일이 있는데 이러한 문제 역시 다양한 해법과 관점이 존재하는 문제라고 할 수 있다. 다양한 시각이 존재한다는 것은 그 출발점에 다양한 배경과 철학이 존재함을 전제로 한 것이다. 예비 교사로서 학교 현장의 문제에서 어떠한 교육관에 입각하여 문제를 해결하고자 하는지를 파악하는 것이 이 평가 문항의 목적이라고 할 수 있다.

- **평가 주안점** :
1. 벌점제 적용 문제에 대한 자신의 입장을 분명하게 설명하도록 학생들을 유도하고, 그 입장이 무엇인가보다는 왜 그러한 입장을 선택했는가에 중점을 두어 그 선택의 논리성과 합리성을 중심으로 평가한다.
2. 자신과 반대되는 입장에 대해 충분히 이해하고 있으며 수용적인 태도를 보이는지 확인하면서 평가한다.

[A]

[Q] - [교직 개별 면접]

다음의 제시문을 읽고 주어지는 질문에 답하시오.

영국의 서머힐 학교는 개교한 지 90년이 넘은 학교로 가장 큰 특징은 학생들이 교사의 수업을 들어야 할 의무가 없다는 것이다. 학생들은 학교에서 자신들이 하고 싶은 일을 자유롭게 할 수 있다. 수업도 이런 학생들이 자유롭게 선택하는 것 중의 하나이다. 학생들 대부분은 학교 근처나 숲 속에서 갖가지 놀이를 하며 웃고 뛰어다니고 있다. 아무도 없는 교실에 혼자 남아 있는 교사의 모습에 당황하며 인터뷰를 하는 취재진에게 교사는 이것이 자연스러운 일이라고 한다. 교사들은 혹시라도 학생들이 수업을 들으러 오는 것을 마냥 기다린다. 그리고 어떤 학생들은 누구의 강요나 권유도 없이 스스로의 의사로 수업에 참여한다. 이 학교의 모습을 보면서 제일 처음 들었던 생각은 '저래도 되는 건가?'라는 생각이었다. 대부분의 학생들이 학교를 돌아다니면서 노는 데 여념이 없는 모습을 보면서 과연 이 학교가 제대로 돌아가고 있는 것인지에 대해 의문이 들었다. 과연 이곳이 학교인가라는 생각도 들었다. 취재진이 한 학생에게 이곳이 놀이터인지 학교인지 질문하자 학생은 "그래도 이곳은 아주 멋진 놀이터가 있는 학교입니다."라고 대답한다.(○○방송, '노는 아이들의 기적' 중에서)

- **출제 의도** : 교육에서는 무엇보다 자발적인 동기가 중요하다. 닐은 어린이들을 학교에 맞추는 대신 어린이들에게 맞는 학교를 만들어 보자는 동기에서 서머힐 학교를 설립하였다. 어른들이 간섭하지 않으면 어린이는 자기가 발전할 수 있는 최대한도의 잠재력을 지니고 있다고 굳게 믿고 교육을 한 것이다. 교육은 단순한 지적 습득이 아니라 삶에 대한 준비 과정이며 삶의 목적인 행복을 찾는 일, 곧 즐겁게 일하며 삶에 대해 흥미를 느끼는 것 자체가 교육이라는 것이 바로 닐의 입장이다. 그러므로 교육은 학생의 심리적 요구와 능력을 중시해야 한다는 것이다. 이러한 닐의 입장과 관련하여 예비 교사가 될 학생들에게 다른 관점에서 학교 교육을 바라보는 계기를 제공하고

이에 대한 지원 학생들의 의견을 확인하고자 한다.

[1] '서머힐'이 가진 가장 중요한 교육적 특징에 대해서 우리의 학교 교육 현실과 비교하여 설명해 보자.

- **평가 주안점** : '서머힐'의 특징에 대해 명확하게 인식하고 있는가, 우리 교육과 비교한 내용은 구체적이고 타당한가에 유의하여 평가한다.

[A]

[2] '서머힐'의 교육적 특징을 우리 교육에 도입한다면 교육에는 어떠한 변화가 생기며, 교사의 역할은 어떻게 변화해야 할지에 대해 설명해 보자.

- **평가 주안점** : '서머힐'의 교육적 특징이 우리 교육에 도입될 때 일어날 수 있는 변화에 대해서 긍정적 측면과 부정적 측면을 종합적으로 바라보고 있는가, 새롭게 요구되는 교사의 역할에 초점을 두어 설명하고 있는가에 유의하여 평가한다.

[A] - 교육의 변화와 교사의 역할 변화(워크시트)

[Q] - [교직 개별 면접]

다음의 제시문을 읽고 주어지는 질문에 답하시오.

본인이 다음과 같은 학급의 담임교사로서 일을 하고 있다고 생각해 보자. 학생들이 자율적인 학급 운영을 위해 학급 관련 규칙을 스스로 결정하겠다고 한다. 그런데 학급의 규칙을 학생들 스스로만 결정하도록 맡겨 두는 것이 괜찮을지 의심스럽다. 예전에 소풍 장소 결정을 학생들에게 맡겨 두었더니 이상한 곳을 선정하여 학부모들로부터 항의를 받은 일도 있었다. 학생들의 수준에서 학급 운영과 같은 일을 자율적으로 결정하게 하면 문제가 발생할 수도 있다는 생각이 든다. 그렇다고 모든 것을 담임교사가 결정하는 것도 좋은 것은 아니라고 생각한다. 학생들에게 결정하게 한 후에 잘못될 것 같으면 그때 개입하는 것도 문제가 있다. 이렇게 교사마음대로 아무 때나 개입할 것 같으면 애초에 학생들에게 결정을 맡기는 것은 무의미하다고 볼 수 있기 때문이다. 하지만 아무리 생각해 봐도 모든 일을 학생들에게만 맡겨 두기에는 걱정스럽다. 학생들은 다양하고 엉뚱하기도 해서언제 어디에서 어떤 일을 벌일지 알 수 없다. 그런데 이렇게 계속 하나하나 참견하면서 문제를 지적하고 수정을 요구하는 것도 힘들고 어려운 일이다. 때로는 학생들에게 이러한 일을 결정하도록 하는 것이 교사로서 무책임하다는 생각이 들기도 하고 자신이 피곤하고 귀찮으니까 학생들에게 결정을 맡기는 것이 아닐까 하는 생각이 들 때도 있다.

[1] 위 지문의 내용을 보면 학생들이 실제로 학급 운영과 관련한 규칙을 스스로 정할 경우 문제가 발생할 소지가 있다. 만약 자신이 담임교사라면 어떠한 결정을 할지에 대해서 명확하게 자신의 입장을 정하고 그렇게 결정한 이유를 제시해 보자.

[A]

[2] 본인의 결정에 따라 발생할 수 있는 문제점은 무엇이고 그 해결 방안은
무엇인지 설명해 보자.

> • **평가 주안점** : 지원 학생이 장단점을 종합적으로 평가하여 자신의 입장을
> 선택한 것인지를 확인하고 자신의 입장이 가진 문제점을 극복할 수 있는 방
> 안을 충분히 고려하고 있는지 평가한다.

[A]

[Q] - [교직 개별 면접]

> 다음의 제시문을 읽고 주어지는 질문에 답하시오.

여러분이 본교의 면접에 임하는 이 자리에 있게 된 것은 그 동안 학교에서
열심히 공부한 결과일 것입니다. 또한 여러분이 우수한 교원을 양성하는 대학
인 본교에 입학하기를 희망한다는 것은 여러분과 같은 우수한 인재를 길러내
는 '교원(유·초·중등 교사 및 교육전문가)'의 뜻을 품고 있다는 의미라고 볼
수 있습니다. 이제, 이 뜻을 실현하는 첫걸음으로서 여러분에게는, 이때까지
자신이 경험한 학교 교육을 되돌아보면서 '학교교육은 그 목적과 내용과 방법
의 면에서 어떤 교육이어야 하는가?' 하는 문제를 스스로 성찰하는 일이 필요
하다고 봅니다.

[1] 여러분이 보기에 학교 교육은 그 목적과 내용과 방법의 면에서 어떤 교육이어야 하며, 그렇게 생각한 근거는 무엇입니까?

[A]

[2] 특히, 학교 교육의 목적과 관련하여, 아마 여러분은 '나는 공부를 왜하는 가?' 하는 질문을 한번쯤 해 보았을 것이고 주위로부터 '공부를 잘하면 훌륭한 사람이 된다.'는 식의 대답을 들어본 적이 있을 것입니다. 이 질문과 대답에 대한 여러분의 견해는 무엇이며, 그 근거는 무엇입니까?

• **평가 주안점** : 학교에서 가르쳐야 할 '교과'의 가치 또는 학교의 '교과 교육'의 목적에 대하여 현재 어떤 의식을 가지고 있는가를 확인하고, 장래에 자기 이해와 자기성찰의 태도를 갖춘 교원으로서 성장할 가능성을 알아본다.

[A]

[Q] - [교직 개별 면접]

다음의 제시문을 읽고 주어지는 질문에 답하시오.

현행 대학 입시에서 수시 입학 제도의 시행으로 수학능력시험의 영향력은 일부 약화되었지만, 여전히 수학능력시험의 성적은 대학 입시에서 가장 중요한 요소의 하나이다. 그런데 이 수학능력시험에서 EBS 관련 교재의 내용을 의무적으로 70% 이상 연계하여 출제하게 되어 있으므로 학교 교육에서도 교과서보다 EBS 관련 교재의 영향력이 더 강력하게 작용하고 있는 상황이다. 이렇게 연계의 비율을 높인 것은 사교육 부담을 줄이고, 모든 학생들이 동일한 조건에서 학교 교육만으로도 충분히 입시에 대비할 수 있게 한다는 점에서 매우 적절하다고 보는 입장이 있다. 그러나 다른 한편으로 EBS 관련 교재의 독점적 지위는 교육 내용의 범위를 제한하여 오히려 사교육의 영향이 더욱 강력해 질 수 있고, 문제풀이 중심의 단편적인 학교 교육을 유도하므로 부적절하다는 견해도 있다.

- **출제 의도 :** 교육의 현실적인 문제와 당위의 문제는 서로 상충되는 국면을 나타내는 경우가 종종 있다. 예를 들면 EBS 관련 교재 내용을 수학능력시험에 반영하는 문제는 이러한 두 가지 측면에서 서로 상반된 견해가 제시될 수 있다. 두 입장 중 어느 하나도 무시할 수 없지만 예비 교사로서의 교육관이 무엇인지를 파악하고자 이 문제를 출제하였다. 교육은 이상적 지향을 놓쳐서는 안 되지만 분명히 현실적 기초에 기반을 하여 진행되어야 한다. 자신의 교육관을 분명하게 밝히고 합리적인 근거를 명확하게 제시할 수 있는지, 그리고 상반된 입장을 가진 상대방과의 갈등 상황을 어떻게 해결하고자 하고 합리적으로 대처하려 하는가를 파악하기 위한 문항이다.

[1] 교육의 본질과 현실 상황을 모두 고려할 때, 위 제시문에 나타난 상반된 두 견해 중 자신이 지지하는 입장을 밝히고 그렇게 생각한 이유에 대해 근거를 들어 설명하시오.

- **평가 주안점 :** 두 가지 입장 중 어느 쪽을 선택하는가는 중요하지 않으며 합리적인 근거를 바탕으로 명확하게 자신의 입장을 설명할 수 있는가가 중요한 평가의 요소이다. 평가자는 답변 내용에 대한 반론을 제시하면서 학생이 그 반론에 어떻게 반응하는지, 답변내용 중 상대방의 의견을 경청하는지에 중점을 두며 평가할 수 있다.

[A]

[2] 교사가 되어 [1]번 문항에서 답한 견해에 따라 수업을 진행하고자 할 때, 이에 반대하는 학생이 앞에 있다고 가정하고 어떤 방식과 내용으로 설득할지 직접 이야기해 보시오.

- **평가 주안점** : 자신과 반대 입장을 가진 학생에 대한 교사의 반응은 교육적 관점에서 학생을 설득하는 것이며, 그 과정은 자신의 주장만 강조하는 것이 아니라 상대방의 주장에 대한 포용과 교육적 감화를 병행하는 것이다. 또한 상대방의 견해도 충분히 가치가있지만 자신의 견해가 좀 더 장점이 있음을 상대편이 판단할 수 있도록 상황을 조성할 필요가 있다. 이러한 배려가 전제된 상태에서 답변이 제시되는가를 고려하여 평가할 수 있다.

[A]

[Q] - [교직 개별 면접]

다음의 제시문을 읽고 주어지는 질문에 답하시오.

○○학교의 기숙사는 산기슭의 높은 곳에 위치하고 있고 교실은 아래쪽에 있어서 학생들은 경사진 비탈길을 위험하게 내려와야 했다. 이러한 문제를 해결하기 위해 학생들은 회의를 통해 아예 미끄럼틀을 만들기로 결정했고, 미끄럼틀 설계와 재료 선정 등 제작의 전 과정을 계획하여 진짜 미끄럼틀을 스스로 만들어 갔다. 당연히 미끄럼틀을 만들어 본 경험이 없어서 수없이 회의를 하고 시행착오를 거듭하면서, 반년이 걸려서 미끄럼틀을 완성했다. 학생들은 미끄럼틀을 다 만들고 나서 그 이름을 붙이고 완공식까지 멋지게 해냈다. ○○학교 수업은 대부분 이러한 방식으로 진행이 된다. ○○학교 사례는 (A)체계적인 교육과정이 존재하지 않지만 교육의 본질적인 가치가 잘 드러난 예로 평가되기도 한다.

• **출제 의도** : ○○학교의 미끄럼틀 제작 활동은 학습자의 삶 속에서 문제를 찾고, 학습자 주도적 설계 및 재료 선정, 끈질긴 노력과 실행, 완공식의 전반적 활동 과정을 거쳤다. 이러한 활동 과정은 학습자의 주도성 강조, 체험 및 활동 중심, 실생활 문제 중심, 주제중심의 내용 통합, 학생의 자기 의미화에 따른 평가 등 학교 교육 내용이 갖는 가치를 포함하고 있다. 체계화된 교육과정에서 벗어나 학습자의 자발적 욕구에 기초한 ○○학교 교육 활동은 여러 가지로 가치가 있지만, 표준화된 세계로의 입문, 교과 내용지식의 체계적 전수, 지적 안목의 형성 등 교육의 제도적, 형식적 측면에서는 한계도 있다. 또한 현실적 상황을 고려한 입시, 특정 직업에 대한 전문적 역량 함양을 위한 체계적 준비 역시 어렵다는 단점이 있다. 이 문항은 교육을 둘러싼 복잡한 관점을 인식하고 다양한 관점에서 ○○학교 교육이 갖는 가치와 한계를 비판적으로 검토하는 것을 평가하는 데 출제 의도가 있다.

[1] ㅇㅇ학교의 미끄럼틀 제작 활동이 학교 교육 내용으로서 갖는 가치를 그 활동 과정에 따라 설명하시오.

[A]

[2] 밑줄 친 (A)의 견해를 비판적 관점에서 반박하시오.

[A]

[Q] - [교직 개별 면접]

다음의 제시문을 읽고 주어지는 질문에 답하시오.

[사례 1] 취업 포털 ○○○에 따르면 구직자 770명을 대상으로 '면접 현장에서 가장 피하고 싶은 경쟁자'를 설문 조사한 결과 '뒷배경이 화려한 낙하산 지원자'가 1위를 차지했다고 한다.

[사례 2] ○○일보와 ○○재단이 만 10~15세 512명의 학생을 대상으로 조사해 보니 '나와 집안 형편이 비슷한 친구들과 사귄다'라고 응답한 비율이 67.6%에 달했다. 친구의 부러운 점에 대해서는 '똑똑한 머리'(37.7%), '외모'(30.3%), '부모의 재력'(21.5%) 순으로 나타났다.

[사례 3] ○○ 연구원에서는 '개천에서 용 나올 확률'이 18%에 그친다는 연구 결과를 내놓은 바 있다. 또한 □□연구원 조사 결과 국민 10명 중 8명은 '열심히 노력해도 계층 상승 가능성이 낮다'라고 답했다. 20대에선 계층 상승이 어렵다고 답한 비율이 2년 새 10.4%(70.5% → 80.9%)나 급증했다.

[1] 위의 사례가 발생한 원인을 사회의 구조적 문제점이나 개인 차원의 문제점에서 찾는 경우가 있다. 지원자의 경우 이 둘 중에서 어느 것이 더 중요한 원인이라고 생각하는지 밝히고 그렇게 생각한 이유에 대해 설명하시오.

[A]

[2] '1번'에서 지적한 문제점을 최소화하기 위해 학교 교육에서 지원자가 교사로서 할 수 있는 방안에 대해 설명하시오.

[A]

[Q] - [교직 개별 면접]

다음의 제시문을 읽고 주어지는 질문에 답하시오.

현대 사회는 개인적, 이기적인 삶의 습관이 팽배해 있다. 나 이외의 다른 사람의 삶이나 생활에는 전혀 관심이 없는 경우도 많다. 학교에서도 나만 공부를 잘해서 내가 원하는 대학에 들어가면 된다는 이기적인 생각으로 살아가는 학생도 있다. 주변을 돌아보고 어려운 처지에 있는 친구들을 도와 함께 성장하고, 성취하고, 성공하겠다고 생각하는 학생들을 찾아보기 쉽지 않다. 이러한 현실로 인해 학생들이 공동체 의식을 가지고 함께 성장하고 발전해 나갈 수 있도록 그들의 인격을 존중하고 삶의 방향과 비전을 제시해 줄 수 있는 현명한 교육자가 절실히 요구된다. 우리의 역사 속에는 훌륭한 제자를 길러낸 뛰어난 스승들이 있었다. 위대한 철학자 플라톤의 스승 소크라테스, 헬렌 켈러를 새로운 세상으로 이끈 설리번 선생, 조선 최고의 실학자 정약용을 길러 낸 성호 이익 등은 모두 훌륭한 스승이라 할 수 있다.

• **출제 의도** : 평범한 스승은 말을 하고 좋은 스승은 설명을 하고 훌륭한 스승은 모범을 보이고 위대한 스승은 감화를 준다. 교사의 역할은 한 학생의 인생까지도 좌우할 수 있을 만큼 중요하다. 죽음으로 제자를 최고의 철학자로 탄생시킨 소크라테스, 사랑과 희생으로 헬렌켈러를 새로운 세상으로 이끈 설리번, 조선 최고의 실학자를 길러낸 성호 이익 등과 같은 위대한 스승의 예를 통하여 전통적인 스승의 특징을 이해하도록 한다. 이를 바탕으로 미래 사회가 요구하는 좋은 선생님으로서의 큰 스승의 의미를 되새겨 보고 지원자의 교육적 자질과 잠재력을 확인해 보고자 한다.

• **평가 주안점** :
1. 전통적인 스승의 특징을 잘 이해하고 있는지 평가한다.
2. 전통적인 스승의 특징에 대한 이해를 바탕으로 미래 사회가 요구하는 교사상을 비판적으로 검토할 수 있는지 평가한다.

[1] 윗글에서 열거한 훌륭한 스승들이 보여 준 교육자로서의 모습을 고려하여 전통적인 스승의 특징에 대해서 설명하시오.

[A]

[2] 전통적인 스승의 특징이 오늘날 학교 교육에서 어떤 의미가 있는지 밝히고, 그 특징 중 수정되거나 추가되어야 할 것들은 무엇인지에 대해서 설명하시오.

[A]

[Q] - [교직 개별 면접]

다음의 제시문을 읽고 주어지는 두 질문에 모두 답하시오.

인간의 교육 활동은 무엇보다도 언어를 통하여 이루어진다. 교사의 입을 통하여 표출되는 언어는 교실에서 교육의 수단이 되기도 하고 학생들의 삶을 변화시키는 결정적인 역할을 하기도 한다. 이러한 말의 힘과 중요성을 생각한다면, 교사는 언제나 학생들에게 모범이 되는 언어를 사용해야 하겠지만 때로는 그렇지 못할 때가 있다. 특히 학생들의 잘못을 꾸짖을 때 또는 외모나 성적과 관련하여 무의식적으로 뱉어 낸 한 마디의 차별과 편견의 언어 표현이 일종의 언어폭력으로서 체벌보다도 더 깊은 상처를 남기고 장기적으로는 치명적인 후유증을 야기할 수 있다.

• **출제 의도** : 교육은 말을 통해서 이루어지므로 교사의 말은 학생들의 인격 형성에 매우 중요하다. 교사의 말을 통해서 학생들은 세상을 바라보는 방법

을 배우게 되고 문제해결 능력을 키워나가게 된다. 이러한 점에서 교사의 언어는 매우 중요함에도 불구하고 실제 현장에서는 무의식적으로 편견에 근거한 차별적 언어를 사용함으로써 학생들에게 깊은 상처를 주는 일이 발생하고 있다. 교사가 지녀야 할 기본덕목 가운데 올바른 언어관은 아무리 강조해도 지나치지 않다고 할 수 있다. 이러한 점에서 미래의 교사로서 언어의 중요성에 대하여 인지하고 있는지, 그리고 언어적 일탈 행위의 심각성에 대한 기본적 이해를 가지고 있는지, 문제해결을 위해 교사로서 해야 할 일이 무엇인지에 대하여 묻고자 한다. 이를 통하여 교사로서의 기초적인 언어적 인성과 가치관을 갖추고 있는지 알아보고자 한다.

[1] 자신의 학창시절을 돌이켜 볼 때 선생님의 말이 자신에게 부정적인 영향을 미친 사례가 많다고 생각하는가? 아니면 긍정적인 영향을 미친 경우가 많다고 생각하는가? 그렇게 생각하는 이유를 구체적으로 설명하시오.

• **출제 의도** : 밝고 긍정적인 학생일수록 부정의 경험보다는 긍정의 경험이 많을 가능성이 높다. 그러나 평가의 주안점은 교사의 말이 긍정적인 영향을 미쳤든 부정적인 영향을 미쳤든 상관없이 상황을 바라보는 학생의 관점에 두어야 한다. 말 그 자체뿐만 아니라 그 뒤에 드러나지 않은 배경 상황을 통찰할 수 있는 능력을 갖추고 있는지 평가하기 위함이다.

[A]

[2] 최근 학교 내에서 학생과 학생 사이 또는 학생과 교사 사이에서 발생하는 언어폭력 및 차별 언어로 인한 피해 사례가 증가하고 있는데, 이러한 일들로 인해 야기되는 문제점은 무엇이며, 그와 같은 문제의 해결을 위해 교사가 해야 할 일이 무엇이라고 생각하는가?

- **평가 주안점** : 학교 내에서 언어폭력 또는 차별 언어로 인한 피해 사례를 적절하게 제시할 수 있고 그 문제의 심각성을 올바로 인식하고 있는지 확인한다. 사례는 교사와 학생 사이의 대화에서도 발생할 수 있고, 학생들 사이의 대화에서도 발견할 수 있다. 교사의 언어폭력은 학생들을 학교로부터 멀어지게 하거나 반항심을 유발할 수 있고 부정적인 모방의 대상이 될 수 있다. 학생들 사이의 언어폭력은 자기 과시의 수단으로 사용되지만 그 심각성을 올바로 인지하지 못하고, 장기적으로는 인격적 발달 장애를 가져올 수 있다는 점에서 위험하다. 이러한 문제의 심각성을 올바로 인지하고 있는지 평가하며, 이를 해결하기 위해 교육 현장에서 교사의 역할에 대한 올바른 이해를 바탕으로 논리적이고 체계적인 답변을 하는지 평가한다.

[A]

[Q] - [교직 개별 면접]

다음의 제시문을 읽고 주어지는 두 질문에 모두 답하시오.

"… 교사들은 학생들과의 수업을 통해 행복감과 보람을 느끼기도 하지만 한편으로는 수업의 의미를 고민하여 두려움과 자괴감을 느끼기도 한다. 이는 교직 경력이 적은 교사나 교직 경력이 많은 교사나 마찬가지이다. 그래서 교사들은 수업을 '매일 넘어야 하는 산'으로 표현한다."(○○신문) 교사에게 수업은 교육의 본질적인 활동을 전개하는 교육의 장(場)이다. 일차적으로 교사는 수업을 통해서 학생들과 소통할 수 있다. 그렇기 때문에 교사에게 수업은 전문 교과 지식을 전달하는 통로인 동시에 학생들과 소통할 수 있는 기본적인 시간이다. 그래서 어떻게 수업을 진행해야 하는가는 학생들과 제대로 소통하기 위해 교사가 고민해야 할 가장 중요한 사항이다.

- **출제 의도** : 수업 시간은 교사와 학생들이 소통할 수 있는 중요한 시간이다. 좋은 수업은 교사 누구나 꿈꾸는 목표 일 뿐만 아니라 학생들의 교육적 가치와 효과를 극대화하는 학교 교육의 결과물 중 하나이다. 그러나 학생들이 느끼는 좋은 수업을 위해서 무엇보다 교사 자신이 바뀌어야 한다. 좋은 수업을 위한 교사의 열정과 헌신이 없다면 학생들은 좋은 수업을 경험할 수 없다. 따라서 좋은 수업을 위해 필요한 교사의 자세와 수업 내용은 반드시 예비 교사가 고민해야 될 내용이다. 본 면접 문제를 통해서 수험생 자신의 학교생활 경험에 대한 구체적이고 실제적인 사례를 확인할 수 있는 동시에 이를 좋은 수업과 연계할 수 있는 능력을 동시에 평가할 수 있다.

- **평가 주안점** :
1. 수험생 자신의 학교생활 경험을 얼마나 구체적으로 설명할 수 있는가?
2. 학생이 설명하고 있는 사례는 교사 자신의 수업을 성찰해 보는데 효과적인 내용인가?
3. 수업의 변화를 이끌어 내기 위한 구체적인 교사 자신의 준비 태도와 방법.

[1] 수업 시간에 학생들과 제대로 소통하기 위해서 교사는 어떻게 수업을 진행해야 하는가?

[A]

[2] 교사도 성장하고 수업에도 변화가 생기기 위해서 평소 교사가 갖추어야 될 모습은 어떤 것들이 있는가? 지금까지 자신의 학교생활 경험을 바탕으로 질문 가와 질문 나에 대해 구체적인 사례 등을 들어 자신의 생각을 말해 보시오.

[A]

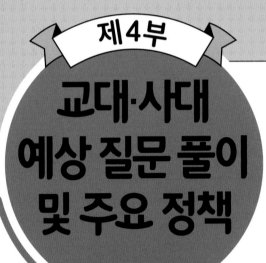

제4부

교대·사대
예상 질문 풀이
및 주요 정책

교사가 학생과 고락을 함께 하는 일이 적을수록
자신의 직무가 재미없어지고,
결실이 적어진다.
―아미엘

① 교대·사대 교직 관련 공통 질문

[Q]

교사가 되고 싶은 이유와 계기가 있다면?

[A]

　대표적으로 나오는 단골 질문이다. 본인의 사례를 구체적으로 들어 교사가 되고 싶은 이유를 적극적으로 어필할 필요가 있다. 예를 들어 중학교 때부터 고등학교 때까지 저소득층 아이와 다문화 아이를 위한 지역아동센터에서 봉사를 꾸준히 하다가 아이들을 가르치는 것이 보람이 있고 나한테 잘 맞는 다는 것을 느꼈다 정도가 좋을 듯하다.

단순히 안정적인 직업이라서, 성적이 좋아서, 아이가 좋아서, 부모님이 원하셔서 같은 답변은 지양하는 것이 좋다.

[Q]

우리 학교에 지원한 이유는? (각 교대 지칭)

[A]

　각 학교의 인재상이나 지역 교대만의 특성을 들어 답변하는 것이 좋다. 교대의 가고 싶은 전공 교수님을 조사하고 그 분을 통해 말하는 것도 한 방법이 될 수 있다. 운이 좋으면 면접장에 그분이 있을 수 있다.

[Q]

교사로서 중요한 덕목, 요소가 있다면 무엇이라고 생각하는가?

[A]

　교육에 대한 비전을 지니고, 학생들을 배려하고 사랑할 수 있는 능력과 자질을 가진 선생님이다. 또한 자율성과 책임의 능력을 지니고 스승으로서 교육공동체 전체에 대한 도덕적 책임감을 갖고 올바른 교육목표를 달성하기 위해 노력하며, 전문가적 권위, 즉 교사의 전문성을 갖춘 교육자가 돼야 한다.

　또 필요한 요소로는 용기라고 생각한다. 새로운 것에 도전하는 용기, 옳지 않은 것에 저항하는 용기, 잘못을 바로잡을 줄 아는 용기, 다름을 인정할 줄 아는 용기 등이 없으면 학생들에게 보여줄 수 있는 것은 많지 않다고 생각한다. 지식이야 책과 인터넷을 통해서도 배우지만 용기는 글로 배울 수 있는 것이 아니기 때문이다.

[Q]

　본인은 어떤 교사가 될 것 같은지, 아이들을 어떻게 지도하고 싶은지 생각해 본 적이 있는가? 있다면 이야기해 보시오.

[A]

　도움이 되는 교육, 행복을 주는 교육을 하고 싶다. 내가 교육하는 아이들이 자신의 삶을 비관하지 않고, 자신이 행복하다고 느끼게 하고 싶다. 흔히 공부 잘하는 아이들이 행복지수도 높을 것이라는 통념이 있다. 나는 행복은 절대 공부의 결과로 결정되는 것은 아니라고 생각한다. 물론 공부를 함으로써 기쁨과 만족감을 얻는 아이의 경우 공부의 결과는 인생의 단기적인 목표가 될 수 있다. 그러나 세상 70억 명은 다 다르고 다 다른 기쁨을 가지고 있다. 자신이 했을 때 즐거움을 느끼는 대상은 모두 다르기에 모두에게 공부를 강요하는 것은 옳지 않다.

　내가 하고자 하는 교육은 공부에 한정된 교육이 아닌 아이들이 어떤 것이 행복인지 알아가게 해 주는 것이다. 그리고 교사는 행복을 학생의 손에 쥐어주는 것이 아니라 스스로 쟁취하도록 옆에서 돕는 동반자 역할을 해야 한다. 대부분의 교사는 각자 자신의 사명을 가지고 교사가 되면 된다.

[Q]

교육은 무엇이라고 생각하는지 이야기해 보시오.

[A]

가. 교육의 어원

① '가르치다'의 어간 : 가르

　　　　어미 : -치다

② 가르치다 = 갈다 + -치다, 다 + -치다

갈다 : 새것으로 갈다, 논밭을 갈다

-다(샤) : 이르시되, 가라사대로서 교훈, 훈계의 의미

-치다 : 식물의 가지를 베어내는 것이나 길어서 번식시킨다는 의미로
　　　　외부적 힘을 가한 조성의 의미를 지닌다고 볼 수 있다.

나. 교육의 정의

구분	관점	예
규범적 정의	인간의 마음을 훈련하고, 정신과 양심을 일깨우며, 윤리와 도덕적 가치를 내면화하는 것을 교육으로 보는 관점	인성 교육, 자아실현
기능적 정의	다른 무엇을 위한 수단이나 도구로 보는 관점	국가, 사회, 개인, 정치, 경제, 종교 등의 수단
조작적 정의	교육의 실제에 포함되는 요인과 활동을 구성 요소로 교육을 정의	인간 행동을 계획적으로 변화시키려는 과정

① 규범적 정의 : 교육의 기능적 정의와 상반되는 입장으로 교육을 무엇을 위한 수단이 아니라 그 궁극적 목적과 결부시켜 규정하려고 한다.

　　◗ 규범적 정의는 국가 사회적 차원에서나 개인적 차원에서 전인적 인격 완성이나 자아실현이라는 내재적 가치의 실현 또는 영원한 진리나 가치를 추구하는 것을 중요한 목표로 내세운다.

② 기능적 정의 : 교육을 무엇을 이루기 위한 수단이나 도구로 규정하려

는 입장을 취한다. 즉, 교육의 가치 판단을 기능적 관점에서만 교육을 객관적으로 기술하고 서술하는 데 관심을 가진다.

  ❯ 교육이 이바지 할 대상을 국가 사회, 정치, 경제, 사회문화로 보느
    냐 등에 따라 수많은 기능적 정의가 가능하다.
③ 조작적 정의 : 교육을 기술적 또는 조작적 관점에서 설명하려는 입장
  이다. 즉, 어떤 활동이나 계획을 실시한 후 그 결과를 통해 인간행동의
  변화가 이루어졌다면, 그 활동은 교육이 되는 것이고 그렇지 못할 경
  우 교육이 아니라는 것이다.

  ❯ 교육이란 인간 행동의 계획적 변화이다.(정범모)

다. 교육의 기능

① 개인 신장의 기능 : 개인이 가진 잠재력을 조화롭게 계발시키며, 생활
  경험을 풍부하게 해 주어 이상적인 인간으로 도야시키는 기능
② 생활 경험 습득의 기능 : 생활 자체가 교육, 교육이 생활 자체로서의
  기능
③ 문화 창달의 기능 : 전세대의 문화유산을 다음 세대에 전달하고 유지
  시키며, 이를 더욱 확충하고 발전시키는 기능
④ 사회화의 기능 : 사회를 보존하기 위해서 그 사회 구성원을 사회화하
  여 적응시키고 기반으로 보다 바람직한 사회로 발전시키는 기능

라. 교육의 필요성

① 개인적 측면에서의 필요성 : 교육에 의해 형성된 개인의 발전 내지 완
  성이 결과적으로 모든 발전의 원동력이 되므로 교육은 다른 무엇보다
  도 필요한 것이다.
② 문화적 측면에서의 필요성 : 교육은 문화를 전달하고 보존하며 발전
  · 창조시키는 역할을 한다. 즉, 교육은 문화 활동인 동시에 문화 창조
  의 원동력이 되는 것이다
③ 사회적 측면에서의 필요성 : 교육과 사회라는 관계는 '교육의 사회적
  기능'과 '사회의 교육적 기능'이 함께 어우러져 상호보완과 발전의 관

계, 유기적 관계를 유지하고 있다.

④ 국가적 측면에서의 필요성 : 국가는 국민교육을 국가의 가장 중요한 사업으로 삼고 있다. 국가는 국민을 질적으로 우수하게 만들기 위하여 충분한 시설과 다양한 지원 정책을 실시할 필요가 있으며, 국민은 국가를 위하여 교육을 받을 의무를 지고 있다.

⑤ 경제적 측면에서의 필요성 : 경영 관리의 3요소 중 유능한 노동력은 개인적 요소나 사회적 특성에 따라 달라질 수 있으나 무엇보다도 교육에 의해 달라질 수 있기에 교육은 매우 중요하다.

마. 교육의 형태

① 형식적 교육 : 사전에 철저한 계획에 의해서 제도화된 교육기관을 통해서 조직적으로 행해지는 형태의 교육을 말한다. 학교교육이 해당된다.

② 비형식적 교육 : 특정한 조직이나 기관에서 이루어지는 교육 외에 특별한 계획이나 체계 없이 자연발생적으로 진행되는 형태의 모든 교육을 말한다.

③ 평생교육 : 학교의 정규 교육과정을 제외한 학력 보완 교육, 성인 문자 해독 교육, 직업 능력 향상 교육, 인문 교양 교육, 문화 예술 교육, 시민 참여 교육 등을 포함하는 모든 형태의 조직적인 교육 활동을 말한다.

④ 가정교육 : 가족 집단을 단위로 하여 성립되는 교육 형태를 말한다.

⑤ 학교교육 : 학교는 제도화된 틀 속에서 전문적인 소양과 지식을 갖춘 교사가 일정한 연령층의 학생을 대상으로 교육 내용을 구성하여 계획적으로 교육하는 기관이다.

[Q]

초등교육이란 무엇이라고 생각하는지 이야기해 보시오.

[A]

초등교육에서 필요한 핵심 소양으로 3R이라는 것이 있다.

첫째, read 읽을 줄 알아야 한다.

책을 읽는다는 건 글을 안다는 것을 의미한다. 글을 안다는 건 이해력이 성장한다는 것을 의미한다.

둘째, write 쓸 줄도 알아야 한다.

글을 쓴다는 건 배운 것을 정리하는 것을 의미한다. 본인의 생각을 문자로 기록한다는 것을 의미한다. 교육을 통해 얻어진 경험을 스스로 재구성하는 과정을 통해 성장이 일어난다.

셋째, arithmetic 계산도 할 줄 알아야 한다.

계산을 한다는 건 이성적으로 생각을 하는 것이다. 이성적으로 판단하고 수리를 이해한다는 것은 다음 교육을 위한 준비로서 유용한 도구가 된다.

최소한 이 세 가지를 할 수 있는 기본 소양을 잘 다진다면 그것으로 초등교육은 충분하다고 본다.

가. 교사론(자질)

① 교직의 성격: 진하게 하면 가독성이 더 높을 것 같습니다.

첫째, 교직은 인간을 대상으로 하는 직업이다.

둘째, 교직은 인간 행동의 계획적인 변화를 주도하는 직업이다.

셋째, 교직은 미성숙자를 대상으로 하는 직업이다.

넷째, 교직은 사회 변화와 발전에 공헌하는 사회 봉사직이다.

다섯째, 교직은 국가와 사회에 지대한 영향을 미친다.

② 교권(敎權)

교육권(교권)은 교육에 직접 관계하는 사람들의 교육에 관한 권리와
의무 및 책임과 권한 관계의 총체이다.

교사의 권위는 지적 권위, 학생지도의 권위, 기술적 권위 등을 들 수 있다.

첫째, 지적 권위는 전공 학문에 대한 전문직 지식과 경험, 능력 등을
소유하였다고 인정받는 권위이다.

둘째, 학생 지도의 권위는 학생들의 학교생활을 지도하도록 법적으로
부여 받은 권위이다.

셋째, 기술적 권위는 교사가 교육의 방법과 기술의 능력이 인정되는
권위이다.

③ 하트의 바람직한 교사상

1. 교과를 분명하고 철저하게 설명하며 실례를 잘 들어주는 교사

2. 명랑, 온화하고 유머감각이 있는 교사

3. 인간적이고 친절하며 동료의식을 가진 교사

4. 학습자에게 관심을 가지고 이해하려는 교사

5. 학습활동을 즐겁게 하도록 하는 교사

6. 엄정과 존경심을 받으며, 공평하고 편애가 없으며 신용이 있는 교사

7. 무뚝뚝, 괴팍, 잔소리, 빈정거림, 비꼬는 일이 없는 교사

8. 사람을 좋아하고 인간적 친화성이 있는 교사

④ 퀸틸리아누스의 바람직한 교사상

  1. 아동에게 친자녀와 같은 마음으로 임한다.

  2. 자신의 악덕은 물론 다른 사람의 악덕을 용서해서는 안 된다.

  3. 교사의 태도가 너무 엄격해서는 안 된다.

  4. 교사는 분노의 정을 갖지 않아야 한다.

  5. 교수법은 쉬워야 하며 근로에는 인내성이 있어야 한다.

  6. 아동에게 오래 간직할 것만을 이야기해 주어야 한다.

  7. 질문 받았을 때는 신속하게 응답해야 하고 질문 없을 때는 물어야 한다.

⑤ 브램벡크의 교사의 역할

  1. 사회의 대표자의 교사

  2. 판단자로서의 교사

  3. 지식 자원으로서의 교사

  4. 학습 조력자로서의 교사

  5. 심판자로서의 교사

  6. 훈육자로서의 교사

  7. 동일시의 대상으로서의 교사

  8. 불안 제거자로서의 교사

  9. 자아 옹호자로서의 교사

  10. 집단 지도자로서의 교사

  11. 부모 대행인으로서의 교사

  12. 적대 감정의 표적으로서의 교사

  13. 친구로서의 교사

  14. 애정 상대자로서의 교사

나. 교직관

교직관은 성직자관, 노동자관, 전문직관으로 구분한다.

① 성직자관 : 교직이 주로 인간의 인격형성을 돕는 일을 담당하고 고도의 정신적 봉사활동으로 세속적인 것들과 거리가 멀어야 한다는 교직

관이다. 교사는 윤리적 덕목이 가장 높은 덕목으로 도덕적으로 깨끗해야 하고 물질에 연연하지 않으며, 학생들에게 사랑과 헌신, 희생과 봉사, 정신적 활동에 전념해야 한다고 본다.

→ [비판점] 성직관은 과거의 전통사회를 배경으로 성립된 것으로 현대 사회와 같은 다원적, 다가치적 현실에 적용하기에는 비현실적이다.

② 노동직관 : 교직도 본질적으로 노동직이고 노동의 대가로 보수를 받으며 근무조건의 개선을 위해 노동조합을 결성한다는 교직관이다. 교사의 지위 향상도 권리 행사를 통해 이룩될 수 있다고 보기 때문에 노동직관에서는 교사의 경제적 지위와 향상을 중요시한다. 우리나라에서는 전국교직원노동조합이 결성되어 일부 교사들이 가입하였으며 교직을 노동직관으로 보고 있다.

→ [비판점] 국제노동기구의 직업 분류에 따르면 교직은 전문직에 해당하기 때문에 노동자로 보기 어렵다.

③ 전문직관 : 교직을 지성적, 정신적 활동을 위주로 한 고도의 자율성, 윤리성을 필요로 하는 직업이라는 교직관이다.

– 전문직의 조건(Lieberman, 1956) : 사회적 봉사기능, 고도의 지적 기술, 장기간의 준비교육, 광범위한 자율권 행사, 광범위한 개인적 책임, 자치조직, 직업윤리 등을 제시한다.

– 전문직의 기준(Hoyle, 1980) : 사회적 봉사, 체계적인 지식, 상당한 기간 동안의 학문적·기술적 훈련, 자율성, 윤리 체제, 현직 훈련을 통한 기술의 성장 등을 제시한다.

다. 교직 정책 및 시사

1) [고교학점제]

① 고교학점제란?

고교학점제란 고등학교에서 수업 방식을 대학교처럼 학점제로 운영한다는 것이다. 이것을 제대로 알기 위해서는 먼저 학기제와 학점제를 알아야 한다. 학기제는 기존의 수업 방식이라고 보면 쉽다. 학기별로 미리 작성된 시간표가 있어 그에 따라 수업을 진행하는 것을 의미한다. 현재 초, 중, 고 전국의 학교들이 시행하는 방식이다. 이와 달리 학점제는 학점이라는 수단을 통해 한 학기의 수업을 운영하는 것을 이야기한다. 일반적으로 대학교의 커리큘럼을 생각하면 된다.

즉, 고등학교에서 수업의 방식을 학기제가 아닌 학점제로 바꾸는 것을 이야기한다. 학점제에서는 학기당 이수 가능한 최소, 최대 학점이 정해져있으며 그 안에서 자유롭게 수업을 듣게 된다. 이는 개인에게 수업 선택을 열어주어, 학습에 대한 능률을 올리고 동시에 자율성을 부여하는 점에서 아주 큰 장점이 있다. 또한 때에 따라 조기 졸업도 가능하기 때문에 더욱 자율성은 커진다.

② 도입은 언제부터 하나요?

정부는 고교 교육의 혁신 시작이라는 이름을 붙이며 변화를 시작했다. 이를 위해 2018년부터 학점제 도입 준비를 위한 학교 60곳과 선도 학교 40곳, 총 100곳의 학교를 지정하여 운영하고 있다. 교육부는 장기적인 준비, 검토, 충분한 토론을 거쳐 2022년에 고교학점제를 도입하려고 했으나 현장의 상황을 고려하여 2025년에 전면 도입하는 것을 예정하고 있다. 이를 위해 일반적인 학교 내에서도 교육과정 다양화를 위한 학점제 준비가 시작될 것이며, 이에 대한 지원 사업도 강화될 것이다.

고교학점제의 변화는 다음과 같다. 학점 기반의 교육과정을 도입하여 수강 신청을 통해 과목을 자신이 선택할 수 있다. 사회, 교양, 예체능 분야의 경우 필요한 과목을 사정에 따라 개설할 수 있으며 학년 구분 없이 토론이나 실습 중심으로 수업이 운영된다. 평가의 경우는 성취평가제를 적용하여 과정 중심으로 수업이 진행된다. 또한 졸업 역시 현재의 졸업 일수 기준이 아닌, 졸업 학점을 통하여 진행될 것으로 보여진다.

③ 고교학점제의 문제점

고교학점제는 우선 형태상으로는 좋아 보이다. 학생에게 자율적 선택권을 보장하고, 자신의 흥미에 맞게끔 수업을 진행하는 것이기 때문이다. 하지만 좋은 정책에는 언제나 큰 반발이 따르는 법이죠. 여전히 문제점은 남아 있다. 현실적인 학교들의 문제가 남아 있는 것이다. 서울이나 대도시 중심의 학교는 학생도 많고, 선생님도 많아서 이런 수업이 가능하지만, 지방이나 소도시, 시골의 학교에서는 현실적 적용이 어렵다는 지적이 많다.

　우리나라의 장점은 어디를 가나 학교가 있다는 점인데, 고교학점제는 이 장점이 빛을 잃을 수 있다는 것이다. 또한 학생이 몰리는 수업이 생기기 때문에, 이에 대한 평가를 어떻게 할지의 문제가 발생한다. 사람이 너무 적은 수업이 있다고 가정하면, 거기서 평가를 상대평가를 적용했을 때 내신에서 불이익을 받을 수 있기 때문이다.

2) [1수업 2교사제]

　1수업 2교사제가 학생의 수업에 대한 자신감과 학업성취도, 정서적 안정감을 높이는 데 도움이 된다고 판단한 대구시교육청은 2019년 100개 학교에 이 제도를 시범 도입하기로 했다.

　한편, 이러한 긍정적 의견 외에 비판적 의견으로 1수업2교사제를 둘러싼 중요 쟁점별 생각은 다음과 같다.

　첫째, 비정규직 정책으로는 실패가 자명하다. 협력교사제를 경험한 교사들 사이에서도 효과를 놓고 의견이 분분하다. "수업 중 협력 교사로부터 자연스럽게 이뤄지는 학습부진아 지도에 효과가 있다", "수업 방해 학생에 대한 생활지도까지 도움을 받고 있다"는 긍정적인 설명이 있는 반면에, "시간강사 신분의 협력 교사들과 충분한 수업 협의를 요구하기 어렵다", "수업만으로 한계가 있다"는 주장이 함께 공존한다. 현재, 협력 교사들의 고용 형태는 시간강사다. 주당 14시간, 하루 3시간 정도를 가르친다. 모든 협력 교사들에게 정교사와 동일한 협의, 정서 지원 등 종합적인 역할을 요구할 수는 없다. 정부가 협력교사제의 실효성을 정확하게 점검하고자 하는 진정성이 있다면, 시범 단계부터 강사와 예비 교사가 아닌, 정교사로 실험해야 하는 대목이다.

둘째, 학습 부진 문제는 더 많은 전문성을 요구받는다. 교사들이 협력 교사로 인해 수업에 도움을 얻는다고 느끼는 것이 실제 학습 부진 문제를 해결하고 있다는 것과 동일시 될 수 없다. 학습 부진의 원인은 매우 복합적이다. 그에 따른 해결책 또한 입체적인 조치가 필요하다. 수업 보조 수준의 나쁜 일자리로 해결될 수 있는 사안이 아니다. 오히려, 일반 교사보다 더 많은 전문성이 요구된다.

셋째, 교실에서 특별히 돌봐야 할 대상은 학습부진아만이 아니다. 교실에는 느린 학습자, 정서 행동 장애 학생, 경계성 학생 등 특별 지원이 필요한 학생이 늘 존재한다. 이들은 중증 장애 학생을 전담하는 특수교사와 일반 교사들 사이, 사각지대에 존재하는 학생들이다. 일본과 핀란드처럼 특수학생의 대상 범위를 넓히고, 이들을 전문적으로 돌보고 공공 자원을 연계할 전문적인 교사들이 필요한 상황이다.

마지막으로 정책의 우선순위다. 학습부진아를 끊임없이 만들어내는 정책을 해소하는 것이 먼저다. 수포자와 영포자 등 조기에 중도 탈락자를 만들어내는 주범은 학생 개인이 아니라, 지나치게 어려운 교육과정에 있다. 발달 단계에 비해 지나치게 높은 교육과정의 난이도를 내리고 학습량을 적정화 하면, 학습 부진의 상당 부분을 해결할 수 있다. 또한, 1수업 2교사제가 학생들에게 대한 개별 접근의 기회를 넓히자는 취지인 만큼, 교사 한 명이 담당하는 학생들의 숫자를 줄이면 될 문제다. 대도시의 높은 학급당 학생 수는 공교육의 최대 걸림돌이다. 2015년 기준으로, 한국은 초등학교 학급당 학생 수는 23.4명, 중학교는 30명으로 경제협력개발기구(OECD)보다 각각 2.3명, 6.7명 많다. 학습 부진을 끊임없이 양산하는 정책을 해소하지 않고, 1수업 2교사제를 앞세운 것은 정책의 실효성을 생각하지 않고 예산 절감만 앞세워 성급히 도입한다는 비판에서 벗어나기 어렵다.

3) [메이커 교육]

메이커 교육(maker education)은 DIY(Do It Yourself) 운동의 영향을 받아 미국에서 확산되고 있는 메이커 운동(maker movement)에서

파생되었다. 메이커 교육이란, 학생이 직접 물건을 만들거나 컴퓨터로 전자기기를 다루는 등의 작업을 하면서 창의력을 발휘해 문제를 해결하고, 새로운 것을 만들거나 발견을 촉진하게 하는 것을 말한다. 메이커 교육은 과학박물관이나 여름 캠프 같은 곳에서 간헐적으로 시행되는 다양한 과학 실험 활동, 창작 활동 등의 교육 프로그램에서 출발하였으며, 이러한 프로그램을 서로 연계하여 정보 및 교육 과정 등을 공유하면서 일종의 풀뿌리 교육운동으로 성장하였다.

메이커 교육의 기본 정신으로는 공동체의 문제를 직접 자신의 손으로 해결하겠다는 적극성, 참여성, 자발성, 문제 해결성, 공동체성 등을 꼽을 수 있다. 이러한 정신적 바탕 위에 점차 사회에서 컴퓨터와 전자기기, 교육용 3D 프린터 등 관련 교구가 저렴하게 보급되기 시작하면서 운동의 확산 속도가 빨라지게 되었다. 메이커 교육의 3요소는 '창작활동(making)', '창작자(maker)', '창작 공간/공동체(maker space)'이다. 이 중 창작 공간·공동체는 다양한 창작활동과 실험실습을 가능하게 해 주는 각종 교구 및 창작도구 등이 구비된 안전한 물리적 공간을 의미하며, 이와 더불어 창의적 작업을 촉진시킬 수 있는 여건의 기반이 되는 지역사회 공동체의 문화와 지원까지 포함하고 있다.

메이커 교육의 핵심은 학습자가 창조 과정에서 학습하도록 하는 것이다. 이에 따라 수업에서 교사의 역할은 최소화되고, 창작 공동체 안에서 창작자의 자발적인 호기심과 동기에 의해 창작 활동이 진행된다는 점이 특징이다. 메이커 교육은 과학에 기초를 두고 정보화 기술을 활용한다는 점에서 STEAM 교육과 밀접한 관계에 있다. 다만 메이커 교육은 STEAM보다 풍부한 기초 지식의 활용, 소프트웨어의 활용, 실천 활동, 창의적 아이디어의 실물 전환 등을 강조하고 있다. 메이커 교육은 컴퓨터, 프로그래밍 언어 등 다학문적 지식을 다루는 종합적이고 복잡한 과정으로 한 과목 혹은 몇 과목의 결합으로 완성할 수 있는 것이 아니기 때문에 일련의 과목을 통합할 필요성도 제기되고 있다.

이 운동을 주도하고 있는 단체는 미국의 'MakerEd'라는 비영리단체이다. 이 단체는 '모든 아동은 창작자(Every Child a Maker)'라는 비전을 갖고 교사와 교육기관에 교육훈련, 교육 자료, 지원 공동체를 제공함으로써 보다 참여적이고 자발적인 동기가 유발되는 메이커 교육을 많은 학생들이 경험할 수 있도록 하고 있다.

세계 각국은 제4차 산업혁명을 목전에 둔 세계 창의적 인재 양성이라는 교육목표를 실현할 수 있는 혁신적 수업방법으로서 메이커 교육에 관심을 갖고 이를 실현하기 위한 다양한 노력을 기울이고 있다.

※ 다른 국가에서는 메이커 교육을 어떻게 추진하고 있을까?

① 미국에서 메이커 교육은 일종의 풀뿌리 교육 운동으로 시작했지만, 이제는 연방정부 및 지역 학교에서 STEAM 및 진로 · 직업교육의 일환으로 인정받아 정규 교육과정과 융합시킬 수 있는 방법을 찾을 정도로 많은 인기를 얻고 있다.

미국 연방정부 단위에서의 정책적 지원으로는 오바마 대통령이 2014년 6월 18일을 '전국 메이커의 날'로 지정하고, 백악관에서 메이커 교육 대회를 개최하면서 정부 차원에서 이 운동을 공식적으로 인정해준 것을 시초로 볼 수 있다. 이어 2014년 12월 백악관 과학기술정책 관련 담당관은 고등교육 단계에서의 메이커 교육을 지원하기 위하여 약 50여 개의 고등교육기관을 연계하여 메이킹 활동을 촉진할 수 있도록 연합동맹을 만드는 정책을 발표했으며, 국립과학재단이 재정을 지원했다.

② 독일에서는 2012년부터 연방 교육 · 연구부가 메이커 운동을 실현하기 위해 'Make Light' 이니셔티브를 실시하고 있다. 이는 연방정부의 하이테크 전략을 지원하는 정책으로 연구 분야에 시민의 참여를 강화하고 새로운 것에 대한 도전을 지원하기 위한 것이다.

Make Light 이니셔티브 중에서 초 · 중등학생을 대상으로 한 프로그램으로는 '빛의 조성, 종이, 직물, 전기를 활용한 발명품'을 주제로 5~12세를 대상으로 개최한 워크숍과 '해킹, 빛을 활용한 신분증 스스로 만들기'라는 주제로 개최한 8~14세 대상 광자학 워크숍, 그리고 정보학 및 광자학 관련 학생 실험실 워크숍이 이루어지고 있다. 13세 이상 청소년을 대상으로 하는 환경 측정 기계 만들기 워크숍도 시행되고 있으며, 전체 국민을 대상으로 메이커 박람회를 개최하여 메이커 관련 정보를 제공하거나, 성과물을 전시할 기회를 제공하고 있다.

③ 중국에서는 메이커 교육을 '창객 교육(創客敎育)'으로 번역하여 부른다. 중국에서는 2015년 1월 4일 리커창 총리가 선전시의 한 창객 공간(maker space)을 참관한 후 '대중 창객 공간의 발전을 통한 창신창업 추진 지도 의견'을 발표하면서부터 창객 교육이 주목받기 시작했다. 선전시는 창객 교육을 중시하고, 학교교육에서 이를 실천하고 있는 대표적인 지역으로 중학교 등 9개 학교에서 창조형 인재 양성 시범 업무를 실시하고 있다. 이후 선전시는 일련의 '창조 교육 공정'사업을 발표하여 초·중등학교를 대상으로 이를 실시하고 있다. 이 해 최초로 선전시 초·중학교 창객 교육 발전 연맹이 창립되었으며, 곧이어 상하이 등지에서 창객 교육 연맹이 설립되었다.

창객 교육 연맹은 교육기관, 대학, 기업 등을 단위로 구성되며, 청소년에게 개방식 창조 기반을 제공하고, 회원 기관 간 교류와 협력 기반을 마련해 주는 역할을 한다. 또한 창객 연맹 간 합작 형식을 통해 시-구, 구-구 연동 창객 교육 기제를 형성하는데 유리하도록 하고 있다.

※ 학교에서 메이커 교육은 어떻게 이루어질 수 있을까?

① 미국 : 메이커 교육의 시발점으로, 학교에 즉시 적용 가능한 메이커 교육 지원 프로그램

미국은 메이커 교육이 처음 이루어진 국가로 많은 단체에서 이를 학교에서 실시할 수 있도록 지원 프로그램을 개발·보급하고 있다. 여기에서는 대표적인 메이커 교육 프로그램 두 가지를 소개하고자 한다.

먼저 메이커 공간 조성에 중점을 둔 단체로 Digital Promise (http://digitalpromise.org)가 있다. 이 단체는 교육 혁신을 촉진하고, 디지털 격차를 줄여 교육 기회를 확대하는 것을 목적으로 운영되고 있다. 이 단체에서는 메이커 교육의 영향을 받아 중·고등학교 학생들이 제품 디자인과 영화 촬영 등에 대해 배울 수 있도록 filmMaker challenge 프

로그램을 개발하여 제공하고 있으며, Microsoft 및 HP의 후원으로 학교를 대상으로 학습자 중심의 혁신교실을 만들어주는 프로그램인 Learning Studios를 진행하고 있다.

그밖에 MakerEd와 공동으로 Maker Promise 사업을 추진하고 있는데, 이는 미국 전역의 1,400여 개의 학교에 메이커 공간을 확보하겠다는 서약을 받는 운동이다. 이를 통해 많은 학교에서 학생들이 메이킹 활동을 하는 환경을 조성하도록 노력하고 있다.

공간 확보 이외에도 IDEAco(http://www.ideaco.org)에서 개발한 CityXProject는 만 8~12세 학생들을 대상으로 문제 상황을 제시하고, 3D 프린터를 활용한 도구를 제작해 이를 해결하도록 하는 프로그램이다. 이 프로젝트는 약 30명 가량의 학생과 30일 동안 진행되며, 문제 해결을 위한 디자인 사고 방법을 익히고, 이를 적용하여 기술을 활용해 직접 도구를 제작하며 문제를 해결할 수 있게 도와준다. 이 프로그램은 가급적 공통 중핵 교육과정에 맞추어 진행하여 공립학교에서도 적용이 가능하도록 수업을 설계했다.

② 독일 : 테크닉 활동을 중심으로 한 로베르트-슈만 초등학교

독일에서 메이커 교육 관련 프로그램을 실시하고 있는 대표적인 학교는 로베르트-슈만 초등학교이다. 로브레트-슈만 초등학교는 프랑크프루트에 위치한 공립학교로 학생 수 340여 명, 교사 20명의 학교이다. 이 학교는 학생의 창의력 향상에 중점을 두고 다양한 프로그램을 시행하고 있으며, 메이커 교육과 관련해서는 학습 작업장, 테크닉 동아리, 테크닉 프로젝트 주간 등을 운영하고 있다.

먼저 학습 작업장은 메이커 공간과 유사한 개념으로 다양한 재료들을 갖추어 놓아 학생들이 이러한 재료를 활용하여 학생 나름의 작업 방법으로 과제를 수행할 수 있게 해놓은 공간이다. 로베르트-슈만 초등학교 학생들은 이러한 학습 작업장에서 주제에 대해 깊이 알 기회를 갖고 자신이 무엇을 할 것인지 결정하는 법을 배운다. 또한 혼자 작업을 할 것인지 동료 학생과 함께할 것인지 작업방식을 결정하는 것에 대해 배우고, 학습 작업장에서 실험·공작 작업을 다루어 보는 기

회를 가진다.

학습 작업장에서 나아가 수학, 자연과학, 정보, 기술(MINT, 미국의 STEAM 교육과 유사한 개념) 교육의 강화를 위하여 로베르트-슈만 초등학교에서는 테크닉 동아리를 운영하고 있다. 여기에서 학생들은 다양한 실험 프로젝트를 통해 스스로 무엇인가를 만들어보면서 좀 더 실용적이고 놀이적으로 MINT 능력을 향상시키고 있다. 프로젝트에 필요한 재료는 학부모위원회와 기업의 기부로 마련하고 있으며, 독일 엔지니어협회가 6개월 간 프로젝트 운영을 전문적으로 지원하였다.

마지막으로 로베르트-슈만 초등학교에서는 전교생을 대상으로 테크닉 프로젝트 주간을 실시하였다. 교사 2명이 작업 재료와 도구 사용법을 교육받은 후 프로젝트 시행 전에 만들기를 위한 계획을 수립하였으며, 여러 학부모가 이에 협력하였다. 학생들은 표지판, 인형의 집, 다리, 타워 등을 작업 계획에 따라 나무 또는 종이로 만들었으며, 스스로 구조물을 건축하는 데 도움을 얻기 위해 학교 주위의 건물을 살펴보거나 박물관을 견학하는 시간을 가졌다.

③ 중국 : 소형 가공설비를 구비한 창객들의 공간, 원조우시 실험중학교

원조우시 실험중학교는 중국에서 제일 먼저 창객 교육을 학교 교육과정 체계에 포함시킨 대표적인 학교이다. 이 학교는 정보화 기술 과목, 이동 선택 과목, 학생 동아리 과목, 학우 활동 과목, 외부 영입 체험 과목, 창객 문화제 과목 등을 통해 '행동하고, 나누고, 협력할 것'을 강조하고 있으며, 신 과학기술과 결합한 창객 교육을 창조 능력을 함양한 인재 양성의 새로운 수단으로 삼도록 하고 있다.

2012년부터 현재까지 운영해 오고 있는 창객 교육은 실험 중학교의 특색을 잘 보여주는 종합 실천 과목으로 중국 교수학습 개혁을 이끄는 모델이 되고 있다. 원조우시 실험중학교에서는 모든 학년 학생들이 창객 교육을 위한 교육과정에 참여할 수 있도록 보장하고 있다. 학생들이 예술 과목 및 종합 과목에 참가하도록 하고 있으며, 교사에게는 자신의 전공이나 특기에 따라 예술이나 종합 분야의 확장 과목을 개설하도록 하고 있다. 또한 공통적인 흥미와 재능을 가진 학생들

이 모여 동아리를 구성하는데, 창객활동실은 동아리 활동을 통해 창객 활동을 하는 이 학교 창객들의 집합 장소가 된다.

이 학교의 창객 수업은 주로 이 학교의 교원들에 의해 이루어지지만 일부는 외부로부터 다양한 분야의 전문가를 초청하기도 한다. 창객 기능을 갖춘 교육자, 방송인, 상업인 등이 초빙된다. 특이한 점은 학우 활동을 통해 창객 기능과 특기를 갖춘 학생들도 지도자가 되도록 하여 부족한 창객 교원 자리를 보충하도록 하고 있다는 점이다.

④ 시사점 : 앞서 살펴본 주요 국가들의 메이커 교육 실시 현황과 사례에서 얻을 수 있는 시사점은 다음과 같다.

첫째, 학교 내에 메이커 공간을 조성하여 메이커 교육을 위한 환경을 갖추고 있다. 메이커교육은 활동적이며 도구를 활용하는 조작 과정으로 일반 교실 환경에서는 진행하기 어려운 점이 많다. 앞서 살펴본 사례들과 같이 특정 작업을 시행할 수 있는 스튜디오나 작업장, 실습실 등을 갖추고 있으며, 여기에 3D 프린터나 레이저 조각기 등 장비를 갖추어 신진 기술을 활용한 작업도 가능하게 하고 있다.

둘째, 메이커 교육을 위한 교원 및 전문 인력 확보를 위해 노력하고 있다. 메이커 교육은 매우 통합적이고 종합적인 학문이다. 단순한 지식과 기술뿐 아니라 창의성과 예술성 등 다양한 능력이 요구되기 때문에 지도하는 데 어려움이 따른다. 때문에 메이커 교육을 실시할 수 있는 교원의 양성은 매우 중요한 문제로 부각되고 있다. 중국은 교원에게 연수를 통해 창객 과목을 지도하거나, 일부는 외부 전문가를 초빙하는 형식으로 교원 확보를 위한 노력을 기울이고 있다. 학생이 메이킹 활동의 교사가 될 수 있도록 하는 사례도 있는데, 이는 학생들이 메이킹 활동을 통해서 기술과 노하우 익히는 것에서 나아가 다른 친구들과 학습결과를 공유함으로써 집단지성을 통한 시너지 효과를 유발하는 효과를 거둘 수 있다.

셋째, 메이커 교육을 위한 협력 체제를 구축하고 있다. 메이커 교육이 지닌 복잡성과 전문성, 그리고 이를 실현하기 위한 재정적 · 물질적 한계로 인해 단위학교에서 자체적으로 메이커 교육을 운영하는 데에는 많은 어려움이 따른다. 이러한 이유로 미국과 중국에서는 대학, 기업, 교육기관 등을 서로 연계하여 정보를 공유하고, 메이커 교육을 촉진하기 위한 물질적 · 재정적 지원이 이루어지도록 하고 있다.

메이커 교육을 실시하는 데에 많은 재원이 소요된다는 것은 메이커 교육을 확산하는 데 있어 형평성 문제를 고려해야 한다는 시사점을 준다. 3D 프린터, 과학기술 실험실습 장비 등을 구비하는 데에는 많은 비용이 소요되기 때문에 교육 재정으로 이를 충당하기에는 큰 부담이 될 수밖에 없다. 이러한 이유로 미국에서도 사립학교 또는 부유한 교육구의 학교, 일부 학생들만 참여할 수 있는 여름캠프 등에서 주로 메이커 교육이 이루어져 왔다. 따라서 소득계층 간 과학기술 교육 격차를 더욱 벌리지 않을 수 있는 방법이 함께 수반되어야 할 것이다.

⑤ 우리나라 사례 및 결론 : 우리나라에서는 메이커교육이 아직 시작 단계에 있어 실시 사례가 많지는 않으나, 최근 인천광역시교육청에서는 미래 메이커 육성을 인천 자유학기제 브랜드로 삼고 관련 교육을 추진하고 있다. 자유학기제를 통해 미래 강연, 미래 캠프, 미래 기술 체험 등을 진행해 이 시기를 메이커 육성의 기회로 삼는다는 방침이다. 이를 위해 올해 4월 초 · 중 · 고 교원 250명을 대상으로 미래메이커교육 교원 연수를 실시하였으며, 초등학교 1교, 중학교 5교, 고등학교 4교 총 10교의 250명 학생을 대상으로 4월부터 7월까지 1학기 'Thinking Design School'을 운영하고 있다. 이러한 인천광역시교육청의 사례는 메이커교육이 자유학기제를 효과적으로 운영하는 하나의 특색 있는 전략이 될 수 있음을 시사하고 있다.

또한, 2015 개정 교육과정에 따라 2018년부터 초 · 중학교에서 SW교육이 단계적으로 실시될 예정이다. SW교육은 초등학교 실과 과목의 '정보윤리', '로봇' 관련 부분을 SW교육과 연계하고, 소프트웨어 융합 교과 중점 학교(정보, 정보과학, 과학 연구, 프로그래밍 등) 운영 등을 통해 지능 정보 사회의 핵심이 되는 창의력과 문제해결력을 갖춘 미래 인재를 육성하는 것을 목표로 하고 있다. 여기서 SW교육은 단순히 컴퓨터적 기술을 습득하는 것이 아닌 컴퓨팅적 사고

(Computational Thinking)를 바탕으로 실생활과 타학문 분야의 문제를 효율적으로 해결할 수 있도록 하는 데에 중점을 두고 있다. 따라서 메이커교육은 SW교육과 별개가 아닌 SW교육을 통해 습득한 것을 코딩, 로봇, 3D 프린터, VR 등의 도구를 활용해 스스로 실행하고 협동하며 현실로 만드는 과정 중 하나로 볼 수 있다. 즉, 메이커교육은 SW교육을 실현하는 하나의 교수 · 학습 방법이자 방향인 것이다.

개인의 잠재력과 재능을 최대한 개발하고자 하는 것은 교육의 기본 방향이다. 제4차 산업혁명의 도래에 따라 과학기술과 더불어 문제해결력, 창의력, 협업능력 등이 미래를 주도할 핵심 능력으로 부각되는 이때에 메이커 교육은 교육의 한 방향을 제시해 줄 수 있을 것이라 본다.

4) [민주시민 교육]

① 개념

– 정의 : 넓은 의미에 있어서 "민주시민 교육은 사회 · 정치적 질서의 구성원인 모든 사람들에게 집단 · 조직 · 제도 및 매체를 통해 정치적으로 영향을 주는 모든 과정을 포괄하는 집합 개념을 의미한다. 좁은 의미에 있어서 민주시민 교육은 청소년과 성인이 사회 · 정치 생활의 참여에 필요한 자질을 갖출 수 있도록 하기 위하여 의식적으로 계획되고 조직된, 그리고 지속적이고 목표 지향적인 모든 교육 시설의 조치를 가리키는 집합 명칭"이다.

– 해외 : 영국 · 프랑스는 '시민 교육(Civic Education)', 독일은 '정치 교육(Political Education)', 일본은 '공민 교육(公民敎育)'이라는 개념을 사용하고 있고, 우리나라에서는 '정치 교육'이라는 용어가 정치권력의 획득과 유지, 즉 정치 체제와 관련된 관치 교육으로 잘못 이해되었거나 부정적인 시각으로 인식되는 경향이 있기 때문에 '민주시민 교육'이라는 개념을 사용하고 있다.

– 범위 : 민주시민 교육은 인권, 준법, 환경, 통일 등 그 시행 주체와 목적에 따라 다양하게 사용되고 있으나, 선거관리위원회 소관인 주권의식 함양과 투표참여 제고를 위한 사무의 범위 안에

서 민주시민 교육의 개념을 설정하고 있다.

② 한국 사회에서 진행된 민주시민 교육에 대한 논의

주권자인 국민이 책임 있는 자세로 선거 · 정치 과정에 능동적으로 참여할 수 있도록 민주적 가치와 지식 · 능력 등을 체계적이고 지속적으로 함양하는 학습을 말하며, 민주 정치의 건전한 발전에 기여함을 목적으로 한다.

한국 사회에서 진행된 민주시민 교육에 대한 논의를 정리하면 다음과 같다.

1. 정치 질서 내지 정치 체제의 안정을 유지하기 위해 국민의 지지를 형성하는 것
2. 정치에 관한 연구와 정치 과정의 참여에 필수적인 지식과 기능(技能), 태도를 획득하는 것
3. 국민이 국가의 주권자로서 국가와 지역사회에서 일어나고 있는 정치 현상에 관한 객관적 지식을 갖추고, 정치적 상황을 올바로 판단하고, 비판의식을 함양하는 것
4. 정치 과정에 참여하여 권리와 의무를 적극적으로 수행하고 책임지는 정치 행위가 될 수 있도록 가정 · 학교 · 사회에서 습득하는 모든 과정

③ 민주시민 교육의 내용

– 주권 의식(민주시민 의식) 함양 : '주권의 의미와 가치', '민주주의의 기본 원리', '민주시민의 자질과 소양', '선거와 민주주의' 등이 주권의식의 함양을 위한 주요 학습 내용이다.
– 민주시민 교육의 개별 과목
  1. '주권'과 관련하여 「국민주권론」, 「참정권의 확대」, 「투표의 효용성」 등
  2. '민주주의'와 관련하여 「민주주의 철학과 사상」, 「민주적 의사 결정 방식」 등

3. '민주시민의 자질'과 관련하여 「인간의 존엄성」, 「자유와 평등」, 「권리와 의무」, 「자율과 책임」 등

4. '선거와 민주주의와의 관계'와 관련하여 「한국의 민주화」, 「선거를 통한 민주주의 발전」 등

- 선거 · 정치 과정에 능동적 참여 : '선거 · 정치제도의 이해', '선거 · 정치 참여의 필요성', '정당 · 후보자의 합리적 선택 방안', '정책 선거의 중요성' 등에 대한 학습을 통해 민주사회의 능동적 시민으로서의 자질을 습득할 수 있으며, 우리나라 선거 · 정치제도에 대한 기본 이해를 돕기 위해 개별 과목으로 「선거 · 정당 · 정치자금제도」, 「선거 절차」 등을 제시할 수 있다.

- 체계적 · 지속적 학습 : 민주시민 교육을 구체화하고 실효성기 확보하기 위해서는 시민교육의 체계적 · 지속적 학습이 중요하며, 이를 위해 '관련 단체와 네트워크를 형성'하여 시민교육의 저변을 확대하고, 생애주기별 '평생교육 시스템'을 구축하는 한편, 다양하고 수준 높은 '교육 콘텐츠 및 프로그램을 개발 · 보급'하고, 양질의 '민주시민 교육 전문 강사'를 양성하는 것이 필요하다.

5) [IB(International Baccalaureate)]

IB는 영어로 "International Baccalaureate"의 약자로서 한국어로 국제학위 또는 국제 준(準)학사 등으로 번역될 수 있다. AP와 마찬가지로, IB 학위 과정(1968년 개설)은 대학을 진학하려는 고교생들이 대학의 교양 과정에 준하는 교육 과정을 이수함으로써 대학 교육을 받을 만한 자격과 능력이 있음을 인증하는 특수한 교육과정이다. 이 교육 과정은 1971년 처음 스위스 제네바에서 시작되었다. 특히 IB 학위 과정은, AP와 같은 Certificate(과목별 인증제) 뿐 아니라 Diploma(포괄적 학위제)도 시행하고 있다.

국제바칼로레아는 스위스에 본부를 둔 비영리 교육재단 국제바칼로레아기구(IBO)에서 개발 · 운영하는 교육과정 및 국제 인증 프로그램으

로, 개념 이해와 탐구 등의 교육 방식과 논·서술형 평가 체제를 그 특징으로 한다. 전 세계 153국 5,288곳 학교(2019년 3월 기준)에서 국제바칼로레아를 운영하고 있으며, 75국 2000여개 대학이 국제바칼로레아 점수로 학생을 선발한다.

국제바칼로레아는 우리나라로 치면 초등학교 과정(PYP · Primary Years Programme), 중학교 과정(MYP · Middle Years Programme), 고등학교 과정(Diploma Progrramme) 등으로 운영단계가 나뉘는데, '디플로마 프로그램'(DP)은 외부 평가를 통한 자격 인증 단계까지 거친다.

'디플로마 프로그램'(DP)'을 6개 과목 군으로 되어 있다. 총 45점 만점으로 이뤄져 있다. 이중 각 과목군은 7점 만점으로 되어 있다. 6개 과목군 42점에다가 TOK(지식론), EE(에세이)의 3점이 합쳐져서 45점 만점으로 구성되었다. 우리의 창의적 체험활동에 해당되는 CAS도 반드시 이수해야만 자격인증을 받을 수 있다.

전국 시도교육청 중에서 대구교육청과 제주교육청이 한국어 번역판 IB 도입에 가장 적극적이다. 2019년 7월에 IBO 본부와 MOC를 체결했다.

6) [혁신학교]

학생의 자율적이고 자기 주도적인 학습 능력을 기르기 위해 기존의 교사의 일방향식 지식 제공 교육과정에서 탈피하여 실험적으로 운영하는 공교육 학교를 뜻한다. 2009년 경기도교육청의 초대 민선 교육감이었던 김상곤이 공약으로 내세우면서 등장하였다. 이후 2010년 진보 교육감들이 대거 탄생하면서 이들 지역을 중심으로 점차 확산되었다.

시행 지역별로 다양한 명칭으로 불리는데, 서울·경기는 혁신학교, 인천은 행복배움학교, 부산은 다행복학교, 경남은 행복학교, 충남은 행복공감학교, 전남은 무지개학교라는 이름으로 운영하고 있었지만 전남의 경우 다시 혁신학교라는 이름으로 복귀했다. 반드시 공립학교만 지정이 가능한 것은 아니고 사립학교라 할지라도 지정이 가능하다.

중·고등학교에서 입시 위주 교육으로 인한 본래 취지의 왜곡이 발생하는 것은 사실이나, 이는 운영 미숙이 더욱 큰 원인이라고 보인다. 또한 교육 체제의 특성상 어느 하나만 개혁한다고 되는 것은 아니기에 혁신학교만으로 대한민국 교육이 완전히 바뀔 것이란 기대는 지나치다. 그럼에도 불구하고 특히 초등학교에 있어서는 남한산초등학교와 같이 성공 사례가 상당수 나오고 있으며 다른 선진국들과 비슷하면서도 한국의 상황에 맞춘 실험을 진행 중이라는 점에서는 그 의의가 크다. 학생 인권에 대한 인식과 보장이 교육 현장에서 시작되는 하나의 기폭제가 되기도 하였다. 향후 혁신학교에서 축적된 실험이나 교육 연구 사례가 대한민국의 교육 개혁에 있어 참고할 만한 중요한 사례가 될 가능성이 높다.

혁신학교의 강점이자 가장 큰 차이는 모든 학생을 끌고 가려한다는 것이고, 일반학교는 공부 잘하는 소수를 더 챙긴다는 점이다. 일반학교는 SKY에 몇 명을 보냈는지가 더 중요하다. 진학 성적을 외부에 알리려면 공부 잘하는 학생을 좀 더 '케어'해야 하니 그 아이들 중심으로 학습이 진행된다. 그 커리큘럼에서 낙오한 친구들은 소외된다. 하지만 혁신학교는 학습이 부진한 학생까지 안고 가려고 한다. 학습이 부족한 친구들을 위한 반을 따로 만들어 별도의 수업을 진행한다.

결정적으로 대부분의 혁신학교는 수업 연구와 행정 업무를 완전히 분리한다. 행정 업무를 전담할 수 있는 분을 추가로 뽑아 교사는 수업 연구에만 집중할 수 있도록 한다.

혁신학교는 대부분이 초등학교에 쏠려있어 초-중-고 연계 혁신 교육이 불가능하여 혁신학교에서 다닌 학생이 일반 학교에서 적응에 어려움을 겪게 한다는 비판도 받고 있다. 이는 결과적으로 구조적인 문제로, 입시 문제와 정서 문제에서 청소년들에게 혼동을 일으킬 수도 있다는 것이다.

7) [교장 공모제]

기존 교장 승진제는 학교라는 조직을 혁신시키고 구성원들의 자발성을 이끌어내기에 적합하지 못한 제도라는 사실에 대해 대부분의 사람들이 동의할 것이다. 이에 대한 대안 제도로 등장한 것이 교장 공모제이다. 교장 공모제는 말 그대로 학교의 교장을 공개 모집하는 제도. 승진 중심의 교직 문화를 개선하고 능력 있는 교장을 공모해 학교 자율화와 책임

경영을 실현한다는 취지로 2007년에 도입됐다.

교장이 되는 일반적인 길은 경력 · 근무 평점과 연구 가산점을 합한 이른바 '승진 점수'를 쌓아 교사에서 교감으로 승진한 뒤, 교장 자격 연수를 거쳐 교장자격증을 취득하는 것이다.

그런데 승진 점수가 높은 순서대로 교장 자격증을 받을 기회가 생기다 보니 교사들이 승진 점수를 받고자 상급자의 비위를 맞추거나 보여주기식 업무를 한다는 등의 지적이 있다. 이런 병폐를 없애고자 만들어진 교장 공모제는 공모 대상 자격과 대상 학교에 따라 세 가지로 나뉜다.

이 중 교장 자격증 없는 평교사도 교장 공모에 도전할 수 있도록 한 내부형 교장 공모제는 지난해 교육부가 대폭 확대 방침을 밝혔다가 교육계의 '뜨거운 감자'가 되었다. 교육부는 한국교원단체총연합회(교총) 등이 강하게 반발하자 확대 범위를 자율학교의 50%로 축소했다.

8) [교장 선출 보직제]

교장 선출 보직제는 교장의 직위를 자격증제에 의한 승진이 아닌 선출(또는 초빙) 보직의 개념이다. 즉 보직을 떠나면 교사로서 다시 교단에 서는 것을 원칙으로 하는 것이다. 이 경우 현행 행정 관리 체제 위주인 수직적 자격 제도에서, 수평 분화적인 2급 1급 교장제도로 전환하는 것을 의미한다.

교장에 출마하거나 초빙될 자격 요건은 1급 정교사 중에서 담임교사 경력 5년을 포함한 교직 경력 20년 이상인 자로 하되, 단위 학교의 인사위원회가 주관해 후보자 등록, 후보자들의 인사기록카드 · 자기평가서 · 학교경영소견서 제출, 후보자 소견 발표회, 교직원 회의 투표를 통해 2인의 복수 후보를 선출하고, 학교운영위원회의 승인을 거쳐 시 · 도교육청 인사위원회에서 임명하도록 하고 있다.

전교조는 수업을 면제받은 관리직 교장이 교사들 위에 '군림'해 전횡을 할 뿐 아니라, 현 제도가 불공정한 근무 평가에 근거한 교장 · 교감 자격 연수 대상자 선발 방법, 자격증 취득시의 과열 경쟁, 노령화 현상, 평교사의 좌절감 등 각종 폐해를 낳고 있다고 주장한다.

그러나 교총은 교장 선출 보직제가 교직의 안정성을 크게 해치고 혼란을 가져올 것이라고 주장한다. 교장은 인기 있는 사람보다 자격을 갖추고 객관적으로 능력이 검증된 사람이어야 하며, 선출 보직제로 할 경우 가르치는 일보다 교장·교감이 되기 위한 친분 유지에 더 관심을 쏟을 것이란 지적이다.

교육부는 외국처럼 지역이 아닌 단위 학교에서 뽑는 선출 보직제는 있을 수 없으며, 이 경우 학교가 정치화하는 등 부작용이 커 받아들일 수 없다는 입장이다.

9) [다양한 교수학습 방법]

(가) 하부르타

하브루타(Chavrusa, chavruta, havruta, אַבְרוּתָא)는 유대인의 전통적 학습 방법이다. 문자적 의미는 우정, 동료 등을 뜻한다. 예시바(yeshiva) 및 코렐(kollel)에서 주류적 학습법이다. 교사-학생 간의 관계와 달리, 하브루타 학습에서는 각자가 분석하고 자신의 생각을 조직화하여 상대방에게 설명하며, 상대방의 이야기를 듣고 질문하면서, 때로는 전혀 새로운 관점을 발견하기도 한다. 2000년대에 들어 전화 및 인터넷으로까지 확산되고 있다. 좁은 의미로는 동급생, 넓은 의미로는 가정, 선생님과 서로 대화함으로써 서로 자기주도 학습능력 향상, 사고력, 창의력을 함양할 수 있다. 친구를 의미하는 히브리어인 하베르에서 유래한 용어로, 학생들끼리 짝을 이루어 서로 질문을 주고받으며 논쟁하는 유대인의 전통적인 토론 교육 방법. 유대교 경전인 『탈무드』를 공부할 때 주로 사용된다. 나이와 성별, 계급에 차이를 두지 않고 두 명씩 짝을 지어 공부하며 논쟁을 통해 진리를 찾아가는 방식이다. 이때 부모와 교사는 학생이 마음껏 질문할 수 있는 환경을 만들어 주고 학생이 스스로 답을 찾을 수 있도록 유도하는 역할을 한다. 하브루타는 소통을 하며 답을 찾아가는 과정 속에서 다층적으로 지식을 이해하고 문제를 해결할 수 있다는 장점이 있다. 하나의 주제에 대한 찬반양론을 동시에 경험하게 되므로 이를 통해 새로운 아이디어와 해결법을 이끌어 낼 수도 있다.

- 정의 : 하브루타는 '우정' 또는 '동반자 관계'를 의미하는 아랍어 단어이다. 미슈나와 게마라의 랍비들은 함께 토라를 연구하는 사람을 가리키는 말로써 chaver(חבר, '친구' 또는 '동반자')를 사용한다.

  현대의 사용법에서, 하브루타는 "학습 파트너"로 정의된다. 정통 유대교에서, 하브루타는 두 명의 학생이 하나하나를 배우는 것을 말한다. 3명 이상의 학생들이 함께 배울 때는 chavurah(히브리어 : חבורה, 그룹)라고 한다. 개혁 유대교는 하브루타의 아이디어를 함께 공부하는 두세 명, 세 명, 네 명 또는 다섯 명을 포함하는 것으로 확장시켰다. 또한, 하브루타의 아이디어를 기존의 토라를 함께 학습하는 개념을 넘어서, 오늘날 현대의 교육 방법으로 확장하였다.

- 효과 : 교사가 학생에게 강의하고 시험을 통해 정보를 암기하고 다시 반복하는 기존 교실 학습과는 달리, 또 학생들이 독립적인 연구를 하는 학회와는 달리, 하브루타는 학생들이 학습 과제를 구두로 설명한다. 또한, 상대의 논증에 오류를 찾아내고 서로의 생각에 대해 질문하며 종종 본문의 의미에 대해 완전히 새로운 통찰력을 갖게 된다. 하브루타는 학생들이 배움에 집중하며, 추리력을 날카롭게 하고, 생각을 말로 발전시키고, 논리적인 논쟁로 그의 생각을 정리하도록 돕는다. 이러한 유형의 학습은 또한 모호하게 유지될 수 있는 아이디어에 정밀성과 명확성을 부여한다. 다른 사람의 의견에 귀 기울이고, 분석하고, 대응하는 것은 타인에 대한 존경을 심어준다. 하브루타를 방해하는 것은 예의에 어긋난다고 여겨진다. 하브루타와의 관계는 또한 그의 하브루타에서 실망하거나 취소하는 것을 싫어하기 때문에 자신의 연구에 대한 학생들의 개인적인 노력을 강화한다.

- 학습 피라미드 : 학습 피라미드(Learning pyramid)는 다양한 방법으로 공부한 다음에 24시간 후에 남아 있는 비율을 피라미드로 나타낸 것이다. 이 피라미드를 보면 강의 전달 설명은 5%, 읽기는 10%, 시청각 교육은 20%, 시범이나 현장 견학은 30%의 효율성을 갖는다. 우리가 학교나 학원에서 교사가 강의를 통해 설명하는 교육은 5%에 불과하고, 학생들이 책상에 앉아 열심히 읽으면서 공부하는 것이 10%, 그렇

게 강조해온 시청각 교육은 20%에 불과하다. 그런데 토론은 50%, 직접 해 보는 것은 75%, 다른 사람을 가르치는 것은 90%의 효율을 갖는다. 이것은 친구를 가르치는 것으로 1시간 공부한 사람과 동일한 효과를 얻으려면 읽기는 9시간, 강의는 18시간을 해야 한다. 친구를 가르치는 공부는 강의를 듣는 공부보다 18배의 효율성을 갖는다. 유대인들이나 핀란드 교육이 우리보다 공부를 덜하고도 성공하는 이유는 이런 공부의 효율성 때문이다. 우리는 강의와 설명을 듣고, 읽으면서 외우는 수업이 대부분이지만, 유대인이나 핀란드는 토론을 하고 직접 해 보고 친구와 토론하면서 서로를 가르치기 때문이다.

이제 우리 교육은 듣고 외우는 형태에서 벗어나 친구와 토론하고, 직접 체험하고, 질문과 토론을 통해 친구를 가르치는 형태로 바뀌어야 한다. 친구와 토론하고 직접 체험하면서 하는 소통의 공부가 바로 하브루타다. 하브루타는 90%의 효율성을 가진 친구와 토론하면서 서로를 가르치고 서로에게 배우는 최고의 공부방법인 것이다.

(나) 거꾸로 수업

- 개념 : 거꾸로 수업은 역진행 수업(逆進行 授業, flipped learning) 또는 플립드 러닝, 플립 러닝, 역전(逆轉) 학습으로 불린다. 거꾸로 교실은 혼합형 학습의 한 형태로 정보기술을 활용하여 수업에서 학습을 극대화할 수 있도록 강의보다는 학생과의 상호작용에 수업 시간을 더 할애할 수 있는 교수학습 방식을 말한다. 흔히 적용되는 방식으로는 교사가 준비한 수업 영상과 자료를 학생이 수업 시간 전에 미리 보고 학습하는 형태가 있다. 그 후 교실 수업 시간에 교사는 교과 내용을 중심으로 가르치기보다 학생들과 상호작용하거나 심화된 학습활동을 하는데 더 많은 시간을 할애할 수 있다.
- 거꾸로 수업이 가지는 목적과 가치 : 거꾸로 수업의 궁극적인 목적은 학생들이 내용 전문가가 되어서 마치 전문가 협의에 들어간 것처럼 고도의 지적 상호작용을 할 수 있도록 지식과 태도를 길러주는 것이다. 그리고 그 전문가에게는 자신만의 의지와 자유가 허용되어야 한다는

점을 인지시키는 것이 목적이다.

거꾸로 수업의 경우 학생들이 자기주도적인 학습을 할 수 있도록 하는 것이 목적이기 때문에 가치 역시 이와 맥이 닿아있다. 학생들이 학습의 자유와 그에 따른 즐거움을 느껴야 한다. 그러기 위해서 학습 활동 중에 전문가처럼 타인과 상호작용을 할 수 있는 태도와 자신감을 길러주는 것이다. 이러한 과정 속에서 학습은 자연스럽게 이루어지게 되고 이는 다음 활동을 위한 준비로 이어진다.

학생들은 거꾸로 수업을 통해 자기 스스로 자유와 의무를 깨닫고 그것이 나에 의한(by the Me) 나로부터(of the Me) 나를 위한(for the Me) 것 즉, 나의 것임을 깨닫는 순간 통제에서 벗어나 자율적으로 책임감 있는 활동을 해나갈 수 있다. 자신이 커뮤니티에 속한 개인이라는 것을 인지하고 그 안에서 서로가 서로를 존중해 주는 관계가 가지는 중요성을 확인하는 것이 필요하다. 이처럼 학생들이 학교를 벗어나서도 자신의 인생 속에서 자유를 누릴 수 있는 사회 구성원으로서의 역할을 스스로 깨닫도록 하는 것이 거꾸로 수업이 가지는 가치라고 할 수 있다.

- 거꾸로 수업을 실시하기 위한 과정 : 거꾸로 수업을 위한 기본적인 전략은 다음과 같다. 교사는 교재를 연구한 뒤 단위 차시의 수업 목표 및 학습 문제를 확인한 다음 교재 내용을 면밀히 검토한 후 동영상 강의 제작 도구를 사용하여 강의 동영상을 제작한다. 제작한 동영상은 학급 SNS에 탑재한다. 학생은 가정에서 PC나 휴대폰, 스마트 디바이스(갤럭시노트, 아이패드 등)을 이용하여 편안한 시간에 학급 SNS에 접속하여 동영상 강의를 시청하고 스스로 강의노트를 작성한다. 본시학습에 들어가기 전 교사는 학생들이 동영상 강의를 보았는지 여부를 문제풀이(퀴즈, 학습지 등) 등의 활동을 통해 확인한다.

학생들이 온라인 상에서 이해하지 못했던 내용들도 모둠별 학습에서 상호 질문과 공동 사고를 통해 해결하도록 하며 결론이 나지 않거나 학생이 모를 경우에는 교사가 도와줄 수 있다. 발표 방법 형식 등은 각 모둠의 뜻에 따라 하게 하며, 모둠 발표가 끝나면 교사는 모둠이나 개인 또는 전체에게 격려를 해준다. 다음 시간에 발표하는 방법, 내용 정리하는 방법 등에 대해 구체적인 조언을 한다.

– 실제 수업 단계별 과정

첫 번째 단계는 교재 연구 단계이다. 교사는 교과서, 지역화 교재, 교사용 지도서를 활용하여 단위 차시의 수업 목표 및 학습 문제를 확인한 다음 교재의 내용을 면밀히 분석한다. 이때 학생들의 질문에 대비하여 정확한 자료를 준비하는 것이 중요하다. 학생들이 잘못 이해할 소지가 있는 내용을 사전에 파악하여 본시 학습에 대비할 수 있도록 해야 한다. 또한 본시 학습에서 해야 하는 활동에 대해 구상한다.

두 번째 단계는 교재의 내용과 기타 자료(이미지, 사운드, 텍스트 등)를 이용하여 동영상 강의 저작 도구를 활용한 동영상 강의 제작이다. 동영상은 본시의 기본 개념 등을 간략하게 정선하여 제작하고 재생 시간은 최소화 하도록 해야 합니다. 학생들의 집중력을 해치지 않도록 5분 내외가 적당하다.

세 번째 단계는 SNS에 탑재하는 단계이다. 제작한 동영상 강의를 온라인상에 탑재한다. 유튜브 등 안정적인 접속을 제공하는 서비스를 이용하여 동영상 강의를 온라인상에 업데이트 하고 이를 학교 학생들이 시청할 수 있도록 학급 SNS에 공유한다.

네 번째 단계는 동영상 강의 시청 단계이다. 학생들에게 해당 내용을 시청할 수 있도록 알리고 학생들은 이를 시청해 온다. 학생들은 자신이 원하는 시간에 원하는 장소에서 PC나 휴대폰, 스마트디바이스를 이용하여 학급 SNS에 접속해 학습하고자 하는 동영상을 시청한다. 동영상 강의를 시청하면서 학생들은 스스로 강의노트를 작성한다. 강의노트에 동영상 강의를 시청한 후 알게 된 점, 궁금한 점, 더 알고 싶은 점 등 내용을 구분지어 요약한다. 또한 강의를 시청하고 느낀 생각이나 새로 알게 된 점, 질문할 내용 등을 학급 SNS에 댓글 형식으로 달도록 하여 교사는 학생들의 강의 시청 여부를 확인한다.

다섯 번째 단계는 동영상 강의 내용을 확인하는 단계이다. 본시 학습에 들어가기 전, 학생이 동영상을 보았는지 여부를 재차 확인하여 보지 않은 학생들은 교실에 비치된 스마트 디바이스 혹은 본인의 휴대폰을 꺼내어 동영상을 보고 난 후 모둠활동에 참여하도록 한다. 학생들이 동영상 강의 내용을 어느 정도 이해하고 있는지를 확인해야 한다. 이때 퀴즈나 골든 벨, 핑퐁 앱 등을 활용하면 학생들의 적극적인 참여를 유도하는데 도움이 된다.

여섯 번째 단계는 창의적 문제해결 단계이다. 본시활동을 모둠별로 해결해야 한다. 모둠장의 사회와 모둠원의 공동 사고를 통해 학습 과제를 해결하도록 유도한다. 교사는 모둠을 순회하면서 모둠에서 발표 준비를 하는 것을 도와주며 질문과 답변하는 법을 조언해 준다. 모둠원 중 누구라도 놀거나 방관하는 학생이 없도록 독려하는 것이 중요하다. 모둠활동판과 보드마카, 붙임딱지 등을 이용하여 빠른 시간에 정리하도록 하며, 정리를 마친 모둠은 발표준비를 하도록 해야 한다.

일곱 번째 단계는 모둠별 결과 발표 단계이다. 발표 방법·형식 등도 각 모둠의 뜻에 따라 자율적으로 하게 하는 것이 중요하다. 모둠의 발표가 있을 때 다른 모둠들은 자신의 모둠에서 정리한 내용과 비교해 보고 궁금한 것은 모둠 발표가 끝난 후 질문을 하도록 한다. 또한 발표의 형식보다 내용에 중점을 두어 경청하도록 한다. 모둠 발표가 끝난 뒤, 교사는 특별히 잘한 모둠이나 개인 또는 전체에게 격려를 한다. 다음 시간에 발표하는 방법, 내용 정리하는 방법 등에 대해 조언해 준다.

마지막 단계는 배움 영역 확장 단계이다. 이전까지 배운 학습내용과 팀별 창의성에 기반 하여 학생들 스스로 전 과정을 기획하는 보다 심화된 과제 활동을 하도록 하고, 결과물 평가는 교사와 또래가 함께 그 수행에 대해 평가하도록 한다. 학생들이 보다 고차적인 적용 활동을 할 수 있도록 다양한 자원이 제공되고, 교사는 온라인을 통해 학생들과 필요한 정보적 상호작용과 피드백을 주고받는 활동을 한다.

– 7가지 플립 러닝

1. 기본 플립 러닝 : 학생들은 숙제로 동영상 강의를 보고 다음 날 수업에 필요한 자료들을 읽어야 한다. 수업 시간에 학생들은 원래 학업 방식을 통해 배운 것을 연습해 보는 시간을 가진다. 이때 선생님은

학생들과 1:1로 추가적으로 자유롭게 시간을 갖기도 한다.

2. 토론 중심의 플립 러닝 : 선생님은 그 날 배울 주제에 맞는 동영상 강의와 읽을 자료들을 숙제로 낸다. 예를 들어서 TED Talks, YouTube 비디오 등 여러 자료들이 있다. 수업 시간은 토론과 주제에 대한 탐구 위주로 이루어진다. 이러한 방법은 역사, 미술, 영어와 같이 내용 위주의 과목을 배우는데 가장 유용한 수업 방식이다.

3. 설명 중심의 플립 러닝 : 화학이나 물리, 수학 같은 과목은 외워야 할 내용도 많고 또 반복적인 학습도 필요한 주제이다. 이러한 과목들에는 설명을 해 주는 동영상 강의를 통해서 모르는 부분은 다시 되돌아가서 학습하는 방법이 유용하다. 이러한 학습 방식 예시에서는 선생님이 화면을 녹화해서 학생들이 자신들의 속도에 맞게 따라 하면서 학습할 수 있도록 한다.

4. 가짜 플립 러닝 : Education Drive에서 발견한 한 가지 좋은 방식은 실제로 숙제를 하기에는 아직 너무 어린 나이의 학생들에게 적합한 방식이다. 이 '가짜' 플립 러닝 예시는 수업에서 동영상 강의를 시청하게 하는 방법을 사용한다. 그래서 자신의 속도에 맞게 수업 자료를 다시 리뷰 하는 기회를 준다. 또한 선생님이 어린 학생들이 필요할 때 개인적인 도움을 줄 수 있다.

5. 그룹 활동 중심의 플립 러닝 : 이 방식은 학생들이 배우는 데 살짝 더 난이도가 있다. 다른 수업 방식과 마찬가지로, 수업은 동영상 강의와 다른 수업자료를 통해 시작한. 다른 점은 학생들이 수업에 왔을 때 그 날의 과제를 하기 위해 그룹을 형성하는 것이. 이러한 수업 방식은 학생들이 서로에게 배울 수 있도록 유도하며, 학생들이 옳은 답을 찾는 것뿐만 아니라 그 과정을 설명할 수 있는 법을 배우는 것을 돕는다.

6. 가상 플립 러닝 : 플립 러닝은 나이가 많은 학생들에게 교실에서의 학습 간의 필요를 없애준다. 어떤 대학 교수들은 학생들을 위한 동영상 강의를 공유하고, 온라인 시스템을 통해서 과제를 발표하고 검사한다. 학생들에게는 궁금한 것이 있거나 1:1로 상담이 필요할

때 개인 필요에 맞게 직접 사무실을 찾아 교수와 시간을 맞추도록 하고 있다.

7. 거꾸로 선생님 : 플립 러닝에 맞게 만들어진 모든 동영상의 시작과 끝에 꼭 선생님이 필요하지는 않다. 학생들도 자신에 실력을 향상시키기 위해 직접 동영상을 만드는 '선생님'이 될 수도 있다. 학생들에게 롤 플레이 활동을 녹화하는 숙제를 통해 실력을 기르고, 또 서로 배우는 내용을 발표하는 영상을 촬영하도록 만들 수도 있다. 다른 말로 '선생님을 가르치는' 방법이다. 모든 수업 교실은 다 다르다. 사용하는 기술도 다르고, 학생들의 동기부여도 다양하며, 강사의 가르치는 노하우도 전부 다 다르다. 또한, 선생님은 '무대의 주요한 배우'가 되기보다는 옆에서 도움을 주는 사람이 되는 방법을 알아야 한다. ASCD.org에 따르면, 플립 러닝 수업 방식을 이용하는 453명의 선생님 중에 67%가 시험 성적이 올랐고, 학생들은 고급학습과정 수업(AP classes)을 수강할 수 있게 되었다. 80%는 학생들의 태도가 발전했다고 말했다. 그리고 무려 99%가 다음 해에도 플립 러닝 수업 방식을 유지하고 싶다고 밝혔다.

(다) 배움의 공동체

① 개념 : 배움의 공동체는 현재 일본에서 학교개혁을 주도하고 있는 핵심적인 원리로서 일본 동경대학교 사토마나부 교수에 의해 주창되어 수업 연구를 위한 실천적인 개념으로 정착되어 있다. 사토마나부는 '배움의 공동체'의 구축을 "학교교육이 하는 일을 사람들(학생, 교사, 학부모, 교육행정 담당자, 교육연구자)의 연대를 기초로 구성되는 실천으로 전환하고 학교라는 장소를 사람들이 공동으로 서로 배우고 성장하며 연대하는 공공적인 공간으로 재구축"하는 개혁으로 설명하고 있다.

② 철학적 원리 : 배움의 공동체의 기본 철학은 '모든 아이들의 배울 권리와 질 높은 성장을 보장'하는데 있다. 사토마나부(2007) '배움의 공동체'로서의 학교는 구체적으로 다음의 세 가지 철학적 원리에 입각

하여 운영된다.

첫째, '공공성(public philosophy)'이다. 학교는 공공적인 사명 (public mission)과 그 책임에 의해 조직된 장소이며 교사는 그 공공적인 사명과 책임을 맡고 있는 전문가이다. 학교의 공공적인 사명과 이를 담당하는 교사의 책임은 학생 한명 한명의 배움의 권리를 실현하고 민주주의 사회를 실현하는 것에 있다. 그리고 학교가 책임지는 '공공성'은 공간 개념이며 학교와 교실의 공간이 안으로도 밖으로도 열려 다양한 삶의 방식과 사고방식이 대화적인 커뮤니케이션에 의해 교류되는 것을 의미한다.

둘째, '민주주의(democracy)'이다. 학교교육의 목적은 민주주의 사회의 건설에 있으며 학교는 그 자체가 민주적인 사회 조직이어야 한다. '민주주의'는 존 듀이가 정의한 것처럼 '타인과 함께 살아가는 방법(a way of associated living)'을 의미한다. 민주주의의 원리로 조직된 학교에서 학생, 교사, 보호자 한 사람 한 사람은 각각 고유한 역할과 책임을 지고 학교 운영에 참가하는 주인공이다.

셋째, '탁월성(excellence)'이다. 가르치는 활동, 배우는 활동은 모두 탁월성을 추구할 것을 요청받고 있다. 여기서 말하는 탁월성이란 타인과 비교하여 우수하다는 의미에서의 우수함이 아니다. 스스로의 최선을 다하여 최고를 추구한다는 의미에서의 탁월성이다. 경쟁에 의한 탁월성의 추구가 우월감이나 열등감을 초래하는 것에 비하여 스스로 최선을 다하여 최고를 추구하는 탁월성을 가르치는 자에게도 배우는 자에게도 신중함과 겸허함을 가져다준다. 가르치는 활동과 배우는 활동은 본질적으로 이러한 의미에서의 탁월성 추구를 포함하여 성립된다. 이러한 탁월성의 추구를 '발돋움과 점프가 있는 배움'으로 실현가능하다.

③ 수업 공개와 수업 연구회 : 교실은 교직 전문성 개발을 위한 장(場)이다. 어떤 특정한 곳에서 수업에 대한 이야기를 하는 것이 아니라 실제 교실 속 수업이 연구대상이 되어야 한다. 수업공개와 수업 연구회를 통해서 교사의 전문적 지식은 사례지식으로 축적되고 전승된다. 의사

들처럼 교사도 교육 실천인 수업 사례에 입각하여 검토하고 전문가로서의 역량을 형성해 가는 장(場)을 만들고 이를 전문가로서의 성장, 발전의 기반으로 삼아야 한다. 수업 공개와 수업 연구회를 세트화 하고 전체 교사가 수업 공개를 통해서 배움을 조직해 나가도록 한다.

수업 연구에 있어서 수업 관찰은 필수적인 과정으로 우선, 참관자의 관찰 위치를 정해야 한다. 위치는 학습자의 학습하는 모습과 움직임을 살피고 교사와 학습자의 상호작용을 관찰할 수 있는 곳이 바람직하다. 그러기 위해서는 교실 앞쪽의 양 측면 또는 모둠별로 배치하여 관찰하는 것이 적절하다. 이 위치는 수업의 진행에 따라 순간순간 변화해 가는 교실의 시간과 공간을 참관자가 수업자나 교실의 학습자와 함께 느낄 수 있게 해 주기 때문이다. 수업 공개를 통해서 관찰자는 학습자 한명 한명에 대한 교사의 대응과 듣는 것을 중심으로 교실 만들기가 진행되고 있는지를 관찰해야 한다. 이러한 수업 공개와 수업 연구회를 통해서 교사는 전문성 신장을 위한 좋은 장(場)으로 수업을 임상하는 자세가 필요하다.

④ 배움의 조직 : 배움의 공동체 수업에서는 모든 학습자에게 점프할 수 있는 가능성을 준비해 준다. 즉, 공유와 점프가 있는 수업을 디자인해야 한다. 로켓에 비유하면 1단 로켓은 공유의 단계이다. 협동 학습에서처럼 하나의 결론을 위해 함께 과제를 해결하는 것이 아니라 개인적으로 작업을 하되 협동화를 통해서 기초적인 내용의 공유를 도모한다. 공유는 누구나 이것만은 반드시 배워야 하는 것을 배우도록 하는 것으로 기초적인 문제의 연습 등으로 공통의 토대를 다지는 것이다. 기초를 통해서 학습 부진자 학력층의 향상을 도모한다. 2단 로켓은 점핑의 단계이다. 높은 수준의 과제를 제시하여 높은 수준에 있는 학습자의 향상을 도모한다. 교과서보다 높은 수준의 과제를 통한 배움의 점핑 단계이다. 수준 높은 과제로 배움의 질을 높이고 점프 과제를 통한 집단의 수준 상승을 가져올 수 있다. 공유 문제를 해결한 학생들에게 좀 더 높은 수준의 점프 문제를 주어 수준의 차이를 해결할 수 있다. 이때 공유 문제는 혼자서 해결하기 어려운 문제로 함께 해결

할 수 있는 것이 좋다.

(라) 프로젝트 수업

① 프로젝트 수업의 정의 및 특성 : 프로젝트 수업은 상호작용, 일반적으로 강조하는 학습자 간의 협력을 의미하는 상호작용을 넘어서 학습자와 교사의 상호작용을 강조하는 학습의 형태이다. 교사나 학습자에게 전적으로 맡겨두는 것이 아니라 학습자와 교사의 상호작용을 통해서 어떤 주제나 질문을 설정하고, 이를 해결하기 위해서 스스로가 해결 방안을 기획하여, 조사와 탐구를 통해 구체적으로 경험하고 실천하면서 함께 과제를 해결해나가는 과정이다.

그런 의미에서 교사는 수업 전반을 주도하기보다는 학생들이 스스로의 생각을 끌어내고 서로의 생각을 공유하며 이를 통해서 자신만의 사고를 키워갈 수 있도록 수업을 기획하는 데 주력해야 한다. 프로젝트 수업의 특징은 다음과 같이 요약할 수 있다.

1. 프로젝트 수업에서는 학습자가 능동적인 위치에서 수업을 이끌어 간다.

 → 학습자는 주제를 선정하는 것에서부터 형식을 결정하고 내용을 구성하는 등 모든 것을 주도해 나가는 입장에 서게 된다.

2. 프로젝트 수업은 학습의 구성원들이 함께 작업해 가는 수업이다.

 → 학생들은 토론을 거쳐 주제를 정하고 논의하고 협의해가면서 작품을 만들어 낸다. 이러한 적극적인 상호작용을 통해 학습자들은 의사소통 능력을 향상시킬 수 있으며, 설득의 기술을 획득하며, 서로의 생각을 공유할 수 있게 된다.

3. 프로젝트 수업은 체험 중심이다.

 → 학습자들은 교실 내에서 뿐만 아니라 교실 밖의 실제 생활 공간에서 한국어를 접하고 사용하며 경험하게 된다.

4. 프로젝트 수업은 매체를 활용한 수업이다.

 → 학습자는 자신이 정한 주제를 가장 효과적으로 전달할 매체를 찾게 되고 매체를 다루는 능력이 부족한 학습자들도 시간이 지

남에 따라 능숙하게 다룰 수 있게 된다.

5. 프로젝트 수업은 공식적인 발표의 장을 통해 효과적인 의사전달 방법을 배우게 된다.

→ 여러 사람 앞에서 행해지는 중간발표, 최종 발표, 전시회 등과 같은 경험해 보지 못한 공식적인 발표 형식을 익힐 수 있게 된다.

② 프로젝트 수업의 장·단점 : 한국어교육에서 프로젝트 수업은 최근에서야 논의되기 시작하였다. 외국어 교육에서는 많은 논의와 연구가 이루어진 프로젝트 수업이 한국어 교육에서 논의가 더딘 이유는 여러 한국어교육 기관들이 프로젝트에 관심이 적기 때문이기도 하며, 관심이 있다 하더라도 실제적이고 구체적인 방법과 지식을 얻기 힘들어 수업을 진행시키기 어렵기 때문이다. 그러나 프로젝트 수업은 일반적인 한국어 수업에서 다룰 수 없는 주제들에 접근해 학습자들의 능동적인 참여를 끌어내는 수업 방법으로 학습자들이 한국어를 배우고 한국문화를 배우는 데 좋은 방법이 될 수 있다.

이러한 프로젝트 수업의 장점으로 첫 번째는 교실 안팎에서 실제적인 언어 사용과 다양한 사람들과 상호작용이 이루어질 수 있다는 점이다. 프로젝트 수업에서 학습자들은 교실 밖 세상에서의 성공적인 의사소통을 수행하기 위해 다양한 상호작용이 이루어지고, 새롭고 실제적이면서 도전이 되는 상황에서 의사소통을 한다는 것이 큰 장점이다. 두 번째 장점은, 학습자들은 공동 작업을 통해 학습자들이 어려움을 느끼는 언어 기술들에 대해서 도움을 주고받으면서 학습할 수 있다는 점이다. 셋째, 그 동안 학습해 왔던 언어 능력을 총동원하여 활용할 수 있는 기회가 된다. 넷째, 학습자들은 프로젝트 작업 과정과 결과물 완성을 통해 자신감과 성취감을 얻게 된다. 다섯째, 학습자에 의해 선정된 프로젝트는 학습자에게 학습에 대한 동기 부여와 흥미 유발을 용이하게 한다. 여섯째, 학습자에게 있어 자율적인 학습자를 양성할 수 있다.

하지만 이러한 프로젝트 수업은 외국에서 도입된 프로젝트 학습이기 때문에 국내의 교육 여건에 맞지 않는 부분들이 있다. 이에 단순한 경험에 그치거나 일회성 행사를 프로젝트 수업으로 억지로 연결시키려는 경향이 있다. 따라서 외국의 사례를 그대로 가져와 형식적으로 진행하는 것이 아닌 내용적인 측면에서의 체계적인 준비와 진행이 필요하다.

③ 프로젝트 수업의 구성 방법

1. 프로젝트 수업 구성 단계 : 프로젝트 수업이 언어 교육에 본격적으로 활용되면서 수업의 구성 단계는 수업 내용에 따라 다양하게 나눌 수 있다. 프로젝트 수업 구성 단계에 관한 연구 간략하게 살펴보자면 다음과 같다.

ⓐ Fried-Booth의 프로젝트 수업

  ㉠ 교실 내의 계획 단계(Classroom Planning) : 이 단계에서 학습자들은 교실에서 교사와 협의를 통해 자신들이 할 프로젝트의 주제, 규모, 범위, 내용을 토의한다. 아울러 프로젝트를 수행할 때 필요한 언어 기술을 익히면서 언어적 지식을 익히는 단계이다.

  ㉡ 프로젝트 수행 단계(Carrying out the project) : 학습자는 계획 단계에서 익힌 언어적 지식과 전략을 활용해 교실 밖에서 프로젝트를 수행한다. 이러한 경험을 통해 언어적 능력을 통합적으로 습득할 수 있다.

  ㉢ 결과물 반추와 모니터링 단계(Reviewing and monitering the work) : 이 단계를 다시 교실로 돌아와 결과물을 평가받는 단계로 프로젝트 결과에 대해 토론하고 피드백을 받는 단계이다.

ⓑ H. Krumm은 프로젝트 수업을 모두 4단계로 나누었다.

  ㉠ 자유 활동 단계 : 이 단계에서는 같은 반 친구들에게 경험한 내용을 인터뷰를 하는 의견 묻기 활동(Meinungumfragen)을 한다. 이 활동을 통해 학습자들은 서로 경험을 공유하고, 서로를 알아가며 원만한 관계를 유지할 수 있게 된다.

  ㉡ 텍스트 프로젝트 단계(Textprojekte) : 이 단계에서 학습자는 소설의 속편쓰기, 이야기 고쳐쓰기, 시 창작 등과 같이 텍스트를 활용해 수업하는 단계이다.

ⓒ 직접적인 접촉 단계(Direket Kontakte) : 교실 안에서 이루어진 텍스트 프로젝트 단계를 교실 밖으로 확장시킨 단계이다. 텍스트 프로젝트에서 만약 학급신문을 만들었다면 이 단계에서 다른 사람들을 초대하여 발표하거나 신문을 나누어 주는 등의 활동을 하는 단계이다.

ⓡ 교실에서 정리하는 단계(Die Welt ins Klassenzimmer holen) : 이 단계에서는 교실로 다시 돌아와 실제적인 텍스트, 놀이, 시뮬레이션을 통해 프로젝트 활동을 마무리 하는 단계이다.

ⓒ 절충한 일반적인 단계 : 준비 및 계획 단계 – 수행 단계 – 발표 및 평가 단계

　ⓝ 준비 및 계획 단계

　　- 프로젝트 수업에 대한 안내

　　- 기존의 프로젝트 검토

　　- 주제 · 형식 · 제목 결정

　　- 프로젝트 전체 일정표와 세부 일정표 짜기

　ⓛ 수행 단계

　　- 자료 수집과 범위 정하기

　　- 자료 정리

　　- 자료 검증 받기

　　- PPT와 대본 만들기

　　- 활용 매체 기술적으로 익히기

　　- 교실 밖에서 체험하기(활동하기)

　　- 결과물 제작하기

　ⓒ 발표 및 평가 단계

2. 프로젝트 수업 단계별 내용 : 프로젝트 수업은 교사의 고민의 깊이와 수준에 따라서 프로젝트 수업의 질과 수준이 결정된다. 교사의 창의력과 다양한 시도가 중요하지만 모든 단계에서의 체계적인 접근이 있어야만 성공적인 수업이 될 것이다.

　ⓐ 주제 및 학습목표 제시 : 프로젝트 학습에서의 핵심은 어떤 주제를

중심으로 지식을 형성해나갈 것인가를 고민하는 것이다. 주제의 선정에서 학생과 교사의 역할의 범위를 어떻게 정하는가에 대해서는 두 가지 관점이 있다. 첫 번째는 학습자가 주체이며 학습자의 흥미와 자발성에 의해서 진정한 학습이 일어난다는 입장이다. 즉, 학습자는 누구에 의해서도 제한되지 않아야한다는 것이다. 학생들이 선정한 세부 과제가 주제의 범위를 벗어난다 할지라도 학생이 어떻게 배워나가고 성장해나가는지는 알 수 없으므로 전적으로 학생의 관심과 흥미에 기초해서 이루어지는 것이 바람직하다는 것이다. 이런 구조에서는 수업 기획의 추상성이 더 강해지며 교사는 창의적이고 유연한 자세가 필요하게 된다.

두 번째는 학생의 주체성을 인정하면서도 계획된 수업의 방향이 일정한 틀로서 제공되어야 한다는 주장이다. 전자와 달리 적극적으로 주제를 선정하고 제안하며 이 주제에 따른 세부 과제에 엄격하게 개입하고, 교사의 기획 의도에 맞도록 지도해야한다는 입장이다. 수업의 성패를 교사의 사전 기획 능력에 의존해야 하고 학생들의 자발성을 저해할 수 있다는 단점이 있지만, 그만큼 수업의 혼란을 겪거나 애초의 목표와 다른 방향으로 흘러가는 것을 최소화할 수 있다는 장점도 있다.

따라서 학습자는 주제의 범위를 벗어나지 않는 틀 내에서 세부 과제를 선택하고 탐구하는 수업이 가장 바람직할 것이다.

ⓑ 학습 방법 : 프로젝트 수업이란 수동적으로 학습하는 형태가 아니라 학습자 스스로 문제의식을 가지고 주제를 선정하는 단계에서부터 조사, 연구, 발표 및 평가에 이르기까지 학습의 전 과정에 참여하는 방법이다. 따라서 상호 협력적 과정을 중시하는 수업 방법임을 인지한 상태에서 학습 방법의 다양화를 꾀해야 한다.

ⓒ 표현과 평가 방안 : 표현이란 자신의 생각을 실체화하는 과정 즉, 아이디어를 실현하는 것으로 정의할 수 있다. 학습자는 이러한 수업을 통해서 머릿속에만 존재하는 생각을 구체화시키고 창의성을 기를 수 있으며, 독립적이고 창의적인 인간으로 성장해간다.

프로젝트 수업은 결과물 자체보다는 목표로 한 결과를 얻기까지의 교수, 학습과정을 얼마나 이해하고 자기 주도적으로 진행하였는가를 판단하여야한다.

평가 항목	세부 항목
결과의 질적 수준	결과는 성취 기준을 잘 달성하고 있는가?
	결과는 독창적이고 사고의 발전이 이루어졌는가?
결과물의 내용 반영의 적절성	목표 내용이 충분하고 정확하게 반영되고 있는가?
	자원을 충분히 활용하여 결론에 도달하였는가?
결과물의 완결성	결론은 논리적 전개가 명쾌하고 타당한가?
	결론을 도출하는 과정이 잘 설명되고 있는가?
결과에 대한 적절한 설명과 표현 방법	결과물을 제대로 설명할 수 있는 표현 방법을 선택하였는가?
	결과의 표현은 모둠원의 관심과 재능을 잘 드러낼 수 있는 방식인가?

ⓒ 성공적 수업을 위한 요건 : 프로젝트 수업은 학습자가 주도적으로 학습을 하기 때문에 교사의 역할이 상대적으로 줄어드는 것처럼 생각되지만, 교사는 협력자나 조력자로서 학습자들의 학습활동을 자세히 관찰하고 조언 또는 안내해야 하며 학습활동이 제대로 이루어지도록1 복합적인 상황분석이 필요한 과제를 부여해야 한다.

또한 교사가 학생의 활동을 정확히 파악하고 각 단계와 활동에 대한 피드백을 어떻게 하느냐에 따라 수업의 성공 여부가 좌우된다. 교사의 피드백은 조언과 방향 제시의 수준을 넘어서는 안 되며, 정답을 제시하는 것이 아니라 질문을 통하여 스스로 답을 찾아갈 수 있도록 도와주어야 한다. 학생들의 문제에 너무 쉽게 정답을 제시하는 것은 교사에 대한 의존성을 높이고 결과적으로 자기 주도성을 약화시킬 위험이 있다.

A. Steinberg가 제시한 '6A 체크리스트'
– 성공적인 프로젝트 기반 수업을 위한 요소 –

① 실제성(Authenticity)
- 이 프로젝트가 학생들에게 의미 있는가?
- 이 프로젝트가 실제 생활에서 수행되는 것과 유사한가?
- 이 프로젝트가 교실 환경을 넘어 교실 밖에서도 학생들에게 가치 있고 의미 있는 것인가?

② 학문적인 적용(Academic Rigor)
- 이 프로젝트 제작을 위해 학생들은 하나 또는 그 이상의 학문 영역의 중심적인 지식을 획득하거나 적용하여야 하는가?
- 이 프로젝트는 학생들이 하나 또는 그 이상의 학문 영역을 탐구하는 방법을 사용하도록 고무시키는가?
- 이 프로젝트 제작을 위해 학생들은 고차원적인 사고 기술을 개발하여야 하는가?

③ 응용 학습(Applied Learning)
- 학생들이 실생활이나 자신이 하는 일에서 이 프로젝트가 도움이 되겠는가?
- 학생들이 이 프로젝트를 수행하면서 획득한 기술들을 실생활에서 사용할 가능성이 있는가?

④ 적극적인 탐구(Active Exploration)
- 학생들은 교실 밖이나 현장에서 프로젝트를 수행하는 데 상당 시간을 소비할 수 있는가?
- 이 프로젝트를 수행할 때 다양한 방법, 매체, 자료를 활용하여 학생들이 참여할 수 있는가?
- 학생들은 발표나 수행을 통해 학습한 것을 설명하고 싶어 하는가?

⑤ 다른 사람들과의 관계(Adult Relationships)
- 학생들이 이 프로젝트를 수행하면서 이와 관련된 경험과 전문 지식을 갖춘 사람을 만나거나 접할 기회가 있는가?
- 학생들이 적어도 한 명 이상의 사람과 밀접하게 프로젝트를 설계, 수행, 평가할 수 있는가?

⑥ 평가 실습(Assessment Practices)
- 학생들은 명확한 프로젝트 준거를 가지고 정기적으로 반성할 것인가?
- 학생들의 작업은 포트폴리오와 전시 등 다양한 방법을 통해 정기적으로 평가받는가?

(마) 비주얼 씽킹

비주얼 씽킹은 글, 도형, 기호, 이미지, 색상 등을 활용해 생각과 정보를 글과 그림으로 표현, 기록하는 사고 방법을 일컫는다. 교실로 들어 온 비주얼 씽킹은 복잡한 학습 내용을 단순화하고 이미지화 해 학습 효과를 높인다는 데 가장 큰 매력이 있다. 정치나 경제를 다룰 때 배운 내용을 정리하거나 다소 추상적인 학습 용어를 기억할 때 유용하다는 것이다. 특히, 요즘 학교에서 주목받고 있는 거꾸로 수업이나 액션 러닝, 하부르타와 같은 수업과 얼마든지 접목해 활용이 가능하다. 수업은 요리와 같다. 교사는 다양한 요리를 위해 양념이 필요한데, 비주얼 씽킹은 수업 도구로서 좋은 양념이 된다.

비주얼 씽킹 수업에서는 영어의 알파벳처럼, 시각 언어가 존재한다. 선, 원, 사각형, 화살표, 기호 등으로 간단하게 사물을 표현한 것이 특징이다. 이러한 시각 언어는 수업 시간에 배운 학습 정보를 정리하거나 정보를 표현하는 데 유용한 활용 도구가 된다.

(바) 문제 중심 수업

문제 중심 학습(Problem-based learning, PBL) 또는 문제 기반 학습은 제시된 실제적인 문제를 학습자들이 해결하는 과정에서 학습이 이루어지는 학습자 중심의 학습 환경이자 모형이다. 학생들은 사고 전략과 영역 지식을 함께 배우게 된다. 문제 중심 학습의 형태는 의학 교육에서 출발하였는데 현재에는 다른 분야에서도 쓰이고 있다. 문제 중심 학습의 목적은 유연한 지식, 효과적인 문제 해결 능력, 자기 주도 학습, 효과적인 협업 능력, 내재적 동기를 학생들이 계발하도록 돕는 데에 있다. 문제 중심 학습은 능동적 학습의 한 가지 양식이라고 할 수 있다.

학생들은 집단 협업을 통해서 이미 알고 있는 것과 알아야 할 것, 문제 해결에 도움이 될 정보가 어디에 있으며 어떻게 접근해야 하는지를 찾아내게 된다. 교수자(문제 중심 학습에서는 튜터tutor라고 한다)의 역할은 학습 과정을 관찰하고 안내하고 보조함으로써 학습을 촉진하는 것이다.

튜터는 학생들에게 문제에 도전할 수 있는 자신감을 형성하고 격려해 주어야 하는 동시에 학생들의 이해를 확장시켜야 한다. 문제 중심 학습은 주로 강의 중심의 전통적인 교수 학습 철학에서 벗어나고자 하는 패러다임 이동을 대표한다. 문제 중심 학습을 지도하는 구성 요소들은 전통적인 교실/강의 교수법과는 매우 다르다.

① 인성 교육 : "인성 교육"이란 자신의 내면을 바르고 건전하게 가꾸고 타인·공동체·자연과 더불어 살아가는 데 필요한 인간다운 성품과 역량을 기르는 것을 목적으로 하는 교육을 말한다. 사람이 되기 위해서는 배워야 하는 교육이다. 주로 인격적으로 성숙되기 전인 어린아이들 위주로 학습한다. 그 중요성과는 달리, 학문 중심 교육을 하고 있는 학교 현장에서는 잘 강조되지 않고 있다. 또한 인성 교육에 관한 구체적인 프로그램이 미흡하며 변화하는 현대사회에 기존의 인성 교육이 맞지 않아 너무 고리타분하고 규범적이기 때문에 별거 아닌 교육으로 인식이 되고 있다는 문제점도 있다.

인성의 가장 핵심적인 특성인 도덕성을 다루는 도덕과를 중심으로 국어과, 사회과, 예체능 교과 등과 협력적 관계를, 토의 형성하고 각 교과의 특성과 목표에 부합하는 방식으로 인성 교육을 추진하고 있다. 또한 협동 학습, 토의·토론, 문제해결 학습, 스토리텔링, 역할 학습 등 교수·학습 방법을 통하여 인성 함양이 이루어지고 있다.

또한 창의적 체험활동, 학교 행사, 방과 후 활동 등으로 체험이나 활동, 실천 위주의 인성 교육을 수행하며 기존의 특별활동과 재량활동을 통합한 것으로 자율 활동, 동아리 활동, 봉사활동, 진로 활동 등으로 구성되어 있다. 환경 교육, 예절 교육, 독서 토론, 공동체 교육 등등이 있는데 이를 통해 체험과 실천 속에서 인성 교육이 이루어질 수 있다.

학생의 경우에 교사가 역할 모델로 작용하는 경우가 많기 때문에 인격 형성에 매우 큰 영향을 미친다. 선생님과 동료들에 의해 사랑과 존중을 받고 있다고 느끼는 따뜻한 배려로 가득한 교실, 자율적인 규율에 의하여 민주적으로 운영되는 학교, 더 나아가 원칙이 존중되는 공정한 사회의 모습은 학생의 인성 교육에 가장 큰 밑바탕으로 작용한다.

또한 창의적 체험활동, 학교 행사, 방과 후 활동 등으로 체험이나 활동, 실천 위주의 인성 교육을 수행하며 기존의 특별활동과 재량활동을 통합한 것으로 자율 활동, 동아리 활동, 봉사활동, 진로 활동 등으로 구성되어 있다. 환경 교육, 예절 교육, 독서 토론, 공동체 교육 등등이 있는데 이를 통해 체험과 실천 속에서 인성 교육이 이루어질 수 있다.

② P-TECH : P-TECH는 교육 혁신 및 '뉴칼라' 인재 양성을 목적으로 설립된 고교·전문대 통합 교육 모델이다. 이를 위해 정부, 교육계, 기업이 긴밀히 협업하며, 학문 및 전문기술은 물론, 협업, 커뮤니케이션, 문제해결 능력 등 실무 역량 배양에도 기여하고 있다.

P-TECH는 2011년 뉴욕에 처음 설립된 이후 현재 미국 뉴욕·일리노이·코네티컷 등 미국 8개주, 호주, 모로코, 대만, 싱가포르 등지에 약 110여 개의 학교가 운영되고 있으며, 수만 명의 학생들이 혜택을 얻고 있다. 또한, 500개 이상의 정보통신기술, 의료, 제조업, 에너지 분야의 대기업 및 중소기업들과 80개의 대학이 파트너로 참여하고 있다. 현재까지 약 180여 명의 졸업생을 배출했고, IBM은 이중 11개 학교를 직접 지원하며 전체 교육계 네트워크의 전략 및 기술지원을 주도하고 있다.

[국내] '서울 뉴 칼라 스쿨(Seoul New Collar School)'로 명명된 국내 최초의 P-TECH는 고등학교 3년과 전문대 2년을 연계한 5년제 통합 교육과정으로 운영되며, 졸업 후에는 고등학교 졸업장과 2년제 전문 학사 학위를 받을 수 있다.

P-TECH는 학생들에게 멘토링, 기업 방문 및 현장 학습, 유급 인턴십 프로그램 등을 통해 정보통신기술 및 STEM 기반의 직업을 일찍 접할 수 있는 기회를 제공하고, '뉴 칼라' 직업군에 필요한 역량을 갖출 수 있게 한다.

P-TECH는 학생들이 최신 기술을 습득하도록 돕는 한편, 고등학교, 대학교, 기업, 정부, 공공기관을 아우르는 탄탄한 민관 협력을 바탕으로 구직자와 업계 사이에 존재하는 기술 격차(skill gap)를 줄이는 데 목적이 있다.

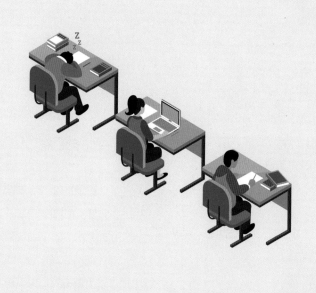